Eric Zimmermann

Die Betriebsleiterpräsenz in den Gesundheitshandwerken

PETER LANG

Bibliografische Information der Deutschen Nationalbibliothek
Die Deutsche Nationalbibliothek verzeichnet diese Publikation in der Deutschen Nationalbibliografie; detaillierte bibliografische Daten sind im Internet über http://dnb.d-nb.de abrufbar.

Zugl.: Marburg, Univ., Diss., 2018

D 4
ISSN 1438-4388
ISBN 978-3-631-78420-4 (Print)
E-ISBN 978-3-631-78757-1 (E-PDF)
E-ISBN 978-3-631-78758-8 (EPUB)
E-ISBN 978-3-631-78759-5 (MOBI)
DOI 10.3726/b15528

Peter Lang – Berlin · Bern · Bruxelles · New York · Oxford · Warszawa · Wien

Diese Publikation wurde begutachtet.

www.peterlang.com

Vorwort

Das Handwerksrecht ist wieder in Bewegung: Der Freistaat Bayern warb am 18. September 2018 (BR-Drs. 464/18) im Bundesrat für die Wiedereinführung des verpflichtenden Meisterbriefs für Handwerke, bei denen dies geboten und rechtlich möglich wäre. 15 Jahre nach der großen Reform des Handwerksrechts, die zu einer umfassenden Neustrukturierung der Handwerksordnung und ihrer Anlagen führte, stehen damit das Handwerk und die Meisterpflicht wieder einmal im Fokus der Politik. Nachdem die Handwerksordnung 1953 verabschiedet wurde und in Kraft trat, gab es zahlreiche Änderungen und Interventionen; nicht immer waren sie zum Besten des Handwerks. Doch alle Reformen änderten nichts an der Bedeutung und der Strahlkraft des Handwerks.

Mittlerweile werden auch außerhalb Deutschlands die Vorteile des Handwerksrechts mit seiner dualen Ausbildung, dem Lehrling, Gesellen und Meister als Grundpfeiler der Handwerkstätigkeit erkannt. Die Innovationskraft, die Qualität, die Anerkennung in der ganzen Bevölkerung und nicht zuletzt die frühe und feste Einbindung Jugendlicher in die Ausbildung sind überzeugende Argumente für das bestehende deutsche Handwerksrecht. Trotzdem wird die Europäische Kommission nicht müde, regelmäßig (mal frontal, mal subtil) die Regulierungen des deutschen Handwerksrechts anzugreifen. Es gehe ihr, so betont sie stets, allein um die Herstellung von Wettbewerbs- und Marktzugangsfreiheiten sowie um die Verbesserung der Angebote für Kunden. Was dabei auf den ersten Blick liberal und unterstützenswert erscheint, ist bei näherer Betrachtung lediglich eine rechtliche Nivellierung nach unten, also genau das Gegenteil von Liberalität und Wettbewerb, der doch auch zwischen den Mitgliedstaaten bestehen sollte. Würde man sich dabei wenigstens am erfolgreichsten System, dem des deutschen Handwerksrechts, orientieren, wären die Bestrebungen der Europäischen Kommission begrüßenswert. So erinnern sie an technokratischen Aktionismus, ohne Abwägung und Differenzierung.

Ob der Vorstoß der bayerischen Staatsregierung von Erfolg gekrönt sein wird, bleibt abzuwarten. Die eigentlichen Gegner des deutschen Handwerksrechts sitzen aber nicht in Berlin, sondern in Brüssel. Insofern wäre ein eindeutiges Bekenntnis der Europäischen Kommission zum deutschen Handwerksrecht wünschens- und erstrebenswert.

Die Gesundheitshandwerke, die sich selbst gerne als die „Orchideen des Handwerks" bezeichnen, sind ein gutes Beispiel für die Leistungsfähigkeit und Qualität des deutschen Handwerks. Ohne langjähriges Studium werden junge

Menschen im Betrieb, der Berufsschule und außerbetrieblich zu qualifizierten Versorgern im Gesundheitssystem ausgebildet. Bereits mit Anfang 20 kann der Meister-Titel erworben werden. Die Jung-Meisterinnen und -Meister sind dabei keine Theoretiker, sondern hervorragend in der Praxis und für die Praxis ausgebildet und für die Selbständigkeit bestens gerüstet. Mittlerweile haben auch die gesetzlichen Krankenkassen die hohe Qualität der Gesundheitshandwerke erkannt. Der Ärztemangel, gerade in den ostdeutschen Flächenländern, führt zu neuen Denkmodellen, in denen die gut ausgebildeten Gesundheitshandwerker mit zusätzlichen Versorgungsaufgaben betraut werden sollen.

Dabei müssen die Gesundheitshandwerke aufpassen, nicht Opfer des eigenen Erfolges zu werden: Die seit einiger Zeit bestehende Vollbeschäftigung darf nicht dazu führen, bei der Lehre und den handwerksrechtlichen Pflichten nachlässig zu werden. Eine der Pflichten ist die Präsenz des qualifizierten Betriebsleiters, in der Regel des Meisters, im Fachbetrieb. Der Meister ist der Dreh- und Angelpunkt eines jeden Handwerksbetriebs. Gerade im besonders gefahrengeneigten Gesundheitshandwerk kommt ihm spezielle Verantwortung zu.

Der Fachbereich Rechtswissenschaften der Philipps-Universität Marburg nahm die vorliegende Arbeit im Herbst 2018 als Dissertation an. Betreut wurde sie von Prof. Dr. Steffen Detterbeck. Ihm danke ich sehr herzlich für seine Betreuung und die durchgehende Unterstützung. Stets gab er mir wertvolle Hinweise und stand immer für Fragen zur Verfügung (und verlor dabei nie die Geduld mit dem Verfasser). Mein Dank gilt daher ganz besonders ihm! Ebenso darf ich mich bei Herrn Prof. Dr. Sebastian Müller-Franken für die rasche Zweitbegutachtung sowie bei Herrn Prof. Dr. Georgios Gounalakis für die Übernahme des Vorsitzes in der Disputation sehr herzlich bedanken. Außerdem danke ich Herrn Jakob Stephan Baschab, Hauptgeschäftsführer meiner früheren Arbeitgeberin, der Bundesinnung der Hörakustiker, für die Unterstützung. Ohne meine Familie und Freunde hätte ich diese Arbeit nicht abgeschlossen. Allen, die mich auf meinem Weg mit Rat und Tat unterstützt haben, sei herzlich gedankt. Gewidmet ist die Arbeit meinen Eltern.

Rechtsprechung und Literatur befinden sich auf dem Stand September 2018.

Stuttgart, im Januar 2019

Eric Zimmermann

Inhaltsverzeichnis

Gliederung

Abkürzungsverzeichnis

aA	andere Ansicht
aaO	am angegebenen Ort
Abs.	Absatz
AEUV	Vertrag über die Arbeitsweise der Europäischen Union
aF	alte Fassung
AMG	Gesetz über den Verkehr mit Arzneimitteln
AMVO	Verordnung über die Meisterprüfung in den Teilen III und IV im Handwerk und in handwerksähnlichen Gewerben (Allgemeine Meisterprüfungsverordnung)
AOK	Allgemeine Ortskrankenkasse
AöR	Archiv des öffentlichen Rechts (Zeitschrift)
ApBetrO	Verordnung über den Betrieb von Apotheken
ApoG	Gesetz über das Apothekenwesen
ArbZG	Arbeitszeitgesetz
Art.	Artikel
AugenoptAusbV	Verordnung über die Berufsausbildung zum Augenoptiker und zur Augenoptikerin (Augenoptiker-Ausbildungsverordnung)
AugOptMstrV	Verordnung über das Meisterprüfungsberufsbild und über die Prüfungsanforderungen in den Teilen I und II der Meisterprüfung im Augenoptiker-Handwerk (Augenoptikermeisterverordnung)
Az.	Aktenzeichen
BA	Bundesagentur für Arbeit
BÄK	Bundesärztekammer
BAnz	Bundesanzeiger
BÄO	Bundesärzteordnung
BayObLG	Bayerisches Oberstes Landesgericht
BeckRS	Beck online Rechtsprechung (Entscheidungsdatenbank)
Begr.	Begründer
Bekl.	Beklagte/Beklagter
BerGer.	Berufungsgericht
Beschl.	Beschluss
BetrVG	Betriebsverfassungsgesetz

BFH	Bundesfinanzhof
BGB	Bürgerliches Gesetzbuch
BGBl.	Bundesgesetzblatt
BGH	Bundesgerichtshof
BImSchG	Gesetz zum Schutz vor schädlichen Umwelteinwirkungen durch Luftverunreinigungen, Geräusche, Erschütterungen und ähnliche Vorgänge
BIV-OT	Bundesinnungsverband für Orthopädie-Technik
BMG	Bundesministerium für Gesundheit
BMV-Ä	Bundesmantelvertrag-Ärzte
BNotO	Bundesnotarordnung
BOÄ	Berufsordnung Ärzte
BOStB	Berufsordnung der Steuerberater
BR-Plenarprot.	Plenarprotokoll des Bundesrates
BSG	Bundessozialgericht
BT-Drs.	Bundestags-Drucksache
BUrlG	Mindesturlaubsgesetz für Arbeitnehmer
BVerfG	Bundesverfassungsgericht
BVerwG	Bundesverwaltungsgericht
bzw.	beziehungsweise
dass.	dasselbe
ders.	derselbe
DHI	Deutsches Handwerksinstitut e. V.
dies.	dieselbe/n
DLRL	Europäische Dienstleistungsrichtlinie
DÖV	Die Öffentliche Verwaltung (Zeitschrift)
DStR	Deutsches Steuerrecht (Zeitschrift)
DStRE	Deutsches Steuerrecht Entscheidungsdienst Rechtsprechung
DVBl.	Deutsches Verwaltungsblatt
E	amtliche Entscheidungssammlung
EBM	Einheitlicher Bewertungsmaßstab
EGV	Vertrag zur Gründung der Europäischen Gemeinschaft
EL	Ergänzungslieferung
EStG	Einkommensteuergesetz
etc.	et cetera
EU	Europäische Union
EuGH	Europäischer Gerichtshof
EuR	Europarecht (Zeitschrift)

f.; ff.	folgender; folgende
FAZ	Frankfurter Allgemeine Zeitung
FN	Fußnote
fortgef.	fortgeführt
Friseur-MstrV	Verordnung über das Meisterprüfungsberufsbild und über die Prüfungsanforderungen in den Teilen I und II der Meisterprüfung im Friseur-Handwerk (Friseurmeisterverordnung)
FS	Festschrift
G	Gesetz
GastG	Gaststättengesetz
GB	GB – Der Grüne Bote (Zeitschrift)
GewArch	Gewerbearchiv (Zeitschrift)
GewO	Gewerbeordnung
GG	Grundgesetz für die Bundesrepublik Deutschland
ggf.	gegebenenfalls
GOÄ	Gebührenordnung für Ärzte
GRUR	Gewerblicher Rechtsschutz und Urheberrecht (Zeitschrift)
GKV	Gesetzliche Krankenversicherung
GKV-Spitzenverband	Spitzenverband Bund der Krankenkassen
GüKG	Güterkraftverkehrsgesetz
HeilPraktG	Gesetz über die berufsmäßige Ausübung der Heilkunde ohne Bestallung (Heilpraktikergesetz)
Hess.	Hessische
HilfsM-RL	Richtlinie über die Verordnung von Hilfsmitteln in der vertragsärztlichen Versorgung (Hilfsmittel-Richtlinie)
HNO	Hals-Nasen-Ohren; zugleich: Zeitschrift
HörAkAusbV	Verordnung über die Berufsausbildung zum Hörakustiker und zur Hörakustikerin (Hörakustikerausbildungsverordnung)
HörgAkMstrV	Verordnung über das Berufsbild und über die Prüfungsanforderungen im praktischen und im fachtheoretischen Teil der Meisterprüfung für das Hörgeräteakustiker-Handwerk (Hörgeräteakustikermeisterverordnung)
Hrsg.	Herausgeber
HwK	Handwerkskammer

HwO	Gesetz zur Ordnung des Handwerks (Handwerksordnung)
HwO/ SchwarzArbG-ZustV	Landesverordnung über Zuständigkeiten nach der Handwerks-RP ordnung und dem Schwarzarbeitsbekämpfungsgesetz Rheinland-Pfalz
idF	in der Fassung von
IHK	Industrie- und Handelskammer
IHKG	Gesetz zur vorläufigen Regelung des Rechts der Industrie- und Handelskammern
i. S. d.	im Sinne der/des
JVEG	Gesetz über die Vergütung von Sachverständigen, Dolmetscherinnen, Dolmetschern, Übersetzerinnen und Übersetzern sowie die Entschädigung von ehrenamtlichen Richterinnen, ehrenamtlichen Richtern, Zeuginnen, Zeugen und Dritten
Kap.	Kapitel
KBV	Kassenärztliche Bundesvereinigung
Kfz	Kraftfahrzeug
KJ 1	Jahresrechnungsergebnisse der Krankenkassen
Kl.	Kläger/Klägerin
km	Kilometer
Lfg.	Lieferung
LG	Landgericht
lit.	litera = Buchstabe
LS	Leitsatz
LSG	Landessozialgericht
m.	Meter
MBO-Ä	(Muster-)Berufsordnung für die in Deutschland tätigen Ärztinnen und Ärzte
MedR	Medizinrecht (Zeitschrift)
MPBetreibV	Verordnung über das Errichten, Betreiben und Anwenden von Medizinprodukten
MPG	Gesetz über Medizinprodukte
m. w. N.	mit weiteren Nachweisen
NÄ	Niedersächsisches Ärzteblatt
Nds.	Niedersachsen/Niedersächsisch
nF	neue Fassung
nichtamtl.	nichtamtlich/e/r
Nr.	Nummer

NJW	Neue Juristische Wochenschrift
NJW-RR	Neue Juristische Wochenschrift Rechtsprechungs-Report
NVwZ	Neue Zeitschrift für Verwaltungsrecht
NZS	Neue Zeitschrift für Sozialrecht
o. ä.	oder ähnliche/s
o. g.	oben genannte/s
OLG	Oberlandesgericht
OrthAusbVO	Verordnung über die Berufsausbildung zum Orthopädietechnik- Mechaniker und zur Orthopädietechnik-Mechanikerin (Orthopädieausbildungsverordnung)
OrthBandMstrV	Verordnung über das Berufsbild und über die Prüfungsanforderungen im praktischen und im fachtheoretischen Teil der Meisterprüfung für das Orthopädiemechaniker- und Bandagisten-Handwerk (Orthopädiemechaniker- und Bandagistenmeisterverordnung)
OrthopschuhmAusbV	Verordnung über die Berufsausbildung zum Orthopädieschuhmacher und zur Orthopädieschuhmacherin (Orthopädieschuhmacherausbildungsverordnung)
OrthSchMstrV	Verordnung über das Meisterprüfungsberufsbild und über die Prüfungsanforderungen in den Teilen I und II der Meisterprüfung im Orthopädieschuhmacher-Handwerk (Orthopädieschuhmachermeisterverordnung)
OVG	Oberverwaltungsgericht
PartGG	Gesetz über Partnerschaftsgesellschaften Angehöriger Freier Berufe
PBefG	Personenbeförderungsgesetz
PharmR	Pharma Recht (Zeitschrift)
PKV	Private Krankenversicherung
Pkw	Personenkraftfahrzeug
PTA-APrV	Ausbildungs- und Prüfungsverordnung für pharmazeutisch-technische Assistentinnen und pharmazeutisch-technische Assistenten
RGBl.	Reichsgesetzblatt
Rn.	Randnummer
s.	siehe
S.	Satz/Seite

Schl.-Holst.	Schleswig-Holstein(isch)
SGB	Sozialgesetzbuch
SGb	Die Sozialgerichtsbarkeit (Zeitschrift)
Slg.	Sammlung
sog.	sogenannte/r
StBerG	Steuerberatungsgesetz
StGB	Strafgesetzbuch
u. a.	und andere
u. ä.	und ähnliches
Urt.	Urteil
usw.	und so weiter
UWG	Gesetz gegen den unlauteren Wettbewerb
v.	von
VG	Verwaltungsgericht
VGH	Verwaltungsgerichtshof
Vgl./vgl.	vergleiche
VO	Verordnung
VR	Verwaltungsrundschau (Zeitschrift)
VSSR	Vierteljahresschrift für Sozialrecht
VwGO	Verwaltungsgerichtsordnung
VwVfG	Verwaltungsverfahrensgesetz
WiVerw	Wirtschaft & Verwaltung (Zeitschrift)
WRP	Wettbewerb in Recht und Praxis (Zeitschrift)
ZahntechMstrV	Verordnung über das Meisterprüfungsberufsbild und über Prüfungsanforderungen in den Teilen I und II der Meisterprüfung im Zahntechniker-Handwerk (Zahntechnikermeisterverordnung)
z. B.	zum Beispiel
ZDH	Zentralverband des Deutschen Handwerks e. V.
Ziff.	Ziffer
ZTechAusbV	Verordnung über die Berufsausbildung zum Zahntechniker/zur Zahntechnikerin
ZVA	Zentralverband der Augenoptiker und Optometristen (Bundesinnungsverband)
ZVOS	Zentralverband Orthopädieschuhtechnik

Einleitung

A. Ausgangsbefund

In die Handwerksrollen der Handwerkskammern sowie in die Verzeichnisse der handwerksähnlichen Gewerbe sind fast eine Million Betriebe eingetragen, rund 5,49 Millionen Menschen arbeiten dort, und über 365 000 Lehrlinge werden im Handwerk ausgebildet.[1] 12,4 Prozent aller Erwerbstätigen und 27,6 Prozent aller Auszubildenden in Deutschland sind im Handwerk tätig.[2] 1955 waren (im damaligen Gebiet der Bundesrepublik) in 752 000 Betrieben 3,62 Millionen Beschäftigte im Handwerk tätig.[3] Eine fortschreitende Industrialisierung und Technisierung, ein globalerer, insbesondere europäischerer Waren- und Dienstleistungsaustausch sowie vollständig neue Beschaffungs- und Herstellungswege über das Internet änderten in den vergangenen Jahrzehnten bislang nichts an der besonderen Stellung des Handwerks für die deutsche Wirtschaft.

Das BVerfG stellte fest, dass der Gesetzgeber bereits in der jungen Bundesrepublik „das Handwerk als einen volkswirtschaftlich unentbehrlichen Zweig der gewerblichen Wirtschaft und einen besonders wichtigen Teil des Mittelstandes“ anerkannte.[4] Um den Bestand des Handwerks zu sichern, entschied er sich dagegen, Handwerksbetriebe „dem freien Spiel der wirtschaftlichen Kräfte“ zu überlassen, sondern nahm Schutzregelungen für das Handwerk in einer eigenen Handwerksordnung (HwO) auf.[5]

„Das Handwerk“ ist allerdings kein monolithischer Block, sondern besteht aus einer Vielzahl von unterschiedlichen Gewerken, die in der Anlage A (als zulassungspflichtige Handwerke) und in der Anlage B der HwO (als zulassungsfreie Handwerke im Abschnitt 1 und als handwerksähnliche Gewerbe im Abschnitt 2) aufgeführt sind.

Zum Handwerk gehört auch die Gruppe der sogenannten Gesundheitshandwerke (Augenoptiker, Hörakustiker, Orthopädietechniker, Orthopädieschuhmacher und Zahntechniker), die die Bevölkerung mit medizinischen Hilfsmitteln

1 ZDH, Wirtschaftlicher Stellenwert des Handwerks 2017; abrufbar: https://www.zdh.de/daten-fakten/kennzahlen-des-handwerks/

2 ZDH, Wirtschaftlicher Stellenwert des Handwerks 2017; abrufbar: https://www.zdh.de/daten-fakten/kennzahlen-des-handwerks/

3 BVerfG, Urt. v. 17.07.1961 – 1 BvL 44/55, in: BVerfGE 13, 97 (111).

4 BVerfG, Urt. v. 17.07.1961 – 1 BvL 44/55, in: BVerfGE 13, 97 (108).

5 BVerfG, Urt. v. 17.07.1961 – 1 BvL 44/55, in: BVerfGE 13, 97 (113 f.).

versorgen.[6] In Deutschland gibt es rund 26 000 Betriebe der Gesundheitshandwerke mit ca. 190 000 Beschäftigten.[7]

Aufgrund ihrer Einbeziehung in das deutsche Gesundheitssystem bestehen neben der Zugehörigkeit zum Handwerk weitere Gemeinsamkeiten der fünf Gesundheitshandwerke, die sie von anderen Handwerken unterscheiden. Dazu gehört die enge Verbindung der Gesundheitshandwerke zu den gesetzlichen Krankenversicherungen. Die Gesundheitshandwerke erbringen Leistungen insbesondere für gesetzlich Krankenversicherte und rechnen diese mit der jeweiligen gesetzlichen Krankenkasse ab. Rechtliche Grundlage dieser Abrechnungen sind in der Regel Versorgungsverträge (vgl. § 127 Abs. 2 SGB V), die die gesetzlichen Krankenkassen oder deren Vereinigungen mit den Gesundheitshandwerken meist über deren Interessenverbände, Innungen, Landes- oder Bundesinnungsverbände, aber auch mit einzelnen Anbietern abschließen.

Über 2,5 Milliarden Euro zahlten gesetzliche Krankenkassen 2017 für Hilfsmittel von Orthopädietechnikern, über 550 Millionen Euro (2015) für Hilfsmittel von Orthopädieschuhmachern, über 925 Millionen Euro für Hörgeräte von Hörakustikern und über 54 Millionen Euro (2015) für Sehhilfen sowie über 13 Millionen Euro (2015) für Kontaktlinsen sowie Festzuschüsse für Zahnersatz von über 3,2 Milliarden Euro.[8] Unberücksichtigt sind dabei die zusätzlichen finanziellen privaten Eigenanteile, die Verbraucher aufwenden, sowie die Abrechnungen mit den privaten Krankenversicherungen. Insgesamt gaben die gesetzlichen Krankenversicherungen 8,07 Milliarden Euro für Hilfsmittel 2017 aus sowie 3,29 Milliarden Euro für Zahnersatz.[9]

Die Ausgaben für Gesundheitsleistungen der Gesundheitshandwerker sind in absoluten Zahlen gesehen ökonomisch relevant, auch wenn sie im Vergleich der Gesamtausgaben der gesetzlichen Krankenkassen bei über 217 Milliarden Euro einen untergeordneten Betrag ausmachen (z. B. im Vergleich zu 74,90

6 Detterbeck, GewArch 2014, 147.

7 ZDH, Die Gesundheitshandwerke; abrufbar: https://www.zdh.de/fachbereiche/soziale-sicherungssysteme/gesundheitshandwerke/?L=0

8 BMG, Gesetzliche Krankenversicherung – Endgültige Rechnungsergebnisse 2017 (Stand: 25.06.2018; KJ 1) sowie 2015 (Stand: 23.06.2016; KJ 1) abrufbar: https://www.bundesgesundheitsministerium.de/themen/krankenversicherung/zahlen-und-fakten-zur-krankenversicherung/kennzahlen-daten-bekanntmachungen.html

9 GKV-Spitzenverband, Ausgaben für einzelne Leistungsbereiche der GKV (2017, Quelle: KJ 1), abrufbar: https://www.gkv-spitzenverband.de/gkv_spitzenverband/presse/zahlen_und_grafiken/gkv_kennzahlen/gkv_kennzahlen.jsp

Milliarden Euro für Krankenhausbehandlungen, 38,09 Milliarden Euro für ärztliche Behandlungen, 37,70 Milliarden Euro für Arzneimittel).[10]

Die Aufgaben- und Tätigkeitsgebiete der Gesundheitshandwerke verändern sich dabei (z.B. aufgrund des Ärztemangels in ländlichen Regionen), und ihnen wird insbesondere von Gesetzgebung und gesetzlichen Krankenkassen die Übernahme weiterer, ggf. bislang ärztlicher Tätigkeitsfelder zugetraut.[11] Hörakustiker dürfen bei einem bereits mit Hörsystemen versorgten Schwerhörigen ohne weitere Indikation des Arztes Hörgeräte abgeben und diese mit der gesetzlichen Krankenkasse abrechnen (vgl. § 27 Abs. 1 S. 4 HilfsM-RL; einzelne Gruppen sind ausgenommen). Nach dem 2012[12] in Kraft getretenen § 33 Abs. 5a SGB V ist eine vertragsärztliche Verordnung für die Beantragung von Leistungen grundsätzlich nur dann erforderlich, soweit eine erstmalige oder erneute ärztliche Diagnose oder Therapieentscheidung medizinisch geboten ist. Folge- oder Wiederversorgungen mit Hilfsmitteln können dadurch unter bestimmten Bedingungen ohne Arzt und ohne Rezept vorgenommen werden.[13] Zudem hat die „dynamische Weiterentwicklung der Medizintechnik [...] dazu geführt, dass die Gesundheitshandwerke ihre handwerklichen Tätigkeiten unter Einsatz der Möglichkeiten, die die moderne Medizintechnik bietet, zum Wohl der Bürger ausüben."[14] Der Einsatz und die Nutzung von Medizincomputertechnik ist für die Gesundheitshandwerke üblich.[15]

Die Aufgaben- und Tätigkeitsfelder werden also größer und verantwortungsvoller für die Gesundheitshandwerke, es gibt Überschneidungen mit ärztlichen Tätigkeiten, sodass die Anforderungen und Pflichten dadurch aber auch strenger werden.

---

10 GKV-Spitzenverband, Leistungsausgaben insgesamt sowie Ausgaben für einzelne Leistungsbereiche der GKV (2017; Quelle: KJ 1) abrufbar: https://www.gkv-spitzenverband.de/gkv_spitzenverband/presse/zahlen_und_grafiken/gkv_kennzahlen/gkv_kennzahlen.jsp

11 DHI, Bedeutung der demografischen Entwicklungen für die Gesundheitshandwerke, S. 25.

12 Gesetz zur Neuausrichtung der Pflegeversicherung v. 29.10.2012, BGBl. 2012 Teil I, Nr. 51, S. 2246 (2260).

13 Vgl. Kingreen, GewArch 2018, 257 (260) zur Verordnungspflicht bei Folgeversorgungen von Sehhilfen.

14 Detterbeck, GewArch 2012, 337.

15 Vgl. Detterbeck, GewArch 2012, 337 (zur Augenoptik); ders., WiVerw 2009, 227 (240 zur Hörakustik).

B. Untersuchungsgegenstand

Die Einbindung der Handwerke im Gesundheitsbereich verlangt, dass diese die sozialrechtlichen Vorgaben erfüllen und qualitativen sowie rechtlichen Anforderungen genügen (soweit sie mit gesetzlichen Krankenkassen abrechnen wollen, betrifft dies insbesondere das SGB V), ohne dass dabei handwerksrechtliche Pflichten verletzt werden.

Das Sozialrecht trifft keine handwerksspezifischen Regelungen. Es unterscheidet nicht zwischen einzelnen Gesundheitsbereichen (z. B. Industrie und Handwerk) oder zwischen einzelnen Gesundheitsdienstleistern (z. B. Hörakustikern und Augenoptikern). Das Sozialrecht orientiert sich weniger an der Gruppe der Gesundheitsdienstleister, sondern an der (von der GKV zu zahlenden) Leistung selbst.

Zu den Leistungen gehören die ärztliche Behandlung oder die Versorgung mit Zahnersatz, die Versorgung mit Arznei-, Verband-, Heil- und Hilfsmitteln oder die Krankenhausbehandlung (vgl. § 27 Abs. 1 SGB V). Bei den Leistungen der Gesundheitshandwerker handelt es sich in der Regel um Versorgungen mit Hilfsmitteln (vgl. § 33 SGB V).

Allerdings werden Hilfsmittel nicht allein von Gesundheitshandwerkern abgegeben, sondern auch von anderen Dritten (z. B. Apotheken). Sozialrechtliche Regelungen über die Hilfsmittelversorgung betreffen daher sämtliche Hilfsmittelanbieter, unabhängig davon, ob diese zum Handwerk zählen oder nicht. Allgemein wird die Gruppe, die Patienten versorgt (zu der also auch Nicht-Handwerksbetriebe gehören können), im Sozialrecht als „Leistungserbringer" bezeichnet. Generell wird von dieser Gruppe bei der Abgabe von Hilfsmitteln verlangt, dass sie die Voraussetzungen für eine ausreichende, zweckmäßige und funktionsgerechte Herstellung, Abgabe und Anpassung der Hilfsmittel erfüllen (vgl. § 126 Abs. 1 S. 2 SGB V).

Bei den Hilfsmitteln, die von Gesundheitshandwerken abgegeben werden, handelt es sich um solche, bei denen handwerkliche Tätigkeiten für die Versorgung und Abgabe notwendig sind. Für Handwerker, die mit der GKV abrechnen wollen, gelten durch die Sozialrechtsprechung entwickelte eigene rechtliche Vorgaben. Die Einhaltung der sogenannten Meisterpräsenz war nach einer Entscheidung des BSG eine Voraussetzung, um als handwerklicher Hilfsmittelerbringer mit den gesetzlichen Krankenkassen abrechnen zu können.[16] Die Entscheidung bezog sich auf das damalige Zulassungsverfahren, als ein Leistungserbringer

16 BSG, Urt. v. 29.11.1995 – 3 RK 25/94, in: BSGE 77, 108 (113).

noch eine Zulassung von jeder einzelnen Krankenkasse benötigte, um mit ihr abrechnen zu können. Das Verfahren wurde mittlerweile durch die sog. Präqualifizierung ersetzt.

Die Präqualifizierung ist eine unabhängige Eignungsprüfung, die ein Leistungserbringer bei einer Präqualifizierungsstelle durchführen lässt und die nach erfolgreichem Abschluss gegenüber allen gesetzlichen Krankenkassen als verbindlicher Eignungsnachweis gilt. Die Eignungsprüfung erfolgt anhand bestimmter Vorgaben, die jeder Leistungserbringer zu erfüllen hat. Die Vorgaben werden in einem „Kriterienkatalog“ aufgeführt, der vom GKV-Spitzenverband im Vernehmen mit den maßgeblichen Spitzenorganisationen der Leistungserbringer erstellt wird.[17]

Die Präqualifizierung bindet sich bezüglich der Präsenzzeiten des fachlichen Leiters des Handwerksbetriebes an das Handwerksrecht.[18] Insofern kommt den Eintragungen in die Handwerksrolle der jeweiligen Handwerkskammer eine wichtige Bedeutung zu: Denn neben der verwaltungsrechtlichen Feststellung, ob die handwerksrechtlichen Vorgaben erfüllt werden, hat die Eintragung direkte Auswirkungen auf die sozialrechtliche Möglichkeit der Abrechnung mit einer gesetzlichen Krankenkasse.

Die Gesundheitshandwerke stehen deshalb im Spannungsfeld zwischen den Vorgaben des (allgemeinen) Handwerksrechts und den Regelungen und Anforderungen aus dem Sozialrecht. Gesetzliche Krankenkassen, die die Hilfsmittelversorgungen zu zahlen haben, wollen und müssen sicherstellen, dass die Patienten ausreichend gut versorgt werden. Die Rechtsprechung kritisiert, dass sich die gesetzlichen Krankenkassen zu wenig um die Patientenversorgung kümmern und diese den Leistungserbringern weitgehend selbst überlasse.[19] Im Interesse der gesetzlichen Krankenversicherung, aber auch im Interesse des Gesundheits- und Verbraucherschutzes ist es daher umso wichtiger, dass die Gesundheitshandwerke mangelfreie Arbeit abliefern und die qualitativen und rechtlichen Vorgaben erfüllen.

Die Gesundheitshandwerke haben auf der anderen Seite die Anforderungen des Handwerksrechts zu erfüllen. Ihnen ist dabei gemein, dass es sich jeweils um

---

17 Vgl. https://www.gkv-spitzenverband.de/krankenversicherung/hilfsmittel/praequalifizierung/eignungskriterien/eignungskriterien.jsp

18 GKV-Spitzenverband, Empfehlungen, S. 6.

19 Vgl. BSG, Urt. v. 24.01.2013 – B 3 KR 5/12 R, in: BSGE 113, 40 (46 (Rn. 20)): „Es mutet zudem abenteuerlich an, dass die Rehabilitationsträger die Versorgung mit bestimmten Hilfsmitteln hier: Hörgeräte praktisch nicht mehr selbst vornehmen, sondern in die Hände der Leistungserbringer ‚outgesourced‘ haben.“

zulassungspflichtige Handwerke der HwO handelt. Die berufliche Qualifikation ist dabei eine wesentliche Voraussetzung für die Genehmigung eines zulassungspflichtigen Handwerks.[20] Der hohe Stellenwert der Berufsqualifikation bei den zulassungspflichtigen Handwerken belegt die starke Personengebundenheit im Handwerk.

Die Qualität der Leistung wird durch die persönliche Dienstleistungserbringung im Handwerksbetrieb definiert; das Handwerk grenzt sich gerade von der Industrie insbesondere dahingehend ab, dass „die Arbeitsleistung überwiegend **in qualifizierter Handarbeit**"[21] erbracht wird. Dreh- und Angelpunkt dieser Arbeitsleistung ist – handwerksrechtlich betrachtet – der Betriebsleiter des Handwerksbetriebs. Denn zulassungspflichtige Betriebe benötigen einen qualifizierten Betriebsleiter. Die Anforderungen an den Betriebsleiter sind indes nicht im Einzelnen in der HwO geregelt.[22] Insbesondere für die Präsenzanforderungen an den Betriebsleiter gibt es keine generellen Vorschriften.[23]

Gegenstand der nachfolgenden Untersuchung ist, ob es für die Gesundheitshandwerke besondere Anforderungen an die Präsenz des Betriebsleiters gibt und welche Konsequenzen dies im Einzelfall haben kann. Insbesondere soll Bezug genommen werden auf vergleichbare Berufe, die im Gesundheitswesen Dienstleistungen anbieten.

Dabei wird verschiedentlich der Begriff Meisterpräsenz verwendet. Der Begriff soll hier ein Synonym sein für die Betriebsleiterpräsenz. Das Handwerksrecht hatte und hat verschiedene Optionen, bei denen auch ohne einen Handwerks*meister* die Betriebsleiterpräsenz gewährleistet wird. Hier sei nur beispielhaft auf § 7 Abs. 2 S. 1 HwO (z. B. Ingenieure mit entsprechendem Studienschwerpunkt), § 7b HwO (sog. Altgesellenregelung) oder § 8 HwO (Ausnahmebewilligung) verwiesen. Die Meisterpräsenz würde daher auch durch einen Ingenieur mit entsprechendem Studienschwerpunkt, einen Altgesellen oder einen Betriebsleiter mit Ausnahmebewilligung erfüllt. Insofern wird hauptsächlich von Betriebsleiterpräsenz gesprochen, doch lässt sich – auch aufgrund der Gängigkeit des Wortes Meisterpräsenz in der Rechtsprechung[24] und Literatur[25] – seine Begriffsverwendung nicht vermeiden.

---

20 Peifer, Rn. 183.

21 Frotscher/Kramer, Rn. 548.

22 Detterbeck, GewArch 2014, 147.

23 Detterbeck, GewArch 2014, 147.

24 Vgl. BGH, Urt. v. 17.07.2013 – I ZR 222/11, in: GewArch 2013, 407 ff.

25 Vgl. Knörr, in: Honig/Knörr/Thiel, § 7 Rn. 14; Eisenmenger, in: Stober/Eisenmenger, § 48 VII 2 (S. 103); Schmitz, WiVerw 1999, 88.

Das Handwerk selbst hatte sich in der Vergangenheit bereits mit der Meisterpräsenz für Gesundheitshandwerke beschäftigt. Ein vom Zentralverband des Deutschen Handwerks (ZDH) eingerichteter Arbeitskreis, der sich aus Vertretern verschiedener Handwerkskammern und der fünf Gesundheitshandwerke zusammensetzte, gab 2013 ein „Eckpunktepapier zur Meisterpräsenz in den Betrieben der Gesundheitshandwerke“[26] heraus. Darauf aufbauend, veröffentlichte 2017 der Bundesinnungsverband für Orthopädie-Technik (BIV-OT) eine eigene Zusammenfassung zur „Meisteraufsicht und Meisterpräsenz in orthopädietechnischen Betrieben“.[27] Beide Papiere sind als handwerkspolitische Praxishilfen zu verstehen und erheben nicht den Anspruch einer wissenschaftlichen Auseinandersetzung. Die Veröffentlichungen belegen, dass sich das Handwerk der Bedeutung der Fragestellung bewusst ist. Auf einem Medientag 2012 fassten die fünf Gesundheitshandwerke zusammen, dass „die Erhaltung der Pflicht zur Meisterpräsenz bei allen gefahrengeneigten Gesundheitshandwerken unverzichtbar“ ist.[28] Vorliegend soll untersucht werden, ob und ggf. wie sich dies begründen lässt.

C. Untersuchungsgang

Die Untersuchung beginnt mit der Darstellung der bisherigen Rechtslage („Istzustand“) und nimmt dabei Bezug auf andere Berufsgruppen (u. a. Arzt und Heilpraktiker) sowie andere Rechtsgebiete (u. a. Arbeits- und Sozialrecht) und bewertet die Regelungen insbesondere aus europäischer und verfassungsrechtlicher Perspektive.

Im ersten Teil wird zunächst der Begriff des Betriebsleiters handwerksrechtlich untersucht. Danach wird die handwerksrechtliche Präsenzpflicht des Betriebsleiters aufbereitet. Verglichen wird die Präsenzpflicht im Gesundheitshandwerk mit derjenigen von Ärzten, Heilpraktikern und Apothekern. Zudem erfolgt eine Prüfung, ob es gewerberechtliche Vorgaben gibt, die für das Gesundheitshandwerk bindend sind.

Im Anschluss daran wird untersucht, ob das grundsätzliche Einfordern von Präsenzpflichten bei den Gesundheitshandwerken europarechtlich und verfassungsrechtlich zulässig ist. Schließlich wird eine Präsenzverpflichtung in anderen Rechtsgebieten wie im Sozial- und Arbeitsrecht geprüft.

---

26 ZDH, Eckpunktepapier.

27 BIV-OT, Meisterpräsenz.

28 Gesundheitshandwerke, Chancen und Risiken, S. 2.

Im zweiten Teil werden die einzelnen Ergebnisse analysiert und abschließend bewertet.

Die Untersuchung schließt mit einem dritten Teil, der als Ergebnis die verschiedenen Thesen zusammenfasst.

Teil 1: Darstellung der bestehenden Sach- und Rechtslage

A. Gesundheitshandwerke in Abgrenzung zum übrigen Handwerk

Bei dem Wort „Gesundheitshandwerk" handelt es sich um einen Begriff, der nicht in der HwO auftaucht. Er setzt sowohl eine Definition des Begriffs „Handwerk" voraus wie auch eine der Gesundheit. Aus diesem Grund ist zunächst der Begriff des „Handwerks" zu untersuchen.

I. Handwerk

Eine gesetzliche Definition, was unter „Handwerk" zu verstehen ist, gibt es nicht.[29] In der HwO, in der als „Gesetz zur Ordnung des Handwerks" eine solche Definition zu erwarten wäre, wird schlichtweg davon ausgegangen, dass die Gewerke, die in den Anlagen der HwO aufgeführt sind, Handwerksgewerke sind. Sie definiert indes nicht, wie ein Gewerk zum Handwerk wird und wie es sich von der Industrie oder einem freien Beruf abgrenzt.

1. Abgrenzung Handwerk – Industrie

Nach § 1 Abs. 2 S. 1 HwO ist ein Gewerbebetrieb dann ein Betrieb eines *zulassungspflichtigen* Handwerks, wenn er handwerksmäßig betrieben wird und ein Gewerbe vollständig umfasst, das in der Anlage A der HwO aufgeführt ist, oder wenn in ihm Tätigkeiten ausgeübt werden, die für dieses Gewerbe wesentlich sind.

Diese Aussage zeigt zunächst, dass im Handwerk zwischen zulassungspflichtigen und zulassungsfreien Gewerken unterschieden wird. Die zulassungspflichtigen Handwerke sind in der Anlage A der HwO aufgeführt. Bei ihnen wird verlangt, dass sie handwerksmäßig betrieben werden. Wie aber eine solche „handwerksmäßige Betreibung" aussieht, wird in der HwO nicht weiter geregelt.

---

29 Oeter (in: von Mangoldt/Klein/Starck, Art. 74 Rn. 90) führt aus, dass sich der Gesetzgeber „nicht an eine Legaldefinition herangewagt hat", da über den Begriff des Handwerks zu wenig Klarheit bestehe. Dem ist entgegenzuhalten, dass eine gesetzliche Begriffsbestimmung die dynamische Fortentwicklung des Handwerks einengen würde (vgl. Detterbeck, DDBR, § 1 Rn. 16).

Die gesetzgeberische Zurückhaltung[30] bei den Begrifflichkeiten führt zu Abgrenzungsschwierigkeiten, insbesondere zu industriellen Gewerken.

Der Unterschied besteht u. a. darin, dass für das Handwerk eine Pflichtmitgliedschaft in der HwK besteht und für die Industrie in der IHK.[31] Ein Handwerksbetrieb muss einen qualifizierten Betriebsleiter haben, der wiederum in der Industrie nicht verlangt wird. Die Einordnung hat damit folgenschwere Konsequenzen.

Gemäß § 1 Abs. 1 S. 1 IHKG haben die Industrie- und Handelskammern die Aufgabe des Gesamtinteresses der ihnen zugehörigen Gewerbetreibenden wahrzunehmen und weitere Aufgaben zu übernehmen, soweit nicht eine Zuständigkeit der Organisationen des Handwerks vorliegt. Ein „Regel-Ausnahme"-Prinzip oder eine „Vorfahrt" zugunsten der IHK lässt sich danach nicht erkennen. § 2 Abs. 3 IHKG stellt zudem fest, dass eine Zugehörigkeit zur IHK für den nichthandwerklichen oder nichthandwerksähnlichen Betriebsteil eines Handwerksbetriebs besteht, der eine entsprechende Mischform aufweist. Daraus lässt sich Folgendes im Umkehrschluss feststellen:

Die Zugehörigkeit zur IHK entfällt, und eine alleinige Pflichtmitgliedschaft in der HwK besteht dann, „soweit und solange jemand wegen eines Handwerksbetriebs als selbstständiger Handwerker in die Handwerksrolle [...] oder in das Verzeichnis der zulassungsfreien Handwerke [...] oder wegen eines handwerksähnlichen Betriebs in das Verzeichnis der handwerksähnlichen Betriebe [...] eingetragen ist und ausschließlich entsprechende Tätigkeiten ausübt".[32]

Wie aber nun ein Gewerk zum „Handwerk" wird, ist auch daraus nicht erkennbar.

In der Abgrenzung zur Industrie sprechen folgende Punkte für die Annahme eines handwerksmäßigen Betriebs:[33]

- persönliche Mitarbeit des Betriebsleiters
- geringe Arbeitsteilung zwischen Betriebsleiter und anderen Mitarbeitern
- technische Hilfsmittel unterstützen lediglich die primäre Handarbeit
- geringe Betriebsgröße
- niedriger Kapitaleinsatz
- Beschäftigung in erster Linie handwerklich ausgebildeter Mitarbeiter
- individuelle Fertigung

---

30 Detterbeck, § 1 Rn. 44.

31 Vgl. zur Abgrenzung die kritischen Hinweise von Stober, in: AW, § 43 V 3 (S. 287).

32 Jahn, in: Frentzel/Jäkel/Junge, § 2 Rn. 118.

33 Entnommen von Ziekow, § 11 Rn. 18.

Gegen eine solche Abgrenzungsliste lassen sich naturgemäß viele Einwände vorbringen: Warum soll eine geringe Betriebsgröße oder ein niedriger Kapitaleinsatz ausschlaggebend für eine Einordnung im Handwerk sein? Natürlich kann über jedes Kriterium im Einzelfall diskutiert werden, und es lassen sich auch Einzelfälle finden, die gerade nicht zu den Kriterien passen.

Die genannten Punkte dienen dabei als Hilfestellung für eine Gesamtbetrachtung und stellen Leitplanken zur Unterstützung dar, um eine gewisse Orientierung zu geben, ohne den Anspruch, Antworten für jeden Fall bieten zu können.

Maßgeblich zur Einordnung wird in erster Linie die individuelle Fertigung[34] sein, bei der Maschinen die Handfertigkeit lediglich unterstützen.[35] Denn diese Unterscheidung stellt maßgeblich auf die Begrifflichkeit des *Hand*werks ab. Die individuelle Fertigung erfolgt durch eine vergleichsweise geringe Arbeitsteilung.

2. *Dynamischer Handwerksbegriff*

Die fehlende abschließende Definition des Handwerksbegriffs hat allerdings ihren Sinn und Zweck. Das BVerfG stellte fest, dass sich das Handwerk „aus einer Vielheit einzelner Zweige" zusammensetzte, die „ständiger Wandlung" unterlägen.[36] Der Gesetzgeber nimmt sich deshalb das Recht heraus, „nach dem Stand der gewerblichen und technischen Entwicklung neue Berufsbilder zu definieren und in die Anlage A aufzunehmen."[37]

In der fehlenden Legaldefinition des Handwerksbegriffs liegt folglich keine Lücke des Gesetzes. Vielmehr entspricht sie der dynamischen Fort- und Weiterentwicklung dieser Wirtschaftsform, die durch eine Definition eingeengt werden könnte.[38] Dem Gesetzgeber wird dadurch „ein gewisser Spielraum"[39] zugestanden. Ein generelles Abgrenzungskriterium gibt es folglich nicht.[40] Die ursprüngliche Intention des Gesetzgebers bestand gerade darin, die Zulassungspflicht

---

34 Thiel, in: Honig/Knörr/Thiel, § 1 Rn. 38; Oeter, in: von Mangoldt/Klein/Starck, Art. 74 Rn. 90; vgl. auch: Degenhart, in: Sachs, Art. 74 Rn. 45: Kennzeichen des Handwerks ist die „geringere Arbeitsteiligkeit und stärkere Individualisierung der Tätigkeit, damit verbunden typischerweise umfassendere Qualifikation der Beschäftigten und persönliche Mitarbeit des Inhabers". Die Arbeitsteilung nennt als wichtigen Indikator auch Fetzer (in: Steiner/Brinktrine, § 6 Rn. 277).

35 Detterbeck, DDBR, § 1 Rn. 25.

36 BVerfG, Urt. v. 17.07.1961 – 1 BvL 44/55, in: BVerfGE 13, 97 (110).

37 Oeter, in: von Mangoldt/Klein/Starck, Art. 74 Rn. 90.

38 Detterbeck, § 1 Rn. 35; so auch Schreiner, in: Schwannecke, § 1 Rn. 53.

39 Vgl. BVerfG, Urt. v. 17.07.1961 – 1 BvL 44/55, in: BVerfGE 13, 97 (117).

40 Leisner, in: Leisner, § 1 Rn. 30.

nicht auf bestimmte Handwerkszweige zu beschränken.[41] Vielmehr ging es ihm um Regelungen für das Handwerk als Ganzes.[42]

Der Gesetzgeber nahm Abgrenzungsprobleme in Kauf, um das Handwerk nicht auf bestimmte Produktionsarten, Arbeitsmethoden oder Vorgehensweisen vorab und abschließend einzuschränken. Diese Freiheiten formuliert er dann auch in der HwO. In § 1 Abs. 3 HwO ermächtigt der Gesetzgeber das federführende Bundesministerium damit, Gewerke, die in der Anlage A der HwO aufgeführt sind, zu streichen, zusammenzufassen, zu trennen oder Bezeichnungen festzusetzen, soweit es die technische und wirtschaftliche Entwicklung erfordert.

Die Rechtsprechung[43] und Literatur[44] sprechen daher auch von einem dynamischen Handwerksbegriff. Der dynamische Handwerksbegriff besagt nach den Erläuterungen des BVerwG, „daß sich das Handwerk als solches der technischen Entwicklung anpassen und sich diese Entwicklung zunutze machen darf, ohne Gefahr zu laufen, dadurch die Handwerkseigenschaft zu verlieren. So gesehen erweist sich der dynamische Handwerksbegriff als Anpassung an die wirtschaftliche Wirklichkeit und als ein Bestandsschutz für das Handwerk.“[45]

Am „dynamischen Handwerksbegriff“ wurde kritisiert, dass jede Ausdehnung des Berufsbildes eine Einschränkung der Gewerbefreiheit bewirke.[46] Bestimmte Tätigkeiten würden in Deutschland zu handwerklichen Tätigkeiten „gemacht“, die in anderen europäischen Staaten keine wären; dadurch werde die Gewerbefreiheit mehr oder weniger eingeschränkt.[47] Dächte man diese Ansicht konsequent weiter, würde sich das Handwerk, zumindest aber Teile von ihm, sukzessive abschaffen. Wie bereits jetzt bestimmte handwerkliche Gewerke aufgrund des technischen Wandels nicht mehr ausgeübt werden[48], würden die Gewerke der HwO weniger, dürften aber mit der oben genannten Begründung keine neuen Tätigkeiten aufnehmen. Ein solches Ergebnis widerspräche dem

---

41 Vgl. BVerfG, Urt. v. 17.07.1961 – 1 BvL 44/55, in: BVerfGE 13, 97 (109).

42 Vgl. BVerfG, Urt. v. 17.07.1961 – 1 BvL 44/55, in: BVerfGE 13, 97 (110).

43 BVerwG, Urt. v. 21.12.1993 – 1 C 1/92, in: GewArch 1994, 199 (201); BVerwG, Urt. v. 26.04.1994 – 1 C 17/92, in: GewArch 1994, 474 (476).

44 Vgl. Honig, NVwZ 2003, 172 (173); Jahn, GewArch 1994, 312 (313 f.).

45 BVerwG, Urt. v. 21.12.1993 – 1 C 1/92, in: GewArch 1994, 199 (201).

46 Czybulka, in: Schmidt, § 2 Rn. 7.

47 Czybulka, in: Schmidt, § 2 Rn. 7.

48 Honig (NVwZ 2003, 172 (173)) verweist darauf, dass einige Handwerke auch zusammengefasst wurden: Schmied und Schlosser im Metallbauerhandwerk.

Schutzzweck der HwO und dem Sinn einer Zulassungspflicht des Handwerks.[49] Die HwO will nicht bestimmte *Gewerke* schützen, sondern bestimmte *Tätigkeiten*. Wenn es sich um neue Tätigkeiten handelt, die handwerklich ausgeübt werden, besteht für sie der gleiche Schutzzweck und das gleiche Schutzrecht wie für anerkannte Handwerksgewerke. Wenn sich ein Handwerk neue Tätigkeitsfelder erschließt, „die bei lebensnaher Betrachtungsweise den bisherigen Tätigkeitsbereich ergänzen", wachsen sie dem Handwerk auch zu.[50] Aus diesem Grund ist das Berufsbild der einzelnen Handwerke nicht statisch, sondern dynamisch.[51]

Trotz fehlender Legaldefinition ist die Gruppe des Handwerks erkennbar. Nach Ansicht des BVerfG stellt sich das Handwerk als eine einheitliche soziale Gruppe dar, die durch geschichtliche Entwicklung, Tradition, typische Besonderheiten ihrer Tätigkeiten, Lebensstil und Standesbewusstsein von den Angehörigen anderer Berufsgruppen abzugrenzen ist.[52] „Auch die besondere Betriebs- und Beschäftigtenstruktur weist ihm einen eigenen sozialen Standort in der mittelständischen gewerblichen Wirtschaft an", so das BVerfG.[53] Abgestellt wird dabei auf das Gesamtbild der Tätigkeit,[54] wobei für eine Handwerksmäßigkeit spricht, wenn „die Arbeitsleistung überwiegend **in qualifizierter Handarbeit** erbracht wird".[55]

Bei allen Gewerken, die in der Anlage A der HwO aufgeführt sind, handelt es sich um zulassungspflichtige Handwerke. Die Anlagen der HwO sind Bestandteile des Gesetzes.[56] Im Ergebnis gibt es zwar keine feste Definition des Begriffs des Handwerks, aber die HwO hat in ihren Anlagen verschiedene Gewerke als Handwerksgewerbe eingeordnet und als solche festgelegt.

3. *Zulassungspflichtiges Handwerk*

Ein zulassungspflichtiges Handwerk benötigt eine Genehmigung, die durch die Eintragung in die Handwerksrolle erfolgt.[57] Für zulassungsfreie Handwerke

---

49 Detterbeck weist in GewArch 2012, 337 darauf hin, dass eine Versperrung des Zugangs zu neuen Techniken und Tätigkeitsbereichen die Berufsausübungsfreiheit des Art. 12 Abs. 1 GG unverhältnismäßig beschränken würde.

50 Detterbeck, GewArch 2012, 337.

51 Detterbeck, GewArch 2012, 337.

52 BVerfG, Urt. v. 17.07.1961 – 1 BvL 44/55, in: BVerfGE 13, 97 (110).

53 BVerfG, Urt. v. 17.07.1961 – 1 BvL 44/55, in: BVerfGE 13, 97 (110).

54 Frotscher/Kramer, Rn. 547.

55 Frotscher/Kramer, Rn. 548.

56 Ehlers, in: Ehlers u. a., § 19 Rn. 19.

57 Leisner, in: Leisner, § 1 Rn. 7.

(Anlage B 1 der HwO) oder handwerksähnliche Gewerbe (Anlage B 2 der HwO) besteht nach § 18 Abs. 1 HwO allein eine Anzeige- sowie eine Eintragungspflicht in das entsprechende Verzeichnis (§ 19 HwO), allerdings keine Genehmigungspflicht. Für den überwiegenden Teil des Handwerks ist die Betätigung folglich genehmigungsfrei.[58]

Für den selbstständigen Betrieb eines zulassungspflichtigen Handwerks als stehendes Gewerbe bedarf es der Eintragung in die Handwerksrolle. Um dort eingetragen werden zu können, bedarf es eines qualifizierten Abschlusses des Betriebsleiters (bzw. eines Dispenses). Somit bildet sich bei den zulassungspflichtigen Handwerken der Anlage A der HwO eine Gruppe, deren gemeinsamer Nenner darin besteht, dass für sie bestimmte Eintragungsvoraussetzungen und auch Eintragungspflichten bestehen (Notwendigkeit eines qualifizierten Betriebsleiters).

Die Anlage A der HwO differenziert nicht weiter nach verschiedenen Tätigkeitsarten. Vielmehr werden dort 41 Gewerke aufgeführt, die so unterschiedlich sind wie die der Maurer- und Betonbauer (Nr. 1), der Dachdecker (Nr. 4), der Schornsteinfeger (Nr. 12), der Kraftfahrzeugtechniker (Nr. 20), der Elektrotechniker (Nr. 25), der Bäcker (Nr. 30), der Fleischer (Nr. 32) oder die fünf Gesundheitshandwerker (Nr. 33–37).

Nach der „Mustersatzung für Handwerkskammern"[59] lassen sich die zulassungspflichtigen Gewerke der Anlage A in folgende Gruppen unterteilen:

- Bau- und Ausbau-Gewerbe (z. B. Maurer und Betonbauer, Dachdecker)
- Elektro- und Metallgewerbe (z. B. Kraftfahrzeugtechniker, Elektrotechniker)
- Holzgewerbe (Tischler, Boots- und Schiffbauer)
- Nahrungsmittelgewerbe (Bäcker, Konditoren und Fleischer)
- Gewerbe für Gesundheits- und Körperpflege und Glas und sonstige Gewerbe (z. B. Augenoptiker, Glaser und Seiler)

Die Gruppen zeigen nochmals deutlich die Heterogenität der verschiedenen Gewerke auf.

4. *Ergebnis*

„Das Handwerk" gibt es nicht in definitorischem Sinne, da sich „diese Wirtschaftsform dynamisch fortentwickelt und deshalb nicht durch eine gesetzliche

---

58 Leisner, in: Leisner, § 18 Rn. 5.

59 Vgl. § 5 Abs. 2 Mustersatzung für Handwerkskammern (in: Schwannecke, Anlagen, Nr. 765).

Begriffsbestimmung eingeengt werden" soll.[60] „Das Handwerk" umfasst eine Vielzahl ganz unterschiedlicher Gewerke. Die Einordnung, ob es sich bei einer Betriebsform um „Handwerk" handelt, erfolgt „nach dem **Gesamtbild der Tätigkeit**".[61] Dabei ist für die Einordnung nicht maßgeblich, wie der Betrieb selbst seine Arbeit bezeichnet: „Entscheidend ist handwerksrechtlich, ob die jeweiligen Tätigkeiten diesem Begriffsinhalt zuzuordnen sind"[62].

II. Gesundheitshandwerke

Handwerke, die Gesundheitsdienstleistungen anbieten, werden häufig als Gesundheitshandwerke bezeichnet.[63] Der Begriff „Gesundheitshandwerke" steht nicht in der HwO. Bei einer Änderung des JVEG[64] fand er allerdings Aufnahme in die Anlage 1 (Nr. 14) zu § 9 Abs. 1 JVEG, sodass er erstmals eine offizielle bundesgesetzliche Erwähnung erfuhr.

Gemeinhin werden folgende Gewerke dem Gesundheitshandwerk zugeordnet: Augenoptiker, Hörakustiker, Orthopädieschuhmacher, Orthopädietechniker und Zahntechniker.[65] Bei den fünf Gewerken handelt es sich jeweils um Handwerke (i. S. d. HwO), die im Gesundheitswesen Dienstleistungen anbieten.

1. Gemeinsamkeiten der fünf Gewerke

Diesen fünf Handwerken ist die Erbringung von handwerklich-technischen Leistungen am oder für den Körper des Menschen gemein.

a) Handwerkliche Gemeinsamkeit

Der Begriff des Gesundheitshandwerks zeigt zunächst, dass es sich allein um Gewerke handelt, die rechtlich als *Handwerk* einzuordnen sind. Freie Berufe oder Gewerke, die gemäß § 1 Abs. 1 IHKG IHK-pflichtig sind, können daher bereits aufgrund des fehlenden Tatbestands des Handwerks nicht darunterfallen.

---

60 Detterbeck, DDBR, § 1 Rn. 16.

61 Frotscher/Kramer, Rn. 547.

62 Leisner, in: Leisner § 1 Rn. 32.

63 Vgl. Schmitz, WiVerw 1999, 88 (89).

64 2. Gesetz zur Modernisierung des Kostenrechts v. 23.07.2013 (BGBl. 2013 Teil I, Nr. 42, S. 2586).

65 Igl, in: Igl/Welti, § 12 Rn. 5; Zuck, in: Quaas/Zuck, § 39 Rn. 1; Detterbeck, GewArch 2014, 147; Schmitz, WiVerw 1999, 88 (91).

Der *Gesundheits*begriff wird als diffus[66] bezeichnet, weshalb es keine allgemein-anerkannte Legaldefinition gibt. Der Begriff betrifft die gesundheitliche Versorgung, sodass es sich um Tätigkeiten aus diesem Bereich handeln muss.

Die gesundheitliche Versorgung[67] umfasst:

- Kuration
- Rehabilitation
- Pflege
- Palliation
- Gesundheitsförderung/Prävention

Die *Gesundheits*handwerke haben daher Tätigkeiten aus dem Bereich der Gesundheitsversorgung zu erfüllen, um als Gesundheitshandwerke auch – im Vergleich zu den übrigen Handwerken – wahrgenommen zu werden.

aa) Handwerk

Bei allen fünf Gewerken handelt es sich um zulassungspflichtige Handwerke i. S. d. HwO. Der selbstständige Betrieb eines zulassungspflichtigen Handwerks als stehendes Gewerbe ist gemäß § 1 Abs. 1 S. 1 HwO nur den in der Handwerksrolle eingetragenen natürlichen und juristischen Personen und Personengesellschaften gestattet. Wer also ein zulassungspflichtiges Handwerk selbstständig als stehendes Gesundheitshandwerk betreiben will, muss sich in die Handwerksrolle eintragen lassen.

aaa) Qualifikation

Stillschweigendes Voraussetzungskriterium ist für alle Gesundheitshandwerke die fachliche Befähigung i. S. d. §§ 7 ff. HwO durch einen qualifizierten Betriebsleiter (z. B. mittels „großen Befähigungsnachweises“). Diese Erlaubnis wird weiterhin für das gesamte Handwerk als verfassungsgemäß angesehen.[68]

Kritik, die den großen Befähigungsnachweis im Handwerksrecht als nicht mehr verhältnismäßig ansieht[69], ihn als nicht mehr verfassungsgemäßen Konkurrenz- und unzulässigen Mittelstandsschutz bezeichnet[70] oder Bedenken

66 Zuck, in: Quaas/Zuck, § 5 Rn. 10.

67 Nach einem Schaubild von Igl, in: Igl/Welti, § 2 Rn. 1.

68 Frotscher/Kramer, Rn. 538 ff.; insbesondere Rn. 540.

69 Scholz, in: Maunz/Dürig, Art. 12 Rn. 358; ähnlich: Winkler, in: BerlinerK-GG, Art. 12 Rn. 97; D. König, AöR 1993, 591 (610 ff. zur alten HwO).

70 Manssen, in: von Mangoldt/Klein/Starck, Art. 12 Rn. 249; ihm folgend: Jarass, in: Jarass/Pieroth, Art. 12 Rn. 46. Ebenso kritisch: Czybulka, in: Schmidt, § 2 Rn. 8; 153 ff.; Köhler, in: Köhler/Bornkamm, § 3a Rn. 1.143.

bezüglich der Einhaltung des Bestimmtheitsgebots[71] äußert, pauschalisiert ihr Ergebnis auf alle Handwerke der Anlage A der HwO und prüft gerade nicht gesondert und speziell (z. B. für die Gesundheitshandwerke), ob aufgrund der besonderen Gefahrengeneigtheit hier (zumindest für bestimmte Gewerke der Anlage A der HwO) weiterhin ein solches Eignungskriterium notwendig sowie verhältnismäßig ist und bleibt.

bbb) Handwerksmäßigkeit

Gemäß § 1 Abs. 2 S. 1 HwO wird ein Gewerbebetrieb als zulassungspflichtiges Handwerk geführt, wenn er handwerksmäßig betrieben wird und ein Gewerbe vollständig umfasst, das in der Anlage A der HwO aufgeführt ist, oder wenn in ihm Tätigkeiten ausgeübt werden, die für dieses Gewerbe wesentlich sind. Die hier genannten fünf Gesundheitshandwerke sind in der Anlage A der HwO aufgeführt und werden ausschließlich handwerklich betrieben, denn gerade bei den Gesundheitshandwerken handelt es sich bei den Kerntätigkeiten (s. u.) um ein „Werk der Hände“[72] in Abgrenzung zur Industrie, weil bei der Gesundheitsversorgung Individualanfertigungen erfolgen[73] und die notwendigen Maschinen lediglich zur Unterstützung der Handfertigkeit benötigt werden.[74]

ccc) Stehendes Gewerbe

Gesundheitshandwerke haben eine Betriebsstätte, von der sie aus versorgen bzw. bei Zahntechnikern ihre Leistung ausüben. Der Kunde (Patient) sucht also grundsätzlich[75] den Gesundheitshandwerker auf und nicht der Gesundheitshandwerker den Kunden. Anders als im Baugewerbe gibt es in der Regel keinen auswärtigen Arbeitsort, der vom Auftraggeber vorgegeben wird.

Wird ein Gewerk nicht im Reisegewerbe (vgl. §§ 55 ff. GewO) oder auf Messen, Ausstellungen oder Märkten (vgl. §§ 64 ff. GewO) ausgeübt, liegt ein stehendes Gewerbe vor.[76] Ein Reisegewerbe betreibt i. S. d. § 55 Abs. 1 GewO hingegen, wer gewerbsmäßig ohne vorhergehende Bestellung außerhalb seiner gewerblichen Niederlassung oder ohne eine solche zu haben bestimmte Waren anbietet oder Tätigkeiten ausübt.

---

71 Mirbach, NVwZ 2001, 161 (162).

72 Frotscher/Kramer, Rn. 548; Bulla, GB 2012, 257 (261).

73 Vgl. Thiel, in: Honig/Knörr/Thiel, § 1 Rn. 38; Ziekow, § 11 Rn. 18.

74 Vgl. Detterbeck, DDBR, § 1 Rn. 25; Ziekow, § 11 Rn. 18.

75 In der Zahntechnik sucht in der Regel der Patient nicht den Zahntechniker auf, sondern den Zahnarzt.

76 Detterbeck, § 1 Rn. 26.

Im Reisegewerbe können grundsätzlich Tätigkeiten, für die im stehenden Gewerbe eine „Meisterpflicht" besteht, ohne entsprechenden Titel ausgeübt werden, sodass an eine Tätigkeit im Reisegewerbe geringere Anforderungen gestellt werden als für die gleiche Tätigkeit im stehenden Gewerbe.[77] Nach *Eisenmenger* verstößt dies gegen „das systematisch und teleologisch zu interpretierende Konzept des Handwerksrechts, das durch das Reisegewerberecht nicht ausgehöhlt werden darf."[78]

In den Gesundheitshandwerken dürfte keine Ausführung der Arbeiten im Reisegewerbe möglich sein, weil die Tätigkeiten im Reisegewerbe ohne vorhergehende Bestellung angeboten werden müssen. Das bedeutet, dass der Gewerbetreibende unangemeldet zum Kunden kommt.[79] Es darf folglich gerade keine Terminvereinbarung erfolgen oder ein entsprechender Kundenwunsch geäußert werden.[80] Der BGH stellte hierzu im Übrigen fest, dass sich bei Dienstleistungen, die in Form einer Beratung oder Behandlung erbracht werden und bei denen ein längerer Zeitraum dafür in Anspruch genommen werden kann, häufig die Gewohnheit herausgebildet hat, dass diese üblicherweise nur nach vorheriger Terminvereinbarung durchgeführt werden.[81]

Versorgungen mit Brillen oder Hörsystemen, Zahnersatz, Prothesen oder Schuheinlagen können regelmäßig nicht *ad hoc* an der Haustür vorgenommen werden, sondern setzen eine intensive Beratung, Behandlung und Betreuung voraus.

Bestimmte Tätigkeiten sind im Übrigen wegen der allgemeinen Gefährlichkeit des reisenden Gewerbes aus Gründen des Verbraucherschutzes und zur Verhinderung strafbarer Handlungen verboten.[82] Nach § 56 Abs. 1 Nr. 1 lit. d (u. a. Bandagen, orthopädische Fußstützen, Brillen und Augengläser) und f (elektromedizinische Geräte einschließlich Hörgeräte) GewO ist die Ausübung von Gesundheitshandwerken als Reisegewerbe verboten. Das Verbot soll einen umfassenden Schutz des Verbrauchers vor Gesundheitsschäden gewährleisten.[83]

---

77 Frotscher/Kramer, Rn. 413.

78 Eisenmenger, in: Eisenmenger/Stober, § 46 IV 1 (S. 68). Inwieweit die reisegewerbliche Liberalität mit der im stehenden Handwerk festgestellten Gefahrengeneigtheit (noch) gerechtfertigt werden kann, ist hier nicht zu untersuchen und zu bewerten. Vgl. hierzu auch die Kritik von Ehlers, in: Ehlers u. a., § 19 Rn. 18.

79 Ennuschat, in: Tettinger u. a., § 55 Rn. 15.

80 Ennuschat, in: Tettinger u. a., § 55 Rn. 15.

81 BGH, Urt. v. 17.07.2013 – I ZR 222/11, in: GewArch 2013, 407 (408).

82 Eisenmenger, in: Eisenmenger/Stober, § 46 IV 6 (S. 70).

83 Korte, in: Friauf, § 56 Rn. 46.

Dem Verbot gemein ist als Grundvoraussetzung, dass die verbotenen Tätigkeiten im Reisegewerbe angeboten werden. Insofern unterscheidet der Gesetzgeber im Reisegewerberecht der GewO zwischen den Gesundheitshandwerken und den übrigen Handwerken und rechtfertigt dies insbesondere mit dem Gesundheits- und Verbraucherschutz.

ddd) Hausbesuche

Ob Versorgungen außerhalb der (zugelassenen) Betriebsstätte im Gesundheitshandwerk zwar nicht als Reisegewerbe, aber als Hausbesuch deshalb rechtlich erlaubt, fachlich sinnvoll und technisch möglich sind, ist umstritten. Explizite gesetzliche Verbote gibt es nicht, da es sich bei solchen Hausbesuchen wegen der eingetragenen Betriebsstätte nicht um die Ausübung eines Reisegewerbes handelt.

Standesrechtlich werden Hausbesuche (sofern kein Notfall vorliegt) von den jeweiligen Standesorganisationen im Gesundheitshandwerk mitunter kritisch betrachtet.[84] Eine Augenoptikerinnung setzte gegen einen Augenoptiker durch, dass diesem das Bewerben und Anbieten von Leistungen außerhalb seines Fachgeschäfts wegen eines Verstoßes gegen das Lauterkeitsrecht untersagt wurde.[85] Zur damaligen Zeit konnten Standesverstöße lauterkeitsrechtlich über § 1 UWG aF verfolgt werden, nach dem eine unzulässige Wettbewerbshandlung darin vorliegen konnte, dass jemand zu Wettbewerbszwecken einer gefestigten Standesauffassung und -übung zuwiderhandelt, sofern dieses Verhalten auch von der Allgemeinheit nicht gutgeheißen wird.[86] Eine solche Regelung findet sich im aktuellen UWG nicht mehr. Sofern sie nicht in Gesetzen oder autonomen Körperschaftssatzungen auftauchen, stellen Standesregeln keine gesetzlichen Vorschriften i. S. d. § 3a UWG dar, sondern können allein indizielle Bedeutung für die Feststellung der Unlauterkeit einer geschäftlichen Handlung haben.[87] In diesen Fällen kann auf den Grundtatbestand des § 3 UWG zurückgegriffen werden, denn auch nicht gesetzliche Regelungen können zum Maßstab der lauterkeitsrechtlichen Beurteilung erhoben werden, wenn sie Gepflogenheiten manifestieren und festhalten, die üblich sind.[88]

In der Praxis werden immer wieder Fälle genannt, bei denen mobile Hörakustiker oder Augenoptiker insbesondere in Seniorenheimen oder -residenzen

84 Vgl. z. B. den Hinweis des ZVA unter http://www.zva.de/content/mobile-augenoptik
85 OLG Koblenz, Beschl. v. 16.07.1987 – 6 U 675/87, in: GRUR 1987, 729.
86 Vgl. OLG Koblenz, Beschl. v. 16.07.1987 – 6 U 675/87, in: GRUR 1987, 729.
87 Köhler, in: Köhler/Bornkamm, § 3a Rn. 1.60.
88 Götting/Hetmank, in: Fezer u. a., § 3a Rn. 57.

Grundversorgungen anbieten und durchführen. Sozialrechtlich ist diese Versorgung schon deshalb problematisch, da die Versorgung nicht aus der präqualifizierten Betriebsstätte heraus erfolgt, sodass hier ggf. bei der gesetzlichen Krankenkasse ein Irrtum über den Versorgungsort hervorgerufen wird. Inwiefern daher eine solche Versorgung mit Abrechnung durch die Krankenkasse möglich ist, erscheint zweifelhaft. Im Ergebnis handelt es sich aber um Randerscheinungen, da zur Erbringung des Großteils der Kernleistungen (Hörtest, Sehtest, Fußabdruck usw.) eine ausgerüstete Betriebsstätte notwendig ist.

eee) Ergebnis

Bei den fünf Gesundheitshandwerken handelt es sich um Handwerk, das in der Regel von einer Betriebsstätte aus betrieben wird, die von den Kunden (nicht bei den Zahntechnikern) zur Versorgung aufgesucht wird.

bb) Besondere Gefahrengeneigtheit

Regelmäßig werden die Tätigkeiten der Gesundheitshandwerke als gefahrengeneigt bezeichnet.[89]

Bei einem Gefahrenhandwerk muss der Betriebsleiter „in **Eilfällen jederzeit und ohne erheblichen Zeitverlust erreichbar** sein“[90], weshalb hohe Anforderungen an die Meisterpräsenz gestellt werden.[91]

Das Kriterium des Gefahrenhandwerks oder der Gefahrengeneigtheit eignet sich aktuell allerdings nur noch bedingt, um eine spezielle Gemeinsamkeit der fünf Gesundheitshandwerke festzustellen, die sich wiederum von den anderen zulassungspflichtigen Gewerken abgrenzen. Dies ist die Konsequenz der Handwerksrechtsreform vom 24. Dezember 2003, die am 1. Januar 2004 in Kraft trat.[92]

aaa) Problematik des Kriteriums der Gefahrengeneigtheit als Abgrenzung

2004 traten Änderungen der HwO aufgrund der sog. großen und kleinen Handwerksnovelle in Kraft. Sie wurden als die „massivsten Veränderungen des deutschen Handwerksrechts seit 1953“[93] bezeichnet. Ein Schwerpunkt der

---

89 Vgl. VG Göttingen, Urt. v. 05.07.1994 - 1 A 1271/93, in: GewArch 1994, 423 (425); Schl.-Holst. VG, Urt. v. 09.03.2000 - 12 A 150/99, in: GewArch 2000, 426 (427); Schmitz, WiVerw 1999, 88 (92); Wiemers, DVBl. 2012, 942 (944).

90 Karsten, in: Schwannecke, § 7 Rn. 39.

91 Karsten, in: Schwannecke, § 7 Rn. 41; Knörr, in: Honig/Knörr/Thiel, § 7 Rn. 14.

92 Dritte Gesetz zur Änderung der Handwerksordnung und anderer handwerksrechtlicher Vorschriften, BGBl. 2003, Teil I, Nr. 66, S. 2934 (2952).

93 Ruthig, in: Ruthig/Storr, Rn. 458.

Handwerksnovellen war dabei auch die Neustrukturierung der Anlagen A und B der HwO.

(1) Zulassungspflicht wegen Gefahrengeneigtheit und Ausbildungsleistung

Bis zur Reform war Hauptzweck der HwO und Rechtfertigung für die Meisterprüfung „die Erhaltung des Leistungsstandes und der Leistungsfähigkeit des Handwerks, die Qualitätssicherung sowie die Sicherung des Nachwuchses für die gesamte gewerbliche Wirtschaft".[94] Durch die Novelle sollte „die Anlage A [...] auf den Kreis der Handwerke beschränkt [werden], die im Hinblick auf Leben und Gesundheit Dritter gefahrgeneigt sind."[95] Das Kriterium der Gefahrengeneigtheit wurde zusätzlich um die Ausbildungsleistung ergänzt, um der überdurchschnittlichen Ausbildungsleistung des Handwerks Rechnung zu tragen.[96] Somit wurden der Zweck und die Rechtfertigung der HwO und der Meisterpflicht elementar geändert und auf die beiden Kriterien „Gefahrengeneigtheit" und „Ausbildungsleistung" reduziert.

Aufschlussreich ist bei dieser maßgeblichen Änderung, dass damit (wohl unbewusst) die früheren verfassungsrechtlichen Zweifel des Landesverwaltungsgerichts Hannover aus dem Jahr 1955 gegen die §§ 1, 7 HwO aF aufgegriffen wurden.[97] Sie führten seinerzeit dazu, dass das Gericht eine Entscheidung des BVerfG zur Verfassungsmäßigkeit der Bestimmungen über den „Befähigungsnachweis" herbeiführte.[98]

Das Landesverwaltungsgericht vertrat damals die Auffassung, dass die Forderung eines Befähigungsnachweises allein „bei solchen Handwerken gerechtfertigt [sei], bei denen die unsachgemäße Ausübung Gefahren für die Allgemeinheit oder einzelne Bürger mit sich bringe."[99]

Das BVerfG folgte dieser Ansicht nicht; es hatte keine Einwände, dass „es dem Gesetzgeber nicht darauf an [kam], Gefahren für die Gesamtheit oder die Einzelnen aus einer unsachgemäßen Berufsausübung abzuwenden, die bei zahlreichen Handwerkszweigen drohen [...]"[100], sondern dass sein Interesse vielmehr

94 Müller, GewArch 2007, 361; vgl. hierzu BVerfG, Urt. v. 17.07.1961 – 1 BvL 44/55, in: BVerfGE 13, 97 (107).

95 BT-Drs. 15/1206, 22.

96 BR-Plenarprot. 795/2003, S. 503 (A).

97 Vgl. BVerfG, Urt. v. 17.07.1961 – 1 BvL 44/55, in: BVerfGE 13, 97 (98).

98 BVerfG, Urt. v. 17.07.1961 – 1 BvL 44/55, in: BVerfGE 13, 97 (100).

99 BVerfG, Urt. v. 17.07.1961 – 1 BvL 44/55, in: BVerfGE 13, 97 (100).

100 BVerfG, Urt. v. 17.07.1961 – 1 BvL 44/55, in: BVerfGE 13, 97 (110).

„der Erhaltung und Förderung eines gesunden, leistungsfähigen Handwerkstandes als Ganzen" galt.[101]

Ebenso kommt die Änderung der Rechtfertigung der Zulassungspflicht an anderer Stelle geäußerter Kritik entgegen, wonach „[f]ür die zukünftige Legitimation eines besonderen Handwerksrechts [...] der Schutz der Verbraucher und [...] artikulationsfähige Allgemeininteressen, nicht Standesinteressen ausschlaggebend sein" müssen.[102]

Gefahrengeneigt sollten dabei gemäß der Erklärung des Berichterstatters des Vermittlungsausschusses nur solche Handwerke sein, „deren fachgerechte Ausübung mit dem Ziel der Vermeidung von Gefahren für Leben oder Gesundheit Dritter in der Regel eine besonders gründliche handwerkliche Ausbildung erfordert".[103]

Die Kriterien „Gefahrengeneigtheit" und „Ausbildungsleistung" stehen als gleichberechtigte Zuordnungskriterien nebeneinander.[104] Beide rechtfertigen jeweils alternativ, dass ein Gewerk in der Anlage A der HwO aufgeführt bleibt.[105] Dies ergibt sich aus der Erklärung des Berichterstatters, wonach „[d]ie Kriterien der Gefahrgeneigtheit und der Ausbildungsleistung [...] bei einer Anzahl von Gewerben kumulativ" zuträfen.[106] Das bedeutet dann aber, dass es sowohl Gewerke geben muss, bei denen die Kriterien gerade nicht kumulativ vorliegen[107], wie es aber auch Handwerke geben wird, bei denen beide Kriterien erfüllt sind: Denn eine besondere Gefahrneigung könnte auch eine besondere Ausbildungsintensität bedingen.[108]

(2) Gefahrengeneigtheit kein Alleinstellungsmerkmal der Gesundheitshandwerke mehr

Zwar lässt sich nicht von vornherein sagen, dass die Eintragung eines Gewerks in der Anlage A der HwO den zwingenden Rückschluss zulässt, es handle sich hier um ein gefahrengeneigtes Gewerk. Denn als Aufnahmekriterium wäre auch die Ausbildungsleistung zulässig.

---

101 BVerfG, Urt. v. 17.07.1961 – 1 BvL 44/55, in: BVerfGE 13, 97 (110).

102 Czybulka, in: Schmidt, § 2 Rn. 155.

103 BR-Plenarprot. 795/2003, S. 517 (C; Anlage 19).

104 Schwannecke/Heck, GewArch 2004, 129 (130); so auch Müller, GewArch 2007, 361 (363).

105 BR-Plenarprot. 795/2003, S. 517 (C; Anlage 19).

106 BR-Plenarprot. 795/2003, S. 517 (C; Anlage 19).

107 Vgl. OVG Nordrhein-Westfalen, Urt. v. 20.11.2017 – 4 A 1113/13, in: GewArch 2018, 72 (73).

108 Leisner, in: Leisner, Einl., Rn. 16.

Der Gesetzgeber hat für das Kriterium der Gefahrengeneigtheit eine recht hohe Hürde gelegt: Die Gefahrengeneigtheit soll das betreffende Gewerbe prägen, wobei Häufigkeit und Wahrscheinlichkeit des Gefahreintritts zu berücksichtigen seien.[109] Eine generelle gefahrengeneigte Prägung erkannte der Gesetzgeber bei den Gesundheitshandwerken: Durch eine fehlerhafte Behandlung, falsche Messungen oder Fehlanpassungen beständen Gefahren von Gesundheitsschäden.[110]

Allerdings stellte der Gesetzgeber eine Gefahrengeneigtheit nicht allein bei den Gesundheitshandwerken fest, sondern auch im Bereich des Bau- und Ausbaugewerbes sowie des Elektro- und Metallgewerbes.[111] Bei den Arbeiten des Schreiners könnten z. B. Gefahren „in Bezug auf die Standfestigkeit von Treppen"[112] entstehen, „die unsachgemäße Überprüfung von Feuerungs- und Lüftungsanlagen"[113] könne erhebliche Gefährdungen zur Folge haben, schließlich könnten z. B. beim Metallgewerbe „unsachgemäß konstruierte Aufbauten zum Einsturz von Bauteilen und Unfällen bei Fahrzeugen führen".[114]

(3) Besondere Gefahrengeneigtheit

Diese grundsätzliche Einführung des Unterscheidungsmerkmals „Gefahrengeneigtheit" für die (Mehrzahl der) Gewerke der Anlage A der HwO führt allerdings nicht dazu, dass der Aspekt der Gefahrengeneigtheit kein typisches Charakteristikum der Gesundheitshandwerke mehr ist.

Zwar können grundsätzlich alle Handwerke der Anlage A als gefahrengeneigt gelten (eindeutige Hinweise, dass eines der zwölf noch nachträglich in die Anlage A der HwO aufgenommenen Gewerke aufgrund seiner Ausbildungsleistung aufgenommen wurde, bestehen nicht, doch wird dies – ohne konkreter zu werden – unterstellt)[115]. Doch diese gesetzgeberische Einstufung ändert nichts an der bereits früher bestehenden Unterscheidung zwischen den Gesundheitshandwerken und der (Mehrzahl der) übrigen Gewerke der Anlage A der HwO, die als weniger gefahrengeneigt angesehen werden.

---

109 BT-Drs. 15/1206, 41.

110 BT-Drs. 15/1206, 42.

111 BT-Drs. 15/1206, 42.

112 BT-Drs. 15/1206, 42.

113 BT-Drs. 15/1206, 42.

114 BT-Drs. 15/1206, 42.

115 Kormann/Hüpers, GewArch 2004, 353 (354). Müller (NVwZ 2004, 403 (409)) geht davon aus, dass „insbesondere das Bäcker-, das Konditoren- und das Friseurhandwerk ihren Verbleib in der Anlage" dem Kriterium der Ausbildungsleistung verdankten, ohne dies näher zu begründen. Dies wird angezweifelt vom BVerwG, Urt. v. 31.08.2011 – 8 C 8/10, in: GewArch 2012, 35 (38).

Geändert hat sich allein, dass der Gesetzgeber die Handwerke danach einteilt (in die Anlage A oder B der HwO), ob sie gefahrengeneigt sind. Da bei den Gesundheitshandwerken – in Abgrenzung zu den übrigen Handwerken – bereits in der Vergangenheit von der Rechtsprechung angenommen wurde, dass sie gefahrengeneigt sind und dies gerade als wesentlich für die Abgrenzung zu anderen Handwerken der Anlage A der HwO angesehen wurde, ist daraus zu schließen, dass den Gesundheitshandwerken nun eine *besondere* Gefahrengeneigtheit[116] zugeschrieben wird. Denn nunmehr sind auch solche Gewerke in der Anlage A der HwO als gefahrengeneigt aufgeführt, die im Vergleich zu den Gesundheitshandwerken immer noch weniger gefahrengeneigt sind. Der Abstand verbleibt, auch durch die Aufnahme des Kriteriums der Gefahrengeneigtheit durch den Gesetzgeber, und er wird durch die Bezeichnung „besondere Gefahrgeneigtheit"[117] bei den Gesundheitshandwerken wiederhergestellt und ausgewiesen.

Die besondere Gefahrengeneigtheit bei den Arbeiten und Tätigkeiten der Gesundheitshandwerke unterscheidet sich von der Mehrzahl der übrigen Gewerke in der Anlage A der HwO dadurch, dass Fehler und Mängel zu einer unmittelbaren Schädigung des Verbrauchers führen. Der Verbraucher wird durch den Fehler oder Mangel des Hilfsmittels direkt in seiner körperlichen Unversehrtheit, also in seiner Gesundheit im biologisch-physiologischen Sinn,[118] beeinträchtigt und geschädigt. Die Folgen der Fehler und Mängel erleidet allein der Verbraucher, da dieser das Hilfsmittel unmittelbar nutzt.

Fehlerhafte Tätigkeiten des Gesundheitshandwerks haben direkte Auswirkungen auf den Patienten; der Hörakustiker, der das Hörsystem fehlerhaft anpasst, oder der Augenoptiker, der die falschen Kontaktlinsen abgibt, können unmittelbar den Patienten und seine Gesundheit schädigen.

Bei den übrigen Handwerken können Fehler und Mängel auch zur Schädigung des Verbrauchers führen (eine mangelhafte Treppe z. B.), doch befinden sich die fehlerhaften Produkte nicht unmittelbar am Verbraucher wie ein Hörgerät, eine Prothese oder Zahnersatz und können keine unmittelbaren Auswirkungen auf den Körper haben.

Eine Unterscheidung zwischen den Gesundheitshandwerken und den übrigen Handwerken wird auch bei der Ausnahmebewilligung i. S. d. § 8 HwO deutlich. Derjenige, der einen Antrag auf eine Ausnahmebewilligung stellt, muss die

116 So auch ZDH, Eckpunktepapier, S. 3.
117 Vgl. ZDH, Eckpunktepapier, S. 3 f.
118 Detterbeck, ÖR, Rn. 337.

notwendigen Kenntnisse und Fertigkeiten nachweisen. Wegen der Gefahren, die bei der unsachgemäßen Ausübung eines Gesundheitshandwerks entstehen können, werden dort strengere Voraussetzungen an den Nachweis der Kenntnisse und Fertigkeiten gestellt als bei anderen Handwerken.[119]

Diese besondere Gefahrengeneigtheit führt dazu, dass der Abstand bzw. die Abgrenzung zu den übrigen Handwerken weiterhin in der Form besteht, dass die Gefahrengeneigtheit bei den Gesundheitshandwerken als besondere Gefahrengeneigtheit bezeichnet wird. Das schließt nicht aus, dass ggf. auch andere, weitere Gewerke der Anlage A der HwO ebenso als besonders gefahrengeneigt angesehen werden könnten. Aber das Kriterium der besonderen Gefahrengeneigtheit eint zumindest die betroffenen Gesundheitshandwerke und grenzt diese von der Vielzahl der anderen Handwerke der Anlage A der HwO ab.

bbb) Untersuchung der besonderen Gefahrengeneigtheit

Die Unterscheidung der besonderen Gefahrengeneigtheit von der allgemeinen Gefahrengeneigtheit bei anderen Handwerken der Anlage A der HwO entspricht der bisherigen Abgrenzung durch die Rechtsprechung[120], die auch von der Literatur[121] vertreten wurde.

In der Vergangenheit wurden die Tätigkeiten der Gesundheitshandwerke stets als gefahrengeneigt bewertet und dem folgend eine permanente Meisterpräsenz gefordert. Denn bei einer unsachgemäßen Ausübung eines Gesundheitshandwerks wären Verbraucher nicht unerheblichen Gesundheitsgefahren ausgesetzt.[122] Dieser Ansicht folgte auch der BGH in einem wettbewerbsrechtlichen Verfahren: Bei Gesundheitshandwerken könne eine unzureichende Handwerkstätigkeit weitreichende Folgen haben.[123]

Nicht weiter nachgegangen werden muss der Frage, ob es neben den Gesundheitshandwerken auch in der Vergangenheit andere Handwerke gab, die bereits damals als ebenso gefahrengeneigt angesehen wurden,[124] sodass auch für diese eine besondere Gefahrengeneigtheit (im Verhältnis und Vergleich zu den übrigen Gewerken) besteht. Denn auch wenn es neben den Gesundheitshandwerken

119 OVG Lüneburg, Urt. v. 18.02.1976 – VII OVG A 24/73, in: GewArch 1976, 166 (168, für das Augenoptiker-Handwerk).

120 Vgl. OLG Stuttgart, Urt. v. 28.6.1991 – 2 U 275/90 (nicht veröffentlicht), S. 16.

121 Vgl. Schmitz, WiVerw 1999, 88 (91).

122 Detterbeck, GewArch 2014, 147.

123 BGH, Urt. v. 17.7.2013 – I ZR 222/11, in: GewArch 2013, 407 (409).

124 OVG Lüneburg, Beschl. v. 29.09.2011 – 8 ME 105/11 für das Zimmerer- und Dachdeckerhandwerk, in: DVBl. 2011, 1503 (dort nur LS).

weitere besonders gefahrengeneigte Handwerke gab und damit weiterhin gibt, bleibt es dabei, dass es einen qualitativen Abstand hinsichtlich der Gesundheitsgefährdung zu vielen anderen Handwerken der Anlage A der HwO gab und weiterhin gibt. Der Abstand resultiert daraus, dass die Arbeiten in den anderen Handwerken weniger gefährlich für die Verbraucher sind, zumindest aber keine unmittelbare Gefährdung durch die Ausübung des Handwerks besteht. Beispiele aus der Anlage A der HwO sind: Straßenbauer (Nr. 5), Informationstechniker (Nr. 19), Seiler (Nr. 29) oder Glaser (Nr. 39). Auch diese Gewerke mögen gefahrengeneigt sein, doch führt eine Schlechtleistung nicht zu einer unmittelbaren Schädigung des Verbrauchers.

Im Folgenden wird das besondere Gefährdungspotenzial der einzelnen Gesundheitshandwerke dargelegt. Dabei wird insbesondere auf die jeweiligen Ausbildungs- und Meisterprüfungsverordnungen Bezug genommen. Dort werden jeweils Fertigkeiten, Kenntnisse und Fähigkeiten aufgeführt, die für das jeweilige Berufsbild charakteristisch sind.[125]

Die Meisterverordnungen und Berufsausbildungsverordnungen definieren nicht letztverbindlich, welche Tätigkeiten *wesentlich* für das Handwerk sind.[126] Sie haben aber Indizcharakter.[127] Auf eine handwerksrechtliche Unterscheidung zwischen wesentlicher und unwesentlicher Tätigkeit kommt es aber in der vorliegenden Prüfung nicht an, da etwaige *gefahrengeneigte* Tätigkeiten eines Gesundheitshandwerks „stets der ständigen Meisterpräsenz [unterliegen] – unabhängig von ihrer Qualifizierung als wesentlich oder unwesentlich."[128] Denn die spezielle Gefahrengeneigtheit und der damit verbundene Gesundheits- und Verbraucherschutz rechtfertigt stets eine Präsenzverpflichtung.

Insofern ist maßgeblich für die Prüfung, ob es in den Gesundheitshandwerken *gefahrengeneigte* Tätigkeiten gibt. Das Berufsbild wird durch die Meisterprüfungs- und Ausbildungsverordnung bestimmt[129], weshalb diese zur Prüfung herangezogen werden.

(1) Augenoptiker (Nr. 33)

Die Aufgaben des Augenoptikers ergeben sich aus dem Ausbildungsrahmenplan und Ausbildungsberufsbild i. S. d. § 3 AugenoptAusbV. Der Augenoptiker berät danach den Kunden und ermittelt seinen etwaigen Korrektionsbedarf;

125 Detterbeck, WiVerw 2009, 227 (232).
126 Detterbeck, GewArch 2018, 264 (265).
127 Detterbeck, WiVerw 2009, 227 (232).
128 Detterbeck, GewArch 2014, 147 (151).
129 Detterbeck, WiVerw 2009, 227 (231) für die Hörakustik.

er bearbeitet und fasst Brillengläser ein, modifiziert Brillen und passt diese an. In § 2 Abs. 2 Nr. 9 AugOptMstrV ist zudem festgelegt, dass Augenoptiker-Meister Refraktionen der Augen mit objektiven Methoden messen.

Das Augenoptiker-Handwerk ist deshalb von der Beratung und Auswahl, der Anfertigung sowie der Anpassung der Brillen und Kontaktlinsen geprägt.[130] Dabei überprüft der Augenoptiker sämtliche Daten einer ärztlichen Brillenverordnung und ermittelt diese nochmals selbstständig, sofern er Unstimmigkeiten feststellt oder der Kunde dies wünscht.[131] Zur Behebung eines Sehfehlers müssen Brillengläser eingeschliffen werden, eine individuelle Augenglasbestimmung, eine exakte Messung der Dioptrienzahl sowie die Wahl eines Brillengestells vorgenommen werden.[132] Der Augenoptiker ist gerade kein bloßer Einzelhändler mit Brillen, kein reiner „Brillenverkäufer", da eine Brille den individuellen, optischen, anatomischen und ästhetischen Erfordernissen genügen muss.[133] Er hat deshalb „die von der Industrie serienmäßig als Halbfabrikate gefertigten leeren Brillenfassungen und ungerandeten Gläser in handwerklicher Arbeit für die speziellen optischen, anatomischen und ästhetischen Gegebenheiten beim einzelnen Brillenträger zuzurichten und zu vollwertigen individuellen Korrektionsbrillen zu verarbeiten."[134]

Folgende Gefahren bestehen u. a. bei einer mangelhaften Augenoptiker-Leistung:

- Beschwerden wie Druckgefühl an Ohren und Nase bei mangelhafter Beratung bei der Wahl von Brillengestellen und Brillengläsern[135]
- Kopfschmerzen, Schwindelgefühl, Druckgefühl in den Augen, Augentränen, herabgesetzte Akkommodationsgeschwindigkeit bei mangelhafter Anpassung der Brille[136]
- Kopfschmerzen und Schwindelgefühl bei fehlerhafter Bestimmung der Gläserstärke[137]
- Gefahren bei der Teilnahme am Straßenverkehr[138]
- Verzicht auf Arztbesuche wegen fehlerhafter Tonometrie/Perimetrie[139]

---

130 Badura, GewArch 1992, 201.
131 Detterbeck, GewArch 2012, 337 (339).
132 VG Göttingen, Urt. v. 05.07.1994 – 1 A 1271/93, in: GewArch 1994, 423 (425).
133 VG Augsburg, Urt. v. 10.09.1971 – 13 III 71, in: GewArch 1972, 69.
134 VG Augsburg, Urt. v. 10.09.1971 – 13 III 71, in: GewArch 1972, 69.
135 VG Göttingen, Urt. v. 05.07.1994 – 1 A 1271/93, in: GewArch 1994, 423 (425).
136 Badura, GewArch 1992, 201 (207).
137 VG Göttingen, Urt. v. 05.07.1994 – 1 A 1271/93, in: GewArch 1994, 423 (425).
138 VG Göttingen, Urt. v. 05.07.1994 – 1 A 1271/93, in: GewArch 1994, 423 (425).
139 BGH, Urt. v. 21.06.2001 – I ZR 197/00, in: NJW 2001, 3408 (3410).

Bei der Anamnese können folgende Auffälligkeiten auftreten:[140]

- Augenschmerzen: Möglichkeit eines Glaukoms
- Kopfschmerzen: Möglichkeit eines Glaukoms

Gerade im Bereich der Kontaktlinsenversorgung können immer wieder folgende Beschwerden auftreten:

- Augentränen bei falscher Augenvermessung für die Anfertigung von Kontaktlinsen[141]
- Beschädigungen der Hornhaut bei falscher Augenvermessung für die Anfertigung von Kontaktlinsen[142]

Das Tragen von Kontaktlinsen ist mit gesundheitlichen Risiken verbunden.[143] Hier besteht deshalb schon von Anfang an die Notwendigkeit der Abklärung von Kontraindikationen, ob also der Kunde überhaupt Kontaktlinsen tragen kann.

Folgende Kontraindikationen bestehen u. a.:

- „Entzündliche Erkrankungen der Tränendrüse, Bindehaut, Tränenwege und Lider.
- Glaukom nach Filtrationsoperationen, wenn Gefahr der Sickerkisseninfektion droht.
- Epilepsie.
- Allgemeinleiden mit Herabsetzung der manuellen Fertigkeiten.“[144]
- beim Tragen von VT-Kontaktlinsen (dabei handelt es sich um Kontaktlinsen, die mehrere Tage ununterbrochen auf dem Auge verbleiben)[145]: Diabetes mellitus, erhöhte Schilddrüsenfunktion, Allergien[146]
- Lidfehlstellungen[147]
- Sicca-Syndrom, je nach Ausprägung[148]

---

140 Nach Methling, S. 450 (von dort ausgewählte Beispiele). Plange (in: Goebeler/Walter/Westhofen, S. 60) weist darauf hin, dass ein Glaukomanfall ein Notfall ist, der sofort vom Augenarzt behandelt werden muss.

141 VG Göttingen, Urt. v. 05.07.1994 – 1 A 1271/93, in: GewArch 1994, 423 (425 f.).

142 VG Göttingen, Urt. v. 05.07.1994 – 1 A 1271/93, in: GewArch 1994, 423 (425 f.).

143 Detterbeck, GewArch 2012, 337 (338).

144 Nach Methling, S. 331 (von dort ausgewählte Beispiele).

145 Methling, S. 330.

146 Methling, S. 331 (Diabetes mellitus = Sammelbezeichnung für Glukosestoffwechselstörungen (Pschyrembel, S. 404)).

147 Frisch, in: Augustin, S. 602.

148 Frisch, in: Augustin, S. 603 (Sicca-Syndrom = Trockenheit der Mundhöhle und Augen (Pschyrembel, S. 1666)).

Die Konsequenzen der mangelhaften Tätigkeiten eines Augenoptikers können daher zu unmittelbaren Gesundheitsschäden beim Verbraucher führen. Diese können auch mittelbar entstehen, wenn ein Fehlsichtiger eine optisch wahrnehmbare Gefahrenquelle z. B. im Straßenverkehr nicht (mehr rechtzeitig) erkennt.[149] Aus den genannten Gründen liegt eine besondere Gefahrengeneigtheit vor.

(2) Hörakustiker (Nr. 34)

Zum Berufsbild des Hörakustikers gehören insbesondere die Auswahl und Anpassung von Hörgeräten und anderen Geräten der akustischen Kommunikation (§ 1 Abs. 1 Nr. 1 HörgAkMstrV). Dazu werden nach dem Berufsbild (§ 1 Abs. 1 HörgAkMstrV) die erforderlichen Kenndaten des Gehörs ermittelt, eine Abformung des äußeren Ohres vorgenommen und Ohrpassstücke (Otoplastiken) angefertigt. Die Anfertigung der Ohrabformung, die Einweisung in den Gebrauch des Hörgerätes einschließlich des Zubehörs, die Hörgerätefeineinstellung und Nachjustierung, die Annahme und Weiterleitung von Wartungs- und Reparaturaufträgen, die Mitwirkung bei der Nachlieferung verlorener Hörsysteme, die Beratung und Einweisung des Hörgeräteträgers, die Reinigung und die Durchführung einfacher Austauscharbeiten sowie die Dokumentation der erbrachten Leistungen sind dabei Kernleistungen des Hörakustikers.[150]

Anpassung eines Hörgerätes bedeutet, dass der Hörakustiker das Hörsystem auf den individuellen Hörverlust des Schwerhörigen einstellt. Um eine solche Einstellung vornehmen zu können, muss zuvor der Hörverlust des Hörgeschädigten ermittelt werden. Dabei wird auch die sogenannte Unbehaglichkeitsgrenze ermittelt. Als Unbehaglichkeitsschwelle bezeichnet man den Pegel, ab dem ein Ton unangenehm laut wird.[151] Diese Grenze ist notwendig, um zu erfahren, ab wann bei dem Hörgeschädigten eine bestimmte Lautstärke als zu laut und unangenehm empfunden wird. Die Ermittlung erfolgt dabei gleitend. Das bedeutet, dass die Intensität der Lautstärke sukzessive erhöht wird, bis die Lautstärke als unangenehm empfunden wird.[152] Ziel ist es dabei, dem Hören eines Nicht-Hörgeschädigten möglichst nahe zu kommen.

---

149 Detterbeck, GewArch 2014, 147 (152).

150 Nach VG München, Urt. v. 25.04.2017 – M 16 K 15.5455 sind die Aufklärung des Patienten, Weiterleitung der Versorgungsanzeige, Beratung und Information sowie Einweisung in Gebrauch und Pflege keine wesentlichen Tätigkeiten.

151 Ulrich/Hoffmann, S. 166.

152 Hesse, in: Lehnhardt/Laszig, S. 140.

Bei der Anpassung bedarf es folglich sowohl einer ständigen Interaktion zwischen Hörakustiker und Hörgeschädigten als auch der Fähigkeiten und Fertigkeiten des Hörakustikers, die Rückmeldungen des Hörgeschädigten nicht nur zu verstehen, sondern auch erfolgreich umzusetzen. Diese audiologischen Tätigkeiten des Hörakustikers erfordern neben anatomischen Kenntnissen des Ohres auch besonderes Wissen über physiologisch-psychologische Gegebenheiten.[153]

Eine fehlerhafte Anpassung und mangelhafte Versorgung können weitreichende Auswirkungen auf die Gesundheit des Hörgeschädigten haben. Wäre die Anpassung zu niederschwellig, würde der Hörgeschädigte weiterhin nicht ausreichend hören. Dies kann wiederum zu negativen Folgen z. B. im Straßenverkehr führen.[154] Der Hörgeschädigte, der davon ausgeht, dass er aufgrund seiner (vermeintlich erfolgreichen) Versorgung wieder ausreichend hört, wird aktiv am Verkehr teilnehmen (als Fußgänger, Radfahrer, Autofahrer usw.). Verlässt er sich auf sein vermeintlich wiederhergestelltes Hörvermögen, ist dieses aber nicht ausreichend wiederhergestellt, könnte dies zu Schäden und Schädigungen Dritter führen (z. B. durch Verkehrsunfälle, die eintreten, weil der Hörgeschädigte eine Klingel, eine Hupe usw. nicht gehört hat). Zudem bringt er sich selbst in Gefahr.

Noch problematischer ist dabei die fehlerhafte Anpassung, wenn sie einen zu hohen Lautstärkebereich erreicht. Hierdurch kann das Hörvermögen eines Hörgeschädigten gravierend und dauerhaft geschädigt werden. Aus einem leichten oder mittleren Hörverlust könnte sich ein schwerwiegender Hörverlust entwickeln („an Taubheit grenzend schwerhörig"). Zudem kann durch eine fehlerhafte Anpassung ein Tinnitus[155] entstehen. Insbesondere das kindliche Hörvermögen kann frühzeitig irreversibel geschädigt werden.

Bei *Böhme/Welzl-Müller* heißt es dazu: „Gerade im Hinblick auf die starken Hörgeräte, die bei der Versorgung hochgradig hörgeschädigter Kinder zum Einsatz kommen, muss die Möglichkeit einer zusätzlichen Hörschädigung durch das Hörgerät entsprechend einer chronischen Lärmschädigung in Betracht gezogen werden."[156]

Weiter heißt es: „Das Hörgerät stellt ein gewisses Risiko für eine Zunahme des Hörschadens, vor allem bei Kindern, die praktisch ihr Leben lang ein Hörgerät

---

153 Dohrn, GewArch 1986, 116 (119), der vertritt, dass es sich eigentlich um einen Gehörakustiker handle.

154 Detterbeck, GewArch 2014, 147 (152).

155 Ein- oder beidseitiges Ohrgeräusch, das konstant, intermittierend, anfallsweise oder progredient auftritt (Pschyrembel, S. 1806).

156 Böhme/Welzl-Müller, S. 265.

tragen, dar. Durch sorgfältige Anpassung hinsichtlich Verstärkung und ständige Kontrolle kann dieses Risiko jedoch relativ niedrig gehalten werden."[157]

Auch *Steffens* weist auf die Problematik der Kinderversorgung hin: Auf der einen Seite ist es „[d]ie wichtigste Aufgabe der Hörgeräte [...], **Sprache erlernbar** zu machen. Das Sprachspektrum normal laut gesprochener Sprache muss in all seinen Einzelheiten hörbar werden, so dass eine weitgehend normale Sprachentwicklung vollzogen werden kann. Das bedeutet, dass schon Hörstörungen ab 20 dB eine Hörgeräteversorgung indizieren."[158] Auf der anderen Seite darf die Versorgung gerade nicht kontraproduktiv wirken: „Kleine Kinder tragen ihre Hörgeräte in der Regel mit fest eingestellter Verstärkung. Sie sind noch nicht in der Lage, die Verstärkung situationsbedingt zu beurteilen. Dadurch besteht **die Gefahr unerkannter zu geringer bzw. zu hoher Verstärkung**."[159]

In Kreisen der Hörakustik heißt es, dass gerade in den 70er/80er-Jahren des zwanzigsten Jahrhunderts das Resthörvermögen von Kindern von einzelnen überambitionierten Hörakustikern geradezu „kaputt" angepasst wurde, sodass durch den bloßen Einsatz von Lautstärke auch das verbleibende Resthörvermögen dauerhaft beschädigt wurde. Belege finden sich für diese Aussagen nicht, die Diskussion darüber wird indes als kontrovers[160] bezeichnet.

Bei der Abnahme von Abformungen wird dem Hörgeschädigten Abformungsmasse in das Ohr gespritzt. Zuvor wird das Trommelfell durch eine Tamponade abgedeckt. Die Tamponade verhindert, „dass die Abdruckmasse bis zum Trommelfell gelangt und dadurch Schaden anrichtet."[161] Die Masse wird, nachdem sie erhärtet wurde, wieder aus dem Ohr herausgezogen und dann als Negativmasse für eine sogenannte Otoplastik benutzt. Die Otoplastik verbindet das Hörgerät mit dem Ohr und dient deshalb u. a. dem besseren Halt.

Gerade bei der Abformung können immer wieder Fehler auftreten, weshalb es sich um eine „verantwortungsvolle handwerkliche Tätigkeit [handelt], die medizinische und psychologische Grundkenntnisse voraussetzt".[162] Die gesundheitlichen Gefahren bei der Ohrabformung liegen zunächst darin, dass „[m]oderne Abformmaterialien [...] zumeist sehr weich eingestellt"[163] sind. „Weichkonsistente Massen stellen allerdings auch eine gewisse Gefahr dar, weil sie mühelos

157 Böhme/Welzl-Müller, S. 265.
158 Steffens, in: Strutz/Mann, S. 979.
159 Steffens, in: Strutz/Mann, S. 979.
160 Vgl. Kinkel, in: Lehnhardt/Laszig, S. 183.
161 Ulrich/Hoffmann, S. 969.
162 Voogdt, S. 172.
163 Voogdt, S. 172.

Hinterschneidungen ausfüllen und Trommelfellperforationen durchwandern können."[164] Die Gefährdung wird wie folgt beschrieben: „Gelangt das Abformmaterial durch eine Trommelfell-Perforation in den Mittelohrraum, so härtet es dort aus und ist nur durch eine sehr aufwendige Operation wieder zu entfernen. Bleibende Gehörschäden können die Folge sein."[165]

Selbst bei einem intakten Trommelfell stellt die Ohrabformung eine besonders gefahrengeneigte Tätigkeit dar. „Auch bei intaktem Trommelfell sollte das Abformmaterial nicht den gesamten Gehörgang ausfüllen, da bei der anschließenden Entnahme des ausvulkanisierten Materials durch den entstehenden Unterdruck und durch die Reibung zwischen Abformmaterial und der empfindlichen Gehörgangswand sehr schmerzhafte Verletzungen entstehen können."[166]

Durch Unachtsamkeit kann das Trommelfell beim Anbringen der Tamponade beschädigt werden.[167] Die durch die Abformung hergestellte Otoplastik wiederum entscheidet über den optimalen Sitz des Hörsystems sowie dessen Funktion.[168]

Insbesondere bei Kindern hat sich der Hörakustiker vor der Ohrabformung zu vergewissern, ob die Kinder sog. Paukenröhrchen[169] besitzen, die im Trommelfell sitzen.[170] Vor der Einsetzung des Wattetampons in den Gehörgang ist auf ein Paukenröhrchen zu achten,[171] „[e]in Herausrutschen oder gar Hineinstoßen [des Paukenröhrchens] darf nicht geschehen"[172], da sonst mit erheblichen Verletzungen zu rechnen ist.

---

164 Voogdt, S. 172.

165 Voogdt, S. 178.

166 Voogdt, S. 178.

167 Ulrich/Hoffmann (S. 969) empfehlen, dass bei Tätigkeiten am Gehörgang eine Abstützung am Kopf des Kunden erfolgen muss.

168 Detterbeck, WiVerw 2009, 227 (240).

169 Bei dem Paukenröhrchen handelt es sich um ein „[i]n das Trommelfell eingelegtes Kunststoff- oder Edelmetallröhrchen zur Belüftung des Mittelohrs und damit Rekonstituierung der Paukenhöhlenschleimhaut." (Pschyrembel, S. 1365). Es kommt bei einem Tubenkatarrh zur Anwendung, bei dem eine „akute oder chronische Form der Tubenbelüftungsstörung im Rahmen von akuten Atemwegsinfektionen" vorliegt (Pschyrembel, S. 1842). Bis zu 90 % aller Kinder erkranken daran (Strutz, in: Strutz/Mann, S. 254; so auch Voogdt, S. 309: „ca. 80 bis 90 Prozent der dreijährigen Hörbehinderten").

170 Voogdt, S. 314.

171 Voogdt, S. 309.

172 Voogdt, S. 314.

Zudem muss sich der Hörakustiker auch mit der (aktuellen) Technik und der Funktionsweise des Hörsystems auskennen, weshalb die umfassende Einweisung in den Gebrauch einschließlich der Bedienung eine wichtige Voraussetzung zur erfolgreichen Versorgung darstellt.[173]

Folgende Schäden können u. a. bei einer mangelhaften Hörakustiker-Leistung auftreten:

- Schädigung des Gehörs durch fehlerhafte audiometrische Messung: Notwendig ist die Messung der sogenannten Unbehaglichkeitsgrenze, um den Hörverlust genau zu lokalisieren. Diese sog. U-Schwelle ist der Bereich, in dem die gehörten Geräusche und Töne schmerzhaft für den Patienten werden. Zu spätes Erkennen, dass die U-Schwelle bereits erreicht wurde bzw. zu spätes Reagieren auf etwaige Aussagen des Patienten, kann zu Tinnitus oder Schwerhörigkeit führen.
- Fehlerhaftes Einlaufen der eingebrachten Abdruckmasse in den Gehörgang und in das Mittelohr führt zu folgenden Schädigungen: „[Es zeigte sich, dass das] Trommelfell links irreparabel zerstört war, und dass auch Teile der Gehörknöchelchen zerstört waren. Das Trommelfell musste durch ein Transplantat ersetzt werden und Gehörknöchelchen durch entsprechende Titanprothesen. Der Geschmacksnerv musste bei dem Eingriff durchtrennt werden. Es verblieben eine hochgradige Störung der Hörfähigkeit links, ein leichtes Druckgefühl, leichte Schwindelanfälle sowie eine unangenehme Oberflächentaubheit im Bereich des äußeren Ohres."[174]

Tätigkeiten in der Hörakustik sind daher besonders gefahrengeneigt, weil bei ihnen eine unsachgemäße Ausübung zu unmittelbaren Gesundheitsschäden führen und dies weitreichende Folgen für die Gesundheit des Hörgeschädigten haben kann.

(3) Orthopädietechniker (Nr. 35)

In der Nr. 35 der Anlage A der HwO wird der Gewerbeausführende als „Orthopädietechniker" bezeichnet. In § 1 OrthAusbVO wird dieser in seiner Ausbildungsverordnung (vom 15. Mai 2013) als Orthopädietechnik-Mechaniker benannt. Die Meister-Verordnung (vom 26. April 1994) spricht in § 1 Abs. 1 Nr. 1 OrthBandMstrV vom Orthopädiemechaniker- und Bandagisten-Handwerk.

173 Detterbeck, WiVerw 2009, 227 (239).

174 Vgl. Neu, NÄ 2013/10 (für eine HNO-Arztpraxis, http://www.haeverlag.de/nae/n_beitrag.php?id=4174).

Zur Vereinheitlichung wird hier der Terminus des Orthopädietechnikers nach der Nr. 35 der Anlage A der HwO verwendet.

Nach ihrem Berufsbild versorgen Orthopädietechniker Verbraucher mit einer Vielzahl von verschiedenen Hilfsmitteln. Dazu zählen Prothesen[175], Orthesen[176], Bandagen, Rollstühle, medizinische Kompressionsstrümpfe, Stoma-Artikel[177] oder Epithesen[178]. Die Arbeit beschränkt sich nicht auf die Abgabe, sondern auch die Auswahl, Anmessung, Anfertigung und Anpassung gehören dazu (§ 1 Abs. 1 OrthBandMstrV). Der Schwerpunkt der Tätigkeiten liegt in der Vorbeugung und Rehabilitation.[179] Orthopädietechniker haben „die Aufgabe, krankhafte Veränderungen des menschlichen Haltungs- und Bewegungsapparates mit mechanischen Mitteln, mit Prothesen, Orthesen und Rehabilitationsmustern zu versorgen."[180] Dafür kennt der Orthopädietechniker „das zu versorgende Krankheitsbild und plant die altersmäßige und der Behinderung entsprechende Hilfsmittelversorgung unter Beachtung möglicher zukünftiger körperlicher Veränderungen bei höchster Gebrauchssicherheit und körperlicher Akzeptanz."[181] Insbesondere hat er Veränderungen bei kindlichem Wachstum und altersbedingten Bewegungseinschränkungen bei der Versorgung zu beachten.[182]

Die Beurteilung anatomischer, physiologischer, biomechanischer und pathologischer Gegebenheiten gehören gemäß § 4 Abs. 3 Nr. 2 lit. a OrthAusbVO zur Berufsausbildung. In der Meisterprüfung sind Kenntnisse der Anatomie, Physiologie und Pathologie gemäß § 5 Abs. 1 Nr. 3 lit. b OrthBandMstrV nachzuweisen und werden gemäß § 1 Abs. 2 Nr. 1 OrthBandMstrV dem Handwerk auch zugerechnet. Ebenso zählen Kenntnisse über technisch-diagnostische Analysemethoden (insbesondere der Röntgentechnik) und über die orthopädischen Untersuchungsmethoden und Therapien (insbesondere hinsichtlich Muskelstatus und Gelenkbeweglichkeit) nach § 1 Abs. 2 Nr. 3, 5 OrthBandMstrV dazu.

---

175 Prothesen: Künstlicher Ersatz von Körperteilen (Pschyrembel, S. 1473).

176 Orthesen: Apparat zur Stabilisierung, Entlastung, Ruhigstellung usw. von Extremitäten, Rumpf oder Wirbelsäule (Pschyrembel, S. 1314).

177 Stoma: Operativ hergestellte Öffnung eines Hohlorgans nach außen (z. B. künstlicher Ausgang des Darms, Pschyrembel, S. 1728).

178 Epithesen: Individuell modelliertes Körperersatzstück zur Deckung von Oberflächendefekten, insbesondere im Gesicht (Pschyrembel, S. 522).

179 Zuck, in: Quaas/Zuck, § 42 Rn. 2.

180 Dittmer, in: Wellmitz, Nr. 1.3.2 (S. 31).

181 Dittmer, in: Wellmitz, Nr. 1.3.2 (S. 31).

182 Dittmer, in: Wellmitz, Nr. 1.3.2 (S. 31).

Wird nun eine Prothese fehlerhaft ausgemessen, konstruiert oder angepasst, kann dies den Patienten dauerhaft schädigen. Heilungsprozesse können verzögert oder sogar verhindert werden, Fehlbildungen sind möglich. Aus diesem Grund gehören zu den Voraussetzungen einer erfolgreichen Versorgung bereits „[a]natomische und physiologische Grundkenntnisse über Form und Aufbau des Skelettsystems und über die Regulationen der Lebensvorgänge".[183]

Dies kann am Beispiel der Skoliose (Rückgratverkrümmung) dargestellt werden: „Das Ausmaß der Skoliose und die nach den Ursachen und der Lokalisation unterschiedliche Verschlechterungstendenz bestimmen ebenso wie das Alter die Art der Behandlung. Bei beginnender Skoliose mit einem Skoliosewinkel nach Cobb bis zu ca. 20 Grad erfolgt Krankengymnastik. Zwischen 20 und 50 Grad kann die Krankengymnastik mit einer Korsettbehandlung kombiniert werden. Über 50 Grad ist in der Regel die operative Therapie angezeigt."[184] Im vorliegenden Beispiel wird die Orthesenversorgung anstelle der Krankengymnastik oder einer Operation empfohlen. Die erfolgreiche Behandlung bedarf eines optimalen Korsetts, das aus vorgefertigten Teilen oder individuell nach Gips-Korrektur-Abdruck gefertigt wird.[185]

Folgende Schäden können u. a. bei einer mangelhaften Orthopädietechniker-Leistung auftreten:

- Dauerhafte Schädigung von Körperorganen. Als Beispiel wird auf folgende Hinweise verwiesen: „Nach den Feststellungen des Sachverständigen F. kommt es in der Kniekehle wegen der zu weit nach dorsal geführten suprakondylären Fassung zu einer Einengung der Beugesehnen; aus dem gleichen Grund klemmt die laterale Beugesehne am dorsalen Ausschnitt. Ein Abwinkeln des Beins sei nur bis zu 70° möglich, da der Kniekehlenausschnitt keine weitere Beugung zulasse (S. 5 Mitte des Gutachtens). Die Folgen dieser durch die Prothese verursachten Beweglichkeitseinschränkung sind nach Darstellung des Sachverständigen gravierend, da der Patient im Falle eines Sturzes (mit einem solchen Vorkommnis muss gerade bei einer beinamputierten Person mit erhöhter Wahrscheinlichkeit gerechnet werden) wegen der ungenügenden Beugbarkeit des Knies einen Knieschaden erleiden kann."[186]
- Lokale Schädigungen der Haut und des darunterliegenden Gewebes (Druck- und Wundliegegeschwüre). Als Beispiel wird auf folgenden Fall

183 Wellmitz, in: Wellmitz, Nr. 2.1 (S. 75).
184 Wellmitz, in: Wellmitz, Nr. 2.2.15.1 (S. 192).
185 Wellmitz, in: Wellmitz, Nr. 2.2.15.1 (S. 193).
186 VG München, Urt. v. 02.12.2003 – M 16 K 02.5842 (über eine Meisterprüfungsarbeit).

verwiesen: „Aufgrund dieser besonderen Risikokonstellation sei eine angemessene Sitzversorgung von zentraler Bedeutung zur Vermeidung von Druckgeschwüren. Ein für einen solchen Patienten angemessener Sitz müsse nicht nur entsprechend gepolstert, sondern auch (gegebenenfalls) elektrisch verstellbar sein, um durch Veränderung der Sitzkanten, der Neigung der Rückenlehne oder der Gesamtposition für eine abwechselnde Druckverteilung auf die Körperstellen zu sorgen. Dazu sei neben der verstellbaren Kantelung, die diese Änderung ermögliche, gerade bei Vorliegen einer Spina bifida vielfach die Anfertigung einer Sitzschale nach einem Abdruck erforderlich. Zur Versorgung dieser Patienten genüge ein Standardsitz keinesfalls und auch kein ‚L-Sitz', der die notwendige Druckumverteilung ebenfalls nicht zulasse."[187]
- Schmerzen (z. B. bei einer unzureichenden Prothesenversorgung)[188]

In der Orthopädietechnik ist deshalb insbesondere darauf zu achten, dass die Versorgung des erkrankten Gelenks nicht zu negativen Auswirkungen auf gesunde Körperstellen führt. Bei einer Orthese ist z. B. daher je nach Ausmaß der Behinderung darauf zu achten, dass das gesunde Bein ggf. „verlängert" werden muss, um Höhenunterschiede, die durch die Orthese entstehen, auszugleichen.[189]

Die Anamnese des Orthopädietechnikers erfordert generell gute medizinische Kenntnisse, wie sich am Beispiel des Knies darstellen lässt: „Die Kompliziertheit des Kniegelenkes erfordert vom Untersucher nicht nur subtile Kenntnisse der Anatomie und Pathologie des größten menschlichen Gelenkes. Daneben werden auch besondere Ansprüche an die Untersuchungstechniken gestellt, will man am Ende zu einer möglichst genauen diagnostischen Aussage kommen. Diese stellt letztendlich die Weichen über den weiteren Behandlungsgang, ob eine konservative Therapie verfolgt werden kann oder eine operative Behandlung notwendig ist."[190]

Die Aufgaben des Orthopädietechnikers werden insbesondere bei Behandlungen an der Wirbelsäule deutlich. Dazu bietet er „Orthesen zur Ruhigstellung und Entlastung sowie zur Wiedergewinnung physiologischer Funktionen durch Korrektur der Wirbelsäulenform und durch Umverteilung der einwirkenden Kräfte"[191] an. Zu diesen Orthesen gehören Mieder und Korsetts, die der

187 LG Köln, Urt. v. 12.03.2008 – 25 O 303/06, in: BeckRS 2008, 6818.
188 Baumgartner/Greitemann/Schäfer, in: Greitemann/Baumgartner, S. 177.
189 Baehler/Bieringer, in: Baehler/Bieringer, S. 37.
190 Jäger, in: Baehler/Bieringer, S. 218.
191 Hutter/Meyer-Holz, in: Meyer-Holz/Ernst, S. 120.

Orthopädietechniker individuell anfertigt.[192] Die Anfertigung wird wie folgt beschrieben: „Dazu muss er einen Konstruktionsplan erstellen und unmittelbar am Patienten Maß nehmen oder ein Gipsmodell des Rumpfes herstellen. Redressierende Korsetts werden immer auf einem Modellgips gebaut und der Techniker muss in Abstimmung mit dem Arzt anhand von Röntgenaufnahmen festlegen, auf welcher Höhe und in welcher Richtung Druck auf die Wirbelsäule ausgeübt oder von ihr weggenommen wird. Dazu erfolgt in der Rohbauphase eine Röntgenkontrolle mit angelegtem Korsett."[193]

Nicht betroffene Gelenke dürfen nach allgemeinen Grundsätzen der Orthesenversorgung nicht in ihrer Bewegung eingeschränkt werden.[194] Zudem „sollen Orthesen die Sensibilität erhalten"[195]. Auch dies hat der Orthopädietechniker zu beachten.

Die Beschreibungen belegen, dass Fehlleistungen des Orthopädietechnikers bei der Orthesenversorgung weitreichende Folgen für die Wirbelsäule bzw. Behandlungsmaßnahmen haben können.

Auch Tätigkeiten des Orthopädietechnikers sind folglich besonders gefahrengeneigt, da auch hier eine mangelhafte Leistung zu unmittelbaren Gesundheitsschäden führen kann.

(4) Orthopädieschuhmacher (Nr. 36)

Ein Orthopädieschuhmacher hat u. a. Kunden und Patienten mit orthopädieschuhtechnischen Maßnahmen zu versorgen (§ 14 Abs. 1 Nr. 2 OrthopschuhmAusbV) sowie orthopädische Hilfsmittel zu planen, herzustellen, anzupassen und über ihre Wirkungsweise zu beraten (§ 14 Abs. 1 Nr. 3 OrthopschuhmAusbV). Aufgabe des Orthopädieschuhmachers ist es, angeborene oder durch Krankheit oder Unfall erworbene Fußprobleme von Beschwerden zu beseitigen und zur schnellen Rehabilitation bringen.[196] Er gilt als „Fachmann für Fuß und Bein"[197] und ist damit für Versorgungen am Fuß und Unterschenkel verantwortlich.[198]

Nach ärztlicher Verordnung misst sowie passt er insbesondere Fußprothesen und Unterschenkelprothese an und konstruiert sie (§ 2 Abs. 2 Nr. 8

---

192 Hutter/Meyer-Holz, in: Meyer-Holz/Ernst, S. 121.
193 Hutter/Meyer-Holz, in: Meyer-Holz/Ernst, S. 122.
194 Götz, in: Grifka/Kuster, S. 89.
195 Götz, in: Grifka/Kuster, S. 89.
196 Reuter, in: Wellmitz, Nr. 1.1 (S. 25).
197 Reuter, in: Wellmitz, Nr. 1.1 (S. 25).
198 Reuter, in: Wellmitz, Nr. 1.1.2 (S. 26).

OrthSchMstrV). Zu seinen Tätigkeiten gehören ferner die Herstellung orthopädischer Maßschuhe sowie die Anpassung von Bandagen für Fuß und Knie sowie das Anmessen von Kompressionsversorgungen der unteren Extremität.[199] Er hat orthopädische Maßsysteme und Abformtechniken zu beherrschen (§ 2 Abs. 2 Nr. 7 OrthSchMstrV). Zu dem Berufsbild gehören nach § 4 Abs. 2 OrthSchAusbV u. a. das Herstellen und Instandsetzen von orthopädischen Maßschuhen (Nr. 6), das Anfertigen von orthopädischen Zurichtungen an Konfektionsschuhen (Nr. 8), das Anfertigen von Einlagen, Innenschuhen, Unterschenkel- und Fußorthesen sowie von Fußprothesen (Nr. 9) und das Anmessen und Anpassen von konfektionierten Bandagen, Orthesen und Hilfsmitteln zur Kompressionsversorgung (Nr. 11).

Musielak[200] fasst die Fähigkeiten und Fertigkeiten eines Orthopädieschuhmachers wie folgt zusammen:

- Richtiges Verständnis und zutreffende Umsetzung der ärztlichen Verordnung
- Verständnis der ärztlichen Absichten und Ziele
- Kenntnis der Funktionen des menschlichen Bewegungsapparates, der Schrittabwicklung, der vorkommenden Beeinträchtigung (insbesondere Fußfehlstellungen und Fußerkrankungen), der Möglichkeit der Korrektur sowie Entlastung durch orthopädieschuhtechnische Maßnahmen und der Wirkungsweise der Heil- und Hilfsmittel
- eigene Untersuchung des Fußes vom Kunden und Feststellung individueller Besonderheiten
- Anfertigung und Auswertung von Trittspuren und Profilzeichnungen
- Erstellung von Gipsmodellen
- Materialkenntnisse und die Fähigkeit, Material zuzuschneiden und am Schuh zu befestigen.

Die Anforderungen des Orthopädieschuhmachers lassen sich anhand der Herstellung eines Maßschuhs exemplarisch wie folgt darstellen:[201]

- der Schuh muss technisch den durch Befund und Indikation gegebenen therapeutischen Zielsetzungen entsprechen und
- in Länge, Weite und Form zum Fuß passen
- Fußfunktionen dürfen nicht eingeschränkt werden
- geringes Gewicht

199 Reuter, in: Wellmitz, Nr. 1.1.3 (S. 27).
200 Musielak, GewArch 1988, 105 (106).
201 Zusammenfassend nach: Bromme, in: Wellmitz, Nr. 3.3.1 (S. 224).

- Optimierung der fußhygienischen Bedingungen
- hohe Verarbeitungsqualität
- Erfüllung psychologischer Aspekte (äußere Gestaltung)

Folgende Schäden können u. a. bei einer mangelhaften Orthopädieschuhmacher-Leistung auftreten:

- Schädigung des Fußes, z. B. Blasen-, Druck- und Scheuerstellen[202]
- Zunahme von Schmerzen, Verschwielungen, Hühneraugen und Entzündungen oberhalb und unter der Fußsohle[203]
- mittelbare Schädigungen der Knie- oder Hüftgelenke[204]

Auch bei der Orthopädieschuhtechnik ist die Anamnese wichtig, um verschiedene Erkrankungen auszuschließen bzw. frühzeitig zu erkennen:

- Tumore: „Bei langsam zunehmenden, belastungsabhängigen und später spontanen Schmerzen, die durch orthopädieschuhtechnische Maßnahmen nicht zu beeinflussen sind, ist an die Möglichkeit eines Knochentumors zu denken".[205]
- Entzündliche Erkrankungen wie Gicht, Rheuma oder Algodystrophie.[206]

Aus diesem Grund hat der Orthopädieschuhmacher Kenntnisse der Anatomie, Physiologie und Pathologie der Stütz- und Bewegungsorgane bei der orthopädieschuhtechnischen Versorgung anzuwenden (§ 2 Abs. 2 Nr. 5 OrthSchMstrV). Das Beurteilen von Anatomie, Physiologie und Pathologie der Stütz- und Bewegungsorgane gehört nach § 4 Abs. 2 Nr. 1 OrthopschuhmAusbV zum Berufsbild.

Eine mangelhafte oder unsachgemäße Tätigkeit des Orthopädieschuhmachers kann zu unmittelbaren Schäden am Fuß führen. Mittelbar sind aber bei einer fehlerhaften Versorgung auch Auswirkungen auf andere Gelenke möglich (Knie oder Hüfte). *Debrunner* berichtet z. B. darüber, dass bei normalen Schuhen die Sohle flexibel sein soll, damit der Fuß abrollen kann.[207] „Bei versteifenden Arthrosen der Fuß- und Zehengelenke ist eine flexible Sohle ungünstig. Das

202 Möller/Baumgartner, in: Baumgartner u. a., S. 1.

203 Vgl. Wellmitz, in: Wellmitz, Nr. 4.2.3.4. (Tabelle 4-2, S. 355).

204 Vgl. Möller, in: Baumgartner u. a., S. 46 („Statische Fehlbelastungen können Knieschmerzen hervorrufen".).

205 Baumgartner/Villigier, in: Baumgartner u. a., S. 191 (wobei Knochentumore selten sind).

206 Baumgartner/Villigier, in: Baumgartner u. a., S. 194 f. Algodystrophie = komplexes, regionales Schmerzsysndom (vgl. Pschyrembel, S. 52).

207 Debrunner, S. 1181.

Abrollen strapaziert die Gelenke und ist schmerzhaft. Mit einer steifen Laufsohle werden diese Gelenke etwas ruhig gestellt"[208].

Bei Menschen, die bei geringsten Anlässen umknicken, ist es Aufgabe des Orthopädieschuhmachers, Verletzungen durch Erhöhung der Stand- und Gangsicherheit vorzubeugen.[209] Hier wird der Orthopädieschuhmacher prophylaktisch tätig. Andererseits erfordern „[a]kute Verletzungen [...] eine umgehende orthopädieschuhtechnische Versorgung, damit leichte Bandverletzungen und Einrisse durch Ruhigstellung ausheilen können."[210]

Beispielhaft sind auch die Auswirkungen des diabetischen Fußsyndroms zu nennen, bei dem die Füße von zuckerkranken Patienten gefährdet sind.[211] Hierzu heißt es: „Diabetische Fußkomplikationen müssen mit größter Sorgfalt versorgt werden. Ziel der Versorgungsbemühungen ist in jedem Fall, den Fuß zu erhalten. Hierbei kommt dem Orthopädieschuhmachermeister eine zentrale Stellung zu. Neunzig Prozent erneut auftretender Geschwüre (Rezidiv-Ulzera) werden durch nicht sachgerechte Einlagen- und Schuhversorgung verursacht!"[212]

All dies belegt die besondere Gefahrengeneigtheit im orthopädischen Handwerk für die Gesundheit des Patienten.

(5) Zahntechniker (Nr. 37)

Aufgabe des Zahntechnikers ist es u. a., Zahnersatz und kieferorthopädische Geräte herzustellen und zahnfarbene Werkstoffe zu verarbeiten (§ 3 ZTechAusbV).

Zum Tätigkeitsgebiet des Zahntechnikers gehören u. a. das Planen, Herstellen, Instandsetzen und Ändern von Zahnersatz, Defektprothesen, Epithesen, therapeutischen Geräten, Schienen und Mundschutz (§ 2 Abs. 2 Nr. 11 ZahntechMstrV) sowie das Planen und Herstellen von Zahnrestaurationen (§ 2 Abs. 2 Nr. 12 ZahntechMstrV). Die Herstellung individueller zahntechnischer Produkte (wie z. B. Inlays, Kronen, Brücken, Zahnimplantate oder Zahnprothesen) ist die zentrale und damit auch wesentliche Tätigkeit des Zahntechnikerhandwerks.[213] Der Zahntechniker soll auch in der Lage sein, die ihm vom Zahnarzt gelieferten Abformungen zu beurteilen.[214]

---

208 Debrunner, S. 1181.

209 Wellmitz, in: Wellmitz, Nr. 4.3.2.5. (S. 371).

210 Wellmitz, in: Wellmitz, Nr. 4.3.2.5. (S. 371).

211 Türk, in: Wellmitz, Nr. 4.14 (S. 457).

212 Türk, in: Wellmitz, Nr. 4.14 (S. 457).

213 Detterbeck, PL, S. 25.

214 Weiler, S. 14.

Fehlerhafter Zahnersatz kann beim Patienten zu dauerhaften und weitreichenden Schäden führen. Denn der Zahnersatz verbleibt dauerhaft im Mundraum und kann sich – z. B durch die Verwendung ungeeigneten Materials – negativ auf die Gesundheit insgesamt auswirken.[215] Ist das Material fehlerhaft geplant oder hergestellt worden (zum Beispiel mit der Folge von Rissbildung), kann dies zu weiterer (und zunächst unerkannter) Bildung von Karies führen. Dies wiederum kann dazu führen, dass ein eigentlich gesunder Zahn dauerhaft geschädigt wird, sodass unter Umständen der Zahn gezogen werden muss. Deshalb hat u. a. der Betriebsleiter die sachgerechten Mischverhältnisse und Verarbeitungstemperaturen zu kontrollieren.[216] Auch ist z. B. beim Modellieren eines Implantats auf die optimale Hygienefähigkeit im Gebiss zwischen Implantat und den übrigen Zähnen zu achten, damit sich keine Schmutznischen bilden, die zu Infektionen führen können.[217]

Folgende Schäden können bei einer mangelhaften Zahntechniker-Leistung auftreten:

- Verwendung mangelhafter Stoffe, die dauerhaft im menschlichen Körper bleiben und unter Umständen negativ auf die Gesundheit einwirken können[218]
- Probleme und dadurch Schmerzen beim Sitz der Prothese, Druckstellen oder fehlerhafte Bissstellung
- Entzündungen des Zahnfleisches und Schwellungen
- Zahnverlust als Folgeerscheinung

Daraus wird ersichtlich, dass auch hier eine besondere Gefahrengeneigtheit anzunehmen ist.

Unbeachtlich für die Bewertung der Gefahrengeneigtheit ist, dass in der Regel der Zahnarzt eine Endkontrolle an dem vom Zahntechniker hergestellten Produkt vornimmt.[219] Denn „Fehler im zahntechnischen Herstellungsprozess, etwa Verwendung ungeeigneter oder schadhafter Grund- oder Zusatzmaterialien, sind im fertigen Endprodukt häufig nicht mehr erkennbar."[220] Auch die

215 OVG Nordrhein-Westfalen, Urt. v. 20.11.2017 – 4 A 1113/13, in: GewArch 2018, 72 (74).

216 OVG Schleswig-Holstein, Urt. v. 27.02.1992 – 3 L 76/91.

217 AK Zahntechniker, Nr. 6.6.2.

218 OVG Nordrhein-Westfalen, Urt. v. 20.11.2017 – 4 A 1113/13, in: GewArch 2018, 72 (74).

219 Detterbeck, PL, S. 75.

220 Detterbeck, PL, S. 75.

Endkontrolle des Zahnarztes ändert folglich nichts an der besonderen Gefahrengeneigtheit der Tätigkeiten des Zahntechnikers.

(6) Vergleich mit anderen Handwerken

Die besondere Gefahrengeneigtheit der Gesundheitshandwerke lässt sich anhand der vorstehenden Beispiele belegen. Allerdings hat der Gesetzgeber, wie oben bereits dargestellt, mit seiner großen Handwerksnovelle 2004 entschieden, dass nur solche Handwerke in die Anlage A der HwO aufgenommen werden können, deren Ausübung Dritte in besonderer Weise gefährdet oder bei denen es sich um ausbildungsintensive Handwerke handelt.[221] Mithin sind per Definition alle Handwerke, die in der Anlage A der HwO genannt sind, entweder gefahrengeneigt und/oder ausbildungsintensiv. Dadurch könnte die bestehende Sonderstellung bzw. bindende Gemeinsamkeit der Gesundheitshandwerke, die wiederum besondere Anforderungen an die Präsenz der Betriebsleitung bedingt, entfallen sein.

Insoweit lässt sich eine Parallele ziehen zu verfassungsrechtlichen Bedenken, die *Ziekow*[222] bezüglich der Unterscheidung zwischen Industrie und Handwerk vorträgt. Ihm geht es um eine mögliche unterschiedliche rechtliche Bewertung der gleichen Tätigkeit, die einmal in einem Handwerksbetrieb und ein anderes Mal in einem Industrieunternehmen ausgeübt wird. Wenn es sich dabei um eine gefährliche Tätigkeit handelt, müssten für die Ausübung die gleichen Voraussetzungen gelten: Denn „Gefahr ist Gefahr"[223]. Eine Gefahr, die bei oder durch die industrielle Fertigung entsteht, ist nicht weniger gefährlich, nur weil sie nicht handwerklich entsteht. Wird also eine Gefahr bei einer industriellen Herstellung ohne Einschränkungen oder Vorgaben hingenommen, dann rechtfertigt die bloße handwerkliche Herstellung nicht besondere gesetzliche Vorgaben (wie z. B. die Betriebsleiterpräsenz), denn die Gefahr ist in ihrer Form gleich.[224] Wird sie also bei der Industrie hingenommen, muss sie folgerichtig auch beim Handwerk hingenommen werden.[225] Übertragen bedeutet das: Wenn nun bei allen Gewerken der Anlage A der HwO ein gleiches Maß an Gefährdung angenommen würde, dürfte dies nicht weiter eine Sonderstellung der Gesundheitshandwerke innerhalb des Handwerks rechtfertigen.

---

221 Detterbeck, § 1 Rn. 13.

222 Ziekow, ÖW, § 11 Rn. 6; ähnlich bereits Czybulka, in: Schmidt, § 2 Rn. 6 f.

223 Ziekow, ÖW, § 11 Rn. 6.

224 Vgl. Ziekow, ÖW, § 11 Rn. 6.

225 Vgl. Ziekow, ÖW, § 11 Rn. 6.

An der unterschiedlichen Bewertung der Handwerke der Anlage A der HwO (den Gesundheitshandwerken auf der einen Seite und den übrigen Gewerken) ändert die Handwerksnovelle allerdings nichts: Die Tätigkeiten und damit das unterschiedliche Gefährdungspotenzial sind gleich geblieben, der Unterschied zu den übrigen Handwerken hat sich nicht aufgrund dieser Definition ver- oder geändert; auch diese übrigen Gewerke sind im Tätigkeitsbereich gleichgeblieben. Wie oben[226] bereits ausgeführt, gab es einen qualitativen Gefahrenabstand zwischen einzelnen Gewerken der Anlage A der HwO und den Gesundheitshandwerken, und dieser Abstand besteht weiterhin, da es aufgrund der Novelle nicht zu Änderungen der Tätigkeiten der einzelnen Gewerke kam. Im Sinne der Definition von *Ziekow* („Gefahr ist Gefahr") ließe sich folglich weiterentwickeln: „*Besonders gefährlich bleibt besonders gefährlich.*"

Selbstverständlich war und ist z. B. die Tätigkeit im Zimmerer- oder Dachdeckergewerbe für Dritte gefährlich, wenn sie nicht sachgerecht ausgeführt wird. Die Arbeit dürfte auch gefahrengeneigter sein als die Tätigkeit des Schreiners, sodass auch hier eine besondere Gefahrengeneigtheit vorliegt. Dass es neben den Gesundheitshandwerken auch noch weitere Handwerke gibt, bei denen ebenso eine besondere Gefahrengeneigtheit besteht, relativiert die besondere Gefahrengeneigtheit der Gesundheitshandwerke nicht. Vielmehr führt dies allein zu der Annahme, dass es auch bei diesen besonders gefahrengeneigten Tätigkeiten in Nichtgesundheitshandwerken erhöhte Präsenzpflichten geben kann.

Wiemers unterscheidet zwischen Gesundheitshandwerken und den übrigen Handwerken der Anlage A der HwO dahingehend, dass die meisten Berufe in der Anlage A der HwO zur *präventiven* Abwehr von Gefahren für Gesundheit und Leben Dritter aufgeführt seien, während sich bei den Gesundheitshandwerken Fehler unmittelbar und konkret auf das körperliche Wohlbefinden auswirkten.[227] Diese Unterscheidung ist in der Hinsicht problematisch, als dass sich bei einem Bäcker, Konditor oder Fleischer handwerkliche Fehler ebenfalls unmittelbar und konkret auf das körperliche Wohlbefinden auswirken, ohne dass diese „Lebensmittel"-Handwerke direkt „am Kunden" arbeiten. Eine solche Unterscheidung hilft daher zur Abgrenzung nicht weiter. Auch erfolgt die Tätigkeit in den Gesundheitshandwerken aus ebenfalls präventiven Gründen.

Eine bloße Gefahrengeneigtheit reicht nun nicht mehr aus, um eine Sonderstellung der Gesundheitshandwerke gegenüber anderen Gewerken der Anlage

---

226 Vgl. die Ausführungen zur besonderen Gefahrengeneigtheit in Teil 1/A./II./1./a)/bb)/aaa)/(3).

227 Wiemers, DVBl. 2012, 942 (944).

A der HwO zu beschreiben. Denn grundsätzlich könnten alle Handwerke der Anlage A der HwO als gefahrengeneigt anzusehen sein. Allerdings besteht auch nach der Handwerksnovelle weiterhin eine Sonderstellung der Gesundheitshandwerke, die darauf beruht, dass die gefahrengeneigten Tätigkeiten der Gesundheitshandwerke unmittelbar körperbezogen sind. Die Gesundheitshandwerke verrichten ihre Tätigkeiten unmittelbar am Körper des Kunden. Das unterscheidet sie auch von den Bäckern und Zimmerern. Diese unmittelbare Tätigkeit führt zu einer besonderen Gesundheitsgefährdung der Kunden. Insofern könnte zukünftig – um eine Abgrenzbarkeit zu belegen – von einer „körperbezogenen Gefahrengeneigtheit" gesprochen werden.

ccc) Ergebnis

Kennzeichnend für die fünf Gesundheitshandwerke ist eine körperbezogene Gefahrengeneigtheit. Diese stellt eine Gemeinsamkeit der Gesundheitshandwerke dar und ermöglicht gleichzeitig eine Abgrenzung zu anderen Handwerken. Die körperbezogene Gefahrengeneigtheit kann man auch besondere Gefahrengeneigtheit bezeichnen, um sie von der allgemeinen Gefahrengeneigtheit abzugrenzen. Die besondere Gefahrengeneigtheit kann zu erhöhten Pflichten der betroffenen Gewerke führen.

cc) Kriterium der Ausbildungsleistung

Wie oben bereits dargestellt[228], ist nach der Novelle im Handwerk, durch die die Anlage A der HwO um 53 Gewerke gekürzt wurde, neben der Gefahrengeneigtheit auch die Ausbildungsleistung relevant für die Zulassungspflichtigkeit eines Handwerks.[229] Den Gesundheitshandwerken könnte gemein sein, dass sie eine besondere Ausbildungsleistung erbringen.

aaa) Historische Betrachtung

In der Handwerksrechtsreform 2004 hatte die damalige Regierungskoalition von SPD und Bündnis 90/Die Grünen beabsichtigt, den Kreis der zulassungspflichtigen Handwerke der Anlage A der HwO auf solche zu reduzieren, „bei deren Ausübung Gefahren für die Gesundheit oder das Leben Dritter entstehen können".[230] Gerade als Kern der Handwerksnovelle wurde die Beschränkung des Meisterbriefs als Berufszugangsschranke „auf den unbedingt erforderlichen Bereich, nämlich der Abwehr von Gefahren für Gesundheit oder Leben Dritter",

---

228 Vgl. die Ausführungen zur Ausbildungsleistung unter Teil 1/A./II./1./a)/bb)/aaa)/(1).

229 Vgl. Kormann/Hüpers, GewArch 2004, 353.

230 BT-Drs. 15/1206, S. 1.

bezeichnet.[231] Weiter heißt es: „Durch die Novelle wird die Anlage A zur Handwerksordnung deshalb auf den Kreis der Handwerke beschränkt, die im Hinblick auf Leben und Gesundheit Dritter gefahrgeneigt sind".[232] In der geplanten Anlage A der HwO waren nur noch 29 Gewerke aufgeführt, u. a. die fünf Gesundheitshandwerke (Nr. 22–26).[233]

Der Bundesrat forderte die Bundesregierung auf, u. a. das Kriterium der Ausbildungsleistung bei der Zugehörigkeit in die Anlage A der HwO zusätzlich zu berücksichtigen.[234] Die Bundesregierung wies dies zunächst u. a. mit der Begründung zurück, dass die Ausbildungsleistung als Kriterium voraussetzen würde, dass geklärt ist, woran sie konkret zu messen ist.[235] Es bestanden also Bedenken bezüglich der Bestimmtheit dieses Kriteriums.

Der angerufene Vermittlungsausschuss kam dann zu einem Kompromiss. *Erwin Huber* informierte als Berichterstatter am 19. Dezember 2003 den Bundesrat über den Stand der Handwerksreform, mit der sich der Vermittlungsausschuss beschäftigt hatte.[236] Dort heißt es: „Kernpunkt des Vorschlags des Vermittlungsausschusses zur so genannten großen Novelle ist, dass die **Anlage A** der Handwerksordnung **künftig** nicht nur 29 **Handwerke** umfassen soll, wie ursprünglich beabsichtigt, sondern **41**. Das **Kriterium der Gefahrgeneigtheit** ist **um** die **Ausbildungsleistung ergänzt** worden."[237]

In der dem Plenarprotokoll anliegenden „Erklärung der Berichterstatter des Vermittlungsausschusses an die parlamentarischen Gremien zu den Kriterien für die Zuordnung der in Anlage A aufzunehmenden Handwerksgewerbe" heißt es: „Auf Wunsch des Vermittlungsausschusses soll die Anlage A gegenüber dem Entwurf der Bundesregierung erweitert werden. Dabei werden die Gefahrgeneigtheit und die Ausbildungsleistung als entscheidende Kriterien für die Festlegung der Zugehörigkeit zur Anlage A der **Handwerksordnung** angesehen. [...] In der Anlage A verbleiben auch Gewerbe, die einen bedeutsamen Beitrag zur Sicherung des Nachwuchses nicht nur im Handwerk selber, sondern zum Teil auch darüber hinausgehend für die gesamte gewerbliche Wirtschaft leisten. Die

231 BT-Drs. 15/1206, S. 22.
232 BT-Drs. 15/1206, S. 22.
233 BT-Drs. 15/1206, S. 14.
234 BT-Drs. 15/1481, S. 8.
235 BT-Drs. 15/1481, S. 14.
236 BR-Plenarprot. 795/2003, S. 503 (A).
237 BR-Plenarprot. 795/2003, S. 503 (A).

Kriterien der Gefahrgeneigtheit und der Ausbildungsleistung treffen bei einer Anzahl von Gewerben kumulativ zu."[238]

In dieser Form wurde die Handwerksnovelle auch beschlossen, sodass sich nun 41 Gewerke in der Anlage A wiederfinden. Die Beibehaltung des Kriteriums der Ausbildungsleistung für eine Zulassungspflicht wurde als „gute [...] Lobbyarbeit der betroffenen Handwerke"[239] bezeichnet. Allerdings wurden gegen die Aufnahme des Kriteriums der Ausbildungsleistung verfassungsrechtliche Bedenken geäußert[240] und die Bestimmtheit des Begriffs gerügt.[241]

Aktuell diskutiert die derzeitige Regierungskoalition von Union und SPD darüber die Reform teilweise rückgängig zu machen und in einigen Gewerken die Meisterpflicht wieder einzuführen.[242] Begründet wird dies u.a. mit dem Rückgang der Lehrlingszahlen in den jetzt zulassungsfreien Berufen.[243]

bbb) Ausbildungsleistung und Gesundheitshandwerke

Die Ausbildungsleistung könnte grundsätzlich auch bei den Gesundheitshandwerken die Zulassungspflichtigkeit und damit einen Verbleib in der Anlage A der HwO rechtfertigen. Denn wie oben dargestellt, heißt es in der Stellungnahme des Vermittlungsausschusses, dass die Kriterien der Gefahrengeneigtheit und der Ausbildungsleistung bei einer Anzahl von Gewerben kumulativ zutreffen können.[244] Auch wenn der Gesetzgeber gerade bei den Gesundheitshandwerken eine besondere Gefahrengeneigtheit erkannte,[245] besteht die Möglichkeit, dass kumulativ auch die Ausbildungsleistung einen Verbleib in der Anlage A der HwO sichern würde.

Das BVerwG hat in einer Entscheidung über das erst zum Abschluss der Beratungen noch in die Anlage A der HwO aufgenommene Friseur-Handwerk festgestellt, dass die späte Aufnahme und Berücksichtigung keineswegs den Rückschluss zulasse, das (anfänglich singuläre) Kriterium der Gefahrengeneigtheit

---

238 BR-Plenarprot. 795/2003, S. 517 (C; Anlage 19).

239 Frotscher/Kramer, Rn. 534.

240 Vgl. Kormann/Hüpers, GewArch 2004, 353 f.; Ziekow, ÖW, § 11 Rn. 3 (Art. 12 GG) und Rn. 6 (Art. 3 GG).

241 Müller, GewArch 2007, 361 (363).

242 FAZ v. 24.07.2018, S. 15: „Die Rückkehr der Meisterpflicht".

243 FAZ v. 24.07.2018, S. 15: „Die Rückkehr der Meisterpflicht". Vgl. dazu den kritischen Leitkommentar von Göbel, „Protektionisten am Handwerk" (FAZ v. 26.07.2018, S. 15) und generell die Ausführungen zur „Re-Regulierung im Handwerksrecht" von Wiemers (VR 2018, 257 ff.).

244 BR-Plenarprot. 795/2003, S. 517 (C; Anlage 19).

245 Vgl. BT.-Drs. 15/1206, S. 42.

treffe nicht auf dieses Gewerk zu.[246] Es lehnte einen möglichen Rückschluss ab, wonach das Friseur-Handwerk allein wegen der besonderen Ausbildungsleistung aufgenommen worden sei.[247] Vielmehr könne die spätere Aufnahme auch „als Korrektur einer im Entwurf noch unvollständigen Aufzählung gefahrgeneigter Handwerke zu deuten“[248] sein. Insofern ließe sich argumentieren, dass die Aufnahme des Kriteriums der Ausbildungsleistung auch für die bereits von Anfang an in der Anlage A der HwO berücksichtigten Gesundheitshandwerke relevant sein könnte.

(1) Anzahl der Lehrlinge

Bei einer Auswertung der Ausbildungsleistung der Gesundheitshandwerke ist zunächst festzustellen, dass im Gesamthandwerk 2017 365 182 Personen ausgebildet wurden, davon 304 363 in einem Gewerk der Anlage A der HwO.[249] Auf die Gesundheitshandwerke entfallen dabei folgende Werte:[250]

– Augenoptiker	6 845
– Hörakustiker und Hörgeräteakustiker	3 298
– Orthopädietechnik-Mechaniker	1 554
– Orthopädieschuhmacher	1 080
– Zahntechniker	5 508

Insgesamt sind dies 18 285 Lehrlinge, was einem Anteil der Gesundheitshandwerke von rund 5 Prozent an der Gesamtausbildungsleistung des Handwerks entspricht bzw. fast 6 Prozent im Vergleich zu den Gewerken der Anlage A der HwO.

(2) Anzahl der Betriebe

Im Handwerk gab es 2017 insgesamt 999 954 Betriebe, davon entfielen auf die Handwerke der Anlage A der HwO 574 086 Betriebe.[251]

---

246 BVerwG, Urt. v. 31.08.2011 – 8 C 8/10, in: GewArch 2012, 35 (38).

247 BVerwG, Urt. v. 31.08.2011 – 8 C 8/10, in: GewArch 2012, 35 (38).

248 BVerwG, Urt. v. 31.08.2011 – 8 C 8/10, in: GewArch 2012, 35 (38).

249 ZDH, Entwicklung des Lehrlingsbestandes 2017 im Überblick, abrufbar: https://www.zdh-statistik.de/application/index.php?mID=3&cID=744

250 ZDH, Lehrlingsbestand (Detailauswertung Berufe) (2017), abrufbar: https://www.zdh-statistik.de/application/stat_det.php?LID=1&ID=MDQzNjE=&cID=00745

251 ZDH, Betriebsentwicklung 2017, abrufbar: https://www.zdh-statistik.de/application/index.php?mID=3&cID=47

Dies splittet sich bei den Gesundheitshandwerken wie folgt auf:[252]

- Augenoptiker	9 767
- Hörakustiker	2 577
- Orthopädietechniker	2 026
- Orthopädieschuhmacher	2 529
- Zahntechniker	8 664

Insgesamt entspricht dies 25 563 Betrieben in den Gesundheitshandwerken (nicht Betriebsstätten, da Filialisten ggf. mehrere Filialen haben, diese aber als unselbstständige Töchter nicht gesondert gezählt werden). Im Vergleich bedeutet dies, dass die Gesundheitshandwerke rund 2,6 Prozent der Betriebe im gesamten Handwerk besitzen und 4,5 Prozent im Vergleich zu den Handwerken der Anlage A der HwO.

(3) Bewertung

Die nachfolgende Tabelle stellt ausgesuchte Gewerke gegenüber und orientiert sich bei den prozentualen Werten an den Angaben des Gesamthandwerks, nicht allein der Handwerke der Anlage A der HwO, da letztlich die Betrachtung und Bewertung der Ausbildungsleistung im Vergleich und Verhältnis aller Handwerke untereinander berücksichtigt werden muss, um zu einer allgemeingültigen Aussage zu kommen.

Tabelle:

Gewerk	**Betriebe**	**% zu Gesamt-Handwerk**	**Auszubildende**	**% zu Gesamt-Handwerk**	**%-Ausbildungsquote zu Betrieb**
Augenoptik	9 767	0,98	6 845	1,87	70,08
Hörakustik	2 577	0,26	3 288	0,90	127,59
Orthopädietechnik	2 026	0,20	1 554	0,43	76,70
Orthopädieschuhtechnik	2 529	0,25	1 080	0,29	42,70
Zahntechnik	8 664	0,87	5 508	1,51	63,57
Maurer	40 758	4,08	7 904	2,16	19,39
Kraftfahrzeugtechniker	62 136	6,21	*61 051	16,71	98,25
Maler/Lackierer	40 818	4,08	**14 153	3,86	34,67

252 ZDH, Betriebsbestand im Handwerk nach Berufen (2017), abrufbar: https://www.zdh-statistik.de/application/stat_det.php?LID=1&ID=MDQzNDY=&cID=00743

Gewerk	**Betriebe**	**% zu Gesamt-Handwerk**	**Auszubildende**	**% zu Gesamt-Handwerk**	**%-Ausbildungsquote zu Betrieb**
Fleischer	13 490	1,35	3 024	0,83	22,41
Chirurgiemechaniker	226	0,02	162	0,04	71,68
Friseur	80 769	8,08	22 010	6,03	27,25
Fliesen-/Platten-/Mosaikleger	69 363	6,94	2 353	0,64	3,39
Raumausstatter	28 672	2,87	1 806	0,49	6,29
Brauer/Mälzer	1 055	0,11	249	0,07	23,60
Feinoptiker	47	0,00	8	0,00	17,02

*= Kraftfahrzeugmechatroniker
**= Gestaltung und Innengestaltung
Sämtliche Zahlen für 2017 nach ZDH (Weitere Quellenangabe s.o. in FN; www.zdh-statistik.de)

Die in der Tabelle berücksichtigten Gewerke wurden nach folgenden Motiven ausgewählt:

- die fünf Gesundheitshandwerke
- zwei Gewerke (Maurer und Kfz), die bereits im Gesetzentwurf der Regierungsfraktionen als gefahrengeneigt angesehen wurden[253]
- vier Gewerke (Maler/Lackierer, Fleischer, Chirurgiemechaniker und Friseure), die erst nachträglich in der Anlage A der HwO verblieben sind, da sie im Gesetzentwurf zunächst in der Anlage B1 der HwO aufgeführt waren[254]
- vier Gewerke (Fliesen-, Platten- und Mosaikleger, Raumausstatter, Brauer/Mälzer und Feinoptiker), die aus der Anlage A gefallen sind.

Nicht in der Tabelle dargestellt wurde, ob sich die ermittelte und verglichene Ausbildungsleistung der jeweiligen Handwerksgewerke an *allen* (also auch IHK-pflichtigen) Gewerken und (freien) Berufen in Deutschland orientieren muss. Es wird hier davon ausgegangen, dass es sich bei der Frage der Ausbildungsleistung um eine innerhandwerkliche Betrachtung handelt, ob ein Gewerk ausbildungsintensiv ist oder nicht.

Auch hätte als letzter maßgeblicher Vergleichszeitpunkt das Jahr 2003 angesetzt werden können, da die Reform zum 1. Januar 2004 in Kraft trat und sich

253 Vgl. BT-Drs. 15/1206, S. 14.
254 Vgl. BT-Drs. 15/1206, S. 14 f. (dort: Anlage B1: Nr. 7 Maler und Lackierer, Nr. 9 Chirurgiemechaniker, Nr. 39 Fleischer, Nr. 42 Friseure).

gerade in den Berufen der Anlage B1 durch den Wegfall der „Meisterpflicht" in den nachfolgenden Jahren entscheidende negative Veränderungen in der Ausbildung ergeben haben. Indes liegt dieser Zeitraum zu weit zurück, als dass noch aussagekräftige Daten zusammengestellt werden könnten.

Aber selbst die hier vorgenommene Überprüfung zeigt, dass die Aufnahme des Kriteriums der Ausbildungsleistung zu Problemen führt.

Die Friseure (Nr. 38 der Anlage A der HwO) sind im Absoluten betrachtet eine Berufsgruppe, die vergleichsweise viele Ausbildungsplätze stellt. Gäben jedoch die absoluten Zahlen den Ausschlag, so fielen auch jetzt noch die Fliesen-, Platten- und Mosaikleger (Nr. 1 der Anlage B1 der HwO) oder Raumausstatter (Nr. 27 der Anlage B1 der HwO) unter dieses Kriterium, zumindest im Vergleich zu den nachträglich aufgenommenen Chirurgiemechanikern (Nr. 14 der Anlage A der HwO). Ähnliche niedrige Ausbildungswerte haben die Büchsenmacher (Nr. 22 der Anlage A der HwO) und Brunnenbauer (Nr. 7 der Anlage A der HwO), die ebenfalls erst nachträglich in die Anlage A der HwO aufgenommen wurden.

Könnte die Ausbildungsleistung sinnvoll prozentual anhand der Betriebsanzahl berechnet werden? Dies ist wiederum problematisch und ggf. sogar verfälschend, da die Filial-Betriebstätten bei der Anzahl der Betriebe ggf. nicht berücksichtigt werden (wobei eine Filialbildung nicht für alle Handwerke typisch ist), sodass die Anzahl der Betriebe nicht aussagekräftig sein könnte. Auf der anderen Seite würde eine solche prozentuale Berechnung berücksichtigen, dass ein Gewerk mit wenigen Betrieben, das schon rein formal nur wenige Ausbildungsplätze anbieten kann, dennoch prozentual betrachtet zu Gewerken mit vielen Betrieben häufiger ausbildet.

Bei prozentualer Berechnung läge die Ausbildungsleistung bei den Brauern und Mälzern (Nr. 29 der Anlage B1 der HwO) höher als bei den Fleischern (Nr. 32 der Anlage A der HwO), und dies trotz des eingetretenen negativen Effekts, dass die Ausbildung in den B1-Berufen jetzt nicht mehr so attraktiv ist wie vor der Reform, als dort noch die „Meisterpflicht" bestand.[255] Wären die Fleischer nicht wegen der Ausbildungsleistung, sondern wegen der Gefahrengeneigtheit nachträglich in die Anlage A aufgenommen worden, stellte sich die Frage, weshalb die Tätigkeit des Fleischers für die Gesundheit gefahrengeneigter sein sollte als die des Brauers, da beide die Ernährung betreffen. Ohne darauf hier näher eingehen zu müssen, zeigt der Vergleich, dass die Einordnung in die Anlage A oder B der HwO auch jetzt noch nicht immer nachvollziehbar ist. Die Brauer und Mälzer könnten z. B. berechtigte Forderungen stellen wieder in die Anlage A der HwO aufgenommen zu werden.

Bei einer absoluten Betrachtung wäre es möglich, dass zumindest die Augenoptik (6 845), die Hörakustik (3 298) und die Zahntechnik (5 508) unter das

---

255 Vgl. K. Müller, GewArch 2007, 146 (147).

Tatbestandsmerkmal der Ausbildungsleistung fallen könnten. Da die (selbst jetzt noch bestehenden) im Absoluten betrachtet starken Ausbilder-Handwerke Fliesenleger (2 353) und Raumausstatter (1 806) nicht in der Anlage A der HwO aufgeführt sind, ist nicht von einer absoluten Betrachtung auszugehen. Es bestehen Zweifel, dass eine absolute Betrachtung im Hinblick auf den Verhältnismäßigkeitsgrundsatz zulässig ist.

Im Hinblick auf eine Verhältnisberechnung „Betrieb/Lehrling" haben alle Gesundheitshandwerke eine höhere prozentuale Ausbildungsquote als die Maler und Lackierer (34,67) oder die Friseure (27,25), die (nachträglich) in der Anlage A der HwO blieben. Würde die Verhältnismäßigkeit maßgeblich sein, könnten sich die Gesundheitshandwerke auf ihre besondere Ausbildungsstärke berufen. Die Hörakustik hat mit 127,59 einen extrem hohen Wert, der noch vor dem traditionellen Muster-Ausbildergewerk Kfz-Gewerbe (98,25) liegt. Selbst das „schwächste" Ausbildungsgewerk im Gesundheitshandwerk, die Orthopädieschuhtechnik, hat einen Wert (42,70), der im allgemeinen Vergleich hoch ist. Wie dargestellt, wäre es unter Zugrundelegung dieser Maßeinheit dann aber widersprüchlich, dass die Fleischer (22,41) in der Anlage A der HwO blieben, die Brauer/Mälzer (23,60) aber nicht.

Letztlich erscheint das Kriterium der Ausbildungsleistung subjektiv und wenig transparent, sodass die von *Frotscher/Kramer*[256] geäußerte Kritik des primären Lobbyerfolgs nachvollziehbar ist.

ccc) Ergebnis

Das Kriterium der Ausbildungsleistung ruft in der Rechtswissenschaft nachvollziehbare Zweifel hervor, wie mit diesem in der Praxis umgegangen werden soll: Müssten die Gewerke nicht regelmäßig evaluiert werden, um die Ausbildungszahlen zu prüfen?[257] Aber wie soll eine solche Evaluierung stattfinden? Betriebe von B1-Gewerken bilden seit der Reform weniger aus, da die Ausbildung vergleichsweise seltener notwendig ist, und Betriebe, die bisher ausgebildet haben, werden dies angesichts des zusätzlichen Aufwands möglicherweise überdenken und haben zudem aufgrund des Konkurrenzdrucks ein Problem, überhaupt auf dem Markt weiterhin bestehen zu können.[258] Was ist aber mit einem Gewerk wie dem der Brauer und Mälzer? Müsste dieses in die Anlage A der HwO nicht „hochgestuft" werden?

---

256 Frotscher/Kramer, Rn. 534.

257 Wohl Kormann/Hüpers, GewArch 2004, 353 (354); vgl. auch die Kritik von Bulla (in: Schmidt/Wollenschläger, § 10 Rn. 121), der eine individuelle Gewerksbetrachtung der Ausbildungsleistung fordert.

258 K. Müller, GewArch 2007, 146 (147).

Für die Gesundheitshandwerke bedeutet das Kriterium der Ausbildungsleistung zumindest eine gewisse temporäre Verlässlichkeit, dass auch dann, wenn die Gefahrengeneigtheit nicht mehr angenommen würde, aufgrund der zumindest betriebsbezogenen hohen Ausbildungsleistung ein Verbleib in der Anlage A der HwO sehr gut vertretbar erscheint.

Es bleiben aber Zweifel, ob das Kriterium der Ausbildungsleistung langfristig einem Gewerk Sicherheit für den Verbleib in der Anlage A der HwO gibt, da es rechtlich und faktisch angreifbar ist. Auch wäre bei einer reinen absoluten Betrachtung nicht für alle Gesundheitshandwerke eine solch hohe Ausbildungsleistung anzunehmen. Im Vergleich zum sonstigen Handwerk sind die absoluten Ausbildungszahlen der Orthopädietechnik und Orthopädieschuhtechnik gering (jeweils deutlich unter einem Prozent), diejenigen der B1-Handwerke Raumausstatter oder Fliesenleger dagegen höher.

Die grundsätzlich im Relativen betrachtet hohe Ausbildungsleistung ist ein gemeinsames Charakteristikum des Gesundheitshandwerks. Grund dafür könnte insbesondere die hohe und auch stetige Nachfrage an Personal sein, die sowohl der demografischen Entwicklung wie dem grundsätzlich stetig wachsenden Gesundheitsmarkt geschuldet ist. Der Bedarf an weiteren Lehrlingen und damit auch an Meistern besteht vorerst auch weiterhin. Die Bundesagentur für Arbeit hat in Bereichen der Gesundheitshandwerke sogar einen Fachkräftemangel festgestellt: „Ferner besteht ein Mangel an Podologinnen und Podologen sowie an Fachkräften und Meistern in der Orthopädie-, Rehatechnik und Hörgeräteakustik."[259]

Auch wenn also aktuell die Ausbildungsleistung in den Gesundheitshandwerken positiv zu betrachten ist, sollten die Gewerke (sofern sie in der Anlage A dauerhaft verbleiben wollen) Wert auf den Nachweis der Ausübung gefahrengeneigter Tätigkeiten legen.

dd) Altgesellenregelung

Eine weitere wesentliche Neuregelung der Handwerksrechtsnovelle war die Einführung der sog. Altgesellenregelung[260]: Derjenige, der in einem zulassungspflichtigen Handwerk der Anlage A der HwO die Gesellenprüfung abgelegt hat, sechs Jahre Berufserfahrung vorweisen kann, vier davon in leitender Stellung,

259 BA, Fachkräfteengpassanalyse, S. 17.

260 Leisner (in: Leisner, § 7b Rn. 2) kritisiert die Verwendung des Begriffs, da der Ausdruck „schlechthin unrichtig [sei] und […] daher nicht mehr gebraucht werden [sollte]." Er erkennt eine Verwechselungsgefahr zu der Möglichkeit nach § 8 HwO eine Ausnahmebewilligung nach Erreichung einer Altersgrenze von 47 Jahren zu erhalten („*Leipziger Beschlüsse*").

darf auch selbstständig einen Handwerksbetrieb führen (vgl. § 7b HwO).[261] Allerdings findet diese Regelung keine Anwendung auf die Gesundheitshandwerke (und auch nicht auf die Schornsteinfeger).[262]

Begründet wird die Ausnahmeregelung für die Gesundheitshandwerke damit, dass allein die Berufserfahrung für die Zulassung der Ausübung eines Gesundheitshandwerks nicht ausreiche.[263] Selbst von Gesellen, die nach langjähriger Tätigkeit, ggf. sogar in herausgehobener Position, ein Gesundheitshandwerk selbstständig ausüben wollen, verlangt der Gesetzgeber folglich den Nachweis erforderlicher Kenntnisse und Fertigkeiten.[264] Diese Begründung macht deutlich, dass der Gesetzgeber die Ausübung eines Gesundheitshandwerks als anspruchsvoll und vor allem gefahrengeneigter ansieht als die der übrigen Gewerke.

Während also bei allen übrigen Handwerken (außer den Schornsteinfegern) nach sechs Jahren eine Selbstständigkeit gemäß § 7b HwO möglich ist, besteht ein solcher Automatismus bei den Gesundheitshandwerken gerade nicht. Diese gesetzgeberische Ausnahme stellt damit eine weitere handwerksrechtliche Gemeinsamkeit der Gesundheitshandwerke und gleichzeitig eine Ausnahme und Abgrenzung zu den übrigen Gewerken der Anlage A der HwO dar. Die Begründung der Ausnahme belegt die vom Gesetzgeber festgestellte besondere Gefahrengeneigtheit der Gesundheitshandwerke gegenüber den übrigen Gewerken.

ee) Ergebnis

Im Ergebnis bestehen handwerksrechtliche Gemeinsamkeiten der Gesundheitshandwerke, die sie von anderen Handwerksgewerken unterscheiden. Dies ist insbesondere die besondere Gefahrengeneigtheit, die sich dann in der Ausnahme von der Altgesellenregelung in § 7b HwO auch nochmals gesetzlich widerspiegelt.

---

261 Beaucamp, DVBl. 2004, 1458.

262 Peifer (in: Schwannecke, § 7b Rn. 6) hält die Ausnahme für die Gesundheitshandwerke für fragwürdig, da sie sich seiner Ansicht nach allein an europarechtliche Vorschriften ausrichte, die einen anderen Normzweck hätten. Indes heißt es (neben den europarechtlichen Erwägungen) in BT-Drs. 15/1206, 29: „Es ist daher sachgerecht, auch für Inländer Berufserfahrung allein für die Zulassung zur Ausübung eines Gesundheitshandwerks in Deutschland nicht ausreichen zu lassen.“ Der Gesetzgeber fordert den Nachweis der „erforderlichen Kenntnisse und Fertigkeiten“ und nimmt daher eine ihm zustehende abstrakte Gefahrenbewertung vor.

263 BT-Drs. 15/1206, 29.

264 BT-Drs. 15/1206, 29.

b) Sozialvertragliche Gemeinsamkeit durch die GKV

Im Gegensatz zu den übrigen Handwerken der HwO werden bei den Gesundheitshandwerken Dienstleistungen mit einem unmittelbaren Gesundheitsbezug angeboten. Brillen, Hörgeräte, Prothesen, Einlagen oder Zahnersatz dienen der Gesundheit des Patienten. Für eine erfolgreiche Versorgung ist handwerkliches Können erforderlich, da diese Hilfsmittel individuell an das jeweilige Funktionsdefizit angepasst werden, weshalb es sich bei diesen individualisierten Gütern in der Regel nicht um industriell-vorgefertigte Ware handelt. Die jeweiligen Dienstleistungen werden ausschließlich und individuell für die Funktionsdefizite der Verbraucher hergestellt und angepasst. Dieser *sozialvertraglichen* Gemeinsamkeit vorgeschaltet ist die *medizinproduktrechtliche* Gemeinsamkeit, Medizinprodukte abzugeben und damit auch spezielle Vorgaben des MPG einhalten zu müssen.[265]

Die Gesundheitshandwerke verbindet außerdem ihre rechtliche Beziehung zu den gesetzlichen und privaten Krankenkassen. Insbesondere bei der Versorgung gesetzlich Krankenversicherter gibt es verschiedene rechtliche Vorgaben, die jeder Gesundheitshandwerker einzuhalten hat.

Die Gesundheitsberufe, die Hilfsmittel an gesetzlich Krankenversicherte abgeben und diese mit den gesetzlichen Krankenkassen abrechnen, werden Leistungserbringer genannt. Nicht jeder Leistungserbringer ist dabei ein Gesundheitshandwerker (z. B. geben auch Apotheken als Leistungserbringer Hilfsmittel ab, die sie mit der GKV abrechnen). Die GKV muss gewährleisten, dass Hilfsmittel an Versicherte nur auf der Grundlage von Versorgungsverträgen mit Leistungserbringern abgegeben werden (§ 126 Abs. 1 S. 1 SGB V) und dass die Leistungserbringer als Vertragspartner der gesetzlichen Krankenkassen zur Abgabe von Hilfsmitteln geeignet sind (§ 126 Abs. 1 S. 2 SGB V).

Da Sehhilfen und Kontaktlinsen nur noch eingeschränkt von den gesetzlichen Krankenkassen bezahlt werden (vgl. § 33 Abs. 2 – 4 SGB V),[266] haben Augenoptiker nicht mehr den gleichen regelmäßigen Kontakt mit der GKV wie Hörakustiker, Orthopädietechniker und Orthopädieschuhtechniker, deren abgegebene Hilfsmittel grundsätzlich von den gesetzlichen Krankenkassen als Sachleistung

---

265 Vgl. Schorn, § 2 Rn. 23.

266 Durch das „Gesetz zur Stärkung der Heil- und Hilfsmittelversorgung" wurde in § 33 Abs. 2 SGB V nun der Anspruch für GKV-Versicherte auf Sehhilfen wieder etwas erweitert (vgl. BT-Drs. 18/11205, 61), BGBl. 2017 Teil I, Nr. 19, S. 778 ff. (v. 10.04.2017).

bezahlt werden (vgl. § 33 Abs. 1 SGB V). Für bestimmte Fehlsichtige besteht allerdings weiterhin der vorgenannte Sachleistungsanspruch.

Beim Zahnersatz handelt es sich ebenfalls um ein Hilfsmittel.[267] Die GKV zahlt einen Festzuschuss (§§ 55, 57 Abs. 2 SGB V). Es besteht folglich ein Anspruch auf eine Geldleistung.[268] Abgerechnet wird gemäß § 88 SGB V.

Die Gesundheitshandwerke (mit Ausnahme der Zahntechniker, s. o.) schließen mit den gesetzlichen Krankenkassen Verträge nach § 127 SGB V. Gemäß § 126 Abs. 1 S. 2 SGB V können nur solche Betriebe mit der gesetzlichen Krankenkasse abrechnen, welche die Voraussetzungen für eine ausreichende, zweckmäßige und funktionsgerechte Herstellung, Abgabe und Anpassung der Hilfsmittel erfüllen. Hierzu wurde ein spezielles Präqualifizierungsverfahren entwickelt, bei dem der Vorteil für die Betriebe darin besteht, dass der einmalige Eignungsnachweis (alle fünf Jahre und ohne wesentliche Änderungen in dieser Zeit) die Abrechnungsberechtigung gegenüber allen gesetzlichen Krankenkassen begründet, sodass nicht gegenüber jeder einzelnen Krankenkasse die individuelle Eignung nachgewiesen werden muss.

c) Ergebnis

Die besondere Gefahrengeneigtheit, die bei den Gesundheitshandwerken besteht, unterscheidet diese von anderen Handwerken der Anlage A der HwO.

Des Weiteren besteht eine Besonderheit in sozialvertraglicher Hinsicht: Die Gewerke rechnen in der Regel einen nicht unbeträchtlichen Teil ihrer Leistung direkt mit den gesetzlichen Krankenkassen ab. Daraus ergeben sich wiederum bestimmte Pflichten und Aufgaben.

Bei allen bestehenden Gemeinsamkeiten soll dies nicht den (unrichtigen) Rückschluss nahelegen, dass es sich bei den Gesundheitshandwerken um „gleiche" oder homogene Handwerke handelt. Denn trotz vieler Übereinstimmungen handelt es sich, was die tatsächliche Versorgung angeht (z. B. Ausgleich wesentlicher Sehfehler, Minderung von Hörmängeln), um unterschiedliche Gewerke.[269]

2. Abgrenzungen zu anderen Handwerken

Die hier genannten fünf Gesundheitshandwerke sind unter den Nrn. 33 bis 37 der Anlage A in der HwO aufgeführt. Fraglich ist, ob zum Bereich der Gesundheitshandwerke nicht auch Friseure (Nr. 38 der Anlage A der HwO) sowie

---

267 Hellkötter-Backes, in: LPK-SGB V, § 55 Rn. 4; siehe auch: Teil 1/A./II./3.

268 Vgl. Niggehoff, in: Becker/Kingreen, § 55 Rn. 5.

269 Dohrn, GewArch 1979, 319 (322 f.).

Kosmetiker (Nr. 48 Anlage B, Abschnitt 2 der HwO) gehören. Den Gesundheitshandwerken und den Friseuren gemein ist zunächst die Zuordnung in die Anlage A der HwO, sodass bei diesen Gewerken die „Meisterpflicht“ besteht und sich daher Fragen zur entsprechenden Präsenzpflicht stellen, die hier nachfolgend untersucht werden sollen.

a) Kosmetiker-Handwerk, Nr. 48 der Anlage B, Abschnitt 2 der HwO

Das Kosmetiker-Handwerk ist kein zulassungspflichtiges Handwerk, sodass keine Präsenzverpflichtung bestehen kann.

Auch werden im Kosmetiker-Handwerk kaum gesundheitlich-medizinische Leistungen erbracht, sondern Leistungen zur Verbesserung der äußeren Erscheinung („*Lifestyle*“), sodass dieses Handwerk dem Wesen nach schon nicht als Gesundheitshandwerk zu betrachten ist. Hier geht es nicht um Versorgungen, die im Zusammenhang mit der gesetzlichen Krankenversicherung stehen, sodass es keine signifikanten Gemeinsamkeiten mit den anerkannten Gesundheitshandwerken gibt.

b) Friseur-Handwerk, Nr. 38 der Anlage A der HwO

Für die Wahl der Vollversammlungen der Handwerkskammern sollen die Augenoptiker, Hörakustiker, Orthopädietechniker, Orthopädieschuhtechniker, Zahntechniker, Friseure, Glaser, Glasbläser und Glasapparatebauer, Vulkaniseure und Reifenmechaniker sowie Seiler eine gemeinsame „Gruppe der Gewerbe für Gesundheits- und Körperpflege und Glas und sonstige Gewerbe“ bilden[270], was von einigen Kammern zumindest im Ansatz übernommen wurde.[271] Die Heterogenität dieser unterschiedlichen Berufsgruppen lässt keinen zwingenden Rückschluss zu, dass der Kreis der Gesundheitshandwerke doch größer sein könnte.

Das Friseur-Handwerk könnte man allerdings als ein „Gesundheits- und Körperpflegegewerk“ im weiteren Sinn ansehen. Denn auch beim Handwerk der Friseure werden Dienstleistungen am Körper des Menschen erbracht. Numerisch wird das Friseur-Handwerk mit der Nr. 38 in der Anlage A der HwO auch direkt nach den fünf anerkannten Gesundheitshandwerken aufgeführt.

Gewisse Tätigkeiten des Friseurs mit Haarersatz (§ 2 Abs. 2 Nr. 12 Friseur-MstrV) sind medizinische Dienstleistungen im weiteren Sinn. Zweithaar

270 Vgl. Detterbeck, Anhang 5 Mustersatzung für Handwerkskammern: § 5 Abs. 2 A. V.
271 Vgl. Satzung der HwK Kassel, § 5 Abs. 2 A VI.

(Perücken) wird grundsätzlich[272] als Hilfsmittel anerkannt und von der gesetzlichen Krankenkasse bezahlt.

Die Leistungen in diesem Bereich sind für das Friseur-Handwerk allerdings in der Regel untergeordnet und prägen es nicht. Im Gegensatz hierzu liegt bei den fünf anderen Gesundheitshandwerken die Haupttätigkeit im Gesundheitswesen. Das Gepräge des Friseur-Handwerks ist daher ein völlig anderes; es geht dort meist nicht um Hilfsmittel-Versorgungen und um Versorgungen von Patienten.

Die Altgesellenregelung nach § 7b HWO wird im Übrigen auf die Friseure angewandt, nicht aber auf die Gesundheitshandwerke der Nrn. 33 bis 37 der Anlage A der HwO (sowie aus anderen Gründen für die Schornsteinfeger, Nr. 12). Der Gesetzgeber hat deshalb bereits an dieser Stelle eine Trennung zwischen den „Gesundheitshandwerken" und den Friseuren vorgenommen, die rechtlich und faktisch nachvollziehbar ist: Während es bei den Gesundheitshandwerken um Arbeiten am Körper geht, die direkte Auswirkungen auf die Gesundheit haben, ist dies beim Friseur-Handwerk nicht der Fall. Zu Recht wird daher das Friseur-Handwerk nicht als Gesundheitshandwerk angesehen.[273]

c) *Fazit*

Nur die fünf Handwerke der Nr. 33–37 der Anlage A der HwO bilden die Gruppe der Gesundheitshandwerke. Das einzige Gewerk, welches diesen Gesundheitshandwerken ähnelt, ist das der Friseure. Allerdings werden dort nur im Randbereich Gesundheitsdienstleistungen erbracht, die dann auch mit der gesetzlichen Krankenversicherung abgerechnet werden können. Der Kernbereich liegt bei den Friseuren nicht in dem Erbringen einer Gesundheitsdienstleistung wie bei den anderen fünf Gewerken.

3. *Ergebnis*

Handwerksrechtlich und sozialrechtlich gibt es viele substanzielle Überschneidungen und Ähnlichkeiten zwischen den fünf Handwerken der Nrn. 33–37. Ihre Zusammenfassung zur Gruppe der Gesundheitshandwerke ist deshalb

---

272 Vgl. Wenner, in: Prütting, § 33 SGB V Rn. 1: Der Anspruch auf Versorgung mit einer Perücke kann vom Alter und Geschlecht abhängen.

273 Schmitz, WiVerw 1999, 88 (96), zählt das Friseurhandwerk auch „nicht unmittelbar zu den Gesundheitshandwerken", sieht jedoch, dass es sich mit diesen „aufgrund seiner geschichtlichen Entwicklung und seinem Berufsbild, das vielfache Bezüge nicht nur zur Körper-, sondern auch Gesundheitspflege aufweist, systematisch" in der Gruppe der Gewerbe für Gesundheits- und Körperpflege etc. befindet.

gerechtfertigt, da sie sich insbesondere von den anderen Handwerken der Anlage A der HwO abgrenzen und Besonderheiten bezüglich der Versorgung und Abrechnung in sozialrechtlicher Hinsicht aufweisen.

Die Untersuchung kann daher auf den Begriff der „Gesundheitshandwerke“ wegen dieser Ähnlichkeiten und Überschneidungen zurückgreifen, ohne dass dies zu einer Verallgemeinerung führt, die den jeweiligen Gewerken nicht gerecht wird. Gerade die bestehende besondere Gefahrengeneigtheit ist ein gemeinsames Merkmal dieser Handwerke und grenzt sie von anderen ab. Hinzu kommt, dass diese besondere Gefahrengeneigtheit auch auf der unmittelbaren Versorgung des Patienten beruht. Mängel und Fehler haben daher unmittelbare gesundheitliche Folgen.

Eine weitere Besonderheit stellt die Verknüpfung zum Sozialrecht dar: Die Gesundheitshandwerke geben Hilfsmittel ab, die von den gesetzlichen Krankenkassen bezahlt werden. Unter Hilfsmittel versteht man gemäß § 2 S. 1 HilfsM-RL sächliche Mittel oder technische Produkte, die individuell gefertigt oder als serienmäßig hergestellte Ware in unverändertem Zustand oder als Basisprodukt mit entsprechender handwerklicher Zurichtung, Ergänzung bzw. Abänderung von den Leistungserbringern abgegeben werden. Nach dieser Definition, der Hilfsmittel-Richtlinie (HilfsM-RL) entnommen, die der Gemeinsame Bundesausschuss nach § 92 Abs. 1 S. 2 Nr. 6 SGB V beschließt, gehören zu den Hilfsmitteln Sehhilfen, Hörhilfen, Körperersatzstücke, orthopädische und andere Hilfsmittel (§ 2 S. 3 HilfsM-RL).

Neben handwerksrechtlichen Vorgaben haben die Gesundheitshandwerke damit auch sozialrechtliche Vorgaben zu erfüllen.

Dabei ist allerdings darauf hinzuweisen, dass

- die Zahntechnik in der Regel keinen Verbraucher als Kunden hat, also hier direkter Vertrags- und Ansprechpartner der Zahnarzt ist
- in der Augenoptik aufgrund von Gesundheitsreformen[274] nur noch (im Verhältnis zu den anderen Gesundheitshandwerken) eingeschränkte Abrechnungsmöglichkeiten mit der gesetzlichen Krankenkasse und damit Verbindungen zum Sozialrecht bestehen.

Diese Ausnahmen ändern indes nichts an den überwiegenden Gemeinsamkeiten:

- Sehhilfen (Brillen und Kontaktlinsen) sind nach wie vor Hilfsmittel, für die bei Kindern und Jugendlichen bis zur Vollendung des 18. Lebensjahres

---

274 Vgl. BT-Drs. 15/1525, S. 85. Zuletzt: Heil- und Hilfsmittelversorgungsgesetz v. 04.04.2017 (BGBl. 2017 Teil I, Nr. 19, S. 778).

sowie bei schwer Sehbeeinträchtigten ein Versorgungsanspruch besteht (§ 33 Abs. 2 SGB V). Der Ausschluss aus dem Leistungsangebot der GKV wurde als „sozialpolitisch fragwürdig und verfassungsrechtlich zumindest problematisch"[275] bezeichnet, da er aus rein fiskalischen Erwägungen[276] erfolgte und der Gesetzgeber darin keine finanzielle Überforderung der erwachsenen Versicherten erkannte.[277] Die Grundbindung der Sehhilfen-Versorgung in das Sozialrecht ändert daran nichts.

- Zahnersatz ist ein Hilfsmittel.[278] Sozialrechtlich besteht zwischen den üblichen Hilfsmitteln der Gesundheitshandwerke und dem Zahnersatz der Unterschied, dass beim Zahnersatz die Krankenkasse den Leistungsanspruch des Versicherten durch Zahlung eines Festzuschusses erfüllt,[279] während ansonsten ein Anspruch auf das Hilfsmittel als Sachleistung besteht. Der Festzuschuss deckt regelmäßig 50 % der Kosten der Regelversorgung ab.[280] Bei Hilfsmitteln nach § 33 Abs. 1 S. 1 SGB V hat der Versicherte folglich einen Anspruch auf ein konkretes Hilfsmittel, nicht auf eine Geldzahlung. Aus diesem Grund wird beim Zahnersatz ein Geldanspruch und kein Sachleistungsanspruch gewährt.[281] Diese rein abrechnungsrelevante Fragestellung ändert indes nichts an der Verortung des Zahnersatzes als Hilfsmittel im Sozialrecht.

Unter Berücksichtigung dieser Aspekte ist es möglich, die Gesundheitshandwerke als Ganzes zu betrachten und zu untersuchen.

III. Betriebsleiter

Formaler Dreh- und Angelpunkt der HwO ist die Eintragung eines zulassungspflichtigen Handwerks in die Handwerksrolle, da ohne Eintragung ein selbstständiger Betrieb i. S. d. § 1 Abs. 1 S. 1 HwO nicht erlaubt ist. Wer ohne Eintragung

275 Wenner, in: Prütting, § 33 SGB V Rn. 2.

276 Wenner, in: Prütting, § 33 SGB V Rn. 2.

277 Kraftberger, in: LPK-SGB V, § 33 Rn. 60.

278 Heilkötter-Backes, in: LPK-SGB V, § 33 Rn. 5.

279 Heilkötter-Backes, in: LPK-SGB V, § 33 Rn. 16.

280 Heilkötter-Backes, in: LPK-SGB V, § 33 Rn. 17.

281 Vgl. BSG, Urt. v. 12.12.1972 – 3 RK 67/70, in: BSGE 35, 105 (107): Kein Sachleistungsprinzip bei der zahnärztlichen Behandlung, da sie „sowohl Elemente rein zahnärztlicher wie auch handwerklicher Tätigkeit enthält". AA: Heilkötter-Backes, in: LPK-SGB V, § 33 Rn. 17, die von einem Sachleistungsanspruch ausgeht; vgl. Niggehoff, in: Becker/Kingreen, § 55 Rn. 5 m. w. N.

das Handwerk selbstständig betreibt, begeht grundsätzlich nach § 117 Abs. 1 Nr. 1 HwO eine Ordnungswidrigkeit.

Um in die Handwerksrolle eingetragen zu werden, müssen die Eintragungsvoraussetzungen der HwO erfüllt sein. Die Eintragungsvoraussetzungen werden in § 7 HwO definiert. Als Inhaber eines Betriebs eines zulassungspflichtigen Handwerks wird gemäß § 7 Abs. 1 S. 1 HwO eine natürliche oder juristische Person oder Personengesellschaft in die Handwerksrolle eingetragen, wenn der Betriebsleiter die Voraussetzungen für die Eintragung in die Handwerksrolle mit dem zu betreibenden Handwerk oder einem mit diesem verwandten Handwerk erfüllt. Die Eintragung ist daher betriebsleiter- und somit personenbezogen. Im Ergebnis hat somit der Betriebsleiter die Eintragungsvoraussetzungen zu erfüllen.

Der *materiell-rechtlich* relevante Dreh- und Angelpunkt ist damit nicht die formale Eintragung in die Handwerksrolle als solche, sondern vielmehr die Eintragungsvoraussetzungen, die der Betriebsleiter zu erfüllen hat.

Der Begriff des Betriebsleiters wird in der HwO an mehreren Stellen verwendet (vgl. §§ 4 Abs. 2, 5a Abs. 2 S. 1, §§ 6 Abs. 2 S. 3, 7 Abs. 1 S. 1 HwO), nicht aber näher[282] definiert.

Die HwO regelt die fachlichen Voraussetzungen des Betriebsleiters (1.) und seine Stellung (2.), schweigt aber weitgehend, in welcher Form (3.) die Betriebsleitung stattzufinden hat.

1. Fachliche Voraussetzung des Betriebsleiters

Im Handwerk ist die übliche Voraussetzung für die Eintragung in die Handwerksrolle, dass der Betriebsleiter eine Meisterprüfung in dem von ihm zu betreibenden oder in einem mit diesem verwandten zulassungspflichtigen Handwerk erfolgreich abgelegt hat (vgl. § 7 Abs. 1a HwO). Ferner werden nach § 7 Abs. 2, 2a HwO auch Ingenieure, Absolventen von verschiedenen Hoch- oder Fachschulen oder Personen mit gleichwertigen oder gleichgestellten Abschlüssen eingetragen, wenn der Studien- oder der Schulschwerpunkt ihrer Prüfung dem zulassungspflichtigen Handwerk entspricht. Auch finden sich für Betriebsleiter eines anderen zulassungspflichtigen Handwerks (§ 7a HwO), für Altgesellen (§ 7b HwO) oder für andere Berufserfahrene (§ 8 HwO) Ausnahmen von § 7 HwO. Grundsätzlich bedeutet dieses Erfordernis, dass der Betriebsleiter eines

282 Vgl. VG Saarlouis, Urt. v. 19.01.1982 – 5 K 1558/80, in: GewArch 1992, 306, das eine „teilweise gesetzlich[e]“ Fixierung erkennt und zwar in Form der fachlichen Qualifikation.

zulassungspflichtigen Handwerks über eine nachgewiesene und extern-geprüfte Qualifikation verfügt. Dies wird auch in § 8 Abs. 1 HwO deutlich, wonach eine Ausnahmebewilligung nur beim Nachweis der notwendigen Kenntnisse und Fertigkeiten erteilt werden kann. Ein Betriebsleiter muss folglich über bestimmte Fachkenntnisse und Fertigkeiten verfügen.

2. *Stellung des Betriebsleiters*

Die herausgehobene Stellung des Betriebsleiters zeigt sich daran, dass ohne ihn eine Eintragung des zulassungspflichtigen Handwerks in die Handwerksrolle nicht möglich ist.

a) *Gesetzeslage bis 2004*

Bis 2004 waren Betriebsleiter und Inhaber eines Handwerksbetriebes grundsätzlich personenidentisch. Es galt das sogenannte Inhaberprinzip, das die Vereinigung von Qualifikation und Unternehmereigenschaft in einer Person beinhaltete.[283] Der Betriebsleiter war daher der Inhaber, weshalb die Eintragung in die Handwerksrolle sowohl als betriebsleiter- wie aber auch inhaberbezogen bezeichnet werden konnte.

Es wurde derjenige in die Handwerksrolle gemäß § 7 Abs. 1 HwO a.F. (1953) eingetragen, der in dem von ihm zu betreibenden Handwerk die Meisterprüfung bestanden hatte. Auch der Betriebsleiter einer juristischen Person musste gemäß § 7 Abs. 3 HwO a.F. (1953) entweder die Meisterprüfung abgelegt haben oder eine Ausnahmebewilligung besitzen.[284] Weitere betriebsleiterbezogene Vorgaben oder Definitionen enthielt die HwO nicht.[285] Maßgeblich war allein, dass der Inhaber des Handwerksbetriebs in seiner Person die handwerksrechtliche Befähigung besitzt.[286] Sinn und Zweck dieser Regelung war, „daß beim Handwerk Kapital und Arbeit in einer Hand" verbleiben sollten.[287]

Das BVerfG stellte in seiner Entscheidung vom 17. Juli 1961 fest, dass „der Ausübung eines Handwerks im eigenen Namen, auf eigene Rechnung und in eigener Verantwortung ein besonderes […] soziale[s] Gewicht" zukomme.[288] Dabei hänge insbesondere der Leistungsstand eines handwerklichen Betriebes

283 Schwannecke/Heck, GewArch 2004, 129 (130).
284 Hartmann/Philipp, § 7 Rn. 7.
285 Vgl. BVerwG, Urt. v. 16.04.1991 – 1 C 50.88, in: BVerwGE 88, 122 (124).
286 BT-Drs. 15/1206, S. 26.
287 BVerfG, Beschl. v. 17.07.1961 – 1 BvL 44/55, in: BVerfGE 13, 97 (112, 120); so auch Detterbeck, § 7 Rn. 1.
288 BVerfG, Beschl. v. 17.07.1961 – 1 BvL 44/55, in: BVerfGE 13, 97 (105).

entscheidend „von der fachlichen Befähigung des Inhabers ab“[289]. „[S]eine Tätigkeit“, so das BVerfG, „gewährleistet bei der Übersichtlichkeit des Handwerksbetriebes in aller Regel die Qualität der Arbeit der Betriebsangehörigen. Hinzu kommt, daß unselbständige Handwerker, die ihre Ausbildung noch nicht beendet haben, aber beabsichtigen, sich selbständig zu machen, voraussichtlich mit weit größerem Eifer ihre fachlichen Kenntnisse erweitern und ihre technischen Fertigkeiten vervollkommnen werden, wenn sie wissen, daß sie ihre Befähigung zur selbständigen Ausübung des Handwerks nachweisen müssen.“[290]

Handwerksbetriebe, so stellte es das BVerfG[291] klar, seien im Unterschied zu Industrieunternehmen überwiegend Kleinbetriebe, bei denen die persönliche handwerkliche Mitarbeit des Betriebsinhabers typisch sei, denn seine fachliche Qualifikation entscheide über den Wert der handwerklichen Leistung. Das BVerfG erkannte kein „Übermaß“ darin, dass nach dem „Grundsatz, daß beim Handwerk Kapital und Arbeit in einer Hand vereinigt bleiben sollen“, die Folge darin bestand, dass ein Unternehmer, der selbst kein Meister war, gehindert war, „unter Anstellung eines Meisters einen Handwerksbetrieb zu eröffnen.“[292]

Wie oben bereits beschrieben, wurden in der Vergangenheit zahlreiche Ausnahmen vom Inhaberprinzip genehmigt und zugelassen.[293] Insbesondere war die Ausnahme für GmbHs in der Praxis relevant.[294] Danach wurden juristische Personen in die Handwerksrolle eingetragen, wenn sie einen entsprechenden Betriebsleiter eingestellt hatten (§ 7 Abs. 4 S. 1 HwO aF), und Personengesellschaften wurden eingetragen, wenn für die technische Leitung ein persönlich haftender Gesellschafter verantwortlich war, der die Voraussetzungen für die Eintragungen in die Handwerksrolle erfüllte (§ 7 Abs. 4 S. 2 HwO aF). Einzelpersonen, die ggf. unterschiedliche Gewerke „aus einer Hand“ anbieten wollten, konnten nach dieser Regelung aber nicht verschiedene Meister als Betriebsleiter einstellen.[295]

Gegen die damalige Regelung wurden im Hinblick auf den Grundsatz der Gleichbehandlung verfassungsrechtliche Bedenken geäußert.[296] Die Ausnahmen des Inhaberprinzips z. B. bei der GmbH oder AG wurden als ein Verstoß gegen

289 BVerfG, Beschl. v. 17.07.1961 – 1 BvL 44/55, in: BVerfGE 13, 97 (116).
290 BVerfG, Beschl. v. 17.07.1961 – 1 BvL 44/55, in: BVerfGE 13, 97 (116 f.).
291 BVerfG, Beschl. v. 17.07.1961 – 1 BvL 44/55, in: BVerfGE 13, 97 (123).
292 BVerfG, Beschl. v. 17.07.1961 – 1 BvL 44/55, in: BVerfGE 13, 97 (120).
293 Schwannecke/Heck, GewArch 2004, 129 (130).
294 Vgl. Detterbeck, § 7 Rn. 2.
295 Vgl. Schotthöfer, GewArch 1981, 114 (115).
296 Vgl. Detterbeck, § 7 Rn. 2; Karsten, in: Schwannecke, § 7 Rn. 8; Müller, NVwZ 2004, 403 (409 f.); Schwannecke/Heck, GewArch 2004, 129 (130).

das Gleichheitsgebot des Art. 3 Abs. 1 GG angesehen.[297] Zudem wurden sie als nicht ausreichend kritisiert und deshalb ein vollständiger Verzicht auf das sog. Inhaberprinzip gefordert.[298] Kapitalgesellschaften wären gegenüber Personengesellschaften und natürlichen Personen privilegiert.[299] Bei einer GmbH & Co. KG war es zudem umstritten, ob diese mit einem angestellten Betriebsleiter eingetragen werden konnte, da die persönlich haftende GmbH als juristische Person zur Leitung des Handwerksbetriebs nicht fähig sei.[300]

b) Gesetzeslage seit 2004

Die zwei Handwerksnovellen 2003, die zum 1. Januar 2004 in Kraft traten, haben zu einer Neustrukturierung des Handwerksrechts und der HwO im Besonderen geführt. Insbesondere das „Dritte Gesetz zur Änderung der Handwerksordnung und anderer handwerksrechtlicher Vorschriften" vom 24. Dezember 2003 führte zu wesentlichen Änderungen, wozu auch die Abkehr vom „Inhaberprinzip" gehörte.

Das „Inhaberprinzip" wurde durch die „große Handwerksnovelle"[301] zum 1. Januar 2004 durch ein rechtsformneutrales „Betriebsleiterprinzip" ersetzt. Die bisherige Ungleichbehandlung von Handwerksbetrieben natürlicher und juristischer Personen wurde beseitigt.[302]

Der Gesetzgeber änderte die HwO dahingehend, dass der selbstständige Betrieb eines Handwerks unabhängig von der Rechtsform des Betriebes möglich ist, sofern der Betriebsleiter des einzutragenden Unternehmens die erforderliche handwerksrechtliche Befähigung besitzt.[303] Denn es sei geboten, die Gründung, Führung und Übernahme eines Handwerksbetriebes durch einen Betriebsleiter rechtsformneutral zuzulassen.[304] Somit kann ein Handwerksbetrieb auch von jemandem geführt werden, der nicht die fachlichen Voraussetzungen eines Betriebsleiters erfüllt, sofern er einen solchen Betriebsleiter angestellt hat. In die Handwerksrolle wird folglich derjenige eingetragen, der ein zulassungspflichtiges Handwerk selbstständig betreibt und über einen qualifizierten Betriebsleiter

297 Vgl. Kopp, WiVerw 1994, 1 (7); Schwannecke/Heck, GewArch 2004, 129 (130).

298 Kopp, WiVerw 1994, 1 (6 f.).

299 Schwannecke/Heck, GewArch 2004, 129 (130).

300 Schotthöfer, GewArch 1981, 114 (115).

301 Traublinger, GewArch 2003, 353 (354).

302 Müller, NVwZ 2004, 403 (409); vgl. auch Schwannecke/Heck, GewArch 2004, 129 (130).

303 BT-Drs. 15/1206, S. 26.

304 BT-Drs. 15/1206, S. 26.

verfügt. Der Betriebsleiter selbst hat den Betrieb verantwortlich zu leiten, benötigt dazu aber keine Vertretungsbefugnis nach außen.[305]

c) Ergebnis

Die Stellung des Betriebsleiters blieb durch die Handwerksnovelle 2003 formal unverändert: Weiterhin ist ein Betriebsleiter notwendig, um eine Eintragung in die Handwerksrolle zu erhalten. Allerdings muss der Betriebsleiter nicht mehr personenidentisch mit dem Betriebsinhaber sein.

Die Trennung der Inhaberschaft von der Person des Betriebsleiters führte zu einer Aufwertung des Betriebsleiters[306] und damit auch seines Aufgabenbereiches. Denn auch wenn die Trennung aus wirtschaftlichen Gründen die Attraktivität der Gründung von Handwerksbetrieben steigert (Nicht-Handwerker haben nun die Chance, solche Betriebe auch außerhalb einer Kapitalgesellschaft zu gründen), kommt der Notwendigkeit und der Verantwortung des Betriebsleiters nunmehr eine herausragende Bedeutung zu, da nur durch und mit ihm eine Eintragung in die Handwerksrolle möglich ist. Aus diesem Grund wurden die Änderungen auch als Übergang vom Inhaber- auf das Betriebsleiterprinzip bezeichnet.[307]

3. Aufgaben des Betriebsleiters

Die Aufgaben des Betriebsleiters lassen sich nicht direkt und unmittelbar aus der HwO, sondern allein aus seiner Stellung in der HwO und dem jeweiligen Handwerksbetrieb herleiten. Es gibt keinen Paragrafen in der HwO, der die Aufgaben des Betriebsleiters definiert. Allerdings wird die Person des Betriebsleiters an zentraler Stelle, in § 7 Abs. 1 S. 1 HwO aufgeführt: „Als Inhaber eines Betriebs eines zulassungspflichtigen Handwerks wird eine natürliche oder juristische Person oder eine Personengesellschaft in die Handwerksrolle eingetragen, wenn der Betriebsleiter die Voraussetzungen für die Eintragung in die Handwerksrolle mit dem zu betreibenden Handwerk oder einem mit diesem verwandten Handwerk erfüllt."

---

305 Knörr, in: Honig/Knörr/Thiel, § 7 Rn. 8.

306 Schwannecke/Heck, GewArch 2004, 129 (131): „Durch den Wegfall des Inhaberprinzips ist die Bedeutung des Betriebsleiters erheblich gewachsen."

307 Detterbeck, DDBR, Einl., Rn. 8; Knörr, in: Honig/Knörr/Thiel, § 7 Rn. 2; Bulla, in: Schmidt/Wollenschläger, § 10 Rn. 54. Kritisch dazu Leisner (in: Leisner, § 7 Rn. 5): „Das **Inhaberprinzip gilt weiter**, als zentraler Grundsatz des Handwerksrechts […]." Dies verkennt aber die herausgehobene Position des Betriebsleiters.

Seine Aufgaben wurden vom BVerwG mit der sog. Prägetheorie beschrieben. Durch sein persönliches Können gibt der Betriebsleiter einem Betrieb das Gepräge.[308] Denn „seine persönliche Einflußnahme auf das Betriebsgeschehen [bietet gerade] eine Gewähr für die Erhaltung des Leistungsstandes und der Leistungsfähigkeit des Handwerks“[309]. Das BVerwG nahm dabei explizit Bezug auf eine Entscheidung des BVerfG. In dieser Entscheidung heißt es: „Indessen hängt der Leistungsstand eines handwerklichen Betriebes entscheidend von der fachlichen Befähigung des Inhabers ab: seine Tätigkeit gewährleistet bei der Übersichtlichkeit des Handwerksbetriebes in aller Regel die Qualität der Arbeit der Betriebsangehörigen.“[310]

Die Prägetheorie des BVerwG, die auf den Aussagen des BVerfG fußt, zeigt damit, dass der Betriebsleiter nicht nur formale Kriterien erfüllen muss, die zur Zulassung eines Handwerksbetriebs führen, sondern dass ihm auch bestimmte fachliche Pflichten obliegen, da erst durch ihn der Betrieb sein handwerkliches Gepräge erhält.

a) Formale Betrachtung

Dem Wortsinn nach *leitet* der Betriebsleiter den *Betrieb*. Nicht näher wird in der HwO definiert, was unter *Leitung* verstanden wird. In der Bedeutungsübersicht der Duden-Redaktion wird das Verb „leiten“ mit „verantwortlich führen“ erklärt und als Beispiele „einen Betrieb, eine Schule leiten“ genannt.[311] Mit dem Verb wird daher eine aktive Führungsaufgabe verbunden.

Der Sinn und Zweck, dass ein Betrieb einen Betriebsleiter beschäftigt, ist zwingend daran gebunden, dass dieser auch bestimmte Aufgaben wahr- und übernimmt. Welche das aber genau sind, lässt sich nicht dem Gesetzestext entnehmen. Auch die Prägetheorie hilft an dieser Stelle nicht weiter: Denn, was nun konkret die „persönliche Einflußnahme“[312] des Betriebsleiters ausmacht und worin diese besteht, ist nicht näher definiert.

Es hat sich in den vergangenen Jahrzehnten eine Vielzahl von Gerichten und juristischen Kommentatoren mit dem Begriff des Betriebsleiters auseinandergesetzt. Nachfolgend soll die Definition des BVerwG aus dem Jahr 1991[313] als Ausgangsdefinition herangezogen werden. Diese Definition hat sich als diejenige

---

308 BVerwG, Urt. v. 12.02.1965 – VII C 77.64, in: BVerwGE 20, 263 (266).
309 BVerwG, Urt. v. 12.02.1965 – VII C 77.64, in: BVerwGE 20, 263 (266).
310 BVerfG, Beschl. v. 17.07.1961 – 1 BvL 44/55, in: BVerfGE 13, 97 (116).
311 https://www.duden.de/rechtschreibung/leiten#Bedeutung1
312 BVerwG, Urt. v. 12.02.1965 – VII C 77.64, in: BVerwGE 20, 263 (266).
313 BVerwG, Urt. v. 16.04.1991 – 1 C 50.88, in: BVerwGE 88, 122 ff.

erwiesen, auf die Rechtsprechung und Literatur regelmäßig zurückgreifen.[314] Sie ist zur Beschreibung der Tätigkeiten und Pflichten eines Betriebsleiters geeignet, weil sie diese umfassend, aber ohne Redundanzen darstellt und damit ein klares praxistaugliches Bild des Betriebsleiters zeichnet, das letztlich für alle Handwerke maßgeblich ist.

Das BVerwG hatte sich 1991 mit dem Betriebsleiterprinzip für juristische Personen beschäftigt. Der Betriebsleiter bei einer juristischen Person hatte danach dafür zu sorgen, dass die handwerklichen Arbeiten „meisterhaft" ausgeführt werden.[315] Die fachlich-technische Leitung des Betriebes muss in seiner Hand liegen, und er muss über den Handwerksbetrieb in seiner fachlichen Ausgestaltung und seinem technischen Ablauf bestimmen und die Verantwortung tragen.[316]

Weiter heißt es: „Daraus folgt, daß der Betriebsleiter nach seiner vertraglichen Stellung zu der juristischen Person rechtlich in der Lage sein muß, bestimmenden Einfluß auf den handwerklichen Betrieb zu nehmen. Er muß insbesondere zum Vorgesetzten der handwerklich beschäftigten Betriebsangehörigen bestellt und ihnen gegenüber fachlich weisungsbefugt sein. Er muß außerdem die ihm übertragene Leitung tatsächlich ausüben können und auch ausüben. Er hat also den Arbeitsablauf zu steuern, zu betreuen und zu überwachen und darf sich nicht etwa auf eine bloße Kontrolle des Arbeitsergebnisses beschränken. Er hat Mängel in der Ausführung der Arbeit zu verhindern und gegebenenfalls zu korrigieren, aber auch dafür zu sorgen, daß Verstöße gegen Rechtsvorschriften oder Betriebsanweisungen unterbleiben. Seine Tätigkeit muß so angelegt sein, daß sie die handwerkliche Güte der Arbeiten gewährleistet".[317]

Die Tätigkeiten des Betriebsleiters lassen sich nach Maßgabe der Rechtsprechung des BVerwG wie folgt zusammenfassen:

aa) Bestimmender Einfluss auf den Betrieb: Rechtliche und fachliche Weisungsbefugnis

Der Betriebsleiter muss „bestimmenden Einfluß auf den handwerklichen Betrieb […] nehmen."[318] Der bestimmende Einfluss auf den Betrieb wurde sodann von

---

314 Vgl. VGH Baden-Württemberg, Urt. v. 25.06.1993 – 14 S 269/93, in: GewArch 1993, 483 ff.; Detterbeck, § 7 Rn. 18; Knörr, in: Honig/Knörr/Thiel, § 7 Rn. 8.

315 BVerwG, Urt. v. 16.04.1991 – 1 C 50.88, in: BVerwGE 88, 122 (124).

316 BVerwG, Urt. v. 16.04.1991 – 1 C 50.88, in: BVerwGE 88, 122 (124 f.).

317 BVerwG, Urt. v. 16.04.1991 – 1 C 50.88, in: BVerwGE 88, 122 (125).

318 BVerwG, Urt. v. 16.04.1991 – 1 C 50.88, in: BVerwGE 88, 122 (125).

den Oberverwaltungsgerichten in zeitlicher und räumlicher Hinsicht konkretisiert.[319] Der Unternehmer muss dem Betriebsleiter arbeitsvertraglich Weisungsrechte einräumen, die ihn zum Vorgesetzten der in seinem Aufgabenbereich tätigen Mitarbeiter machen.[320] Der Betriebsleiter muss „insbesondere zum Vorgesetzten der handwerklich beschäftigten Betriebsangehörigen bestellt und ihnen gegenüber fachlich weisungsbefugt sein."[321]

aaa) Rechtliche Weisungsbefugnis

Der Betriebsleiter muss „nach seiner vertraglichen Stellung [...] rechtlich in der Lage sein, [...] bestimmenden Einfluß auf den handwerklichen Betrieb zu nehmen."[322] An der rechtlichen Weisungsbefugnis fehlt es, wenn der Betriebsleiter nicht das Direktionsrecht gegenüber den Arbeitnehmern, soweit diese handwerklich tätig sind, ausübt.[323] Deshalb muss er „insbesondere zum Vorgesetzten der handwerklich beschäftigten Betriebsangehörigen bestellt [...] sein."[324]

bbb) Fachliche Weisungsbefugnis

Das BVerwG stellte weiter fest, dass „[d]ie fachlich-technische Leitung des Betriebes" in der Hand des Betriebsleiters zu liegen hat.[325] Alle fachlichen Entscheidungen muss der Betriebsleiter treffen oder muss diese zumindest treffen können.[326] Er muss fachlich weisungsbefugt sein.[327]

Dabei muss er „über den Handwerksbetrieb in seiner fachlichen Ausgestaltung und seinem technischen Ablauf bestimmen und insoweit die Verantwortung tragen."[328] Die fachliche Weisungsbefugnis muss dabei auch gegenüber den

319 Nds. OVG, Urt. v. 25.09.1992 – 8 L 8815/91, in: GewArch 1994, 171 (172).

320 Schotthöfer, GewArch 1981, 114 (115).

321 BVerwG, Urt. v. 16.04.1991 – 1 C 50.88, in: BVerwGE 88, 122 (125); s. a. BVerwG, Urt. v. 08.11.1996 – 8 C 25/96 in: BVerwGE 102, 2 (208).

322 BVerwG, Urt. v. 16.04.1991 – 1 C 50.88, in: BVerwGE 88, 122 (125); s. a. VGH Baden-Württemberg, Urt. v. 22.04.1994 – 14 S 271/94; Karsten, in: Schwannecke, § 7 Rn. 35.

323 Hessischer VGH, Urt. v. 18.03.1997 – 11 UE 190/97.

324 BVerwG, Urt. v. 16.04.1991 – 1 C 50.88, in: BVerwGE 88, 122 (125); s. a. VG Meiningen, Urt. v. 24.04.1995 – 2 K 618/94.Me; so auch: OVG Lüneburg, Beschl. v. 29.09.2011 – 8 ME 105/11.

325 BVerwG, Urt. v. 16.04.1991 – 1 C 50.88, in: BVerwGE 88, 122 (124); s. a. BVerwG, Urt. v. 08.11.1996 – 8 C 25/96 in: BVerwGE 102, 204 (208); VGH Baden-Württemberg, Urt. v. 22.04.1994 – 14 S 271/94; Honig, GewArch 1967, 97.

326 Knörr, in: Honig/Knörr/Thiel, § 7 Rn. 6; vgl. auch Honig/Knörr, § 7 Rn. 30.

327 BVerwG, Urt. v. 16.04.1991 – 1 C 50.88, in: BVerwGE 88, 122 (125).

328 BVerwG, Urt. v. 16.04.1991 – 1 C 50.88, in: BVerwGE 88, 122 (124 f.); s. a. VGH Baden-Württemberg, Urt. v. 22.04.1994 – 14 S 271/94.

mitarbeitenden Gesellschaftern bestehen.[329] Nicht ausreichend ist es, wenn der Betriebsleiter nur eine untergeordnete oder zwar eine gleichgeordnete, nicht aber allein die führende Position einnimmt.[330]

bb) Ausübungsmöglichkeit und tatsächliche Ausübung der Leitung

Der Betriebsleiter „muß außerdem die ihm übertragene Leitung tatsächlich ausüben können und auch ausüben."[331] Das bedeutet, dass er den Betrieb in handwerkstechnischer Hinsicht verantwortlich leitet.[332] Die tatsächliche Ausübung beinhaltet die Entscheidungskompetenz und – als Folge dessen – die Entscheidungsausübung in fachlicher Sicht.[333]

cc) Steuerung, Betreuung und Überwachung des Arbeitsablaufs und Verhinderung von Mängeln in der Ausführung der Arbeiten, ggf. Korrektur

Der Betriebsleiter hat den „Arbeitsablauf zu steuern, zu betreuen und zu überwachen".[334] Er darf „sich nicht etwa auf eine bloße Kontrolle des Arbeitsergebnisses beschränken."[335] Vielmehr hat er „Mängel in der Ausführung der Arbeiten zu verhindern und gegebenenfalls zu korrigieren."[336]

dd) Überwachung von Rechtsvorschriften und Betriebsanweisungen

Die Betriebsleitung beinhaltet auch die rechtliche Überwachung der entsprechenden Rechtsvorschriften und Betriebsanweisungen. Er hat „dafür zu sorgen, daß Verstöße gegen Rechtsvorschriften oder Betriebsanweisungen unterbleiben."[337]

---

329 Knörr, in: Honig/Knörr/Thiel, § 7 Rn. 8; vgl. dazu: VGH Baden-Württemberg, Urt. v. 25.06.1993 – 14 S 269/93.

330 Detterbeck, § 7 Rn. 22.

331 BVerwG, Urt. v. 16.04.1991 – 1 C 50.88, in: BVerwGE 88, 122 (125); vgl. Detterbeck, § 7 Rn. 19; Karsten, in: Schwannecke, § 7 Rn. 35.

332 Knörr, in: Honig/Knörr/Thiel, § 7 Rn. 8.

333 Karsten, in: Schwannecke, § 7 Rn. 37.

334 BVerwG, Urt. v. 16.04.1991 – 1 C 50.88, in: BVerwGE 88, 122 (125); s. a. Ehlers, in: Ehlers u. a., § 19 Rn. 39.

335 BVerwG, Urt. v. 16.04.1991 – 1 C 50.88, in: BVerwGE 88, 122 (125); s. a. OVG Lüneburg, Beschl. v. 29.09.2011 – 8 ME 105/11; so auch Badura, GewArch 1992, 201 (204).

336 BVerwG, Urt. v. 16.04.1991 – 1 C 50.88, in: BVerwGE 88, 122 (125); s. a. OVG Lüneburg, Beschl. v. 29.09.2011 – 8 ME 105/11.

337 BVerwG, Urt. v. 16.04.1991 – 1 C 50.88, in: BVerwGE 88, 122 (125).

Mit Rechtsvorschriften sind insbesondere arbeits- und gesundheitsschutzrechtliche Vorgaben gemeint, aber auch solche, die die Qualität der Arbeit betreffen (Einhaltung der allgemeinen anerkannten Regeln der Technik, DIN-Vorschriften usw.).

ee) Gewährleistung der handwerklichen Güte der Arbeiten

Mit der Überwachung der Rechtsvorschriften geht einher, dass beim Betriebsleiter „[s]eine Tätigkeit [...] so angelegt sein [muss], daß sie die handwerkliche Güte der Arbeiten gewährleistet."[338] Der Einsatz wechselnder Meister widerspricht dem Betriebsleitersystem, da der Betrieb in fachlich-technischer Hinsicht in einem solchen Fall nicht geleitet wird.[339] Im Fall „wechselnder Meister" wird die handwerkliche Güte aller Arbeiten nicht gewährleistet, sondern allenfalls der Arbeiten, bei denen der eingetragene Betriebsleiter selbst anwesend ist.[340] Dabei ist es unerheblich, dass auch die anderen Mitarbeiter eine Meisterprüfung abgelegt haben und damit über die Qualifikation des § 7 Abs. 1 HwO verfügen.[341] Der Einsatz verschiedener Meister, von denen letztlich keiner die fachlich-technische Leitung innehat, entspricht demnach nicht den Vorschriften der Handwerksordnung.

b) *Weiteres Kriterium: Eingriff in Not- und Eilfällen*

Von der Rechtsprechung des BVerwG nicht weiter angesprochen (wohl weil als Selbstverständlichkeit implizit schon enthalten) ist die Präsenzpflicht in Not- und Eilfällen. Der Betriebsleiter darf sich nicht so weit entfernen, dass er in Not- oder Eilfällen nicht ohne „gefährlichen Zeitverlust" seinen Betrieb erreichen kann.[342] In solchen Fällen muss er ohne „vermeidbare Säumnis" tätig werden können.[343]

338 BVerwG, Urt. v. 16.04.1991 – 1 C 50.88, in: BVerwGE 88, 122 (125); s. a. Wiemers, DVBl. 2012, 942 (945).

339 OVG Rheinland-Pfalz, Urt. v. 14.07.1993 – 11 A 10091/93.

340 OVG Rheinland-Pfalz, Urt. v. 14.07.1993 – 11 A 10091/93.

341 OVG Rheinland-Pfalz, Urt. v. 14.07.1993 – 11 A 10091/93.

342 VGH Baden-Württemberg, Beschl. v. 12.01.1970 – VI 984/69, in: GewArch 1970, 128 (129).

343 OVG Lüneburg, Urt. v. 15.01.1975 – VII A 94/73, in: GewArch 1975, 232 (233).

c) Regelung in der GewO

Nach § 35 Abs. 1 S. 1 2. Alt GewO ist die Ausübung eines Gewerbes zu untersagen, wenn Tatsachen vorliegen, welche die Unzuverlässigkeit eines *mit der Leitung des Gewerbebetriebs beauftragten Person* dartun.

Die „mit der Leitung eines Gewerbebetriebes beauftragte Person" wird von Rechtsprechung[344] und Literatur[345] als „Betriebsleiter" bezeichnet. Explizit taucht die Bezeichnung „Betriebsleiter" in der GewO nicht auf, sondern spricht allein von einer mit der Leitung beauftragten Person. Die GewO ist – worauf später[346] noch näher eingegangen wird – *lex generalis* soweit die HwO keine speziellen Regelungen enthält.[347] Sie könnte daher weitere Hinweise zur Auslegung des Betriebsleiter-Begriffs geben.

Das OVG Nordrhein-Westfalen versteht unter dem Betriebsleiter im Gewerberecht die Person, die aufgrund ihrer Stellung im Betrieb, insbesondere aufgrund des Anstellungsvertrages, den Betrieb tatsächlich leitet.[348] Der Betriebsleiter muss über eine hervorgehobene Stellung verfügen und „die Geschicke" des Gewerbebetriebs im Einvernehmen mit dem Gewerbetreibenden bestimmen.[349]

Festzuhalten ist danach, dass der Betriebsleiter i. S. d. GewO folgende Eigenschaften erfüllen muss:

- Tatsächliche Leitung des Betriebes durch hervorgehobene Stellung
- Ausübung der Leitung im erklärten oder geduldeten Einvernehmen mit dem Gewerbetreibenden

Die Ausübung der Betriebsleitung im Einvernehmen mit dem Betriebsinhaber wird so verstanden, dass der Betriebsleiter seine Funktion *nach Weisungen* des Gewerbetreibenden ausübt.[350]

---

344 Vgl. OVG Nordrhein-Westfalen, Urt. v. 10.11.1989 – 4 A 762/89, in: GewArch 1990, 214 (215); VGH Baden-Württemberg, Beschl. v. 09.08.1994 – 14 S 1954/94, in: GewArch 1994, 420; OLG Düsseldorf, Beschl. v. 07.10.1993 – 5 Ss (OWi) 299/93 – (OWi) 134/93 I, in: GewArch 1994, 24.

345 Vgl. Ennuschat, in: Tettinger u. a., § 35 Rn. 100; Brüning, in: Pielow, § 35 Rn. 29.

346 Siehe Teil I/C.

347 Eisenmenger, in: Stober/Eisenmenger, § 48 I 2 (S. 91).

348 OVG Nordrhein-Westfalen, Urt. v. 10.11.1989 – 4 A 762/89, in: GewArch 1990, 214 (215).

349 Ennuschat, in: Tettinger u. a., § 35 Rn. 101; so auch: Heß, in: Friauf, § 35 Rn. 93.

350 Marcks, in: Landmann/Rohmer, § 45 GewO Rn. 5; Wormit, in: Pielow, § 45 Rn. 3; Eisenmenger, in: Stober/Eisenmenger, § 46 I 4 (S. 39).

Hier besteht ein gewisser Unterschied zur Auslegung des Betriebsleiterbegriffs i. S. d. HwO. Das BVerwG betont für das Handwerksrecht, dass die fachlich-technische Leitung des Betriebes in den Händen des Betriebsleiters liegen muss.[351] Über den Handwerksbetrieb muss er in seiner fachlichen Ausgestaltung und seinem technischen Ablauf bestimmen und insoweit auch die Verantwortung tragen.[352] Deshalb ist im Handwerksrecht in fachlich-technischer Hinsicht der Betriebs*inhaber* an die Weisungen seines Betriebs*leiters* gebunden.[353] Der Betriebsleiter im Handwerk muss „die handwerklichen Tätigkeiten wie ein das Handwerk selbständig betreibender Inhaber" leiten können.[354] Das Handwerksrecht geht von einer starken Stellung des Betriebsleiters aus. Die Umstellung vom Inhaber- auf das Betriebsleiterprinzip akzentuiert nochmals seine wichtige Position im Betrieb.

Ein zumindest fachlich-technisches Weisungsrecht entspricht seiner starken Stellung, da der Betriebsleiter für die Güte der handwerklichen Arbeit einsteht und allein er die Arbeit auch fachlich bewerten kann.

Diese handwerksrechtlichen Vorgaben führen dazu, dass die Auslegung des Begriffs des Betriebsleiters i. S. d. § 35 Abs. 1 S. 1 GewO zur Auslegung für das Handwerk nicht weiterhilft.

d) Bewertung

Die Ausführungen des BVerwG verdienen Zustimmung, da sie vollständig sind und den verschiedenen Tätigkeitsgebieten eines Betriebsleiters gerecht werden. Hierbei ist auch auf das zusammengesetzte Wort des „Betriebsleiters" hinzuweisen, das auch aus dem Wort des „Leiters" besteht. Ein Leiter muss diese Leitungsfunktionen sowohl besitzen als auch faktisch wahrnehmen. Das BVerwG stellt dabei auf die handwerklichen Tätigkeiten ab, auch dies zu Recht, da es um die betriebliche Leitung geht und nicht um eine Unternehmensführung.

Das VG Göttingen hat diese Vorgaben in seinem Urteil[355] vom 5. Juli 1994 wie folgt zusammengefasst: „Voraussetzung hierfür ist jedoch, daß der Betriebsleiter tatsächlich in der Lage ist, die Arbeiten zu überwachen und lenkend oder korrigierend einzugreifen, wenn und so oft dies erforderlich ist. Er muß einen

351 BVerwG, Urt. v. 16.04.1991 – 1 C 50.88, in: BVerwGE 88, 122 (124).

352 BVerwG, Urt. v. 16.04.1991 – 1 C 50.88, in: BVerwGE 88, 122 (124 f.).

353 Detterbeck, DDBR, § 7 Rn. 4; so auch: Karsten, in: Schwannecke, § 7 Rn. 47.

354 Knörr, in: Honig/Knörr/Thiel, § 7 Rn. 5. Schotthöfer (GewArch 1981, 114 (115)) geht indes davon aus, dass der handwerkliche Betriebsleiter keinen erheblichen eigenen Entscheidungsspielraum besitzt.

355 VG Göttingen, Urt. v. 05.07.1994 – 1 A 1271/93, in: GewArch 1994, 423 (425).

maßgeblichen persönlichen Einfluß auf den tatsächlichen Betriebsablauf nehmen. Dafür muß er zumindest jederzeit ohne erheblichen Zeitverlust erreichbar sein".

Der Betriebsleiter hat daher ganz im Sinne des Wortes den Betrieb „zu leiten". Er hat damit das Gepräge des Betriebes (mit-)zubestimmen.

4. *Ergebnis*

Der Betriebsleiter stellt die rechtliche Legitimation der Reglementierung von zulassungspflichtigen Gewerken im Handwerk dar: Denn der Betriebsleiter, der eine entsprechende leitende Stellung besitzt und die dafür vorgesehenen Aufgaben auch tatsächlich wahrnimmt, dient dem Verbraucherschutz und damit der Gefahrenabwehr. Seine Befähigung gewährleistet, dass in dem Betrieb ein leitender Angestellter fundierte Fähigkeiten und Fertigkeiten besitzt und diese auch (arbeitsrechtlich) durchsetzen kann. Diese bisherigen allgemeinen Aussagen betreffen zunächst sämtliche zulassungspflichtigen Handwerke und berücksichtigen noch nicht etwaige besondere Anforderungen an die Gesundheitshandwerke.

IV. Präsenzverpflichtungen des Betriebsleiters

Sowohl im Verwaltungs- als auch im Wettbewerbsrecht finden sich Entscheidungen und Kommentierungen zur Präsenzpflicht des handwerklichen Betriebsleiters. Die wettbewerbsrechtlichen Entscheidungen haben dabei weder für die Handwerkskammern noch für die Verwaltungsgerichtsbarkeit rechtliche Bindungswirkung, sodass sie hiervon abweichend die Fragen der Meisterpräsenz beantworten können.[356] Allerdings verweisen wettbewerbsrechtliche Entscheidungen auf solche des Verwaltungsrechts.[357] Es wird eine möglichst einheitliche, homogene, rechtliche Auslegung des Begriffs der Betriebsleiterpräsenz angestrebt.

1. *Präsenzverpflichtung aus Sicht des Handwerksrechts*

Der Begriff der Betriebsleiter- oder der sog. Meisterpräsenz findet sich nicht in der HwO. Die HwO sagt an keiner Stelle etwas über Präsenzpflichten, Präsenzzeiten oder grundsätzliche Präsenznotwendigkeiten. Lediglich in § 5a Abs. 2 S. 1

---

356 Detterbeck, GewArch 2014, 147 (148).

357 Z. B. verweist der BGH, Urt. v. 17.07.2013 – I ZR 222/11, in: GewArch 2013, 407 (409) auf das Schl.-Holst. VG, Urt. v. 09.03.2000 – 12 A 150/99, in: GewArch 2000, 426.

wird eine Präsenzpflicht angedeutet. Dort heißt es: „Handwerkskammern dürfen sich, soweit dieses Gesetz [die HwO] keine besonderen Vorschriften enthält, gegenseitig, auch durch Übermittlung personenbezogener Daten, unterrichten, auch durch Abruf im automatisierten Verfahren, soweit dies zur Feststellung erforderlich ist, ob der Betriebsleiter die Voraussetzungen für die Eintragung in die Handwerksrolle erfüllt und ob er seine Aufgaben ordnungsgemäß wahrnimmt." Was aber eine ordnungsgemäße Aufgabenwahrnehmung umfasst und bedeutet, wird nicht näher erläutert.

Auch ohne eindeutige Definition des Begriffs in der HwO lässt sich die Bedeutung des Betriebsleiters und seiner Präsenzpflicht darstellen.

a) Präsenzpflicht aus der HwO heraus

Die HwO verwendet den Begriff des Betriebsleiters; ihm kommt eine zentrale Bedeutung zu. Aus den Ausführungen in der HwO zur Person des Betriebsleiters lassen sich ggf. Rückschlüsse auf seine Präsenzverpflichtung ziehen.

aa) Notwendigkeit der unverzüglichen Besetzung

§ 4 HwO regelt den Umgang mit der Fortführung eines Handwerksbetriebs, wenn der Inhaber oder Betriebsleiter versterben oder ausscheiden sollte. Hierbei handelt es sich um eine handwerksrechtliche Sondervorschrift zu § 46 GewO.[358]

Nach § 4 Abs. 1 S. 1 HwO dürfen Ehegatten (usw.) nach dem Tod des Betriebsinhabers den Betrieb fortführen, ohne die Voraussetzungen für die Eintragung in die Handwerksrolle zu erfüllen. Diese Personen haben dabei allein Sorge dafür zu tragen, dass *unverzüglich* ein neuer Betriebsleiter bestellt wird (§ 4 Abs. 1 S. 2 HwO). In Härtefällen kann die Handwerkskammer eine angemessene Frist setzen, wenn eine ordnungsgemäße Führung des Betriebs gewährleistet ist (§ 4 Abs. 1 S. 3 HwO). Nach dem Ausscheiden des Betriebsleiters hat der Inhaber gemäß § 4 Abs. 2 HwO ebenso unverzüglich für die Einsetzung eines anderen Betriebsleiters zu sorgen.

Sinn und Zweck der Regelung war es zunächst, soziale Härtefälle für Familien zu vermeiden, die darauf angewiesen sind, dass im Betrieb gearbeitet werden kann. Ehegatten und Erben müssten andernfalls bei Tod des Inhabers den Betrieb – unter Umständen mit hohen Verlusten – veräußern.[359] Die Fortführungserlaubnis sollte den betroffenen Familien ein gewisses zeitliches Moratorium gewähren, um sich auf die neue Lebenssituation einstellen zu können. Die

358 Ennuschat, in: Tettinger u. a., § 46 Rn. 8; Heß, in: Friauf, § 46 Rn. 36/38.
359 Czybulka, in: Schmidt, § 2 Rn. 65.

Vorschrift wurde daher auch als „Witwenprivileg“[360] bezeichnet. Die temporäre Fortführungserlaubnis gilt nun auch für den Fall, dass der qualifizierte Betriebsleiter ausscheidet.

aaa) Verständnis des § 4 Abs. 1 HwO

Durch die Aufgabe des früheren Inhaberprinzips fasst die Regelung des § 4 Abs. 1 S. 1 HwO zunächst eine Selbstverständlichkeit zusammen: Denn in § 7 Abs. 1 S. 1 HwO wurde durch die Handwerksnovelle gerade die Entkopplung der Inhaberschaft von der Betriebsleitung festgelegt. Deshalb ist es selbstverständlich, dass ein Erbe, der nicht die fachlichen Voraussetzungen zur Betriebsleitung erfüllt, dennoch den Betrieb weiterführen kann. Dies gewährleistet bereits § 7 Abs. 1 HwO, der allein verlangt, dass es einen qualifizierten Betriebsleiter geben muss. Das muss aber nicht zwangsläufig der Inhaber sein. Stirbt also der nicht qualifizierte Inhaber, kann sein nicht qualifizierter Erbe den Betrieb weiterführen, solange er einen qualifizierten Betriebsleiter angestellt hat.

Die Regelungsnotwendigkeit ergibt sich daher durch den letzten Teilsatz des § 4 Abs. 1 S. 1 HwO: „ohne die Voraussetzungen für die Eintragung in die Handwerksrolle zu erfüllen“. Gemeint sein kann damit nur (auch in Abgrenzung zum externen Betriebsleiter, dessen Ausscheiden in § 4 Abs. 2 HwO geregelt wird), dass der vormalige Inhaber gleichzeitig auch die fachlichen Voraussetzungen der Betriebsleitung in Personalunion erfüllte. Der Inhaber war in dem Fall gleichzeitig der qualifizierte Betriebsleiter.

Aus dem unverzüglichen Bestellungsgebot nach § 4 Abs. 1 S. 2 HwO ist ersichtlich, dass es hier um die oben erwähnte Fallkonstellation der Betriebsführung ohne qualifizierten Betriebsleiter gehen muss, da ansonsten die Verpflichtung zur unverzüglichen Bestellung eines Betriebsleiters keinen Sinn ergeben würde. Die Regelung geht daher von der Befugnis der vorläufigen Betriebsfortführung ohne einen qualifizierten Betriebsleiter aus.[361]

bbb) Fristen zur Neubesetzung nach § 4 Abs. 1 S. 3 HwO

Konkrete Fristen zur Nach- bzw. Neubesetzung sind im Gesetz nicht genannt. § 4 Abs. 1 S. 2 HwO verlangt eine unverzügliche Neubestellung. Unverzüglich bedeutet, dass die Bestellung – i. S. d. § 121 Abs. 1 BGB – ohne schuldhaftes Zögern erfolgt.[362]

---

360 Czybulka, in: Schmidt, § 2 Rn. 66; Fetzer (in: Steiner/Brinktrine, § 6 Rn. 275) bezeichnet dies als „Witwen- und Waisenprivileg“.

361 Detterbeck, § 4 Rn. 8.

362 Vgl. BT-Drs. 15/1206, S. 25; Detterbeck, § 4 Rn. 8; Kräßig, in: Schwannecke, § 4 Rn. 13; Leisner, in: Leisner, § 4 Rn. 6; Tillmanns, in: Honig/Knörr/Thiel, § 4 Rn. 5.

Aus § 4 Abs. 1 S. 3 HwO ergibt sich, dass die Suchfrist auf ein Mindestmaß zu beschränken ist.[363] In Härtefällen kann die Handwerkskammer gemäß § 4 Abs. 1 S. 3 HwO eine großzügigere Frist setzen. Der Gesetzestext spricht von einer „angemessenen Frist".

Voraussetzung für eine angemessene Suchfrist nach § 4 Abs. 1 S. 3 HwO ist, dass

- es sich um einen Härtefall handelt und
- eine ordnungsgemäße Führung des Betriebs gewährleistet ist.

Grundsätzlich hat die Neubesetzung folglich i. S. d. § 4 Abs. 1 S. 2 HwO unverzüglich zu erfolgen. Davon kann nur in einem Härtefall und bei der Gewährleistung der ordnungsgemäßen Fortführung des Betriebs abgewichen werden und eine angemessene Frist zur Neubesetzung eingeräumt werden. Was ist aber nun eine angemessene Frist? Über die Länge der Suchfrist gibt es unterschiedliche Meinungen.

(1) Vier-Wochen-Frist

Honig/Knörr räumten grundsätzlich vier Wochen Zeit für die Nachbesetzung ein: „Verlangt der Betrieb dafür mehr als vier Wochen Zeit, dann muss er nachweisen, alle Möglichkeiten zur Beschaffung eines neuen Betriebsleiters ausgeschöpft zu haben",[364] ohne aber diese Zeitspanne näher zu begründen. Die Zeitangabe wurde im Eckpunktepapier des ZDH als „Richtschnur", die „sachgerecht erscheint", aufgegriffen.[365]

Tillmanns greift in der Neuauflage der Kommentierung von *Honig/Knörr/Thiel* nicht auf die konkrete Zeitangabe zurück. Er belässt es bei der Aussage, dass die Handwerkskammer eine großzügige Frist setzen kann;[366] konkrete Fristen seien sachlich nicht zu begründen.[367] Diese Ansicht wird auch von *Kräßig*[368] geteilt. Auch sonst werden keine konkreten Fristen genannt.[369]

363 Detterbeck, DDBR, § 4, Rn. 1; so auch: Kräßig, in: Schwannecke, § 4 Rn. 13.

364 Honig/Knörr, § 4 Rn. 4.

365 ZDH, Eckpunktepapier, S. 6.

366 Tillmanns, in: Honig/Knörr/Thiel, § 4 Rn. 6.

367 Tillmanns, in: Honig/Knörr/Thiel, § 4 Rn. 5.

368 Kräßig, in: Schwannecke, § 4 Rn. 13.

369 Vgl. BT-Drs. 15/1206, S. 25; Detterbeck, § 4 Rn. 8; ders., DDBR, § 4 Rn. 1; Leisner, § 4 Rn. 8.

(2) Beurteilungs- und Ermessensausübungsrecht

Ob dem Betrieb eine Frist zur Bestellung eines neuen Betriebsleiters eingeräumt wird, steht nach *Leisner* im Ermessen der Handwerkskammer.[370] „[H]insichtlich des Ob der Fristlänge" komme ihr ein Beurteilungsspielraum zu, der nicht auf Null reduziert sei.[371] Die Kammer habe angesichts der drohenden Gefahren bei einer Betriebsfortführung durch einen Nicht-Qualifizierten pflichtgemäß abzuwägen gegenüber den Interessen an der Betriebsfortführung.[372]

(3) Ermessensausübungsrecht

Nach *Tillmanns* besitzt die Handwerkskammer keinen Beurteilungsspielraum, aber einen Ermessensspielraum: Sie hat „das zuvorderst private, aber auch öffentliche Interesse am Erhalt des Betriebes und das öffentliche Interesse an der präventiven Gefahrenabwehr durch Eintragung in die Handwerksrolle gegeneinander [abzuwägen]."[373] Der Eintragung in die Handwerksrolle komme eine hohe Bedeutung zu, da der Zweck in der Gefahrenabwehr für die Allgemeinheit liege.[374] Selbst wenn es sich um einen Härtefall handle und die ordnungsgemäße Betriebsführung gewährleistet sei, bestände keine Ermessensreduzierung auf Null.[375] Vielmehr habe die Handwerkskammer „in jedem Fall zu prüfen, ob die durch den Härtefall betroffenen Interessen von hinreichendem Gewicht sind, um sich in der Abwägung gegen dieses wichtige Gemeinschaftsgut durchsetzen zu können. Hierbei sind umso höhere Anforderungen an die Interessenbeeinträchtigung zu stellen, [je] länger die eingeräumte Frist oder je gefahrengeneigter das betreffende Handwerk ist."[376]

(4) Ermessensreduzierung auf Null

Nach *Detterbeck* räumt § 4 Abs. 1 S. 3 HwO der Handwerkskammer ein Ermessen ein, doch sei dieses in der Regel auf Null reduziert, sofern die Tatbestandsvoraussetzungen des § 4 Abs. 1 S. 3 HwO erfüllt seien, wenn also ein Härtefall vorliege und die ordnungsgemäße Betriebsführung gewährleistet sei.[377] Die Ablehnung einer Fristgewährung sei dann in aller Regel ermessenfehlerhaft.[378]

---

370 Leisner, in: Leisner, § 4 Rn. 8.

371 Leisner, in: Leisner, § 4 Rn. 8.

372 Leisner, in: Leisner, § 4 Rn. 8.

373 Tillmanns, in: Honig/Knörr/Thiel, § 4 Rn. 7.

374 Tillmanns, in: Honig/Knörr/Thiel, § 4 Rn. 7.

375 Tillmanns, in: Honig/Knörr/Thiel, § 4 Rn. 7.

376 Tillmanns, in: Honig/Knörr/Thiel, § 4 Rn. 7.

377 Detterbeck, § 4 Rn. 9; ders., DDBR, § 4 Rn. 2; so auch Bulla, in: Schmidt/Wollenschläger, § 10 Rn. 91.

378 Detterbeck, DDBR, § 4 Rn. 2.

Die Handwerkskammer habe keinen Beurteilungsspielraum, die unbestimmten Rechtsbegriffe „Härtefall“ und „angemessene Frist“ auszulegen.[379]

(5) Stellungnahme

Eine pauschale Fristsetzung wie von *Honig/Knörr* vorgeschlagen ist für die Verwaltungspraxis der Handwerkskammern sicherlich attraktiv, doch widerspricht dies gerade dem Gesetzestext[380] (der eine starre Frist nicht vorsieht), und es widerspräche einer rechtlich gebotenen Prüfung und Bewertung des Einzelfalls.[381]

Da es sich bei dem § 4 Abs. 1 S. 3 HwO um eine „Kann-Vorschrift“ handelt, ist sie eine sogenannte Ermessensvorschrift.[382] Ermessen bedeutet, dass bei der Erfüllung der gesetzlichen Tatbestandsvoraussetzungen gleichwohl der Behörde die Wahl zwischen verschiedenen Verhaltensmöglichkeiten bleibt.[383] Bei einer Ermessensreduzierung auf Null besteht keinerlei Befugnis der Verwaltung mehr, das eigene Handeln sowohl selbst als auch gerichtskontrollfrei zu programmieren.[384] Insofern bestände bei einer obligatorischen Ermessensreduzierung auf Null für die Handwerkskammer faktisch keine Möglichkeit mehr der Verweigerung einer Frist.

Leisner[385] wie auch *Tillmanns*[386] widersprechen einer Ermessensreduzierung auf Null und argumentieren, dass eine solche Beurteilungs- und Prüfungsausschaltung der Handwerkskammer den drohenden Gefahren widerspräche sowie der Pflicht zur Schadensabwehr für die Allgemeinheit nicht gerecht würde. Stets seien die Gefahren einer Betriebsfortführung durch nicht Qualifizierte gegenüber den Interessen der Fortführungsberechtigten abzuwägen.[387] Deshalb besitze die Behörde ein Ermessen, ob sie überhaupt eine Frist gewähre und wie lang eine mögliche Frist ggf. sei.

Die Ausführungen sind nachvollziehbar, entsprechen aber nicht dem Sinn und Zweck des Gesetzes. Der Gesetzgeber unterscheidet die Fälle des § 4 Abs. 1 S. 2 HwO, bei denen er eine *unverzügliche* Betriebsleiterbestellung verlangt, von denen des § 4 Abs. 1 S. 3 HwO, bei denen er eine *angemessene Fristsetzung* zur

379 Detterbeck, DDBR, § 4 Rn. 2.
380 Vgl. Detterbeck, § 4 Rn. 8.
381 Vgl. Kräßig, in: Schwannecke, § 4 Rn. 13.
382 Vgl. Detterbeck, AVR, Rn. 319.
383 Detterbeck, ÖR, Rn. 684.
384 Jestaedt, in: Ehlers/Pünder, § 11 Rn. 64.
385 Vgl. Leisner, in: Leisner, § 4 Rn. 8.
386 Vgl. Tillmanns, in: Honig/Knörr/Thiel, § 4 Rn. 7.
387 Leisner, in: Leisner, § 4 Rn. 8.

Nachbestellung für verhältnismäßig ansieht. Freilich wird eine Fristsetzung nur dann gemäß § 4 Abs. 1 S. 3 HwO gewährt, wenn ein Härtefall vorliegt und eine ordnungsgemäße Betriebsführung gewährleistet wird.

Wenn nun der Gesetzgeber für diese speziellen Fälle keine unverzügliche Bestellung verlangt, wäre es ein Widerspruch, wenn der Handwerkskammer ein solches Beurteilungs- und Ausübungsermessen zugesprochen würde. Dürfte die Handwerkskammer trotz des Vorliegens eines Härtefalls und trotz einer ordnungsgemäßen Gewährleistung der Betriebsführung von ihrem Ermessen dahingehend Gebrauch machen, eine angemessene Frist zu verweigern, würde der gesetzgeberischen Intention widersprochen. Der Gesetzgeber will eine Abweichung vom Grundsatz der unverzüglichen Nachbesetzung. Diese Abweichung ist aber auf Härtefälle reduziert und darauf, dass die ordnungsgemäße Betriebsführung gewährleistet ist. In solchen Fällen besteht dann aber für die Handwerkskammer keine Wahlmöglichkeit[388] mehr.

In der Regel wird daher bei einem Fall des § 4 Abs. 1 S. 3 HwO das Ermessen auf Null reduziert sein.

ccc) Vorliegen eines Härtefalls

Nach dem Tod des Betriebsinhabers muss unverzüglich ein neuer Betriebsleiter bestellt werden. Von der unverzüglichen Bestellung kann in Härtefällen abgewichen werden. Nicht weiter definiert ist, wann ein *Härtefall* vorliegt.

Nach *Honig/Knörr*[389] liegt ein Härtefall bei einem überraschenden Tod des Betriebsleiters vor. Wenn aber § 4 Abs. 1 HwO davon ausgeht, dass Betriebsinhaber und Betriebsleiter personenidentisch sind, würde damit jeder Fall zum Härtefall und die Verpflichtung zur unverzüglichen Bestellung ausgehebelt.

Nach *Kräßig*[390] liegen Härtefälle z. B. vor, wenn aufgrund allgemeinen Arbeitskräftemangels kein geeigneter Betriebsleiter gefunden werden kann, wenn sich der Betrieb einen Betriebsleiter finanziell nicht leisten kann oder wenn die Schließung eine soziale Härte für den Betroffenen darstellt.

Zutreffend erscheint es, bei dem Tatbestandsmerkmal „Härtefall“ auf Folgen abzustellen, die nicht im Handwerk selbst liegen. Denn andernfalls würde es zu Wettbewerbsverzerrungen kommen können. Mit Problemen wie dem Fachkräfte- und damit Nachwuchsmangel, die also im Handwerk selbst liegen und für alle gleich sind, hat jeder Handwerksbetrieb zu kämpfen. Sie können

---

388 Vgl. Detterbeck, AVR, Rn. 336 (Stadthallenfall, Rn. 334).

389 Honig/Knörr, § 4 Rn. 3; in der Nachfolgekommentierung von Tillmanns ist dieses Beispiel nicht aufgeführt (vgl. Tillmanns, in: Honig/Knörr/Thiel, § 4 Rn. 1 ff.).

390 Kräßig, in: Schwannecke, § 4 Rn. 13.

daher nicht einen Betrieb einseitig bei der Pflicht zur Meisterpräsenz bevorzugen. Andernfalls würden Betriebe bevorzugt, bei denen der Betriebsinhaber verstirbt gegenüber solchen, bei denen der Betriebsleiter lediglich ausscheidet. Diese Ungleichbehandlung ist nicht zu rechtfertigen. Besetzungsprobleme stellen folglich keinen individuellen Härtefall dar. Ein Härtefall dürfte daher nicht vorliegen, wenn kein geeigneter Betriebsleiter gefunden werden kann oder die Gefundenen zu teuer sind. Denn dies würde den Betrieb besser stellen als andere Betriebe, die unter gleichen Voraussetzungen Betriebsleiter suchen und einstellen müssen.

Richtiger erscheint es vielmehr, dass in den Fällen, in denen

- die wirtschaftliche Existenz der Betroffenen gefährdet ist und
- wegen eines plötzlichen Todes keine Nachfolgeregelung besteht,

von einem Härtefall auszugehen ist. In diesen Fällen werden die Betroffenen nicht besser gestellt, sondern ihr plötzlicher Schicksalsschlag, der sie unvorbereitet traf, wird möglichst kompensiert.

ddd) Ordnungsgemäße Betriebsführung

Notwendig ist neben dem Vorliegen eines Härtefalls, dass eine *ordnungsgemäße Führung* des Betriebs gewährleistet wird. Nicht näher definiert wird, was unter einer ordnungsgemäßen Führung des Betriebs verstanden wird.

Die Vorschrift ergäbe keinen Sinn, würde man die gleichen Voraussetzungen für die Fortführung verlangen, wie sie in § 7 HwO definiert sind. Es kann also nicht verlangt werden, dass der Betrieb einen qualifizierten Betriebsleiter hat; sonst liefe die Ausnahmevorschrift ins Leere. Allerdings gilt auch für den Ausnahmetatbestand, dass nunmehr das Handwerksrecht die Abwehr von Gefahren bezweckt.[391]

Wenn das Handwerksrecht nicht unterlaufen werden soll, bietet sich ein Vergleich zur Ausnahmebewilligung nach § 8 Abs. 1 HwO an. Nach § 8 Abs. 1 S. 1 HwO wird in Ausnahmefällen sogar eine dauerhafte Betriebsführung gestattet, wenn die notwendigen Kenntnisse und Fertigkeiten nachgewiesen werden. Auch eine Betriebsfortführung nach § 4 Abs. 1 S. 3 HwO kann nur dann ordnungsgemäß sein, wenn eine Person die entsprechenden Kenntnisse und Fertigkeiten besitzt, ggf. aber (noch) nicht nachgewiesen hat. Dies entspricht dem Sinn und Zweck des Handwerks, wonach „es **nicht Sinn der Ausnahmebewilligung sein kann, unqualifizierten Bewerbern den Zugang zur selbständigen**

391 Vgl. Detterbeck, DDBR, Einl., Rn. 9.

Handwerksausübung zu eröffnen, auch nicht aus sozialen oder wirtschaftlichen Gründen."[392]

Aus diesem Grund bedarf es selbst bei der temporären Betriebsfortführung eines Mindestmaßes an Qualifikation. Die Vorschrift des § 4 Abs. 1 S. 3 HwO stellt damit kein Einfallstor für eine Praxis dar, in der unqualifizierte Personen einen zulassungspflichtigen Handwerksbetrieb temporär leiten dürfen. Ähnlich wie bei einer Ausnahmebewilligung bedarf es entsprechender Kenntnisse und Fertigkeiten, um den Betrieb ordnungsgemäß i. S. d. § 4 Abs. 1 S. 3 HwO führen zu können.[393]

eee) Unterscheidung zu § 4 Abs. 2 HwO

Während sich § 4 Abs. 1 HwO speziell mit dem Tod des Betriebsinhabers beschäftigt, regelt § 4 Abs. 2 HwO allgemein das Ausscheiden des Betriebsleiters.

Interessant ist dabei, dass die Regelung des § 4 Abs. 1 S. 3 HwO mit der Fristsetzungsbefugnis („Ausnahme von der Ausnahme") gerade nicht in § 4 Abs. 2 HwO enthalten ist. Der Gesetzgeber hat beim Ausscheiden des Betriebsleiters gerade nicht eine „Härtefall"-Regelung vorgesehen, die vorsieht, dass innerhalb einer bestimmten Frist grundsätzlich weitergearbeitet werden darf.

Fraglich ist daher, ob der Gesetzgeber eine Unterscheidung zwischen den Fällen des *Versterbens* des Betriebsinhabers und denen des *Ausscheidens* des Betriebsleiters treffen wollte, sodass beim Versterben eine Fristsetzung möglich ist, beim Ausscheiden aber nicht.

Hierbei wird vertreten, dass nach dem Sinn und Zweck auch § 4 Abs. 2 HwO Härtefall-Regelungen zulassen wollte.[394] Nicht überzeugend ist dabei die Ansicht von *Kräßig*: Er geht davon aus, dass die Verwaltungspraxis der Kammern in Härtefällen eine angemessene Frist zur Benennung eines neuen Betriebsleiters gewähre; sie hätten dabei aber zu berücksichtigen, ob es sich um ein Gefahrenhandwerk handle.[395] Darauf kann es aber aufgrund der Gesetzesnovelle 2004 nicht mehr ankommen. Denn wie *Kräßig* selbst zuvor feststellt, kommt § 4 Abs. 2 HwO nur beim zulassungspflichtigen Handwerk der Anlage A zur Anwendung.[396] Alle zulassungspflichtigen Handwerke könnten aber Gefahrenhandwerke sein,

---

392 Knörr, in: Honig/Knörr/Thiel, § 8 Rn. 8.

393 Bulla (S. 109, FN. 393) weist auf den sonst entstehenden Widerspruch hin, dass lange Übergangsfristen unvereinbar mit der Gefahrenabwehr wären.

394 Kräßig, in: Schwannecke, § 4 Rn. 17; aA: Tillmanns, in: Honig/Knörr/Thiel, § 4 Rn. 9.

395 Kräßig, in: Schwannecke, § 4 Rn. 17.

396 Vgl. Kräßig, in: Schwannecke § 4 Rn. 3.

sodass diese Unterscheidung nicht weiterführt. Im Übrigen widerspricht eine Ausnahmevorschrift grundsätzlich der Gefahrenabwehr.[397]

Hier ist nochmals auf den Sinn und Zweck der Regelung des Absatzes 1 einzugehen: Im Fall des § 4 Abs. 1 HwO geht es um den Betrieb, in dem der Betriebsinhaber gleichzeitig der Betriebsleiter ist. Grundsätzlich kann der Betrieb ohne ihn weder rechtlich noch fachlich fortgeführt werden. Um die Familie und Angestellten vor einem vollständigen Existenzverlust zu schützen, räumt der Gesetzgeber die Möglichkeit einer Fortführung des Betriebs ein, verlangt dann aber eine ordnungsgemäße Führung des Betriebs. Er berücksichtigt damit das Interesse der Erben und Angestellten, ohne aber auf das Erfordernis einer qualifizierten Betriebsleitung völlig zu verzichten.

Der Fall des § 4 Abs. 2 HwO liegt anders: Der Betriebsinhaber hat sich hier selbstständig und eigenverantwortlich an einen externen Betriebsleiter gebunden. Wenn er die ordnungsgemäße Leitung des Betriebs einem Dritten überträgt, muss er sich auch allen Risiken unterwerfen, die damit verbunden sind. Die Eigenkündigung gehört zum Arbeitsleben und zum Arbeitsverhältnis dazu; ein Betriebsinhaber muss sie stets – insbesondere bei leitenden Angestellten – einplanen und ggf. durch entsprechende Regelungen (Kündigungsfristen, „*Backup*"-Regelung) berücksichtigen. Insofern ist er weniger schutzbedürftig als die Gruppe des § 4 Abs. 1 HwO.

Es lässt sich somit rechtfertigen, dass in diesen Fällen keine längere Frist zur Fortsetzung des Betriebes gewährt wird, sondern dass in diesen Fällen eine unverzügliche Bestellung notwendig ist. Insofern spricht sowohl die wörtliche Unterscheidung wie auch der inhaltliche Sinn und Zweck dafür, einen Unterschied in den Fällen des § 4 Abs. 1 und Abs. 2 HwO zu erkennen.

Fraglich ist aber, ob nicht dann eine gleichgelagerte Schutzbedürftigkeit bestehen müsste, wenn der Betriebsleiter unerwartet *verstirbt*. In dem Fall müsste der Schutzzweck ähnlich sein wie im Fall des verstorbenen Ehegatten. Es läge somit kein Ausscheiden vor, sondern das Ableben. Ein solcher Ausnahmefall wäre über das Tatbestandsmerkmal und die Auslegung der Unverzüglichkeit interessengerecht zu regeln.[398] Im Grundsatz darf eine solche Berücksichtigung des Einzelfalls aber nicht dazu führen, dass andere Härtefälle neben dem des Versterbens zu einer analogen Anwendung des § 4 Abs. 1 S. 3 HwO auf den § 4 Abs. 2 HwO führen.

---

397 Bulla, S. 109.

398 Detterbeck, § 4 Rn. 17; ders., DDBR, § 4 Rn. 7; Tillmanns, in: Honig/Knörr/Thiel, § 4 Rn. 9.

fff) Vergleich zu § 46 GewO

Nach § 46 Abs. 3 GewO kann die zuständige Behörde in bestimmten Fällen des Todes des Gewerbetreibenden gestatten, dass das Gewerbe bis zur Dauer eines Jahres nach dem Tode des Gewerbetreibenden auch ohne einen befähigten Stellvertreter betrieben wird. Insofern besteht eine allgemeine gewerberechtliche Regelung, die sich ebenso mit dem Ableben eines Gewerbetreibenden beschäftigt.

Da es sich bei § 4 HwO um eine handwerksrechtliche Sonderreglung im Gewerberecht handelt, findet § 46 Abs. 3 GewO keine Anwendung. Die Gewerbeordnung findet als *lex generalis* nur dann Anwendung, wenn es keine handwerksrechtliche Sonderregelung gäbe, die aber vorliegend mit § 4 HwO besteht.[399]

ggg) Aussagen zur Präsenzpflicht

Hinsichtlich der Notwendigkeit einer Präsenz des Betriebsleiters trifft die Regelung des § 4 HwO keine direkten Aussagen: Die Notwendigkeit, dass ein zulassungspflichtiger Handwerksbetrieb in der Regel unverzüglich die Stelle eines vakanten Betriebsleiters als solchen nachbesetzen muss, besagt unmittelbar nichts zu etwaigen Präsenzpflichten oder -zeiten.

Wenn § 4 Abs. 1 S. 2 HwO verlangt, dass die Bestellung eines Betriebsleiters „unverzüglich" zu erfolgen hat, kann diese Forderung nur dann einen Sinn ergeben, wenn der Betriebsleiter auch bestimmte Aufgaben erfüllt und damit bestimmte Präsenzzeiten einhält. Andernfalls wäre seine unverzügliche Nachbesetzung nicht notwendig und unverhältnismäßig. Insbesondere die Unterscheidung zwischen § 4 Abs. 1 und Abs. 2 HwO ist nur dann gerechtfertigt, wenn die unverzügliche Besetzung des Betriebsleiters mit bestimmten Präsenzpflichten verbunden ist. Zudem stellt selbst § 4 Abs. 1 HwO darauf ab, dass der Betrieb weiterhin ordnungsgemäß geführt wird (§ 4 Abs. 1 S. 3 HwO). Insofern wird auch hier eine Aktivität und damit verbunden eine Präsenz verlangt.

Aus § 4 HwO folgt daher der Rückschluss, dass ein Betriebsleiter präsent sein muss. Über den konkreten Umfang ist dabei aber nichts gesagt.

hhh) Ergebnis

Das Handwerksrecht erlaubt die temporäre Betriebsfortführung auch ohne eingetragenen Betriebsleiter. Dabei wird zwischen dem Tod des selbstständigen Betriebsinhabers und dem Ausscheiden des qualifizierten Betriebsleiters unterschieden. In beiden Fällen wird grundsätzlich eine unverzügliche Nachbesetzung gefordert. Beim Tod des Inhabers wird in Härtefallen eine angemessene

399 Vgl. Eisenmenger, in: Stober/Eisenmenger, § 48 I 2 (S. 91).

Frist zur Nachbesetzung als ausreichend angesehen, wenn eine ordnungsgemäße Führung des Betriebs gewährleistet wird.

Die Betriebsführung i. S. d. § 4 Abs. 1 S. 3 HwO ist nur dann ordnungsgemäß, wenn der den Betrieb Fortführende die entsprechenden Fertigkeiten und Fähigkeiten besitzt und damit über eine entsprechende Qualifikation verfügt. Allerdings muss er nicht die Voraussetzungen der §§ 7 ff. HwO erfüllen, sodass die Regelung eine Ausnahme vom Betriebsleiterprinzip darstellt.

bb) Notwendigkeit der unverzüglichen Mitteilung der Bestellung und Abberufung

Nach § 16 Abs. 2 HwO hat der Gewerbetreibende u. a. der Handwerkskammer unverzüglich die Bestellung und die Abberufung des Betriebsleiters anzuzeigen. Eine Anzeige, die nicht, nicht richtig, nicht vollständig oder nicht rechtzeitig erstattet wird, ist eine Ordnungswidrigkeit gemäß § 118 Abs. 1 Nr. 1 HwO. Auch diese Regelung sagt aber nichts zur Präsenz aus, sondern lediglich zur Notwendigkeit, *dass* es einen Betriebsleiter geben muss; *wie* dieser vor Ort sein muss, ist dadurch aber nicht geregelt. Die Pflicht zur unverzüglichen Mitteilung und die damit verbundene Rechtsfolge, wenn sie nicht rechtzeitig erfolgt (§ 118 Abs. 1 Nr. 1 HwO), zeigt aber die Bedeutung (und die damit verbundenen Folgen) der Betriebsleitung auf.

cc) Präsenzpflicht aus § 5a HwO

Handwerkskammern dürfen sich nach § 5a Abs. 2 S. 1 HwO gegenseitig auch personenbezogene Daten übermitteln, soweit dies zur Feststellung erforderlich ist, ob der Betriebsleiter die Voraussetzungen für die Eintragung in die Handwerksrolle erfüllt und ob er seine Aufgaben *ordnungsgemäß wahrnimmt.* Ziel der Regelung ist die Verhinderung eines sog. Konzessionsträgertourismus.[400]

§ 5a Abs. 2 S. 1 HwO verlangt damit, dass der Betriebsleiter seine Aufgaben ordnungsgemäß wahrnimmt. Das bedeutet, dass es bestimmte Aufgaben und Pflichten für den Betriebsleiter gibt, um seine Tätigkeit ordnungsgemäß wahrnehmen zu können.

In der Gesetzesbegründung heißt es dazu: „Verhindert werden soll, dass ein Betriebsleiter sich unter Verletzung des Gebotes der Meisterpräsenz für mehrere Betriebe in unterschiedlichen Kammerbezirken zur Verfügung stellt, ohne tatsächlich ausreichend in den einzelnen Betrieben anwesend zu sein. In einzelnen Fällen ist es denkbar, dass ein Betriebsleiter zwei Betriebe überwachen kann,

400 BT-Drs. 15/1206, S. 25.

z. B., wenn sie in relativ kurzer Entfernung voneinander liegen. Dies ist im Einzelfall zu prüfen. Im Regelfall wird ein Betriebsleiter jedoch auf die Leitung eines Betriebs beschränkt sein."[401]

Dem Gesetzgeber geht es folglich um die Möglichkeit den Handwerkskammern eine effektive Kontrolle der Präsenzpflicht zu ermöglichen.[402] Der Betriebsleiter muss tatsächlich die ihm obliegenden Aufgaben ausüben und ausüben können.[403]

Somit zeigt der Gesetzgeber in seiner Gesetzesbegründung zu § 5a HwO eindeutig auf, dass er mit der Eintragung eines Betriebs in die Handwerksrolle auch eine Präsenzpflicht des Betriebsleiters verbindet. Mit der Präsenzpflicht verbindet er, dass der Betriebsleiter „ausreichend" anwesend ist, ohne dies näher zu konkretisieren.

Die Präsenzpflicht wird von ihm so eingeordnet, dass es „in einzelnen Fällen" denkbar ist, dass ein Betriebsleiter zwei Betriebe überwachen kann. Das bedeutet, dass der Gesetzgeber für das gesamte Handwerk grundsätzlich davon ausgeht, dass *ein* Betriebsleiter *eine* Betriebsstätte leitet. Lediglich in Einzelfällen ist eine Abweichung möglich.

Folglich belegen § 5a Abs. 2 S. 1 HwO sowie die Gesetzesbegründung, dass die HwO stets von einer Präsenzpflicht ausgeht und diese mit einer ausreichenden Anwesenheit verbindet.

dd) Ergebnis

Die HwO streicht an zahlreichen Stellen die Bedeutung des Betriebsleiters hervor, ohne aber (Mindest-)Anforderungen für eine Präsenz neben den fachlichen Kriterien (§§ 7 ff. HwO) zu regeln. Aus der Gesetzesbegründung wird aber deutlich, dass der Gesetzgeber davon ausgeht, dass grundsätzlich ein Betriebsleiter für eine Betriebsstätte zuständig und ausreichend anwesend ist. Dies lässt keine direkten Rückschlüsse auf die Präsenzpflicht zu, zeigt aber, dass eine Präsenzpflicht gesetzlich verlangt wird.

b) Präsenzpflicht aufgrund der persönlichen Leistungserbringung

Nach *Huber*[404] ist das Gebot der Meisterpräsenz eine wesentliche Konsequenz der den Handwerksbetrieb kennzeichnenden persönlichen Leistung durch den selbstständigen Handwerksmeister.

---

401 BT-Drs. 15/1206, S. 25.
402 Detterbeck, § 5a Rn. 10.
403 Detterbeck, § 5a Rn. 10.
404 Huber, in: Schoch, 3. Kap. Rn. 334.

Dieser Rückschluss, dass sich die Präsenzverpflichtung aus dem Fakt begründet, dass es sich um einen Handwerks- und nicht um einen industriellen Betrieb handelt, lässt sich aber nicht begründen, zumal es sich nicht um einen freien Beruf handelt.

Der VGH Baden-Württemberg entschied zwar: „Kennzeichnend für eine handwerksmäßige Betriebsführung ist nach wie vor die Dominanz des meisterlich befähigten Inhabers, mag auch in einem modernen Handwerksbetrieb die Arbeitskraft des Betriebsinhabers vermehrt durch planerische und organisatorische Aufgaben sowie durch Bürotätigkeit in Anspruch genommen werden. Der meisterlich befähigte Inhaber gibt seinem Betrieb das Gepräge. Auch in einem handwerklichen Großbetrieb mit weitgehend mechanisierten Arbeitsabläufen und größtmöglicher Arbeitsteilung ist er in der Lage, im gewerblich-technischen Bereich persönlich den maßgebenden, seinem meisterlichen Können entsprechenden Einfluß zu nehmen und gegebenenfalls beigezogen zu werden oder eingreifen zu können [...]. Das inhaberbezogene, personale Prinzip als Hauptkennzeichen einer handwerksmäßigen Betriebsform ist im Betrieb des Kl. fast durchgängig erkennbar."[405]

Nach *Leisner*[406] prägt dieses personale Prinzip den Handwerksbegriff.

Detterbeck[407] weist allerdings darauf hin, dass es in der HwO gerade keine Tätigkeiten gibt, die allein einem Meister vorbehalten sind.

Sofern der *Handwerks*begriff durch ein personales Prinzip geprägt sein sollte, wird dieses Prinzip nicht ausschließlich von einem *Betriebsleiter* geprägt werden können, da seine Mitarbeiter (z.B. Gesellen oder Lehrlinge) die gleichen Tätigkeiten ausüben dürfen. Die handwerkliche Leistung muss nicht vom Betriebsleiter höchstpersönlich erbracht werden, ansonsten gehörten die Handwerke in den Bereich der freien Berufe. Die Prägung eines Handwerksbetriebs kann daher genauso durch die Arbeit und Leistung eines Dritten erfolgen.

Die Meisterpräsenz hat damit nichts mit einer persönlichen Leistungserbringungspflicht eines Meisters zu tun, da es diese im Handwerk grundsätzlich nicht gibt.

405 VGH Baden-Württemberg, Urt. v. 25.06.1993 - 14 S 722/92, in: GewArch 1993, 418 (419).

406 Leisner, in: Leisner, § 1 Rn. 24.

407 Detterbeck, GewArch 2014, 147 (149).

c) Präsenzpflicht aufgrund der Leitung und der fachlichen Anforderungen

Die Präsenzverpflichtung könnte sich bereits begrifflich aus dem Wort „Betriebsleiter" ergeben. Denn in dem Wort Betriebsleiter ist das Wort Leitung enthalten. Zudem werden an den Betriebsleiter zahlreiche fachliche Voraussetzungen geknüpft, wie zum Beispiel die bestandene Meisterprüfung (§ 7 Abs. 1a HwO).

Die Bedeutung des Betriebsleiters, die sich bereits in § 4 Abs. 2 HwO und § 7 Abs. 1 HwO erkennen lässt, zeigt, dass es nicht ausreichend und damit rechtmäßig wäre, wenn der Inhaber einen Betriebsleiter zwar formal einstellen würde, dieser aber gar nicht die Betriebsleitung ausüben würde.[408] Wenn an den Betriebsleiter fachliche Mindestanforderungen gestellt werden, muss das im Umkehrschluss bedeuten, dass der Betriebsleiter diese Kenntnisse und Fertigkeiten auch aktiv in die Ausübung seiner Tätigkeit einbringen muss und kann. Dies geschieht durch seine Leitung des Betriebs. Es wäre andernfalls unverhältnismäßig und letztlich überflüssig, wenn von einem Betriebsleiter bestimmte Mindestanforderungen verlangt werden, auf die in der Praxis nicht zurückgegriffen werden muss. Diese Interpretation ergibt sich aus dem Gewerberecht, in dem verlangt wird, dass der Betriebsleiter „den Betrieb tatsächlich leitet"[409]. Eine tatsächliche Leitung verlangt und fordert eine persönliche Anwesenheit.

Insofern ergibt sich eine grundsätzliche Präsenzpflicht aus den Aufgaben, die dem Betriebsleiter zugeordnet werden und die er auszuüben hat.[410]

aa) Grundsätzliche Präsenzpflicht im Handwerk

In der Rechtsprechung und Literatur ist es unstrittig, dass es eine grundsätzliche Präsenzverpflichtung des Betriebsleiters gibt; ebenso unstrittig ist auch, dass es sich dabei grundsätzlich nicht um eine permanente Präsenzpflicht handelt.[411] In der Gesetzesbegründung zu § 5a Abs. 2 S. 1 HwO heißt es allein, dass ein Betriebsleiter ausreichend anwesend sein muss.[412]

---

408 Detterbeck, § 7 Rn. 19.

409 Heß, in: Friauf, § 35 Rn. 93.

410 Leisner, in: Leisner, § 7 Rn. 24.

411 Vgl. Czybulka, in: Schmidt, § 2 Rn. 49; Detterbeck, § 7 Rn. 21; Karsten, in: Schwannecke, § 7 Rn. 37; Knörr, in: Honig/Knörr/Thiel, § 7 Rn. 10; Leisner, in: Leisner, § 7 Rn. 26. Bulla spricht sich für eine generelle Präsenzpflicht im Handwerk aus (S. 517).

412 Vgl. BT-Drs. 15/1206, S. 25.

aaa) Gewerksspezifische Betrachtung

Es ist rechtlich problematisch, von „dem Handwerk“ zu sprechen. Die einzelnen Gewerke sind heterogen. Rechtliche Verallgemeinerungen könnten für einzelne Gewerke übertrieben und unverhältnismäßig sein, für andere indes notwendig.

Für einen Maurer-Meister (Nr. 1 der Anlage A der HwO) dürften andere Präsenzzeiten gelten als für einen Bäcker-Meister (Nr. 30 der Anlage A der HwO) und für diesen wieder andere als für einen Gesundheitshandwerker (Nr. 33 ff. der Anlage A der HwO). Bei einem Betrieb des Baugewerbes mit verschiedenen Baustellen ist es schon rein logistisch und organisatorisch schwierig, eine ständige Betriebsleiterpräsenz eines Maurer-Meisters für alle Baustellen gleichzeitig zu gewährleisten.[413] Ein Bäcker-Meister, der bereits früh morgens seinem Handwerk nachgeht, kann (bei Einhaltung der Arbeitszeit- und Arbeitsschutzgesetze) nicht noch am späten Abend vor Ort sein. Würde eine pauschale Betriebsleiterpräsenzpflicht bestehen, könnte der Baugewerbebetrieb nur einen Auftrag annehmen und nicht verschiedene parallel bearbeiten und betreuen, der Bäcker hingegen müsste sein Geschäft letztlich früher schließen: Beide Auswirkungen wären hinzunehmen, sofern eine generelle Meisterpräsenz im Handwerk bestände.

Allerdings könnten die fehlenden Mindestanforderungen für die Betriebsleiterpräsenz auch ein Zeichen dafür sein, dass sie differenzierter zu betrachten ist.

Dabei wird vertreten, dass

- die Organisationsstruktur des Betriebs,
- der Qualifikationsstandard der Mitarbeiter und
- die Art der ausgeübten Tätigkeiten

entscheidend für die Präsenz des Betriebsleiters seien.[414]

Die Kriterien „Organisationsstruktur“ und „Qualifikation der Mitarbeiter“ sind nicht geeignet, um Rückschlüsse auf die Betriebsleiterpräsenz zu ziehen. Denn welche Organisationsstruktur und welche Qualifikationen müssten jeweils vorliegen, um eine dauerhaft weniger strenge Meisterpräsenz zu verlangen? Die Auslegung der Begriffe ist sehr subjektiv und kaum kontrollierbar, vielmehr laden sie zum Missbrauch und zur Umgehung der Betriebsleiterpräsenz ein.

Die beiden Kriterien sind zudem widersprüchlich zu den Vorgaben der HwO, die gerade keine bestimmte Organisationsstruktur oder eine bestimmte Qualifikation der Mitarbeiter (mit Ausnahme des Betriebsleiters) verlangt.

413 Vgl. Czybulka, NVwZ 1995, 538 (545).

414 Leisner, in: Leisner, § 7 Rn. 24.

Anders zu bewerten ist die Bemessung der Betriebsleiterpräsenz nach der Art der ausgeübten Tätigkeiten. Mit diesem Kriterium wird der Grund der Zulassungspflichtigkeit, die Gefahrengeneigtheit, in den Fokus gerückt.

Bei einem Maurer-Meister dürfte es sicherlich unverhältnismäßig sein, wenn man verlangen würde, dass er seinen Mitarbeitern beim Bau einer standardisierten Mauer zusähe. Freilich hat er aber am Ende die Arbeit zu kontrollieren und dadurch die Betriebsleitung wahrzunehmen. Auch der reine Abverkauf von Brot und Brötchen durch Verkäuferinnen erfordert keine Präsenz eines Bäcker-Meisters. Im Ergebnis ist festzustellen, dass es zwar eine grundsätzliche Präsenzpflicht des Betriebsleiters gibt, sich diese aber am Einzelgewerk und der jeweiligen Tätigkeit zu orientieren hat, weshalb es keine generelle Dauerpräsenzpflicht für alle Gewerke der Anlage A der HwO geben kann. Eine ständige Anwesenheitspflicht für alle Anlagen A-Gewerke ist folglich nicht erforderlich.[415]

Die Frage, ob der Betriebsleiter immer erreichbar sein muss[416] oder ob eine solche pauschale Vorgabe zu weitgehend ist,[417] muss daher individuell

- auf das jeweilige Gewerk und
- auf die dort ausgeübte Tätigkeit

bezogen, betrachtet und bewertet werden.

Für eine gewerksspezifische Betrachtung hatte sich bereits *Badura* ausgesprochen: „Die Frage, wie streng das Gebot der ‚ständigen' Anwesenheit anzuspannen ist, kann somit nicht für alle Handwerke und für alle Handwerksbetriebe einheitlich beantwortet werden."[418] Er unterscheidet danach, ob „das im handwerksrechtlichen Befähigungsprinzip wurzelnde Gebot der verantwortlichen und effektiven Leitung des Betriebs durch die persönliche Tätigkeit des Betriebsleiters gewährleistet bleibt."[419]

bbb) Allgemeine Mindestvoraussetzungen der Präsenz

Der Betriebsleiter soll in der Lage sein, die ihm obliegenden Aufgaben auszuüben, also insbesondere den Steuerungs-, Überwachungs- und Kontrollpflichten nachkommen. Denn nur dann, wenn er diese Aufgaben wahrnimmt, ist

415 So auch: Detterbeck, § 7 Rn. 20; Karsten, in: Schwannecke, § 7 Rn. 37; Leisner, in: Leisner, § 7 Rn. 25.

416 Knörr, in: Honig/Knörr/Thiel, § 7 Rn. 10; Ambs, in: Erbs/Kohlhaas, § 7 Rn. 6 zumindest „bei gefährlichen Arbeiten".

417 Leisner, in: Leisner, § 7 Rn. 25.

418 Badura, GewArch 1992, 201 (205).

419 Badura, GewArch 1992, 201 (205).

die Aufgabenzuweisung eines Betriebsleiters sinnvoll und das Einfordern eines Betriebsleiters auch verhältnismäßig.

Für die Präsenzpflichten sollen nach *Knörr*[420] die Arbeitshöchstzeiten des ArbZG von acht Stunden am Tag gelten. Geschäftsreisen, der übliche Urlaub u. ä. sollen dem Betriebsleiter erlaubt sein.[421] Erst bei längerer schuldloser Be- oder Verhinderung (z. B. Wehrdienst, Krankheit) sei nach Umfang und Dauer der Beeinträchtigung zu unterscheiden.[422]

Das BVerwG fordert für das Handwerk keine grundsätzlich ständige Präsenzpflicht. Es entschied (für das Dachdecker-Handwerk) zuletzt, dass Anleitung und Überwachung auch ohne ständige Präsenz möglich seien.[423]

(1) Beispiele aus der Rechtsprechung

Für das Maurer-Handwerk[424] (Nr. 1 der Anlage A HwO) stellte der VGH Baden-Württemberg fest, dass der Betriebsleiter dafür Sorge tragen muss, dass die handwerklichen Arbeiten „meisterhaft" ausgeführt werden. Wesentlich für ihn seien die Steuerung, Betreuung und Überwachung der Arbeitsabläufe.[425] Das OVG Koblenz[426] verlangte nach dem Ausscheiden des Betriebsleiters keine unmittelbare Nachbesetzung, sondern gewährte nach dem Gebot der Verhältnismäßigkeit eine angemessene Frist zur Nachbesetzung. Eine permanente Präsenzpflicht wurde somit nicht verlangt. Das Nds. OVG entschied bezüglich eines Maurers, dass ein Betriebsleiter „tatsächlich in der Lage sein muß, an sämtlichen Werktagen während der üblichen Arbeitszeit das Betriebsgeschehen zu lenken und zu überwachen."[427] Die Ausübung einer ordnungsgemäßen Betriebsleitung für zwei Betriebe, die mehr als 100 km voneinander entfernt sind, ist nach Ansicht des

420 Knörr, in: Honig/Knörr/Thiel, § 7 Rn. 11.

421 Knörr, in: Honig/Knörr/Thiel, § 7 Rn. 10; so auch ZDH, Eckpunktepapier, S. 4 ff.

422 Honig/Knörr, § 7 Rn. 29; ohne Beispiele jetzt: Knörr, in: Honig/Knörr/Thiel, § 7 Rn. 10; Schotthöfer, GewArch 1981, 114 (118), hält auch „die kurzfristige Verhinderung des Betriebsleiters durch Erkrankung, Urlaub, Kursbesuch usw." für unschädlich, verlangt aber bei gefahrengeneigten Betrieben eine Aushilfe.

423 BVerwG, Urt. v. 31.08.2011 – 8 C 9.10, in: BVerwGE 140, 276 (283 f.).

424 VGH Baden-Württemberg, Urt. v. 25.06.1993 – 14 S 269/93, in: GewArch 1993, 483 (484).

425 VGH Baden-Württemberg, Urt. v. 25.06.1993 – 14 S 269/93, in: GewArch 1993, 483 (484).

426 OVG Koblenz, Urt. v. 29.06.1970 – 2 A 29/70, in: GewArch 1970, 277 (die handwerksrechtlichen Voraussetzungen wurden seit Mai 1967 nicht erfüllt; bis Oktober 1968 wurde kein qualifizierter Betriebsleiter gefunden).

427 Nds. OVG, Urt. v. 21.12.1992 – 8 L 4212/91, in: GewArch 1994, 67 (68).

Nds. OVG nicht möglich, da aufgrund der langen Anfahrtszeit die handwerklichen Arbeiten nicht regelmäßig überwacht und kontrolliert werden können und in Eil- oder Notfällen nicht rechtzeitig eingegriffen werden kann.[428]

Das BVerwG[429] entschied für das Ofen- und Luftheizungsbauer-Handwerk (Nr. 2 der Anlage A HwO), dass der Betriebsleiter während der Errichtung eines Kachelofens nicht ständig anwesend, sondern lediglich verfügbar sein muss.

Das OVG Lüneburg[430] stellte für das Dachdecker-Handwerk (Nr. 4 der Anlage A HwO) fest, dass es sich um eine in besonderem Maße gefahrengeneigte Tätigkeit handelt, bei der die sorgfältige Einhaltung der Unfallverhütungsvorschriften notwendig ist. Der Betriebsleiter muss jederzeit unverhofft überprüfen können, ob seine Mitarbeiter die nötigen Sicherheitsmaßnahmen getroffen haben.[431] Deshalb ist es seine Pflicht, die einzelnen Baustellen während der gewöhnlichen Arbeitszeit aufzusuchen.[432] Nach dem VG Karlsruhe ist im Dachdecker-Handwerk eine ständige Präsenz des Betriebsleiters zu fordern, da es sich um ein besonders gefahrengeneigtes Handwerk handelt.[433] Demgegenüber entschied das BVerwG[434], dass eine Anleitung und Überwachung auch ohne ständige Präsenz möglich ist.

Für das Brunnenbau-Handwerk (Nr. 7 der Anlage A HwO) entschied der Bayer. VGH, dass eine ständige Anwesenheit im Betrieb oder auf der Baustelle nicht notwendig ist, aber der Betriebsleiter muss „während der gewöhnlichen Arbeitszeit jedenfalls immer erreichbar sein, um lenkend und korrigierend eingreifen zu können, wenn und sooft dies erforderlich ist; in Sonderheit aber hat er in Eil- und Notfällen sofort und ohne gefährlichen Zeitverlust auf der Brunnenbaustelle zur Verfügung zu stehen“[435].

Für das Steinmetz- und Steinbildhauerhandwerk (Nr. 8 der Anlage A HwO) entschied der VGH Baden-Württemberg[436], dass nicht die ständige Anwesenheit

---

428 Nds. OVG, Urt. v. 21.12.1992 – 8 L 4212/91, in: GewArch 1994, 67 (68).

429 BVerwG, Urt. v. 22.11.1994 – 1 C 22.93, in: NVwZ-RR 1995, 325.

430 OVG Lüneburg, Urt. v. 15.01.1975 – VII A 94/73, in: GewArch 1975, 232 (233).

431 OVG Lüneburg, Urt. v. 15.01.1975 – VII A 94/73, in: GewArch 1975, 232 (233).

432 OVG Lüneburg, Urt. v. 15.01.1975 – VII A 94/73, in: GewArch 1975, 232 (233).

433 VG Karlsruhe, v. 18.06.1986 – 2 K 151/86, in: GewArch 1988, 144 (nichtamtl. LS); so auch Hess. VGH, Urt. v. 18.03.1997 – 11 UE 190/97, in: GewArch 1997, 344.

434 BVerwG, Urt. v. 31.08.2011 – 8 C 9.10, in: BVerwGE 140, 276 (283 f.).

435 Bayer. VGH, Beschl. v. 06.09.1982 – 22 CS 82 A. 1473, in: GewArch 1983, 91 (92).

436 VGH Baden-Württemberg, Urt. v. 23.11.1983 – 6 S 1397/83, in: GewArch 1984, 124 (125).

des Meisters bei der Ausführung von Verlegearbeiten erforderlich ist, aber gewährleistet sein muss, dass er lenkend und verbessernd eingreifen kann.

Das VG Köln[437] hielt es im Maler- und Lackierer-Handwerk (Nr. 10 der Anlage A HwO) für zulässig, dass die Betriebsleitung einer Zweigniederlassung von einer ca. 75 km entfernten Hauptbetriebsstätte aus erfolgt. Es sei Sache des Inhabers zu entscheiden, wie er bei der Ausübung vor Ort die Leitung und Überwachung bewerkstellige.[438] „Für dieses Handwerk ist eine jederzeit bestehende Eingriffsmöglichkeit durch den an der jeweiligen Arbeitsstelle persönlich anwesenden Leiter des Betriebes nicht zu fordern", so das VG.[439]

Nach dem VG München handelt es sich bei dem Kraftfahrzeugtechniker-Handwerk (Nr. 20 der Anlage HwO) „um gefahrengeneigtes Handwerk, bei dem aufgrund unsachgemäß ausgeführter Arbeiten ein hohes Gefährdungspotenzial für die Rechtsgüter Gesundheit, Leib und Leben besteht".[440]

Für das Heizungs- und Lüftungsbauerhandwerk (Nr. 24 der Anlage A HwO) entschied der VGH Baden-Württemberg[441], dass die technische Leitung eines Handwerksbetriebs in aller Regel nicht die ständige Anwesenheit des Betriebsleiters erfordert. Das OVG Münster[442] hielt aber fest, dass es wegen der Gefahrenmomente, die bei der Ausübung des Gewerks auftreten könnten, einer besonders intensiven Kontrolle der Arbeiten bedarf, was nicht möglich ist, wenn der Meister nur wenige Tage in der Woche anwesend ist. Das VG Saarlouis führte zum gleichen Gewerk aus: „Zwar muß der Betriebsleiter auch bei einem Gefahrenhandwerk nicht ständig im Betrieb bzw. am Ort der Erbringung der handwerklichen Leistung anwesend sein. Eine solche Forderung ginge weit über das hinaus, was von einem Meister als Inhaber eines eigenen Betriebes verlangt wird, und erwiese sich insbesondere bei einem Handwerksbetrieb, der nicht nur an einer Stelle, sondern auf zahlreichen auseinanderliegenden Baustellen tätig ist, als unerfüllbar. Jedoch ist bei Gefahrenhandwerken – anders als bei sonstigen Handwerken – zu fordern, daß der Betriebsleiter – neben seiner zeitlich jedenfalls im Rahmen der üblichen Arbeitszeit weitgehend frei disponierbaren Überwachungs- und Anleitungstätigkeit bezüglich der im Betrieb anfallenden handwerklichen Arbeiten – während der Arbeitszeit ständig verfügbar und bei

437 VG Köln, Urt. v. 10.04.1975 – 1 K 1340/73, in: GewArch 1976, 123 (124).
438 VG Köln, Urt. v. 10.04.1975 – 1 K 1340/73, in: GewArch 1976, 123 (124).
439 VG Köln, Urt. v. 10.04.1975 – 1 K 1340/73, in: GewArch 1976, 123 (124).
440 VG München, Urt. v. 24.01.2017 – M 16 K 16.1496.
441 VGH Baden-Württemberg, Beschl. v. 12.06.1974 – VI 207/74, in: GewArch 1974, 340.
442 OVG Münster, Urt. v. 11.10.1972 – IV A 728/71, in: GewArch 1976, 59 (60).

Eil- und Notfällen kurzfristig einsatzbereit ist."[443] Auch das OVG Rheinland-Pfalz[444] stellte besonders hohe Anforderungen an die Präsenz des Betriebsleiters, weshalb Gegenstand der Aufsicht nicht nur das Arbeitsergebnis, sondern auch die Art und Weise der Aufsicht ist: „Für die Tätigkeit eines solchen Handwerksmeisters ist kennzeichnend, daß sie mit häufiger Anwesenheit im Betrieb oder an der Stätte, wo konkret die Arbeit geleistet wird, verbunden ist, daß Weisungen und Hinweise an die im Betrieb Beschäftigten erteilt werden und einzelne schwierige Arbeitsvorgänge von Anfang bis Ende überwacht und geleitet werden oder daß vom Meister selbst mit Hand angelegt wird."[445]

Bei einer Bäckerei (Nr. 30 der Anlage A HwO) muss nach dem VG Stuttgart[446] ein Betriebsleiter an sämtlichen Werktagen während der üblichen Arbeitszeit im Handwerksbetrieb anwesend sein und die dort tätigen Mitarbeiter überwachen. Er muss den gesamten Arbeitsablauf überwachen sowie betreuen und nicht nur das Arbeitsergebnis abnehmen.[447]

Das VG Arnsberg[448] entschied bezüglich der Überwachungsfunktion des Betriebsleiters, dass es vom jeweiligen Einzelfall abhängt, ob für eine Überwachung eine ständige Anwesenheit im Betrieb erforderlich ist. Es stellte fest: „Allgemein ist aber zu fordern, daß der für die technische Leitung verantwortliche Gesellschafter zumindest in der Lage sein muß, an allen Tagen, in (sic.) denen im Betrieb gearbeitet wird, also praktisch an sämtlichen Werktagen, während der üblichen Arbeitszeit die im Betrieb arbeitenden Angestellten tatsächlich zu leiten und zu überwachen und von Fall zu Fall die erforderlichen Anordnungen zu treffen."

Für das Friseur-Handwerk (Nr. 38 der Anlage A HwO) stellte das VG klar, dass der Betriebsleiter „den ganzen Tag über erreichbar und gegebenenfalls im Betrieb persönlich anwesend sein" muss.[449] Das OVG Rheinland-Pfalz[450] entschied, dass zwar eine ständige Anwesenheit nicht erforderlich ist, aber

---

443 VG Saarlouis, Urt. v. 19.01.1982 – 5 K 1558/80, in: GewArch 1982, 306 f.
444 OVG Rheinland-Pfalz, Beschl. v. 21.04.1986 – 12 B 40/86, in: GewArch 1987, 162 (163).
445 OVG Rheinland-Pfalz, Beschl. v. 21.04.1986 – 12 B 40/86, in: GewArch 1987, 162 (163).
446 VG Stuttgart, Beschl. v. 13.04.1988 – 14 K 3593/87, in: GewArch 1989, 26 (27).
447 VG Stuttgart, Beschl. v. 13.04.1988 – 14 K 3593/87, in: GewArch 1989, 26 (27).
448 VG Arnsberg, Urt. v. 09.07.1970 – 1 K 86/70, in: GewArch 1971, 12 (13).
449 VG Arnsberg, Urt. v. 09.07.1970 – 1 K 86/70, in: GewArch 1971, 12 (13).
450 OVG Rheinland-Pfalz, Urt. v. 25.02.1988 – 12 A 152/87, in: GewArch 1988, 197 (198 f.).

sichergestellt sein muss, dass die anfallenden Arbeiten in fachlicher und technischer Hinsicht laufend überwacht und kontrolliert werden können. Ein Friseurbetrieb verlange zwar keine dauernde, aber kurzfristige Erreichbarkeit.[451]

(2) Juristisches Schrifttum

Detterbeck[452] führt aus, dass der Betriebsleiter nicht durchgängig im Betrieb anwesend sein muss: „Er muss aber während der Betriebszeiten stets ohne erheblichen Zeitverlust erreichbar sein. In allen Fällen muss gewährleistet sein, dass der Betriebsinhaber die ihm übertragene Leitung tatsächlich ausüben kann."[453]

Bei *Knörr* heißt es hierzu: „Ebenso wenig wie vom Inhaber verlangt das Gesetz eine pausenlose Anwesenheit des Betriebsleiters"[454]. *Honig* hat in einem früheren Aufsatz darauf hingewiesen, dass aus seiner Sicht die „bloße Nachkontrolle oder ein nur gelegentliches Eingreifen [...] keine ‚Leitung' [darstelle]."[455]

Karsten erklärt: „Zu den Mindestanforderungen für eine eintragungsfähige Betriebsleiterstellung gehört zwar **keine ständige Anwesenheit** des Betriebsleiters. Er muss aber ständig (an sämtlichen Werktagen während der üblichen Arbeitszeit) seinen Leitungs-, Kontroll- und Überwachungspflichten nachkommen können."[456]

Bei *Leisner* heißt es: „Der Betriebsleiter muss weder ständig anwesend sein [...], noch muss er immer erreichbar sein"[457].

Auch *Peifer*[458] kommt zum Ergebnis, dass die Betriebsleitung zwar die Präsenz im Betrieb verlangt, die allerdings keine dauerhafte Anwesenheit voraussetze.

Bulla[459] kritisiert die fehlende Regelung der Präsenzpflicht in der HwO. In einen fehleranfälligen Fertigungsprozess könne nur derjenige korrigierend eingreifen, der auch anwesend sei.[460] An anderer Stelle stellt er dann aber heraus, dass er von einer jederzeitigen und kurzfristigen Erreichbarkeit ausgeht, eine Präsenzpflicht aber nicht gefordert werden könne.[461] Zuvor hatte er sich allerdings für eine generelle Präsenzpflicht im Handwerk ausgesprochen: „Nicht nur

451 OVG Rheinland-Pfalz, Urt. v. 25.02.1988 – 12 A 152/87, in: GewArch 1988, 197 (199).
452 Detterbeck, DDBR, § 7 Rn. 6.
453 Detterbeck, DDBR, § 7 Rn. 6.
454 Knörr, in: Honig/Knörr/Thiel, § 7 Rn. 10.
455 Honig, GewArch 1973, 177.
456 Karsten, in: Schwannecke, § 7 Rn. 37.
457 Leisner, in: Leisner, § 7 Rn. 25.
458 Peifer, Rn. 186.
459 Bulla, GewArch 2012, 470 (474 f.).
460 Bulla, GewArch 2012, 470 (474).
461 Bulla, in: Schmidt/Wollenschläger, § 10 Rn. 55.

bei den Gesundheitshandwerken ist daher eine *Präsenzpflicht des Betriebsleiters* zu fordern.“[462]

Ziekow[463] verlangt, dass der Betriebsleiter seinen Leitungs-, Kontroll- und Überwachungspflichten nachkommen muss. Dabei wachse der Umfang der Kontrollpflichten mit der Komplexität und Gefahrengeneigtheit der zu überwachenden Tätigkeiten.[464] Dies verlange nicht notwendig ständige Präsenz, aber Erreichbarkeit.[465]

ccc) Ergebnis

Im Ergebnis verlangen Rechtsprechung und Literatur keine permanente, sondern letztlich eine gelockerte Präsenz[466] des Betriebsleiters.

bb) Präsenzpflichten in den Gesundheitshandwerken

Aus dem Gesetz lässt sich eine Unterscheidung zwischen den Präsenzpflichten in den einzelnen Gewerken im Handwerk nicht ableiten. Gleichwohl ist es in der Rechtsprechung und Literatur anerkannt, dass es unterschiedliche Maßstäbe für die Präsenzpflichten gibt. Da „[b]ei Gesundheitshandwerken [...] eine unzureichende Handwerkstätigkeit weitreichende Folgen haben kann“[467], wurden hier „besonders hohe Anforderungen an die Präsenz des Betriebsleiters“[468] gestellt, die sich aufgrund des möglichen Gefährdungspotenzials bis zu einer ständigen Präsenz verdichten konnten.[469]

aaa) Unterscheidung zwischen der Präsenzpflicht bei Gesundheitshandwerken und den übrigen Handwerken

Wenn davon auszugehen ist, dass es allgemein im Handwerk eine Pflicht zur grundsätzlichen, wenn auch gelockerten Präsenz[470] des Betriebsleiters gibt,

462 Bulla, S. 517 (die Praxistauglichkeit dieser Forderung stellt er aber selbst in Frage, S. 245).

463 Ziekow, ÖW, § 11 Rn. 27.

464 Ziekow, ÖW, § 11 Rn. 27.

465 Ziekow, ÖW, § 11 Rn. 27.

466 Vgl. zu den Begrifflichkeiten der gelockerten und permanenten Betriebsleiterpräsenz Detterbeck, DDBR, § 7 Rn. 6 und ders., PL, S. 57 f.

467 BGH, Urt. v. 17.07.2013 – I ZR 222/11, in: GewArch 2013, 407 (409).

468 VG Göttingen, Urt. v. 05.07.1994 – 1 A 1271/93, in: GewArch 1994, 423 (425); Schmitz, WiVerw 1999, 88 (92); Ehlers, in: Ehlers u. a., § 19 Rn. 39.

469 Karsten, in: Schwannecke, § 7 Rn. 41.

470 Vgl. Detterbeck, PL, S. 58: „Diese nur gelockerte Betriebsleiterpräsenz gilt jedoch unstr. nicht für Gesundheitshandwerke.“

deren Dauer aber insbesondere von den verschiedenen Gewerken abhängt, ist bei den Gesundheitshandwerken zu prüfen, ob es hier allgemeine, die Gesundheitsgewerke als Ganzes betreffende Aussagen zur Meisterpräsenz gibt.

Das schleswig-holsteinische VG stellte in einer Entscheidung zum Raumausstatter-Handwerk fest, dass „[j]e nach dem fraglichen Handwerk [...] sich im Einzelfall aber ergeben [kann], daß der Betriebsleiter nicht ständig in dem von ihm geleiteten Betrieb anwesend sein muß."[471] *Leisner*[472] knüpft den Umfang der allgemeinen Präsenzpflicht im Handwerk (ohne speziell auf die Gesundheitshandwerke einzugehen) an das Kriterium der Gefahrenabwehr an, wonach die Präsenzzeit von den möglichen Gefahrensituationen abhängig sei. Diese Unterscheidung muss nicht zwingend gewerksbezogen erfolgen, sondern kann auch tätigkeitsbezogen getroffen werden.

Nach *Knörr* gelten für die Gesundheitshandwerke strengere Regeln für die Betriebsleiterpräsenz, da „unzureichende Handwerkstätigkeit hier weitreichende Folgen haben kann."[473]

Badura[474] rechtfertigt unterschiedliche Präsenzpflichten im Handwerk (ohne die Gesundheitshandwerke hier speziell anzusprechen) damit, dass die möglichen Gefahren und ein möglicher Gefahreintritt sehr unterschiedlich erfolgen können. Nach seiner Ansicht kommt es auf „die Eigenart des jeweiligen Handwerks und dessen ‚Gefährlichkeit' für die Abnehmer der Leistungen und weiter auf die Art und den Umfang der in dem konkreten Betrieb anfallenden handwerksmäßigen Arbeiten an. Ein nach diesen Grundsätzen wesentliches Kriterium ist, ob in dem Betrieb die Arbeiten plötzlich und unvermittelt anfallen können oder ob ihre zeitliche Reihenfolge und ihre Einteilung in der Weise voraussehbar und planungsfähig sind, daß sich der Betriebsleiter darauf einstellen kann. Die Frage, wie streng das Gebot der ‚ständigen' Anwesenheit anzuspannen ist, kann somit nicht für alle Handwerke und für alle Handwerksbetriebe einheitlich beantwortet werden."[475]

Detterbeck[476] stellt fest, dass für die Gesundheitshandwerke besonders strenge Anforderungen an die Präsenz des Betriebsleiters zu stellen sind. Für diese

---

471 Schl.-Holst. VG, Urt. v. 27.05.1999 – 12 A 290/98, in: GewArch 1999, 341.

472 Leisner, in: Leisner, § 7 Rn. 24.

473 Knörr, in: Honig/Knörr/Thiel, § 7 Rn. 14. Offen gelassen wird hier, ob eine ständige Meisterpräsenz gefordert werden kann; im Gegensatz zu Honig/Knörr, § 7 Rn. 39: „Für jede Betriebsstätte (wird) ständige Meisterpräsenz verlangt."

474 Badura, GewArch 1992, 201 (205).

475 Badura, GewArch 1992, 201 (205).

476 Detterbeck, DDBR, § 7 Rn. 6.

Gewerke gilt der „**Grundsatz der permanenten Betriebsleiterpräsenz**", „[u]m die Gesundheitsgefahren, die durch eine unsachgemäße Ausübung dieser Handwerke in höherem Maße als bei den anderen A-Handwerken verursacht werden, zu vermeiden".[477]

Ambs[478] hält fest, dass die einzelnen Handwerke unterschiedliche Anforderungen stellen und fordert – ohne besonders die Gesundheitshandwerke anzusprechen – seinerseits eine ständige Einsatzbereitschaft, insbesondere bei gefährlichen Arbeiten.

Bei besonders gefahrengeneigten Tätigkeiten sind nach *Ehlers*[479] höhere Anforderungen an die Betriebsleiterpräsenz zu stellen als bei den „normalen" gefahrengeneigten Tätigkeiten, bei denen keine ständige Anwesenheit, aber eine persönliche Verfügbarkeit verlangt wird.

Biberger/Weber[480] verlangen ebenfalls im Hinblick auf die mögliche Gefährdung der Kunden die ständige persönliche Anwesenheit des Betriebsleiters.

Auch *Krause*[481] stellt besondere Anforderungen an die Meisterpräsenz bei gefahrengeneigten Handwerken wie den Gesundheitshandwerken, bei denen der Meister zur unmittelbaren Durchführung oder direkten Überwachung der Arbeiten verpflichtet sein kann.

Ohne die Gesundheitshandwerke explizit zu benennen, unterscheidet auch *Schotthöfer* zwischen den einzelnen Handwerken und erkennt als Kriterien die Betriebsart, die Gefährlichkeit, den Arbeitsumfang sowie die Vorhersehbarkeit des Arbeitsanfalls an.[482]

Czybulka kritisiert, dass die Rechtsprechung über die Anforderungen an den Betriebsleiter „oft über das Ziel hinaus" schieße[483], doch könnten sich spezielle Betriebsleiterpflichten aus dem einzelnen Handwerk jeweils ergeben.[484]

Festzuhalten ist, dass allgemein für Handwerke mit einer besonderen Gefahrengeneigtheit eine stärkere Präsenzverpflichtung gefordert wird als für andere Handwerke. Bei den Gesundheitshandwerken geht es um die körperliche Unversehrtheit, weshalb die Präsenzverpflichtung ausgeprägter sein muss als bei weniger stark gefahrengeneigten Gewerken. Im Ergebnis ist daher unstrittig, dass bei

477 Detterbeck, DDBR, § 7 Rn. 6.
478 Ambs, in: Erbs/Kohlhaas, § 7 Rn. 6.
479 Ehlers, in: Ehlers u. a., § 19 Rn. 39.
480 Biberger/Weber, GewArch 1987, 177 (178).
481 Krause, GewArch 1984, 313 (316).
482 Schotthöfer, GewArch 1981, 114 (117).
483 Czybulka, in: Schmidt, § 2 Rn. 69.
484 Czybulka, in: Schmidt, § 2 Rn. 71.

der Präsenzpflicht Unterschiede bei den Gewerken gemacht werden müssen. Die Begründung dafür liegt in der Gefahrengeneigtheit und damit im Tätigkeitsbereich.

bbb) Anforderungen an die Präsenzpflicht im Gesundheitshandwerk

Zwischen der verwaltungsgerichtlichen[485] Rechtsprechung und der Literatur gibt es keine Unterschiede bezüglich der Anforderungen der Betriebsleiterpräsenzpflicht im Gesundheitshandwerk.

(1) Verwaltungsgerichtliche Rechtsprechung

In der verwaltungsgerichtlichen Rechtsprechung ist es unstrittig, dass es für die Gesundheitshandwerke andere, strengere Anforderungen an die Präsenzverpflichtung des Betriebsleiters gibt. Allerdings sind für die Orthopädietechnik und die Orthopädieschuhtechnik keine verwaltungsgerichtlichen Entscheidungen bekannt, die sich explizit mit der Frage der Betriebsleiterpräsenz auseinandersetzen.

Das VG Neustadt an der Weinstraße, das einen Fall im Augenoptiker-Handwerk zu prüfen hatte, stellt besonders hohe Anforderungen an die Meisterpräsenz bei Gesundheitsberufen, da Fehler bei der Berufsausübung die Gesundheit des Kunden beeinträchtigen können.[486]

Nach dem VG Göttingen, das ebenso im Bereich der Augenoptik zu entscheiden hatte, ist Voraussetzung für die Meisterpräsenz, dass der Betriebsleiter tatsächlich in der Lage sei, die Arbeiten zu überwachen und lenkend oder korrigierend einzugreifen, wenn und so oft dies erforderlich sei.[487] Dabei müsse der Betriebsleiter einen maßgeblichen persönlichen Einfluss auf den tatsächlichen Betriebsablauf nehmen und zumindest jederzeit ohne erheblichen Zeitverlust erreichbar sein.[488] Das VG sah bei einer Entfernung von neun Kilometern zwischen zwei Augenoptiker-Fachgeschäften, die mit einem Pkw in zehn Minuten erreicht werden können, einen Verstoß gegen die Meisterpräsenz, da der Betriebsleiter den ihm obliegenden Leitungs- und Überwachungsaufgaben nicht in dem gebotenen Umfang nachkommen könne.[489]

---

485 Zur zivilgerichtlichen Rechtsprechung vor allem des BGH, siehe unter Teil 1/A./IV./2.

486 VG Neustadt an der Weinstraße, v. 06.11.92 – 7 K 1100/92.NW, in: GewArch 1995, 39 (40) im nichtamtlichen Leitsatz.

487 VG Göttingen, Urt. v. 05.07.1994 – 1 A 1271/93, in: GewArch 1994, 423 (425).

488 VG Göttingen, Urt. v. 05.07.1994 – 1 A 1271/93, in: GewArch 1994, 423 (425).

489 VG Göttingen, Urt. v. 05.07.1994 – 1 A 1271/93, in: GewArch 1994, 423 (425).

Das Schleswig-Holsteinische VG entschied, dass ein Betriebsleiter eines Hörakustiker-Fachgeschäftes zwei Betriebsstätten, die 500 Meter voneinander entfernt liegen und in fünf Minuten erreichbar sind, führen darf.[490]

Das VG Würzburg[491] entschied für das Zahntechnikerhandwerk, dass der Betriebsleiter nach den gegebenen Verhältnissen in der Lage sein muss, die im Betrieb anfallenden Arbeiten technischer Art wie ein Meister zu leiten und zu überwachen, wobei Ziel ist, die Ordnungsgemäßheit und Güte der betrieblichen Arbeiten zu gewährleisten. Gegenstand der Aufsicht ist nicht nur das Arbeitsergebnis, sondern gleichermaßen die Art und Weise der Ausführung.[492] „Gerade im Zahntechnikerhandwerk reicht eine nur sporadische Anwesenheit des Betriebsleiters nicht aus", so das VG Würzburg.[493]

Das Schleswig-Holsteinische OVG[494] stellte fest, dass bei den Gesundheitshandwerken hohe Anforderungen an die Präsenzpflicht zu stellen sind und der Betriebsleiter deshalb in Eilfällen jederzeit ohne erheblichen Zeitverlust erreichbar sein muss.

(2) Literaturmeinung

Nach *Karsten* besteht bei den Gesundheitshandwerken das Erfordernis einer ständigen Präsenz für jede Betriebsstätte.[495] Zwei Betriebe könnten daher in aller Regel nie so nahe zusammenliegen, dass ein Betriebsleiter für beide die Betriebsleitung vornehmen könne.[496] Allerdings hält er im Hinblick auf eine Entscheidung des VG Schleswig die Führung zweier 500 Meter voneinander entfernt liegender Betriebsstätten durch einen Betriebsleiter dann für gerechtfertigt, wenn die fußläufige Erreichbarkeit in fünf Minuten gegeben sei.[497]

Knörr teilt die Ansicht, dass für die Gesundheitshandwerke strengere Regeln gelten.[498] Begründet wird dies mit den weitreichenden Folgen einer unzureichenden Handwerkstätigkeit.[499] Aber auch er lässt im Hinblick auf die Entscheidung

490 Schl.-Holst. VG, Urt. v. 09.03.2000 – 12 A 150/99, in: GewArch 2000 426.
491 VG Würzburg, Beschl. v. 30.03.1983 – W 6 S 83 A.0282, in: GewArch 1984, 123 (124).
492 VG Würzburg, Beschl. v. 30.03.1983 – W 6 S 83 A.0282, in: GewArch 1984, 123 (124).
493 VG Würzburg, Beschl. v. 30.03.1983 – W 6 S 83 A.0282, in: GewArch 1984, 123 (124); so auch: OVG Berlin, Urt. v. 23.10.1985 – OVG 1 B 39.84, in: GewArch 1986, 135 (136); OLG München, Urt. v. 31.01.1991 – 6 U 3074/90, in: GewArch 1991, 352.
494 Schlesw.-Holst. OVG, Urt. v. 27.02.1992 – 3 L 76/91, in: GewArch 1992, 277 (278).
495 Karsten, in: Schwannecke, § 7 Rn. 45; so auch: Wiemers, DVBl. 2012, 942 (945).
496 Karsten, in: Schwannecke, § 7 Rn. 45.
497 Karsten, in: Schwannecke, § 7 Rn. 45.
498 Knörr, in: Honig/Knörr/Thiel, § 7 Rn. 14.
499 Knörr, in: Honig/Knörr/Thiel, § 7 Rn. 14.

des VG Schleswig unter bestimmten Umständen eine doppelte Betriebsleitung zu.

Detterbeck stellt hohe Anforderungen an die Gesundheitshandwerke: „Um die Gesundheitsgefahren, die durch eine unsachgemäße Ausübung dieser Handwerke in höherem Maße als bei den anderen A-Handwerken verursacht werden, zu vermeiden, gilt hier der **Grundsatz der permanenten Betriebsleiterpräsenz**."[500]

Ehlers hält bei besonders gefahrengeneigten Tätigkeiten hohe Anforderungen an die Präsenzpflicht für gerechtfertigt und führt aus, dass in der Augenoptik eine ständige Meisterpräsenz i. S. d. Rechtsprechung des VG Göttingen geboten sei.[501] Dabei bezieht er sich auch auf die Vorgabe in § 7 ApoG.[502]

Hohe Anforderungen stellt *Eisenmenger*[503] an die Meisterpräsenz in den Gesundheitsgewerken, „auch wenn der BGH aus wettbewerbsrechtlicher Sicht versucht, die Hürden zu senken."[504]

Für das Augenoptikerhandwerk fordert *Badura*[505] eine ständige und ganztägige Anwesenheit des Handwerksmeisters. Er begründet dies damit, dass sich die personengebundenen Leistungen des Augenoptikers zeitlich nicht in der Weise vorausbestimmen ließen, dass eine selektive oder nur überwachende Anwesenheit des Meisters den gesetzlichen Anforderungen genügen könne.[506] Zur Gewährleistung eines bestimmten Leistungsstandards (z. B. beim Einschleifen eines Rohlings in die Brillenfassung) sei die ständige persönliche Überwachung durch den Meister unentbehrlich.[507] Dies diene sowohl dem Verbraucherschutz, aber auch der Ausbildung der Lehrlinge und der Fortbildung der Gesellen.[508]

Czybulka[509] kritisiert die unterschiedliche Betrachtungsweise der Betriebsleiterpräsenz im Handwerk: „Die auf den Einzelfall bezogene Argumentation insbesondere wegen zu befürchtender Schäden für den Kunden und/oder die Allgemeinheit gilt aber – bei Licht betrachtet – für *jeden* Handwerksbetrieb. Insbesondere im Bauhandwerk sind Baustellenentfernungen von weit mehr als

500 Detterbeck, DDBR, § 7 Rn. 6; so auch ders., GewArch 2014, 147 (149).
501 Ehlers, in: Ehlers u. a., § 19 Rn. 39.
502 Ehlers, in: Ehlers u. a., § 19 Rn. 39 (FN. 151).
503 Eisenmenger, in: Stober/Eisenmenger, § 48 VII 2 (S. 103).
504 Eisenmenger, in: Stober/Eisenmenger, § 48 VII 2 (S. 103).
505 Badura, GewArch 1992, 201 (208).
506 Badura, GewArch 1992, 201 (208).
507 Badura, GewArch 1992, 201 (208).
508 Badura, GewArch 1992, 201 (208).
509 Czybulka, NVwZ 1995, 538 (544 f.).

100 km denkbar und auch üblich. Eine Einschränkung der Arbeiten oder gar eine Residenzpflicht des selbständigen Handwerksmeisters ist aber offensichtlich nicht zulässig. [...] Die Rechtsprechung sollte sich nicht als Bremser in der Not mißbrauchen lassen."[510]

(3) Die Entscheidung des Schleswig-Holsteinischen VG

Häufig wird die Entscheidung des Schleswig-Holsteinischen VG vom 9. März 2000 (12 A 150/99) als zulässige Eingrenzung der Betriebsleiterpräsenz genannt und übernommen.[511] Indes ist die Entscheidungsbegründung nicht so eindeutig.

Hintergrund der Entscheidung war eine Hörakustiker-Gesellschaft in einer Stadt mit zwei Filialen, die 500 Meter voneinander entfernt lagen und in fünf Gehminuten erreichbar waren.[512] Die beklagte Handwerkskammer lehnte einen Antrag ab, für beide Filialen einen gemeinsamen Betriebsleiter einzutragen.[513] Das Gericht stellte fest, dass bei einer fußläufigen Erreichbarkeit von fünf Minuten eine „jederzeitige Erreichbarkeit" gewährleistet sei.[514] Weiter heißt es dann: „Die Bekl. hat einen akut auftretenden Eilfall bei einem schwerhörigen Patienten, in dem eine einige Minuten andauemde (sic.) Wartezeit auf den Betriebsleiter nicht ohne körperliche Gefährdung hingenommen werden kann, auch nicht beispielhaft geschildert."[515] Als Gegenbeispiel benennt das Gericht einen Kunden, der die Betriebsstätte wegen eines gerade auftretenden Defekts seines Hörsystems aufsucht und innerhalb einer zumutbaren Wartezeit Hilfe erlangt.[516] Weiter führt das Gericht aus, dass die „überwiegend vorkommenden, gleichsam in der Norm liegenden Behandlungsfälle [...] ohne die ständige Präsenz des Betriebsleiters" lösbar seien.[517] Akustische oder anatomische Besonderheiten seien in aller Regel der ärztlichen Verordnung zu entnehmen.[518]

Diese Begründung ist in mehrfacher Hinsicht zweifelhaft:

---

510 Czybulka, NVwZ 1995, 538 (545).

511 Vgl. Knörr, in: Honig/Knörr/Thiel, § 7 Rn. 14; Karsten, in: Schwannecke, § 7 Rn. 45; Wiemers, DVBl. 2012, 942 (945); ebenso BGH, Urt. v. 17.07.2013 - I ZR 222/11, in: GewArch 2013, 407 (409); kritisch hingegen: Detterbeck, PL, S. 58 f.

512 Schl.-Holst. VG, Urt. v. 09.03.2000 – 12 A 150/99, in: GewArch 2000, 426 f.

513 Schl.-Holst. VG, Urt. v. 09.03.2000 – 12 A 150/99, in: GewArch 2000, 426 (427).

514 Schl.-Holst. VG, Urt. v. 09.03.2000 – 12 A 150/99, in: GewArch 2000, 426 (427).

515 Schl.-Holst. VG, Urt. v. 09.03.2000 – 12 A 150/99, in: GewArch 2000, 426 (427).

516 Schl.-Holst. VG, Urt. v. 09.03.2000 – 12 A 150/99, in: GewArch 2000, 426 (427).

517 Schl.-Holst. VG, Urt. v. 09.03.2000 – 12 A 150/99, in: GewArch 2000, 426 (427).

518 Schl.-Holst. VG, Urt. v. 09.03.2000 – 12 A 150/99, in: GewArch 2000, 426 (427).

- Zunächst gibt es Fälle, in denen sich eine Wartezeit nicht rechtfertigen lässt. Insbesondere bei einer Ohrabformung müssen Schäden am Trommelfell unmittelbar ärztlich behandelt werden. Wenn also der Hörakustiker aus Unachtsamkeit das Trommelfell durchstößt oder aber übersieht, dass sich ein Paukenröhrchen[519] im Ohr befindet, durch welches Abdruckmasse ins Innere des Ohrs geleitet wird, sollte unverzüglich ein HNO-Arzt aufgesucht werden. Zu warten führt zu länger andauernden Schmerzen und weiterem Leiden. Es bedarf folglich der medizinischen und anatomischen Kenntnis, um eine eingetretene Verletzung unverzüglich richtig zu diagnostizieren, den Verletzten ausreichend aufklären zu können und ihn über das weitere Vorgehen (insbesondere bezüglich der Dringlichkeit) zu informieren. Diese Kenntnis und Kompetenz hat im Zweifel der qualifizierte Betriebsleiter, der in einem solchen Fall adäquat reagieren kann.
- Der vom Gericht als Gegenbeispiel benannte Fall drückt gerade nicht die besondere Gefahrengeneigtheit im Hörakustiker-Handwerk aus. Denn ein Kunde, der ein defektes Hörsystem zur Reparatur abgeben will, kann möglicherweise warten. Die Gefahrengeneigtheit des Hörakustiker-Handwerks betrifft insbesondere die Hörsystem-Anpassung und die Abdrucknahme. Der Betriebsleiter als Ansprechpartner vor Ort für Rückfragen und als Kontrolleur der Arbeit (insbesondere bei einer Anamnese auf Kontraindikationen des Patienten) ist daher wesentlich für eine erfolgreiche Versorgung.
- Das Gericht geht von „in der Norm liegenden" Fällen aus, bei denen es keine Besonderheiten gibt. Der Betriebsleiter ist aber derjenige, der am ehesten einschätzen kann, was in der Norm liegt und was eine Besonderheit darstellt. Folgt man dem VG, ist er als Ansprechpartner für seinen Mitarbeiter aber möglicherweise nicht vor Ort, wenn dieser einen atypischen Fall betreut, den dieser ggf. nicht als solchen erkennt.

Die Entscheidungsbegründung des VG ist zweifelhaft, da sie sich nicht ausreichend mit der besonderen Gefahrengeneigtheit des Hörakustiker-Handwerks auseinandersetzt, sondern pauschal von einfachen Versorgungsvorgängen

519 Bei dem Paukenröhrchen handelt es sich um ein „[i]n das Trommelfell eingelegtes Kunststoff- oder Edelmetallröhrchen zur Belüftung des Mittelohrs und damit Rekonstituierung der Paukenhöhlenschleimhaut." (Pschyrembel, S. 1365). Es kommt bei einem Tubenkatarrh zur Anwendung, bei dem eine „akute oder chronische Form der Tubenbelüftungsstörung im Rahmen von akuten Atemwegsinfektionen" vorliegt (Pschyrembel, S. 1842). Bis zu 90 % aller Kinder erkranken daran (Strutz, in: Strutz/Mann, S. 254).

ausgeht. Irritierend ist dabei insbesondere die Aussage in der Entscheidungsbegründung, dass die beklagte Handwerkskammer keinen Eilfall darlegen konnte. Die Entscheidung mag daher möglicherweise auch einer unglücklichen Prozessführung geschuldet sein. Wegen ihrer zweifelhaften und undifferenzierten Begründung kommt ihr keine maßstabsetzende Bedeutung zu, sondern ist eine Einzelfallentscheidung.

(4) Ergebnis

Im Ergebnis gehen sowohl die Verwaltungsrechtsprechung wie auch die Literatur davon aus, dass für die Gesundheitshandwerke eine besondere, strengere Präsenzverpflichtung besteht. Diese wird allgemein damit begründet, dass die Auswirkungen einer unsachgemäßen Arbeit schwerwiegender sind als bei anderen Gewerken.

ccc) Präsenzverpflichtungen in den einzelnen Gesundheitshandwerken

Wie oben bereits dargestellt, sind die Tätigkeiten im Gesundheitshandwerk besonders gefahrengeneigt. Im Folgenden soll dargelegt werden, weshalb die bereits erwähnten besonders gefahrengeneigten Tätigkeiten eine strenge Präsenzpflicht verlangen. Es handelt sich dabei jeweils um Tätigkeiten, die unmittelbare Folgen auf die Gesundheit des Verbrauchers haben. Die Schwierigkeiten und Gefährlichkeit der Tätigkeiten sowie mögliche unvorhersehbare Reaktionen[520] führen dazu, dass bei den aufgeführten Leistungen die Präsenzpflicht notwendig ist, um die Verbraucher vor möglichen Schäden zu schützen und im Fall einer Schädigung unmittelbar angemessen reagieren zu können. Insbesondere bei einer potenziellen Gesundheitsgefährdung des Verbrauchers ist eine Präsenz des qualifizierten Betriebsleiters notwendig. Eine Gesundheitsgefährdung ist bei allen Tätigkeiten anzunehmen, bei denen durch eine unsachgemäße Tätigkeit eine Verschlechterung der Gesundheit droht.[521] Dies mag z. B. ein fehleingestelltes Hörsystem, eine defekte Kontaktlinse oder eine mangelhafte Zahnprothese sein.

Auch wenn es nicht die Aufgabe des Betriebsleiters ist, sämtliche gefahrengeneigte Tätigkeiten selbst auszuüben, so besteht gerade seine Aufgabe darin, den Arbeitsablauf zu steuern, zu betreuen und zu überwachen.[522] Der Betriebsleiter muss „zeitlich und räumlich in der Lage [sein], bestimmenden persönlichen Einfluss auf die Verrichtung der Tätigkeit nehmen."[523] Insofern hat er bei

520 Nachgebildet von Kern, in: Laufs/Kern, § 45 Rn. 6 für Ärzte.
521 Detterbeck, GewArch 2014, 147 (152).
522 Detterbeck, WiVerw 2009, 227 (263).
523 Detterbeck, WiVerw 2009, 227 (264).

mangelhaften Versorgungen und Anfertigungen einzugreifen. Auch bereits bei unzureichenden Beratungen, die ebenso gesundheitsgefahrengeneigt sein können,[524] hat er einzugreifen.

Dabei können die aufgeführten Tätigkeiten, die als besonders gefahrengeneigt identifiziert werden, nicht als abschließend angesehen werden. Vielmehr stellen sie allein Beispiele für besonders gefahrengeneigte Tätigkeiten im jeweiligen Gesundheitshandwerk dar.

(1) Augenoptiker (Nr. 33)

Bei der Augenoptik wird eine strenge Meisterpräsenz gefordert.[525] Pointiert hat *Badura* festgestellt, dass es sich bei dem Augenoptiker um keinen Einzelhändler mit Brillen handle.[526] Das VG Neustadt an der Weinstraße stellte hohe Anforderungen an die Meisterpräsenz, weil Fehler bei der Berufsausübung die Gesundheit des Kunden beeinträchtigen könnten.[527] Die sach- und fachgerechte Berufsausübung des Augenoptikers erschöpfe sich nicht darin, Brillengläser zu bestellen und einzubauen, sondern erfolge aufgrund von Beratungsgesprächen und Messungen in Anwesenheit des Kunden.[528] Das VG Göttingen forderte eine ständige Meisterpräsenz beim Augenoptiker-Handwerk, die nicht von einem Meister abgedeckt werden könne, der zwei Filialen betreue, die er mit dem Pkw innerhalb von zehn Minuten erreiche.[529]

Die Notwendigkeit der dauerhaften Meisterpräsenz für das Augenoptiker-Handwerk kann vor allem mit folgenden Tätigkeiten begründet werden, die besonders gefahrengeneigt sind und eine dauerhafte Meisterpräsenz verlangen:

- die individuelle Augenglasbestimmung[530]
- die exakte Messung der Dioptrienzahl[531]

524 Detterbeck, GewArch 2014, 147 (152).

525 Vgl. VG Göttingen, Urt. v. 05.07.1994 - 1 A 1271/93, in: GewArch 1994, 423 (425); VG Neustadt an der Weinstraße v. 06.11.1992 - 7 K 1100/92.NW, in: GewArch 1995, 39 (40); Badura, GewArch 1992, 201 (208); Detterbeck, GewArch 2012, 337; Schmitz, WiVerw 1999, 88 (92).

526 Badura, GewArch 1992, 201 (207); so schon VG Augsburg, Urt. v. 10.09.1971 - 13 III 71, in: GewArch 1972, 69.

527 VG Neustadt an der Weinstraße v. 06.11.1992 - 7 K 1100/92.NW, in: GewArch 1995, 39 (40).

528 VG Neustadt an der Weinstraße v. 06.11.1992 - 7 K 1100/92.NW, in: GewArch 1995, 39 (40).

529 VG Göttingen, Urt. v. 05.07.1994 - 1 A 1271/93, in: GewArch 1994, 423 (425).

530 VG Göttingen, Urt. v. 05.07.1994 - 1 A 1271/93, in: GewArch 1994, 423 (425).

531 VG Göttingen, Urt. v. 05.07.1994 - 1 A 1271/93, in: GewArch 1994, 423 (425).

- die Wahl des den Erfordernissen des Kunden entsprechenden Brillengestells[532]
- die Feststellung von Kontraindikationen[533]
- Versorgung mit Kontaktlinsen[534]

Die Gefahren und möglichen Schädigungen, die bei der (fehlerhaften) Tonometrie und Perimetrie entstehen können,[535] lassen insbesondere auch dort eine Meisterpräsenz notwendig erscheinen.

All diese Tätigkeiten verlangen eine ständige persönliche Überwachung durch den Meister.[536]

(2) Hörakustiker (Nr. 34)

Die Notwendigkeit der dauerhaften Meisterpräsenz für das Hörakustiker-Handwerk kann insbesondere mit folgenden Tätigkeiten begründet werden, die besonders gefahrengeneigt sind:[537]

- Audiometrische Messungen zur Anpassung eines Hörgerätes
- Auswahl des Hörgerätes
- Ohrabdrucknahme
- individuelle Anpassung
- Übergabe des Hörgerätes und Einweisung in deren Gebrauch

Diese Tätigkeiten verlangen eine ständige persönliche Überwachung durch den Meister.[538]

(3) Orthopädietechniker (Nr. 35)

Die Notwendigkeit der dauerhaften Meisterpräsenz für das Orthopädietechniker-Handwerk kann vor allem mit folgenden Tätigkeiten begründet werden, die besonders gefahrengeneigt sind:

- Ausführliche Anamnese und Beratung sowie Berücksichtigung dieser Ergebnisse bei der Versorgung
- Herstellung einer Prothese oder Orthese

532 VG Göttingen, Urt. v. 05.07.1994 – 1 A 1271/93, in: GewArch 1994, 423 (425).

533 Detterbeck, GewArch 2012, 337 (338) bezogen auf Kontaktlinsen.

534 Detterbeck, GewArch 2012, 337 (338).

535 Vgl. BGH, Urt. v. 21.06.2001 – I ZR 197/00, in: NJW 2001, 3408 (3409).

536 Badura, GewArch 1992, 201 (208).

537 Vgl. OLG Nürnberg, Urt. v. 29.07,1997 – 3 U 96/97; dazu auch: Detterbeck, GewArch 2014, 147 (152).

538 Dohrn, GewArch 1986, 116 (119).

(4) Orthopädieschuhmacher (Nr. 36)

Die Notwendigkeit der dauerhaften Meisterpräsenz für das Orthopädieschuhmacher-Handwerk kann insbesondere mit folgenden Tätigkeiten begründet werden, die besonders gefahrengeneigt sind:

- Ausführliche Anamnese und Beratung sowie Berücksichtigung dieser Ergebnisse bei der Versorgung
- Anfertigen und Anpassen von Orthopädieschuhen und Einlagen (wie z. B. sog. Schmetterlingsrollen)

(5) Zahntechniker (Nr. 37)

Die Notwendigkeit der dauerhaften Meisterpräsenz für das Zahntechniker-Handwerk kann mit folgender Tätigkeit begründet werden, die besonders gefahrengeneigt ist:

- Herstellung zahntechnischer Produkte[539]

Die Verarbeitung der verwendeten Werkstoffe und Materialien verlangt eine ständige Überwachung durch einen qualifizierten Betriebsleiter. Eine lediglich zeitweilige Anwesenheit des Meisters würde nur optische Kontrollen ermöglichen.[540] Ohne Meisterpräsenz besteht vor allem die Gefahr, dass bei der Herstellung ungeeignete Materialien verwendet oder unsachgemäß verarbeitet werden und dadurch in den Körper gelangen.[541] Im Gegensatz zu den übrigen Gesundheitshandwerken besteht kein unmittelbarer Kundenkontakt. Insofern könnte bei den Zahntechnikern eine gelockerte Präsenzpflicht gerechtfertigt und verhältnismäßig sein, da es dem qualifizierten Betriebsleiter stets möglich ist, das hergestellte Produkt vor Abgabe an den Zahnarzt zu kontrollieren und freizugeben.

Eine solche Arbeitsaufteilung würde den qualifizierten Betriebsleiter indes darauf reduzieren, die Leistungen der Mitarbeiter *abzunehmen*. Das ist aber gerade nicht allein seine Aufgabe, sondern er ist auch als unmittelbarer Ansprechpartner und auch als ebenso unmittelbarer Kontrolleur vor Ort. Entsprechend den Ausführungen des OVG Nordrhein-Westfalen zum Zahntechnikerhandwerk hat der Betriebsleiter den Arbeitsablauf zu „steuern, betreuen und überwachen und darf sich nicht etwa auf eine bloße Kontrolle des Arbeitsergebnisses

---

539 Detterbeck, PL, S. 25.

540 Schmitz, WiVerw 1999, 88 (94).

541 OVG Nordrhein-Westfalen, Urt. v. 20.11.2017 – 4 A 1113/13, in: GewArch 2018, 72 (74).

beschränken."[542] Eine bloße Kontrolle des Arbeitsergebnisses, die lediglich eine Endabnahme darstellt, ist nicht ausreichend.[543] Durch sie würde nicht ausreichend berücksichtigt, dass es bereits bei der Herstellung zu unsachgemäßen Ausführungen mit weitreichenden Folgen kommen kann, wenn das falsche Material benutzt und verwendet wird.

Bei der Ausübung der oben genannten Aufgaben ist die Präsenz eines qualifizierten Betriebsleiters folglich ebenso notwendig. Denn aufgrund seiner Qualifikation, seiner Fähigkeiten und Fertigkeiten lassen sich Fehler vermeiden, die ggf. bei der Sichtprüfung nicht (gleich) erkennbar sind. Ansonsten bestände die Gefahr, dass mangelhafte Produkte unbemerkt vom qualifizierten Betriebsleiter und auch vom Zahnarzt an den Patienten abgegeben werden. In der Abwägung der Folgen für die Gesundheit des Patienten und den damit verbundenen möglichen Schmerzen, möglichen weiterführenden Schädigungen (die z. B. zu einer Wurzelbehandlung führen können) und leidvollen Versorgungswiederholungen in Form einer Mangelbeseitigung ist es notwendig, dass an vorderster Stelle eine qualifizierte Betriebsleitung die Arbeiten überwacht, kontrolliert und mit Rat und Tat zur Verfügung steht. Insofern ändert der fehlende unmittelbare Patientenkontakt in der Zahntechnik nichts an der Notwendigkeit der Betriebsleiterpräsenz, da die Gründe, die für sie allgemein sprechen, auch hier Anwendung finden.

(6) Bewertung

Bei sämtlichen Gesundheitshandwerken kann die fehlerhafte Tätigkeit des Handwerks zu weitreichenden Folgen für die Gesundheit des Patienten führen:

- Schädigung des Auges (z. B. Schädigung der Hornhaut) beim Augenoptiker
- Schädigung des Gehörs (z. B. Tinnitus oder Schwerhörigkeit) beim Hörakustiker
- Schädigung der Gelenke (z. B. Knie oder Rücken) beim Orthopädietechniker
- Schädigung des Fußes oder der Unterschenkel beim Orthopädieschuhmacher
- Schädigung der Zähne, der Gebissstellung, des Kiefers, der Zahnwurzel beim Zahntechniker

In Anbetracht dieser Gesundheitsgefahren, denen der Verbraucher bei einer unsachgemäßen Ausübung ausgesetzt wäre[544], muss der fachliche Betriebsleiter

542 OVG Nordrhein-Westfalen, Urt. v. 20.11.2017 – 4 A 1113/13, in: GewArch 2018, 72 (75).

543 Detterbeck, PL, S. 59.

544 Vgl. Detterbeck, GewArch 2012, 337 zur Augenoptik; ders., GewArch 2014, 147 (152) zur Hörakustik.

als Ansprechpartner, Kontrolleur, aber auch Ausführender von schwierigen Tätigkeiten stets zur Verfügung stehen.

2. *Präsenzpflichten in den Gesundheitshandwerken aus wettbewerbsrechtlicher Sicht*

Die Präsenzpflicht im Handwerk wurde und wird regelmäßig aus wettbewerbsrechtlicher Sicht betrachtet und bewertet.

a) *Missbrauch des Wettbewerbsrechts zur Klärung handwerksrechtlicher Fragen?*

Zunächst überrascht, dass Fragen der Betriebsleiterpräsenz im Handwerk wettbewerbsrechtlich geprüft und geahndet werden. Denn naheliegender wäre es sicherlich, handwerksrechtlich und damit verwaltungsrechtlich gegen vermeintliche Verstöße gegen die Präsenzpflicht vorzugehen. Über die Motivation kann nur spekuliert werden, doch erscheint es nicht ganz fernliegend, dass sich Mitbewerber auf diesem Wege eine schnellere und effektivere Klärung erhoffen als im Verwaltungsrechtsweg. Dabei stellt sich die Frage, ob Mitbewerber überhaupt verwaltungsgerichtlich gegen die vermeintliche Nichteinhaltung der Meisterpräsenz vorgehen können. In der handwerksrechtlichen Literatur wird die Möglichkeit der sogenannten Konkurrentenklage kritisch beurteilt.[545]

Erstaunlich ist der Rückgriff auf das Wettbewerbsrecht und damit auf die Zivilgerichtsbarkeit deshalb, da eine rechtsverbindliche *handwerksrechtliche* Klärung mit einer *lauterkeitsrechtlichen* Unterlassungserklärung nicht verbunden ist. Es gibt keine „Einheit der Rechtsordnung“ im Sinne einer verbindlichen Übertragung der wettbewerbsrechtlichen Entscheidungen auf das Handwerksrecht.[546] Einen rechtlichen „Gleichlauf“ zwischen Wettbewerbs- und Handwerksrecht gibt es nicht.[547] *Detterbeck* führt dazu aus: „Handwerkskammern, Verwaltungsbehörden und Verwaltungsgerichte wären nicht einmal im selben Fall und erst recht nicht in nur vergleichbaren Fällen daran gehindert, die Frage der Meisterpräsenz abweichend vom BGH und zum Nachteil des Betriebsinhabers zu beantworten.“[548]

---

545 Vgl. Detterbeck, § 8 Rn. 78; Knörr, in: Honig/Knörr/Thiel, § 6 Rn. 5; Leisner, in: Leisner, § 8 Rn. 70; Frotscher/Kramer, Rn. 552 jeweils m. w. N.

546 Hüpers, GewArch 2013, 409.

547 Detterbeck, GewArch 2014, 147 (148); ebenso aber ohne weitere Begründung: OVG Berlin, Urt. v. 23.10.1985 – OVG 1 B 39.84, in: GewArch 1986, 135 (136); VG Würzburg, Beschl. v. 30.03.1983 – W 6 S 83 A.0282, in: GewArch 1984, 123 (124).

548 Detterbeck, GewArch 2014, 147 (148).

Insofern mag das Ziel, mittels einer Abmahnung lauterkeitsrechtlich gegen einen Betrieb vorzugehen, nachvollziehbar sein, eine handwerksrechtlich bindende Wirkung wird aber nicht erreicht.

Bulla kritisiert, dass das UWG im Anwendungsbereich des Handwerksrechts „noch allzu oft zum Schutz der eingetragenen Handwerksbetriebe *vor* Konkurrenz missbraucht" werde.[549] Der Zweck des Wettbewerbsrechts werde dadurch karikiert.[550] Dies ließe auf einen Missbrauch des UWG schließen. Wieso aber ausgerechnet dem Handwerk als Berufsstand die Möglichkeit lauterkeitsrechtlicher Klärungen abgesprochen und als Missbrauch angesehen werden soll, erschließt sich nicht. Das Lauterkeitsrecht kann nicht einen bestimmten Berufsstand ausnehmen. Eher wäre zu hinterfragen, weshalb das Lauterkeitsrecht von den Betroffenen als rechtsschutzintensiver angesehen wird als das Handwerksrecht und ob es nicht sinnvoll wäre, das Handwerksrecht ähnlich rechtsschutzintensiver auszugestalten.

b) Lauterkeitsrechtliche Tatbestände im Hinblick auf einen Präsenzverstoß

Ein Verstoß gegen die Betriebsleiterpräsenz könnte gegen verschiedene Vorgaben des UWG verstoßen, die nachfolgend erläutert werden.

aa) Rechtsbruch (§ 3a UWG)

Im Lauterkeitsrecht ist in § 3a UWG der Tatbestand des Rechtsbruchs normiert. Unlauter handelt danach, wer einer gesetzlichen Vorschrift zuwiderhandelt, die auch dazu bestimmt ist, im Interesse der Marktteilnehmer das Marktverhalten zu regeln, und der Verstoß geeignet ist, die Interessen von Verbrauchern, sonstigen Marktteilnehmern oder Mitbewerbern spürbar zu beeinträchtigen. Vormals war die Vorschrift im Beispielkatalog des § 4 UWG 2008 (dort: Nr. 11) aufgeführt; durch die UWG-Novelle 2015 wurde ihr nun eine eigenständige Stellung in § 3a UWG zugewiesen.[551]

Der Zweck des Tatbestands besteht darin, „**für bestimmte nicht dem Wettbewerbsrecht zugehörige Normen** die **Rechtsschutzmöglichkeiten des UWG zur Verfügung zu stellen.** Die Vorschrift inkorporiert ‚Marktverhaltensregelungen', die nicht im UWG geregelt sind, in den Schutzbereich des UWG."[552] Denn die Anforderungen an das Marktverhalten sind nicht abschließend im

549 Bulla, GB 2012, 257 (262).

550 Bulla, GB 2012, 257 (262).

551 Ebert-Weidenfeller, in: NK-UWG, § 3a Rn. 9.

552 Metzger, in: Teplitzky/Peifer/Leistner, § 4 Nr. 11 Rn. 13.

UWG aufgeführt, „sondern auch durch zahlreiche Normen außerhalb des UWG geregelt".[553] Der Tatbestand des Rechtsbruchs dient folglich nicht dazu, Gesetzesverstöße generell zusätzlich lauterkeitsrechtlich zu sanktionieren, sondern dort einzugreifen, wo einer „verletzten Norm zumindest auch eine Schutzfunktion zu Gunsten lauteren Marktverhaltens im Interesse der Marktteilnehmer" zukommt.[554] Nicht unter den Rechtsbruch fallen mangels Marktbezugs daher reine Marktzutrittsregelungen.[555]

aaa) Marktverhaltensregel

Grundvoraussetzung für die lauterkeitsrechtliche Verfolgung nach § 3a UWG eines Verstoßes gegen die HwO ist daher, dass es sich bei der jeweiligen handwerksrechtlichen Norm, gegen die verstoßen wurde, um eine Marktverhaltensnorm handelt. Von § 3a UWG werden nur solche weiteren Verstöße gegen Normen erfasst, „denen zumindest eine sekundäre Schutzfunktion zu Gunsten des Wettbewerbs zukommt, d. h. Normen, die zumindest auch das Marktverhalten im Interesse der Marktbeteiligten regeln."[556]

Bei der Präsenzpflicht handelt es sich zunächst einmal um eine Marktzutrittsregel.[557] Denn nur mit dem Betriebsleiter, der – in welcher Art und Weise auch immer – präsent ist, kann ein Handwerk der Anlage A der HwO ausgeübt werden.

Den Marktzutrittsregeln der §§ 1, 7 HwO kommt eine sekundäre Schutzfunktion i. S. d. § 3a UWG zu. Diese Vorschriften der HwO dienen (auch) dem Verbraucherschutz vor solchen Handwerksleistungen, die gewissen Qualitäts- und Sicherheitsstandards nicht genügen.[558] Der BGH stellte fest, dass sie zumindest dann wettbewerbsrechtlich relevante Marktverhaltensregeln i. S. d. § 3a UWG sind, „soweit sie eine bestimmte Qualität, Sicherheit oder Unbedenklichkeit der hergestellten Waren oder angebotenen Dienstleistungen gewährleisten sollen".[559]

553 Lettl, § 4 Rn. 1.

554 Lettl, § 4 Rn. 1.

555 Vgl. Lettl, § 4 Rn. 7; Metzger, in: Teplitzky/Peifer/Leistner, § 4 Nr. 11 Rn. 13.

556 Peifer, LR, Rn. 342.

557 Hüpers, GewArch 2013, 409.

558 Ebert-Weidenfeller, in: NK-UWG, § 3a Rn. 60; so auch: Köhler, in: Köhler/Bornkamm, UWG, § 3a Rn. 1.143; sowie: Link, in: jurisPK-UWG, § 3a Rn. 305; Metzger, in: Teplitzky/Peifer/Leistner, § 4 Nr. 11 Rn. 95; Schaffert, in: MüKo UWG § 4 Nr. 11 Rn. 152 (jeweils zu § 4 Nr. 11 UWG 2008).

559 BGH, Urt. v. 17.07.2013 – I ZR 222/11, in: GewArch 2013, 407 (408) für § 4 Nr. 11 UWG aF; BGH, Urt. v. 16.06.2016 – I ZR 46/15, in: GewArch 2017, 209 (210).

Die §§ 1, 7 HwO, aus denen die Notwendigkeit einer Meisterpräsenz abgeleitet wird, weisen einen solchen Sicherheits- und Gesundheitsbezug auf.[560] Die Meisterpräsenz soll Qualität und Sicherheit in der Produktherstellung bzw. -abgabe gewährleisten. Sie dient „der Abwehr von Gefahren für die Verbraucher, die von einer unsachgemäßen Handwerksausübung ausgehen."[561] Insofern decken sich hier die Schutzzwecke der HwO und des UWG.[562] Die Regelungen zur Meisterpräsenz gemäß §§ 1, 7 HwO sind deshalb auch Marktverhaltensregeln des UWG.[563]

Rechtsfolge ist, dass ein Verstoß gegen die Präsenzpflicht gleichzeitig ein unlauteres Verhalten nach §§ 3, 3a UWG darstellen kann und daher gemäß § 8 Abs. 1 UWG abmahnfähig ist.

bbb) Keine pauschale Meisterpräsenz

Die erste Entscheidung des BGH zur Meisterpräsenz[564] aus dem Jahre 2013 löste unterschiedliche Reaktionen aus: Vom „Aus der ständigen Meisterpräsenz"[565] war genauso die Rede wie von der Bestätigung der ständigen Meisterpräsenz.[566] Dies lag sicherlich daran, dass die Argumentation des BGH nicht gänzlich widerspruchsfrei war.[567] Kritisiert wurde, „dass sie von der Präsenzpflicht des Betriebsleiters in einem Gesundheitshandwerk zu weitgehende Ausnahmen" zulasse.[568] Gerade im Verbund mit der zweiten Entscheidung des BGH zur Meisterpräsenz[569] lässt sich indes eine stringente Rechtsauffassung des BGH zur Meisterpräsenz feststellen.

(1) Sachverhalt zur Entscheidung „Meisterpräsenz"

Zum Verständnis der ersten Entscheidung des BGH zur Meisterpräsenz ist der abgemahnte Sachverhalt von Bedeutung: Eine Hörakustiker-Kette betrieb u. a.

560 BGH, Urt. v. 17.07.2013 – I ZR 222/11, in: GewArch 2013, 407 (408); BGH, Urt. v. 16.06.2016 – I ZR 46/15, in: GewArch 2017, 209 (210).

561 Detterbeck, GewArch 2014, 147 (148).

562 Hüpers, FS Köhler, 309 (314).

563 BGH, Urt. v. 17.07.2013 – I ZR 222/11, in: GewArch 2013, 407 (408); Detterbeck, PL, S. 93 f.; Detterbeck, GewArch 2014, 147 (148); Hüpers, GewArch 2013, 409.

564 BGH, Urt. v. 17.07.2013 – I ZR 222/11, in: GewArch 2013, 407 ff.

565 https://stscherer.wordpress.com/2013/07/25/standige-meisterprasenz-im-handwerksbetrieb-vor-dem-aus/

566 https://www.handwerksblatt.de/recht-steuern/31-recht/21275-meisterpraesenz-ist-verbraucherschutz.html

567 Detterbeck, GewArch 2014, 147 (148).

568 Hüpers, FS Köhler, 309 (316).

569 BGH, Urt. v. 16.06.2016 – I ZR 46/15, in: GewArch 2017, 209 ff.

zwei Filialen, die 26 Straßenkilometer voneinander entfernt lagen.[570] Für beide Filialen war ein Betriebsleiter eingetragen und eingesetzt.[571]

Die Klägerin vertrat die Ansicht, dass „die Einsetzung eines gemeinsamen Betriebsleiters für die beiden Betriebe wegen Verstoßes gegen die HwO und wegen Irreführung der Kundschaft wettbewerbsrechtl. unzulässig" sei.[572] Denn: „Die Bekl. sei zur ständigen Meisterpräsenz in ihrem Betrieb verpflichtet, die bei der beworbenen zeitgleichen Öffnung der Geschäfte [...] nicht gewährleistet sei."[573] Der Klägerin ging es folglich um die Einhaltung einer allgemeinen, pauschalen Meisterpräsenzpflicht. Zwar trug sie zumindest in der Vorinstanz vor, „dass während der Abwesenheit eines Meisters eine im Geschäft der Beklagten zu 1) in D. anwesende Gesellin dem Meister vorbehaltene Tätigkeiten durchgeführt bzw. angeboten habe".[574] Konkretisiert wurden diese Angaben – soweit ersichtlich – aber nicht.

Entsprechend allgemein waren auch die Anträge der Klägerin in der ersten Instanz gestellt. Sie lauteten:

> „I. Die Bekl. werden verurteilt, es ... [bei Meidung näher bezeichneter Ordnungsmittel] zu unterlassen, im geschäftlichen Verkehr
>
> a) einen Hörgeräteakustikerbetrieb als stehendes Gewerbe zu betreiben, ohne einen in die Handwerksrolle eingetragenen Hörgeräteakustiker als Betriebsleiter zu beschäftigen, der jederzeit unmittelbar im Ladenlokal persönlich erreichbar ist, zumindest aber innerhalb von 10 Minuten, nachdem ein Kunde das Ladenlokal betreten hat, und/oder
> b) zeitlich ohne Einschränkung der Öffnungszeiten mit der Erbringung von Leistungen eines Hörgeräteakustikers in Bezug auf einen Betrieb zu werben, in dem nicht wenigstens ein vollzeitbeschäftigter Betriebsleiter zur Verfügung steht, der in die Handwerksrolle eingetragen ist und jederzeit unmittelbar im Ladenlokal persönlich erreichbar ist, zumindest aber innerhalb von 10 Minuten, nachdem ein Kunde das Ladenlokal betreten hat, und/oder
> c) gegenüber Versicherten der gesetzlichen Krankenkassen mit der Erbringung von Leistungen eines Hörgeräteakustikers in Bezug auf einen Geschäftsbetrieb zu werben oder solche Leistungen in einem Geschäftsbetrieb zu erbringen, in dem entgegen den vertragl. Verpflichtungen gegenüber solchen Kassen nicht in Vollzeit ein Betriebsleiter zur Verfügung steht, der in die Handwerksrolle eingetragen ist."[575]

---

570 BGH, Urt. v. 17.07.2013 – I ZR 222/11, in: GewArch 2013, 407 (408).
571 BGH, Urt. v. 17.07.2013 – I ZR 222/11, in: GewArch 2013, 407 (408).
572 BGH, Urt. v. 17.07.2013 – I ZR 222/11, in: GewArch 2013, 407 (408).
573 BGH, Urt. v. 17.07.2013 – I ZR 222/11, in: GewArch 2013, 407 (408).
574 OLG München, Urt. v. 10.11.2011 – 29 U 1614/11, juris Rn. 5.
575 OLG München, Urt. v. 10.11.2011 – 29 U 1614/11, in: GewArch 2013, 165.

Der Klägerin ging es folglich nicht um die Untersagung der Ausübung bestimmter, gefahrengeneigter Tätigkeiten, sondern um die pauschale Meisterpräsenz im Betrieb eines Hörakustiker-Fachgeschäftes bzw. bei der Erbringung von Hörakustiker-Leistungen.

(2) Ständige Meisterpräsenz mit Ausnahmen

Zunächst stellte der BGH fest, dass „[b]ei Gesundheitshandwerken, bei denen eine unzureichende Handwerkstätigkeit weitreichende Folgen haben kann, [...] allerdings – von ganz engen Ausnahmefällen abgesehen (vgl. dazu VG Schleswig [...] – für jede Betriebsstätte ständige Meisterpräsenz zu verlangen“ ist.[576]

Die zunächst klare und eindeutige Aussage verliert an Substanz durch den eingeschobenen Hinweis auf Ausnahmefälle und den Bezug zur Entscheidung des Schleswig-Holstein. VG. Das VG hatte keine Bedenken, dass zwei Betriebsstätten von einem Betriebsleiter gemeinsam geleitet werden, wenn es sich um eine fußläufige Erreichbarkeit der beiden 500 Meter voneinander entfernten Betriebsstätten innerhalb von fünf Minuten handelt.[577] So lässt sich auch der Antrag der Klägerin im Verfahren des BGH erklären, in dem eine Erreichbarkeit „innerhalb von 10 Minuten, nachdem ein Kunde das Ladenlokal betreten hat“, gefordert wird.[578]

Fraglich ist nun, ob die pauschalen Strecken-/Zeitangaben des VG vom BGH damit ebenso pauschal übernommen und somit als Ausnahmefall akzeptiert wurden. Dagegen spricht schon, dass eine Erreichbarkeit innerhalb von fünf Minuten, wie vom VG gebilligt, im vorliegenden Fall bei einer Distanz von 26 Kilometern nicht möglich ist.[579] Insofern wäre die pauschale Übertragung des Falls des VG auf den vorliegenden Fall nicht möglich.

Die Auslegung, was ein Ausnahmefall i. S. d. Rechtsprechung des BGH sein könnte, ist im Zusammenhang mit dem anschließenden Satz in der Entscheidungsbegründung zu sehen: „Der sich aus diesem Erfordernis ergebende Eingriff in die durch Art. 12 Abs. 1 S. 2 GG gewährleistete Freiheit der Berufsausübung ist im Hinblick auf die dadurch geschützten Gesundheitsinteressen der Bevölkerung gerechtfertigt.“[580] Da es dem BGH um den Schutz der Gesundheitsinteressen der Bevölkerung geht und er für diesen Fall eine Einschränkung der Berufsausübungsfreiheit für zulässig ansieht, bedeutet dies im Umkehrschluss,

---

576 BGH, Urt. v. 17.07.2013 – I ZR 222/11, in: GewArch 2013, 407 (409).
577 Schl.-Holst. VG, Urt. v. 09.03.2000 – 12 A 150/99, in: GewArch 2000, 426.
578 OLG München, Urt. v. 10.11.2011 – 29 U 1614/11, in: GewArch 2013, 165.
579 Vgl. Detterbeck, GewArch 2014, 147 (149).
580 BGH, Urt. v. 17.07.2013 – I ZR 222/11, in: GewArch 2013, 407 (409).

dass sich die damit gerechtfertigte „ständige Meisterpräsenz nicht auf alle Tätigkeiten des Handwerks der Hörgeräteakustiker erstreckt.“[581]

Im weiteren Verlauf der Entscheidungsbegründung geht der BGH auf mögliche zulässige Ausnahmen näher ein. Auch hier grenzt er die Ausnahmen von den Gesundheitsinteressen der Bevölkerung ab. Der BGH fordert keine pauschale Schließung der Betriebsstätte, sofern kein Meister vor Ort ist oder nicht kurzfristig erreicht werden kann, wenn im Fachgeschäft „Leistungen erbracht werden, bei denen eine Gefährdung der Gesundheit der Kunden ausgeschlossen ist.“[582] Dazu zählen:

- Vereinbarung von Terminen
- Abgabe von Ersatz- oder Verschleißteilen (wie z. B. Batterien).[583]

Hinzuweisen ist darauf, dass der BGH bei den Leistungen, die ohne Meisterpräsenz erbracht werden, explizit darauf abstellt, dass eine Gefährdung „ausgeschlossen“ ist.[584] Sämtliche gefährlichen Tätigkeiten unterstehen daher der ständigen Meisterpräsenz.[585] Allerdings erfordert „[d]ie Abwehr von Gesundheitsgefahren […] keine durchgängige Anwesenheit des Betriebsleiters.“[586] Der BGH fordert daher keine uneingeschränkte und ausnahmslose Präsenz ein, sondern orientiert sich vielmehr daran, welche (gesundheitsgefährdenden) Folgen die Abwesenheit des Meisters auslösen könnte.

Der BGH erkennt die „nicht ganz auszuschließende abstrakte Gefahr, dass ein Mitarbeiter dabei eine Dienstleistung erbringt, die dem Hörgeräteakustik-Meister vorbehalten ist“.[587] Inhaltlich ist diese Aussage des BGH etwas unpräzise, da „die HwO keine Tätigkeiten kennt, die einem Meister vorbehalten sind“.[588] Gemeint sein dürfte, dass eine abstrakte Gefahr entstehen könnte, wenn ein Mitarbeiter wesentliche und/oder gefahrengeneigte Tätigkeiten ausübt, für die das Erfordernis der Meisterpräsenz besteht. Für diese Tätigkeiten verlangt der BGH grundsätzlich auch weiterhin die Meisterpräsenz.[589] Er begründet dies damit, dass „eine unzureichende Handwerkstätigkeit weitreichende Folgen haben

581 Detterbeck, GewArch 2014, 147 (149).
582 BGH, Urt. v. 17.07.2013 – I ZR 222/11, in: GewArch 2013, 407 (409).
583 BGH, Urt. v. 17.07.2013 – I ZR 222/11, in: GewArch 2013, 407 (409).
584 BGH, Urt. v. 17.07.2013 – I ZR 222/11, in: GewArch 2013, 407 (409).
585 Detterbeck, GewArch 2014, 147 (149).
586 Detterbeck, GewArch 2014, 147 (149).
587 BGH, Urt. v. 17.07.2013 – I ZR 222/11, in: GewArch 2013, 407 (409).
588 Detterbeck, GewArch 2014, 147 (149).
589 Detterbeck, GewArch 2014, 147 (149).

kann" und hält dies auch in Abwägung zur Berufsausübungsfreiheit „im Hinblick auf die dadurch geschützten Gesundheitsinteressen der Bevölkerung" für gerechtfertigt.[590]

Dies bedeutet zunächst, dass der BGH die ständige Meisterpräsenz aus Gründen des Gefährdungsschutzes für zulässig ansieht; er leitet folglich die ständige Meisterpräsenzpflicht aus den gefahrengeneigten Tätigkeiten des Handwerks ab. Gefahrengeneigte Tätigkeiten unterliegen mithin stets der ständigen Meisterpräsenz.[591]

Der BGH geht aber bei der Bewertung, wann eine ständige Meisterpräsenz zu verlangen ist, noch weiter, wenn er eine abstrakte Gefahr erkennt, sofern Mitarbeiter Handlungen vornehmen, die allein dem Meister vorbehalten sind.[592] Mit „dem Meister vorbehaltene" Arbeiten können nur die *wesentlichen Tätigkeiten* eines Handwerks gemeint sein. Denn nur für sie besteht gemäß § 1 Abs. 2 S. 1 HwO die Zulassungspflicht und damit die Betriebsleiterpräsenzpflicht. Für alle anderen Tätigkeiten bedarf es keines Meisters. Folglich geht der BGH davon aus, dass für sämtliche wesentlichen Tätigkeiten eines Handwerks eine strenge Präsenzpflicht besteht.[593] Eine andere Einschätzung wäre auch widersprüchlich, da die „Kerntätigkeiten eines Gesundheitshandwerks [...] die unwiderlegbare Vermutung der Gefahrenneigung in sich [tragen]."[594]

Als Zwischenfazit kann daher festgestellt werden, dass der BGH sowohl bei gefahrengeneigten wie auch bei wesentlichen Tätigkeiten im Gesundheitshandwerk von einer strengen, also permanenten Präsenzpflicht ausgeht.

Im Umkehrschluss bedeutet dies aber auch, dass es unwesentliche, nichtgefahrengeneigte Tätigkeiten gibt. Die oben genannten Ausführungen können dann nur den Rückschluss zulassen, dass diese Tätigkeiten dem „Grundsatz der allgemeinen, d. h. gelockerten Meisterpräsenz" unterliegen.[595] Als Beispiele für diese Tätigkeiten führt der BGH die Batterieabgabe oder die Terminvergabe auf.[596] Ist es nun gerechtfertigt, dass ein Fachgeschäft geschlossen hat, wenn der Meister nicht vor Ort ist, und daher „nur" unwesentliche, nicht gefahrengeneigte Tätigkeiten ausgeübt werden können und dürfen?

---

590 BGH, Urt. v. 17.07.2013 – I ZR 222/11, in: GewArch 2013, 407 (409).
591 Detterbeck, GewArch 2014, 147 (151).
592 Vgl. BGH, Urt. v. 17.07.2013 – I ZR 222/11, in: GewArch 2013, 407 (409).
593 Detterbeck, GewArch 2014, 147 (150).
594 Detterbeck, GewArch 2014, 147 (150).
595 Detterbeck, GewArch 2014, 147 (151).
596 BGH, Urt. v. 17.07.2013 – I ZR 222/11, in: GewArch 2013, 407 (409).

Der BGH nimmt sich der Fragestellung an und hält eine solche pauschale Regelung für unverhältnismäßig. Allein aus Gründen der Verhältnismäßigkeit ließe sich ein generelles Öffnungsverbot eines Hörakustik-Fachgeschäfts als stärksten und unmittelbarsten Eingriff in die Berufsausübungsfreiheit nicht wegen einer möglichen, nicht ganz auszuschließenden abstrakten Gefahr rechtfertigen.[597] Denn für nicht gesundheitsgefährdende, unwesentliche Tätigkeiten besteht der Grundsatz der gelockerten Meisterpräsenz.[598] Folglich wäre es unverhältnismäßig, auf einer strengen, permanenten Meisterpräsenz zu beharren, wenn mit der Ausübung der Tätigkeiten im Gesundheitshandwerk keine nennenswerten Gesundheitsgefahren verbunden sind.[599]

Keinesfalls spricht sich der BGH deshalb dafür aus, dass wesentliche und/oder gefahrengeneigte Tätigkeiten ohne qualifizierten Betriebsleiter ausgeübt werden dürfen. Im Gegenteil: Nur wenn eine Gesundheitsgefährdung ausgeschlossen ist, darf eine Tätigkeit ohne Meister ausgeübt werden. Selbst diese Öffnungstoleranz steht noch unter einem weiteren Vorbehalt: Der BGH verlangt, dass der Betriebsleiter nicht „nur ganz gelegentlich in dem fraglichen Betrieb zur Verfügung“ steht.[600] Im streitgegenständlichen Fall war der Meister „jeden Tag zur Hälfte im Betrieb der Bekl. in Dillingen und im Übrigen im Betrieb der Schwestergesellschaft in Günzburg tätig und dort ohne weiteres erreichbar.“[601] „Unter diesen Umständen“, so der BGH weiter, ist die Splittung der Meisterpräsenz erlaubt.[602]

Wenn der BGH feststellt, dass die „nicht ganz auszuschließende abstrakte Gefahr“[603] besteht, dass wesentliche und/oder gefahrengeneigte Tätigkeiten ohne Meisterpräsenz ausgeübt werden könnten, bedeutet dies nicht im Umkehrschluss, dass der BGH eine solche Ausübung toleriert oder gar in Kauf nimmt. Im Gegenteil: Bewusst bezeichnet er dies als abstrakte *Gefahr*. Die Wortwahl beweist schon, dass er solche Handlungen nicht toleriert und sie auch im Falle des Eintretens nicht rechtfertigen wird. Bei einer Güterabwägung bezüglich eines pauschalen Öffnungsverbots aufgrund der nicht ganz auszuschließenden abstrakten Gefahr entscheidet sich der BGH dann aber für die Gewerbefreiheit.[604]

597 Vgl. BGH, Urt. v. 17.07.2013 – I ZR 222/11, in: GewArch 2013, 407 (409).
598 Detterbeck, GewArch 2014, 147 (149).
599 Detterbeck, GewArch 2014, 147 (150).
600 BGH, Urt. v. 17.07.2013 – I ZR 222/11, in: GewArch 2013, 407 (409).
601 BGH, Urt. v. 17.07.2013 – I ZR 222/11, in: GewArch 2013, 407 (409).
602 BGH, Urt. v. 17.07.2013 – I ZR 222/11, in: GewArch 2013, 407 (409).
603 BGH, Urt. v. 17.07.2013 – I ZR 222/11, in: GewArch 2013, 407 (409).
604 Hüpers, GewArch 2013, 409 (410).

Dies wurde in einer früheren Entscheidung des OLG Stuttgart[605] (auch zur Meisterpräsenz in der Hörakustik) noch anders bewertet. Das OLG kam zum Ergebnis, dass es der Sinn und Zweck des Befähigungsnachweises nicht gestatte, „den Betrieb in reduziertem Umfang aufrechtzuerhalten, denn die Abgrenzung zwischen sog. Randgebieten und Tätigkeiten, die zum Kernbereich des Hörakustiker-Handwerks gehören [...,] ist nicht durchführbar."[606] An anderer Stelle stellte das OLG fest, dass „der Handel mit Zubehörteilen und Batterien [...] mit der Handwerkstätigkeit derart [zusammenfällt], daß das eine nicht ohne das andere ausgeführt wird".[607]

Der BGH bewertet dies anders: Zum einen hält er ein pauschales Öffnungsverbot für eine „nicht zu rechtfertigende Beschränkung" der Berufsausübungsfreiheit.[608] Zum anderen dient aus seiner Sicht das „Offenhalten sogar den gesundheitl. Interessen der Kunden an einer – insbes. auch in zeitlicher Hinsicht – umfassenden Versorgung mit Hörgeräten."[609]

Die Differenzierung des BGH ist interessengerecht, da sie auf die Gesundheitsgefährdung abstellt. Wenn keine vorliegt und es sich um eine unwesentliche Tätigkeit handelt, darf die Leistung auch ohne Meister angeboten werden. Zumindest heutzutage ist es nicht abwegig, sondern normal, dass Kunden allein wegen eines Batteriekaufs oder des Erwerbs von Zubehörteilen ein Fachgeschäft betreten. Es wäre aber widersprüchlich, wenn der Fachbetrieb diese Leistungen nicht anbieten dürfte, wenn kein Meister vor Ort ist, obwohl es sich um Tätigkeiten handelt, die nicht gefahrengeneigt sind und wenn gleichzeitig dieselben Leistungen im Drogeriemarkt oder Elektroladen ohne Einschränkungen angeboten werden.

Festzuhalten ist daher:

- Nach dem BGH besteht eine grundsätzlich ständige Meisterpräsenz für die Gesundheitshandwerke.[610]
- In ganz engen Ausnahmefällen kann davon abgesehen werden.[611]
- Ein solcher Ausnahmefall kann nur dann vorliegen, wenn er nicht die geschützten Gesundheitsinteressen betrifft.[612]

---

605 Vgl. OLG Stuttgart, Urt. v. 28.06.1991 – 2 U 275/90 (nicht veröffentlicht).
606 OLG Stuttgart, Urt. v. 28.06.1991 – 2 U 275/90 (nicht veröffentlicht), S. 16.
607 OLG Stuttgart, Urt. v. 28.06.1991 – 2 U 275/90 (nicht veröffentlicht), S. 18.
608 BGH, Urt. v. 17.07.2013 – I ZR 222/11, in: GewArch 2013, 407 (409).
609 BGH, Urt. v. 17.07.2013 – I ZR 222/11, in: GewArch 2013, 407 (409).
610 Vgl. BGH, Urt. v. 17.07.2013 – I ZR 222/11, in: GewArch 2013, 407 (409).
611 Vgl. BGH, Urt. v. 17.07.2013 – I ZR 222/11, in: GewArch 2013, 407 (409).
612 Vgl. BGH, Urt. v. 17.07.2013 – I ZR 222/11, in: GewArch 2013, 407 (409).

- Ohne Anwesenheit des Meisters dürfen nicht wesentliche und nicht gefahrengeneigte Tätigkeiten ausgeübt werden, sofern eine Gefährdung der Gesundheit der Kunden ausgeschlossen ist.[613]

(3) Sachverhalt zur Entscheidung „Sporthopaedicum"

In der zweiten Entscheidung des BGH zur Meisterpräsenz geht es um ein klagendes Sanitätshaus, welches auch Leistungen des Orthopädietechniker-Handwerks anbietet und das seinen Sitz in einem Ärztehaus hat.[614] In dem Ärztehaus befindet sich eine als Sporthopaedicum bezeichnete Facharztpraxis für Orthopädie. Der Kläger behauptet, dass dem beklagten Mitbewerber in der Facharztpraxis ein Raum zur Verfügung gestellt werde, in dem er ohne Anwesenheit eines Meisters orthopädietechnische Leistungen erbringe, und sieht hierin u. a. einen Verstoß gegen die Meisterpräsenz.

(4) Fortschreibung der Rechtsprechung

Der BGH bestätigt in seiner Entscheidungsbegründung zum Sporthopaedicum seine Feststellungen zur Meisterpräsenz aus dem Jahr 2013:[615]

- Bei Gesundheitshandwerken ist für jede Betriebsstätte grundsätzlich ständige Meisterpräsenz zu verlangen.
- In ganz engen Ausnahmefällen kann davon abgesehen werden.
- Leistungen, bei denen eine Gefährdung der Gesundheit der Kunden ausgeschlossen ist, können auch ohne Anwesenheit des Meisters erbracht werden.
- Selbst für den soeben genannten Fall reicht es aber nicht aus, wenn der Meister nur gelegentlich im Betrieb wäre.

(5) Zusammenfassung der BGH-Rechtsprechung

Die Entscheidungsbegründungen der beiden Urteile des BGH zum Tatbestand des Rechtsbruchs zeigen, dass der zuständige I. Zivilsenat bei seiner Abwägung neben den handwerksrechtlichen Aspekten stets auch die wettbewerbsrechtlichen Fragestellungen zu beachten und zu bewerten hat. Insofern ist nicht ausgemacht, dass das BVerwG zur gleichen Entscheidungsbegründung gekommen wäre. Gerade aber in der vom BGH vorgenommenen Abwägung zwischen handwerksrechtlichen und wettbewerbsrechtlichen Aspekten und Interessen kommt er zu einem nachvollziehbaren Ergebnis.

---

613 Vgl. BGH, Urt. v. 17.07.2013 – I ZR 222/11, in: GewArch 2013, 407 (409).

614 BGH, Urt. v. 16.06.2016 – I ZR 46/15, in: GewArch 2017, 209.

615 BGH, Urt. v. 16.06.2016 – I ZR 46/15, in: GewArch 2017, 209 (210).

Der BGH spricht sich uneingeschränkt für die ständige Meisterpräsenz aus, sofern gefahrengeneigte Tätigkeiten ausgeübt werden. Er betont, dass hiervon „ganz enge" Ausnahmen zugelassen werden und verweist zum Vergleich auf die Entscheidung des VG Schleswig-Holstein.[616] Der Hinweis auf die Entscheidung des VG kann aber nur so verstanden werden, dass eine Präsenzpflicht bei zwei benachbarten Geschäften von einem Meister wahrgenommen werden kann; es bedeutet nicht, dass ohne Meister gefahrengeneigte und/oder wesentliche Tätigkeiten ausgeübt werden dürfen. Sehr klar und deutlich formuliert er, dass dies nur für Leistungen gilt, „bei denen eine Gefährdung der Gesundheit der Kunden ausgeschlossen ist."[617]

Die wettbewerbsrechtliche Komponente der Marktverhaltensregel wird dann relevant, wenn es um die Frage geht, ob nicht gefahrengeneigte und unwesentliche Tätigkeiten des Gesundheitshandwerks ohne Meister ausgeübt werden dürfen oder ob auch dann der Betrieb nicht geöffnet haben darf. Aus wettbewerbsrechtlicher Sicht ist der Ausspruch „**im Zweifel für die Gewerbefreiheit**"[618] nachzuvollziehen. Denn eine verhältnismäßige Lösung lässt sich schon dann finden, wenn die Meisterpräsenz auf die gefahrengeneigten und/oder wesentlichen Tätigkeiten eingegrenzt wird und sämtliche anderen Tätigkeiten auch ohne Meister erlaubt bleiben.

Wesentliche Tätigkeiten tragen als Kerntätigkeiten eines Gesundheitshandwerks die unwiderlegbare Vermutung der Gefahrenneigung in sich.[619] Deshalb können die wesentlichen Tätigkeiten und gefahrengeneigten Tätigkeiten auch zusammenfassend als gefahrengeneigte Tätigkeiten bezeichnet werden, ohne dass dies wesentliche Tätigkeiten im weiteren Verlauf ausschließt.

Da Marktverhaltensregeln die Berufsausübung i. S. d. Art. 12 Abs. 1 S. 2 GG betreffen und nur durch ausreichende Gründe des Gemeinwohls gerechtfertigt sind,[620] sind die Abwägungen des BGH interessengerecht, verhältnismäßig und ausgewogen.

---

616 Vgl. BGH, Urt. v. 17.07.2013 – I ZR 222/11, in: GewArch 2013, 407 (409); BGH, Urt. v. 16.06.2016 – I ZR 46/15, in: GewArch 2017, 209 (210).

617 BGH, Urt. v. 17.07.2013 – I ZR 222/11, in: GewArch 2013, 407 (409); BGH, Urt. v. 16.06.2016 – I ZR 46/15, in: GewArch 2017, 209 (210).

618 Metzger, in: Teplitzky/Peifer/Leistner, § 4 Nr. 11 Rn. 20.

619 Vgl. Detterbeck, GewArch 2014, 147 (150).

620 Lettl, § 4 Rn. 5.

ccc) Ergebnis

Die Möglichkeit der wettbewerbsrechtlichen Überprüfung eines Rechtsbruchs bei einer handwerksrechtlichen Fragestellung ist durchaus gerechtfertigt. Allerdings hat eine wettbewerbsrechtliche Entscheidung keine Bindungswirkung für die Verwaltungsgerichte.

bb) Irreführung (§ 5 UWG)

Die Prüfung, ob ein Verstoß gegen die Betriebsleiterpräsenz ein Rechtsbruch nach § 3a UWG darstellt, erfolgt nach *objektiven Kriterien*: Der Tatbestand soll Mitbewerber, Verbraucher und sonstige Marktteilnehmer vor Verstößen schützen.[621] Geprüft wird deshalb, ob es sich bei den Leistungen der Gesundheitshandwerker um gefahrengeneigte Tätigkeiten handelt, die zum Schutz der Gesundheitsinteressen der Bevölkerung[622] eine ständige Betriebsleiterpräsenz notwendig machen. Diese rein objektive Betrachtung – liegen gefahrengeneigte Tätigkeiten vor? – kann durch eine subjektive Bewertung lauterkeitsrechtlich ergänzt werden.

Dabei geht es um den Tatbestand der Irreführung. Unlauter handelt gemäß § 5 Abs. 1 S. 1 UWG, wer eine irreführende geschäftliche Handlung vornimmt, die geeignet ist, den Verbraucher oder sonstige Marktteilnehmer zu einer geschäftlichen Entscheidung zu veranlassen, die er andernfalls nicht getroffen hätte. Als „Eckstein" des Tatbestandselements „Irreführung" wird die Verkehrsauffassung bezeichnet, da das streitgegenständliche Verhalten nach dem Verständnis des angesprochenen Verkehrs beurteilt wird.[623]

In § 3 Abs. 4 S. 1 UWG ist nun festgelegt, dass bei der Beurteilung von geschäftlichen Handlungen gegenüber Verbrauchern auf den durchschnittlichen Verbraucher oder, wenn sich die geschäftliche Handlung an eine bestimmte Gruppe von Verbrauchern wendet, auf ein durchschnittliches Mitglied dieser Gruppe abzustellen ist.

Die Betrachtung und Bewertung der Präsenzpflicht erfolgt daher beim Tatbestand der Irreführung nach *subjektiven Kriterien*, da weniger geprüft wird, ob es sich um gefahrengeneigte Tätigkeiten handelt, sondern vielmehr, ob der Kunde davon ausgeht, einen qualifizierten Betriebsleiter im Fachgeschäft vorzufinden.

Im streitgegenständlichen Fall des BGH vom 17. Juli 2013 käme eine Täuschung über die Verfügbarkeit der Dienstleistung in Betracht. Eine Irreführung

---

621 Lettl, § 4 Rn. 1.

622 Vgl. BGH, Urt. v. 17.07.2013 – I ZR 222/11, in: GewArch 2013, 407 (409).

623 Lindacher, in: Teplitzky/Peifer/Leistner, § 5 Rn. 64.

über die Verfügbarkeit betrifft dabei nicht allein den Warenvorrat, sondern auch Dienstleistungen.[624] Im Falle von Handwerkerleistungen könnten daher Kunden in das jeweilige Fachgeschäft mit der Erwartung gehen, sämtliche Dienstleistungen vor Ort und jederzeit innerhalb der Öffnungszeiten zu erhalten. Ist nun aber ein Meister nicht vor Ort und können daher bestimmte Dienstleistungen, die eine Meisterpräsenz verlangen, nicht erbracht werden, könnte dies eine Irreführung über die Verfügbarkeit der Dienstleistung darstellen. Unlauter soll daher sein, wenn allein schon die Aufwendungen zur Erreichung des Geschäftslokals bei mangelnder Verfügbarkeit vergeblich wären,[625] der Kunde also vergeblich zum Geschäft gekommen ist.

aaa) Auffassung des BGH: Keine Irreführung bei Nicht-Präsenz

In seiner Entscheidung zur Meisterpräsenz in der Hörakustik stellt der BGH fest, dass ein Unternehmen „den Eindruck vermittelt, dass die Dienstleistung in seinem Geschäftslokal während der Geschäftszeiten den Kunden, die an ihrer Inanspruchnahme interessiert sind, unmittelbar erbracht werden kann."[626]

Grundsätzlich muss während der Öffnungszeiten des Geschäftslokals daher eine qualifizierte Person anwesend oder zumindest unmittelbar erreichbar sein.[627] Der Verbraucher rechnet ggf. damit, warten zu müssen, nicht aber damit, dass die Beratung nicht zeitnah erfolgen kann, weil sich der qualifizierte Betriebsleiter in einer anderen Filiale befindet.[628] Die Verfügbarkeit eines Produkts oder einer Dienstleistung stellt ein wesentliches Merkmal dar, über das nicht getäuscht werden darf.[629]

Konkret setzt der BGH für die Hörsystemversorgung andere Maßstäbe an: Die Beurteilung der Leistungserwartung des Verbrauchers richtet sich nach der Art der nachgefragten Dienstleistung sowie den Üblichkeiten im Geschäftsverkehr.[630] Der BGH stellt für die Hörakustik fest, dass es sich nicht um eine Ad-hoc-Leistung handele, da eine ordnungsgemäße und sorgfältige Untersuchung und Beratung des Kunden erforderlich ist.[631] Patienten würden daher nicht getäuscht, wenn ein Meister nicht vor Ort sei und deshalb die nachgefragte

624 Busche, in: MüKo UWG, § 5 Rn. 367.
625 Nordemann, in: NK-UWG, § 5 Rn. 1.10.
626 BGH, Urt. v. 17.07.2013 – I ZR 222/11, in: GewArch 2013, 407 (408).
627 BGH, Urt. v. 17.07.2013 – I ZR 222/11, in: GewArch 2013, 407 (408).
628 BGH, Urt. v. 17.07.2013 – I ZR 222/11, in: GewArch 2013, 407 (408).
629 Vgl. BGH, Urt. v. 17.07.2013 – I ZR 222/11, in: GewArch 2013, 407 (408).
630 BGH, Urt. v. 17.07.2013 – I ZR 222/11, in: GewArch 2013, 407 (408).
631 BGH, Urt. v. 17.07.2013 – I ZR 222/11, in: GewArch 2013, 407 (408).

Dienstleistung nicht erbracht werden könnte.[632] Vielmehr würden solche nachgefragten Dienstleistungen unabhängig von den Öffnungszeiten üblicherweise nur nach Terminvereinbarungen erbracht.[633]

bbb) Auffassungen anderer Gerichte: Irreführung bei Nicht-Präsenz

Die Frage der Irreführung wurde vom OLG Stuttgart anders bewertet. Die ständige Öffnung eines Hörakustiker-Fachgeschäfts erwecke den Eindruck, dass Leistungen aller Art jederzeit in Anspruch genommen werden könnten.[634] „Wer ein geöffnetes Geschäft sieht und betritt, wird davon ausgehen, daß er dort die diesem Handwerk zugehörigen Leistungen in fachgerechter und rechtmäßiger Weise erhalten kann," so das OLG.[635]

Das LG Göttingen entschied ähnlich, dass bei einem Augenoptiker-Fachgeschäft, dessen Betriebsleiter zweimal in der Woche nachmittags vor Ort sei, das Gebot der Meisterpräsenz nicht mehr erfüllt sei, da der Kunde, der ein solches Fachgeschäft beträte, davon ausgehe, dass er die dem Gewerk zugehörigen Leistungen vollständig erhalte und dieses unter der Leitung eines Meisters stände.[636]

Auch das OLG München ging in seiner Entscheidung (die dann vom BGH korrigiert wurde) davon aus, dass der normal informierte und verständige Durchschnittsverbraucher erwarte, dass er „alle normalen Hörgeräteakustikerleistungen fachgerecht erhalten kann, wenn er das Geschäft betritt."[637]

ccc) Bewertung

Die Rechtsauffassung des BGH führt dazu, dass die Frage der Irreführung handwerksrechtlich keine Bedeutung hat.[638] Denn die Irreführung betrifft nicht die Fragestellung, ob gegen handwerksrechtliche Normen verstoßen wurde. Selbst wenn eine Aufteilung eines Betriebsleiters auf mehrere Filialen handwerksrechtlich unzulässig wäre, würde dies i. S. d. Rechtsprechung des BGH den Irreführungstatbestand des § 5 UWG nicht erfüllen.[639] Denn der BGH geht per se nicht von einer regelmäßigen Präsenzverpflichtung aus, sodass auch keine Irreführung vorliegen kann, egal ob handwerksrechtlich gegen die Präsenzpflicht verstoßen wird oder nicht. Zu einem anderen Ergebnis könnte der BGH möglicherweise

---

632 BGH, Urt. v. 17.07.2013 – I ZR 222/11, in: GewArch 2013, 407 (408).
633 Nordemann, in: NK-UWG, § 5 Rn. 1.24.
634 OLG Stuttgart, Urt. v. 28.06.1991 – 2 U 275/90 (nicht veröffentlicht), S. 19.
635 OLG Stuttgart, Urt. v. 28.06.1991 – 2 U 275/90 (nicht veröffentlicht), S. 19.
636 LG Göttingen, Urt. v. 21.08.1992 – 7 O 56/92 nach Schmitz, WiVerw 1999, 88 (93).
637 OLG München, Urt. v. 10.11.2011 – 29 U 1614/11, in: GewArch 2013, 165.
638 Vgl. Detterbeck, GewArch 2014, 147 (148); Hüpers, GewArch 2013, 409.
639 Detterbeck, GewArch 2014, 147 (148).

nur dann kommen, wenn der Betrieb einem Kunden überhaupt keine zeitnahen Termine anbieten würde. Denn der BGH geht natürlich davon aus, dass es zu einer Terminvereinbarung kommt.

Den Rechtsansichten der Obergerichte, die sich nicht vor dem BGH durchsetzen konnten, kommt hingegen eine handwerksrechtliche Relevanz zu. Eine Irreführung liegt danach bereits dann vor, wenn nicht sämtliche Leistungen angeboten werden können. Ist der qualifizierte Betriebsleiter nicht vor Ort, können die gefahrengeneigten Tätigkeiten nicht angeboten werden mit der Folge, dass der Betrieb nicht geöffnet haben darf. Der Verbraucher wird dann über die Verfügbarkeit der im Ladengeschäft angebotenen Leistungen getäuscht.[640] In subjektiver Hinsicht unterstreicht diese Ansicht, dass die Präsenz eines qualifizierten Betriebsleiters notwendig ist.

Indes stellt sich die Frage, ob die Rechtsansicht der Obergerichte die Erwartungen der Verbraucher verkennt. Das OLG Stuttgart ging (noch) davon aus, dass der Handel mit Zubehörteilen und Batterien mit der Handwerkstätigkeit zusammenfalle.[641] Heutzutage dürfte dies anders liegen: Es ist davon auszugehen, dass es viele Verbraucher gibt, die allein wegen Batterien, Ersatzteilen oder Zubehör ein Hörakustik-Fachgeschäft aufsuchen und keinen Meister dort erwarten und auch nicht benötigen. Entsprechend werden diese Verkaufsartikel beworben. Insbesondere hat sich auch das Bild der Hilfsmittelversorgung geändert: Früher mag sie mit Stigmatisierung und Scham verbunden sein, heutzutage ist der Erwerb dieser Hilfsmittel normal. Sanitätshäuser, Hörakustik- oder Augenoptikfilialen sind mittlerweile in jeder Innenstadt zu finden, sodass der Erwerb auch schnell und einfach möglich ist. Die Entscheidungen sind daher auch im Lichte ihrer Zeit zu bewerten.

Der BGH unterscheidet bei der Prüfung einer Irreführung zwischen gefahrengeneigten und nicht gefahrengeneigten Tätigkeiten. Da nicht gefahrengeneigte Tätigkeiten ohne qualifizierten Betriebsleiter verrichtet werden dürfen, wäre es widersprüchlich, wenn die Ausübung nicht gefahrengeneigter Tätigkeiten wie der Batterieverkauf oder die Terminvergabe ohne qualifizierten Betriebsleiter vor Ort irreführend wären. Nach Ansicht des BGH dient sogar ein breites Dienstleistungs- und Warenangebot den gesundheitlichen Interessen des Kunden.[642]

---

640 OLG München, Urt. v. 10.11.2011 – 29 U 1614/11, in: GewArch 2013, 165 (166).
641 OLG Stuttgart, Urt. v. 28.06.1991 – 2 U 275/90 (nicht veröffentlicht), S. 18.
642 BGH, Urt. v. 17.07.2013 – I ZR 222/11, in: GewArch 2013, 407 (409).

cc) Ergebnis

Zunächst überrascht, dass es eine Vielzahl an wettbewerbsrechtlichen Entscheidungen zur Meisterpräsenz gibt – wohl auch deutlich mehr als verwaltungsgerichtliche. Ob es sich um reine „Stellvertreter-Rechtsstreitigkeiten" handelt oder ob es daran liegt, dass die Konkurrentenklage im Verwaltungsrecht umstritten ist, mag dahinstehen: Die Entscheidungen beschäftigen sich intensiv mit dem Handwerksrecht und den handwerksrechtlichen Vorgaben. Die fehlende Bindung dieser Entscheidungen für die Verwaltungsgerichtsbarkeit[643] mindert nicht ihre präjudizierenden Wirkungen für das Argument des Gesundheits- und Verbraucherschutzes.

3. Gesamtergebnis

Die wettbewerbsrechtlichen Entscheidungen haben in den letzten Jahren die Auslegung der Präsenzverpflichtung bestimmt. Die herrschende Meinung kam nicht umhin, diese wettbewerbsrechtlichen Erwägungen in das an sich verwaltungsrechtlich geprägte Handwerksrecht zu übertragen und zu bewerten. Auch wenn deutlich wird, dass eine solche Übertragung keine zwingende Notwendigkeit darstellt[644], es insoweit keine „Einheit der Rechtsordnung" gibt[645] und die Verwaltungsbehörden und -gerichte nicht gehindert sind, abweichend vom BGH zu entscheiden[646], markieren sie bestimmte rechtliche Grundaussagen, die nicht außer Acht gelassen werden können.

Der BGH geht bei den Gesundheitshandwerken von einer ständigen Meisterpräsenz aus.[647] Sie besteht dann nicht, wenn Gefährdungen der Gesundheit der Verbraucher ausgeschlossen sind.[648]

B. Gesundheitshandwerke und GewO

Nach § 1 Abs. 1 S. 1 HwO muss ein zulassungspflichtiges Handwerk ein „stehendes Gewerbe" sein. Der Begriff des „stehenden Gewerbes" ergibt sich aus der GewO: „Jedes Gewerbe ist ein stehendes, welches nicht als ‚Reisegewerbe' […] oder ‚im Marktverkehr' ausgeübt wird".[649] Somit handelt es sich beim Handwerk

643 Vgl. Detterbeck, GewArch 2014, 147 (148).
644 Vgl. Detterbeck, GewArch 2014, 147 (148); Hüpers, GewArch 2013, 409.
645 Hüpers, GewArch 2013, 409.
646 Detterbeck, GewArch 2014, 147 (148).
647 BGH, Urt. v. 17.07.2013 – I ZR 222/11, in: GewArch 2013, 407 (409).
648 BGH, Urt. v. 17.07.2013 – I ZR 222/11, in: GewArch 2013, 407 (409).
649 Leisner, in: Leisner, § 1 Rn. 5.

und damit auch bei den Gesundheitshandwerken um Gewerbe.[650] Der Gewerbebegriff der GewO ist mit dem der HwO identisch.[651]

Der Begriff des Gewerbes wird nicht weiter definiert; es handelt sich um einen unbestimmten Rechtsbegriff.[652] Nach § 1 Abs. 1 GewO ist jedermann der Betrieb eines Gewerbes gestattet, soweit nicht durch dieses Gesetz Ausnahmen oder Beschränkungen vorgeschrieben oder zugelassen sind. Wenn Ausnahmen allein „durch dieses Gesetz", also die GewO, möglich sind, stellt sich die Frage, ob und wie die Handwerksordnung überhaupt Ausnahmen und Beschränkungen der Gewerbefreiheit vornehmen darf, wenn Handwerksbetriebe unter den Gewerbe-Begriff fallen.

Die Formulierung „durch dieses Gesetz" entstammt noch aus der Ursprungsfassung der GewO.[653] Zunächst war das Handwerksrecht Teil des Gewerberechts und in der GewO geregelt.[654] Im Nationalsozialismus wurde das Handwerksrecht grundlegend neugeordnet und erstmals außerhalb der Gewerbeordnung durch Verordnungen geregelt.[655] U. a. führten die Nationalsozialisten damit den sog. großen Befähigungsnachweis ein.[656] Nach dem Krieg wurde in der amerikanischen Zone die Gewerbefreiheit wieder eingeführt mit der Konsequenz, dass die bestehenden Zulassungsbeschränkungen und der große Befähigungsnachweis aufgehoben waren.[657] Die „extensive amerikanische Interpretation der Gewerbefreiheit"[658] widersprach dem Ansinnen der deutschen Politik und der Handwerksvertretung, das Handwerksrecht wieder normativ in einem eigenen Gesetz zu regeln.[659] Nach längeren Verhandlungen löste der Deutsche Bundestag über alle Parteigrenzen hinweg das Handwerksrecht wieder aus der GewO heraus, sodass das Gesetz zur Ordnung des Handwerks (Handwerksordnung) am 24. September 1953 in Kraft treten konnte.[660]

---

650 Vgl. Leisner, in: Leisner, § 1 Rn. 1; Thiel, in: Honig/Knörr/Thiel, § 1 Rn. 10.
651 Ruthig/Storr, Rn. 461.
652 Pielow, in: Pielow, § 1 Rn. 134.
653 Pielow, in: Pielow, § 1 Rn. 192.
654 Eine historische Zusammenfassung findet sich bei Bulla, insbesondere S. 60 ff., 76 ff., 86 ff.
655 Bulla, S. 76.
656 Hartmann/Philipp, S. 3.
657 Bulla, S. 85.
658 Bulla, S. 87.
659 Bulla, S. 86 f.
660 Ruthig/Storr, Rn. 458.

Die HwO ist aber weiterhin ein gewerberechtliches Nebengesetz.[661] Die GewO ist im Verhältnis zu ihr das „Muttergesetz“ für gewerberechtliche Grundfragen.[662] Entgegen dem expliziten Wortlaut des § 1 Abs. 1 GewO kann die Gewerbefreiheit auch durch andere Bundesgesetze eingeschränkt werden, wozu die Handwerksordnung als Spezialgesetz zählt.[663]

I. Anwendbarkeit der GewO für das Handwerk

Der Anwendungsbereich der GewO bestimmt sich grundsätzlich danach, ob ein Gewerbe ausgeübt wird.[664] Die „Handwerke“ (und damit auch die fünf Gesundheitshandwerke) sind „Gewerbe“.[665] Die Gewerbeordnung ist *lex generalis,* soweit es in der HwO keine Spezialregelungen gibt.[666] Deshalb finden verschiedene Regelungen der GewO auch für das Handwerk im Allgemeinen[667] und für die Gesundheitshandwerke im Speziellen[668] Anwendung. Das Handwerksrecht ist letztlich ein spezielles Gewerberecht.[669] Eine Regelung in der HwO hat Vorrang vor einer entsprechenden Regelung in der GewO.[670] Die Fortführung des Gewerbebetriebs ist z. B. in § 46 GewO normiert, doch ist § 4 HwO eine Spezialregelung, die dann dem § 46 GewO vorgeht.[671]

Die GewO ist daher grundsätzlich auch für Handwerksbetriebe ergänzend zur HwO anwendbar.[672] Dies gilt auch, soweit es (im Vergleich z. B. zu § 31 GastG) keine explizite Regelung in der HwO gibt, die die ergänzende Anwendung der GewO vorschreibt.[673] Auch wenn es also in der HwO keine eigene Verweisregelung gibt, dass die GewO ergänzend Anwendung findet, gilt sie als allgemeines Gewerberecht für das Handwerk[674] und damit auch für die

661 Eisenmenger, in: Stober/Eisenmenger, § 48 I 2 (S. 91); Badura, S. 323.
662 Pielow, in: Pielow, § 1 Rn. 192.
663 Frotscher/Kramer, Rn. 325; Ehlers (in: Ehlers u. a., § 19 Rn. 1) bezeichnet das Handwerksrecht als das spezielle Gewerberecht des Handwerks.
664 Holzner, in: Pielow, § 6 Rn. 3.
665 Leisner, in: Leisner, § 1 Rn. 1.
666 Eisenmenger, in: Stober/Eisenmenger, § 48 I 2 (S. 91); so auch Schliesky, S. 263.
667 Vgl. Marcks, in: Landmann/Rohmer, § 45 Rn. 2; Detterbeck, DDBR, Einl., Rn. 2, Bulla, in: Schmidt/Wollenschläger, § 10 Rn. 12.
668 Holzner, in: Pielow, § 6 Rn. 52.
669 Frotscher/Kramer, Rn. 543.
670 Vgl. Bulla, in: Schmidt/Wollenschläger, § 10 Rn. 12; Frotscher/Kramer, Rn. 532.
671 Vgl. Marcks, in: Landmann/Rohmer, § 46 Rn. 2.
672 Ruthig/Storr, Rn. 492.
673 Marcks, in: Landmann/Rohmer, § 6 Rn. 2.
674 Vgl. Ambs, in: Erbs/Kohlhaas, § 6 GewO Rn. 2.

Gesundheitshandwerke.[675] Die GewO wird daher auch als „Grundgesetz" des Gewerberechts bezeichnet.[676]

Wichtig ist in dem Zusammenhang, dass auch die GewO Ordnungsrecht und Gefahrenabwehrrecht ist.[677] Das BVerwG sagte dazu: „Die GewO ist dagegen besonderes Ordnungsrecht und daher zur Wahrung der öffentl. Sicherheit und Ordnung bestimmt. Sie soll die Allgemeinheit und einzelne gegen Gefahren, erhebl. Nachteile und erhebl. Belästigungen schützen, die erfahrungsgemäß durch bestimmte wirtschaftl. Betätigungen herbeigeführt werden können."[678] Mit der Änderung des Handwerksrechts zum Gefahrenabwehrrecht[679] nähert es sich somit wieder dem Regelungsgehalt der GewO an.[680]

In § 6 GewO wird der Anwendungsbereich der GewO negativ definiert, sodass ersichtlich wird, für wen die GewO *keine* Anwendung findet. Nach § 6 Abs. 1 S. 1 GewO findet die GewO keine Anwendung auf die Fischerei, die Errichtung und Verlegung von Apotheken, die Erziehung von Kindern gegen Entgelt, das Unterrichtswesen, auf die Tätigkeit der Rechtsanwälte und Notare, der Rechtsbeistände, der Wirtschaftsprüfer und Wirtschaftsprüfungsgesellschaften, der vereidigten Buchprüfer und Buchprüfungsgesellschaften, der Steuerberater und Steuerberatungsgesellschaften sowie der Steuerbevollmächtigten, auf den Gewerbebetrieb der Auswandererberater und das Seelotsenwesen. Sie findet ferner auf das Bergwesen nur insoweit Anwendung, als es ausdrückliche Bestimmungen enthält; das Gleiche gilt für den Gewerbebetrieb der Versicherungsunternehmen, die Ausübung der ärztlichen und anderen Heilberufe, den Verkauf von Arzneimitteln, den Vertrieb von Lotterielosen und die Viehzucht (§ 6 Abs. 1 S. 2 GewO). Ferner findet die GewO nach § 6 Abs. 1 S. 3 GewO mit Ausnahme des Titels XI auf Beförderungen mit Krankenkraftwagen unter bestimmten Bedingungen keine Anwendung. Das Handwerk wird nicht aufgeführt.

Auch wenn in § 6 Abs. 1 GewO geregelt wird, welche Tätigkeiten vom Anwendungsbereich der GewO ausgeschlossen sind und welche nicht,[681] soll

---

675 Repkewitz, in: Friauf, § 6 Rn. 80.

676 Eisenmenger, in: Stober/Eisenmenger, § 45 II 2 (S. 2).

677 Vgl. Eisenmenger, in: Stober/Eisenmenger, § 45 IV (S. 10); Pielow, in: Pielow, § 1 Rn. 3.

678 BVerwG, Urt. v. 24.06.1976 – I C 56.74, in: DÖV 1977, 403 (404).

679 Vgl. Detterbeck, § 1 Rn. 12.

680 Fetzer (in: Steiner/Brinktrine, § 6 Rn. 268) geht davon aus, dass die HwO in erster Linie Fragen zur Erhaltung des Berufsstandes behandelt, auf Fragen der Gefahrenabwehr wäre die GewO ergänzend heranzuziehen. Durch die Gesetzesnovelle 2004 wird aber die Gefahrenabwehr der HwO herausgestellt.

681 Ehlers, in: Ehlers u. a., § 18 Rn. 28.

es sich nicht um eine abschließende Vollregelung handeln.[682] Doch auch dies ändert nichts daran, dass das Handwerk eine Ausprägung eines Gewerbes ist, somit die GewO grundsätzlich anzuwenden ist und auch die Gesundheitshandwerke darunterfallen.[683] Die Anwendbarkeit der GewO im Handwerk lässt sich im Übrigen auch an den inhaltlichen Verflechtungen (z. B. in §§ 16, 17 HwO) darstellen.[684] Schließlich ist zu beachten, dass die Vorschriften der HwO nur für das Handwerk als stehendes Gewerbe gelten, also nicht für das Handwerk als Reisegewerbe oder als Marktverkehr.[685]

II. Abgrenzung zwischen Stellvertretern und Gehilfen

Die GewO enthält in den §§ 45 ff. GewO Bestimmungen über eine Stellvertretung. In § 41 Abs. 1 GewO wird des Weiteren der Gehilfe genannt. Mit diesen Rechtsfiguren sind verschiedene Rechte und Pflichten verbunden, die ggf. Auswirkungen auf die Präsenzpflicht haben.

1. Stellvertreter

Nach § 45 GewO können die Befugnisse zum stehenden Gewerbebetrieb durch Stellvertreter ausgeübt werden. Sie müssen jedoch den für das in Rede stehende Gewerbe insbesondere vorgeschriebenen Erfordernissen genügen.

Die gewerberechtliche Stellvertretung regelt den Fall der persönlichen Verhinderung des Gewerbetreibenden („z. B. durch lange Abwesenheit, Krankheit, Erwerbs- oder Geschäftsunfähigkeit").[686] Es steht „**im Belieben des Gewerbetreibenden, ob er einen Stellvertreter bestellt und wen er mit dieser Stellung betraut.**"[687]

Voraussetzung der Stellvertretung ist, dass der Stellvertreter die materiellen Anforderungen für die Ausübung des jeweiligen Gewerbes erfüllt.[688] Dies kann seine Zuverlässigkeit, Sachkunde oder Gesundheit betreffen, weshalb es sich um eine Personalkonzession handelt.[689] An den Stellvertreter sind die gleichen

---

682 Holzner, in: Pielow, § 6 Überblick.
683 Marcks, in: Landmann/Rohmer, § 6 Rn. 65.
684 Vgl. Detterbeck, § 13 Rn. 5 zum Untersagungsverfahren nach § 35 GewO wegen Unzuverlässigkeit.
685 Detterbeck, DDBR, Einl., Rn. 2.
686 Wormit, in: Pielow, § 45 Überblick.
687 Heß, in: Friauf, § 45 Rn. 16.
688 Marcks, in: Landmann/Rohmer, § 45 Rn. 8.
689 Frotscher/Kramer, Rn. 377.

Anforderungen hinsichtlich der Befähigung zu stellen wie an den Gewerbetreibenden selbst.[690] Das bedeutet, dass der Stellvertreter die persönlichen Voraussetzungen des qualifizierten Gewerbetreibenden erfüllen muss.[691] Es handelt sich deshalb um einen qualifizierten Stellvertreter.[692]

Der Stellvertreter muss im Innenverhältnis befugt sein, ohne die Leitung und ohne die Aufsicht des Gewerbetreibenden die Arbeit selbstständig ausüben zu können.[693] Er ist zwar im Namen und auf Rechnung des Inhabers tätig, verwaltet aber das Gewerbe selbstständig und vertritt den Gewerbetreibenden auch nach außen hin.[694] Wenn der Stellvertreter in Abwesenheit des Gewerbetreibenden das Gewerbe ausüben darf, dann nimmt er sowohl die zivil- wie auch die öffentlichen-rechtlichen Befugnisse wahr.[695] Der Stellvertreter ist nicht an explizite Präsenzpflichten gebunden. Seine Bestellung ist – allgemein für das Gewerberecht festgestellt und ohne auf gefahrengeneigte Tätigkeiten speziell einzugehen – zumindest dann erforderlich, wenn der Gewerbetreibende längere Zeit abwesend ist.[696] Das bedeutet zumindest, dass generell im allgemeinen Gewerberecht eine dauerhafte Abwesenheit des Gewerbetreibenden nicht geduldet wird.

Die Regelungen der Stellvertretung in § 45 GewO finden grundsätzlich auch für das Handwerk Anwendung, da es keine Spezialregelungen in der HwO dazu gibt.[697] Die HwO stellt – durch den Übergang vom Inhaber- auf das Betriebsleiterprinzip – keine materiellen Voraussetzungen an den Gewerbetreibenden (Betriebsinhaber) mehr. Wenn der Betriebsinhaber eines Handwerksbetriebes aber gleichzeitig der qualifizierte Betriebsleiter ist, bestehen für ihn bestimmte fachliche Voraussetzungen (allerdings nicht aufgrund seiner Stellung als Betriebsinhaber, sondern als Betriebsleiter). Für diesen Fall hat der Stellvertreter dann die gleichen fachlichen Anforderungen zu erfüllen. Konkret bedeutet dies im Handwerk, „dass der Stellvertreter entweder die Meisterprüfung abgelegt

690 Heß, in: Friauf, § 45 Rn. 17.

691 Wormit, in: Pielow, § 45 Rn. 6.

692 Heß, in: Friauf, § 45 Rn. 16; so auch Eisenmenger, in: Stober/Eisenmenger, § 46 I 4 (S. 39).

693 Ennuschat, in: Tettinger u. a., § 45 Rn. 1.

694 Marcks, in: Landmann/Rohmer, § 45 Rn. 4; Ruthig/Storr, Rn. 235.

695 Marcks, in: Landmann/Rohmer, § 45 Rn. 7; aA: Ennuschat, in: Tettinger u. a., § 45 Rn. 2 nur die öffentlich-rechtlichen Wirkungen sind betroffen, nicht die zivilrechtlichen Folgen.

696 Marcks, in: Landmann/Rohmer, § 45 Rn. 3.

697 Vgl. Marcks, in: Landmann/Rohmer, § 45 Rn. 2 (Hinweis auf § 4 HwO beim Tod des Betriebsinhabers); Heß, in: Friauf, § 45 Rn. 1.

haben oder eine Ausnahmebewilligung bzw. eine Ausübungsberechtigung […] besitzen muss.“[698]

2. *Gehilfe*

Vom Stellvertreter abzugrenzen ist der Gehilfe. Bei dem Gehilfen handelt es sich um einen Arbeitnehmer.[699] Er verwaltet das Gewerbe unter Aufsicht und Weisung des Gewerbetreibenden.[700] Bei ihm „fehlt es an dem notwendigen Kriterium der selbständigen Durchführung der Tätigkeit.“[701]

Der Gehilfe muss nicht jemand sein, der einfache Tätigkeiten ausübt. Gehilfen können auch Dienste höherer Art leisten.[702] Filialleiter, Werkführer oder Betriebsleiter können deshalb Gehilfen i. S. d. GewO sein.[703]

Wie bereits erwähnt, gibt es in der GewO zwar nicht den Begriff des Betriebsleiters, aber nach § 35 Abs. 1 S. 1 GewO die „mit der Leitung des Gewerbebetriebes beauftragte Person“ (der Begriff taucht noch an anderer Stelle auf: §§ 35 Abs. 1 S. 2, 35 Abs. 7a, 149 Abs. 2 Nr. 1 lit. b, 151 Abs. 1 Nr. 2 GewO). Darunter versteht man den Betriebsleiter.[704] Der Betriebsleiter ist die Person, „die aufgrund ihrer Stellung im Betrieb, insbesondere aufgrund des Anstellungsvertrages, den Betrieb tatsächlich leitet.“[705]

Der Betriebsleiter der GewO ist grundsätzlich weisungsabhängig.[706] Aus diesem Grund sind gewerberechtlich betrachtet Betriebsleiter (oder auch Filialleiter) erst einmal keine Stellvertreter, da sie ihrer Funktion nach Weisungen des Gewerbetreibenden ausüben, sondern Gehilfen.[707] Betriebsleiter können daher

698 Heß, in: Friauf, § 45 Rn. 17; so auch: Marcks, in: Landmann/Rohmer, § 45 Rn. 8; Ambs, in: Erbs/Kohlhaas, § 45 GewO Rn. 3.
699 Vgl. Marcks, in: Landmann/Rohmer, § 45 Rn. 5.
700 Wormit, in: Pielow, § 45 Rn. 3.
701 Wormit, in: Pielow, § 45 Rn. 3.
702 Heß, in: Friauf, § 45 Rn. 12.
703 Heß, in: Friauf, § 45 Rn. 12.
704 Vgl. VGH Baden-Württemberg, Beschl. v. 09.08.1994 – 14 S 1954/94, in: GewArch 1994, 420; OVG Nordrhein-Westfalen, Urt. v. 10.11.1989 – 4 A 762/89, in: GewArch 1990, 214 (215); Marcks, in: Landmann/Rohmer, § 45 Rn. 5.
705 OVG Nordrhein-Westfalen, Urt. v. 10.11.1989 – 4 A 762/89, in: GewArch 1990, 214 (215).
706 Wormit, in: Pielow, § 45 Rn. 3; Heß, in: Friauf, § 45 Rn. 12.
707 Vgl. Marcks, in: Landmann/Rohmer, § 45 Rn. 5; Wormit, in: Pielow, § 45 Rn. 3; Schotthöfer, GewArch 1981, 114 (115).

nur dann Stellvertreter i. S. d. GewO sein, wenn ihnen keine Weisungen erteilt werden.[708]

Ein Betriebsleiter kann auch derjenige sein, der den Gewerbetreibenden gelegentlich vertritt, z. B. während einer Reise oder einer Erkrankung.[709] Daraus ergibt sich der Umkehrschluss, dass der Betriebsinhaber oder sein qualifizierter Stellvertreter nicht permanent vor Ort sein muss.

Die Auslegung des Betriebsleiter-Begriffs der GewO ist nicht deckungsgleich mit dem Begriff in der HwO. Denn um Betriebsleiter i. S. d. § 7 Abs. 1 HwO zu sein, muss die Person „zum Vorgesetzten der handwerklich beschäftigten Betriebsangehörigen bestellt und ihnen gegenüber fachlich weisungsbefugt sein."[710] Ein Betriebsleiter eines zulassungspflichtigen Betriebs muss selbst gegenüber dem Betriebsinhaber in fachlich-technischer Hinsicht *weisungsbefugt* sein, um seinen Anforderungen gerecht zu werden.[711] Zudem benötigt der Betriebsleiter stets eine Qualifikation i. S. d. § 7 HwO (oder eine entsprechende Ausnahmeregelung).

Spezielle Aussagen, welche Tätigkeiten ein Gehilfe i. S. d. Gewerberechts ohne Präsenz des qualifizierten Betriebsinhabers oder seines Stellvertreters ausüben darf, trifft die GewO nicht. Auf der einen Seite heißt es dazu, dass der Gehilfe unter *Aufsicht und Leitung* des Unternehmers das Gewerbe ausführt[712], auf der anderen Seite soll eine *gelegentliche Vertretung* (z. B. während einer Reise oder einer Erkrankung) möglich sein.[713] Wie also die Aufsicht und Leitung konkret aussieht, wird damit nicht näher beschrieben. Zudem sind die Ausführungen allgemein für das Gewerberecht gehalten und betreffen nicht konkret das gefahrengeneigte Handwerk.

3. *Auswirkungen auf Präsenzpflichten*

Fraglich erscheint, ob sich aus den gewerberechtlichen Regelungen und Aussagen ergibt, dass Gehilfen (z. B. Gesellen) alleine vollhandwerkliche Tätigkeiten ausüben dürfen. Dies könnte auf die allgemeine Feststellung zurückgeführt werden, dass Gehilfen, die nicht die Qualifikation des Betriebsinhabers besitzen, dennoch diese „gelegentlich" vertreten dürfen.[714]

---

708 Eisenmenger, in: Stober/Eisenmenger, § 46 I 4 (S. 39).

709 Heß, in: Friauf, § 45 Rn. 12.

710 BVerwG, Urt. v. 16.04.1991 – 1 C 50.88, in: BVerwGE 88, 122 (125).

711 Vgl. Detterbeck, DDBR, § 7 Rn. 4; Karsten, in: Schwannecke, § 7 Rn. 47.

712 Heß, in: Friauf, § 45 Rn. 12; Wormit, in: Pielow, § 45 Rn. 3.

713 Heß, in: Friauf, § 45 Rn. 12.

714 Vgl. Heß, in: Friauf, § 45 Rn. 12.

Die gewerberechtliche Regelung der Stellvertretung und die mit ihr verbundene Personalkonzession zeigt auf, dass das Gewerberecht bestehende (nebengesetzliche) Anforderungen nicht aushebelt. Das Gewerberecht legt Wert darauf, dass ein Stellvertreter die materiellen Voraussetzungen für die Ausübung des Gewerbes erfüllt. Im Handwerksrecht bedeutet das, dass der Stellvertreter ebenso Meister (oder gleichwertig) ist.

Wenn der Gehilfe unter Abwesenheit des Gewerbetreibenden und des Stellvertreters selbstständig (auch nur gelegentlich) vollhandwerklich tätig werden dürfte, würde er selbstständig und alleine gefahrengeneigte Tätigkeiten ausüben. Das würde aber den Unterschied zwischen Stellvertreter und Gehilfen einebnen und das Qualifikationserfordernis des qualifizierten Stellvertreters aushebeln. Aus diesem Grund kann es bereits gewerberechtlich nicht erlaubt sein, dass der Gehilfe vollhandwerkliche Tätigkeiten unter Abwesenheit des qualifizierten Gewerbetreibenden (oder seines Stellvertreters) ausübt, auch nicht gelegentlich. Denn es ist gerade gewerberechtlich notwendig, dass der Stellvertreter die materiellen Erfordernisse des qualifizierten Gewerbetreibenden erfüllen muss.

Für das Handwerksrecht bedeutet dies konkret, dass ein Stellvertreter die Qualifikation des qualifizierten Betriebsleiters besitzen muss.[715] Die materiellen Erfordernisse dienen keinem Selbstzweck, da gerade auch das Gewerberecht Gefahrenabwehrrecht ist. Diese fachliche Vorgabe erfüllt aber nur dann ihren Zweck, wenn der qualifizierte Stellvertreter auch den handwerksrechtlichen Betriebsleiteraufgaben nachkommen kann. Das verlangt aber eine Präsenz von ihm.

Andernfalls wäre es unverhältnismäßig (und auch zwecklos), von einem Stellvertreter die gleiche Qualifikation wie die des Gewerbetreibenden zu fordern, wenn die gefahrengeneigten Tätigkeiten auch ohne Stellvertreter ausgeübt werden dürften. Im Übrigen würde kein Gewerbetreibender einen qualifizierten Stellvertreter mit dem gleichwertigen Qualifikationserfordernis bestellen, wenn er sein Gewerbe in Abwesenheit genauso durch einen Gehilfen führen dürfte.

4. *Ergebnis*

Die qualifizierte Stellvertreter-Regelung in § 45 GewO, die auch im Handwerksrecht Anwendung findet, belegt, dass jemand ohne die gleiche einschlägige fachliche Qualifikation wie der qualifizierte Betriebsleiter nur unter Aufsicht und Leitung des qualifizierten Gewerbetreibenden oder eines qualifizierten Betriebsleiters tätig werden darf.

---

715 Vgl. Marcks, in: Landmann/Rohmer, § 45 Rn. 8; Heß, in: Friauf, § 45 Rn. 17.

„Unter Aufsicht und Leitung“ führt im Handwerksrecht nicht zu Ausübungstoleranzen, wenn der qualifizierte Betriebsinhaber nicht vor Ort ist. Bei Abwesenheit des qualifizierten Gewerbetreibenden bedarf es zwingend der Anwesenheit eines qualifizierten Stellvertreters, wenn gefahrengeneigte Leistungen erbracht werden sollen. Andernfalls wäre die (gesetzlich verlangte) Qualifikation des Stellvertreters nicht erforderlich. Ebenso dürfte andernfalls ein Gehilfe, der nicht die materiellen fachlichen Anforderungen erfüllt, die gleichen Tätigkeiten ausüben wie der qualifizierte Gewerbetreibende oder sein qualifizierter Stellvertreter. Genau das ist dem Gehilfen aber untersagt. Eine explizite Regelung trifft die GewO dazu aber nicht.

III. Stellvertretung in besonderen Fällen, § 47 GewO

Das Abstellen auf die fachliche Qualifikation, die wiederum mittelbar Aussagen auf eine Präsenzpflicht zulässt, ist in der GewO auch nicht ungewöhnlich, wie ein Verweis auf § 47 GewO beweist.

Nach § 47 GewO darf eine Stellvertretung bei bestimmten Gewerben nur mit einer behördlichen Zustimmung ausgeübt werden. Für Makler (§ 34c GewO), Versicherungsvermittler (§ 34d GewO) oder Honorar-Finanzanlagenberater (§ 34h GewO) gilt jeweils im Falle der Stellvertretung, dass eine Person dann dazu geeignet ist, wenn sie die materiellen Voraussetzungen für die Ausübung des jeweiligen Gewerbes erfüllt.[716]

Der Unterschied zu § 45 GewO besteht hier darin, dass der Grundsatz durchbrochen wird, wonach es im Belieben des Gewerbetreibenden steht, einen qualifizierten Stellvertreter zu bestellen.[717] In den Fällen des § 47 GewO ist eine behördliche Zustimmung erforderlich. Dabei wird gefordert, dass „**nur ein geeigneter und qualifizierter Berechtigter** […] **als Stellvertreter tätig wird**. Insofern wird bei fehlender Zuverlässigkeit oder fehlender erforderlicher Sachkunde […] in aller Regel nur die Ablehnung eines Antrags in Betracht kommen. Es besteht in diesem Fall also kein Ermessensspielraum“.[718]

Der Sinn und Zweck des § 47 GewO besteht darin, dass einer möglichen Gefährdung der Allgemeinheit vorgebeugt wird, „indem bei besonders gefahrenträchtigen Gewerben eine vorbeugende Kontrolle in Form einer jeweils erforderlichen Behördenentscheidung verlangt wird.“[719] Dabei handelt es sich

---

716 Marcks, in: Landmann/Rohmer, § 47 Rn. 4.
717 Wormit, in: Pielow, § 47 Überblick.
718 Heß, in: Friauf, § 47 Rn. 9.
719 Heß, in: Friauf, § 47 Rn. 3.

bei den betroffenen Gewerken noch nicht einmal um solche, die unmittelbar am Körper eines Menschen arbeiten (ggf. die öffentlich-bestellten Sachverständigen, § 36 GewO).

Die Vorschrift verdeutlicht das Qualifikationserfordernis des Stellvertreters und grenzt diesen damit einmal mehr vom Gehilfen ab. Damit belegt die GewO, dass für die Ausübung bestimmter Tätigkeiten eine spezielle Qualifikation – sowohl für den Gewerbetreibenden als auch für den Stellvertreter – verlangt wird.

IV. Ergebnis

Die GewO trifft keine explizite Aussagen zur Präsenzpflicht. Die Pflicht zur Bestellung eines qualifizierten Stellvertreters bei Abwesenheit des Gewerbeausführenden belegt zunächst allein die gewerberechtliche Bedeutung der persönlichen Befähigung. Die persönliche Befähigung impliziert allerdings keine unmittelbaren Präsenzpflichten des Gewerbetreibenden oder des Stellvertreters.

Allerdings verlangt § 45 GewO, dass der qualifizierte Stellvertreter den für das in Rede stehende Gewerbe geltenden besonderen Anforderungen genügen muss. Es bestehen somit selbst bei der Stellvertretung bestimmte Anforderungen, die in der Person des Stellvertreters erfüllt sein müssen.

Wenn es aber notwendig ist, dass selbst der Stellvertreter bestimmte persönliche Anforderungen erfüllen muss und die notwendige Sachkunde aufweist, wäre es ein Wertungswiderspruch, wenn diese Anforderungen ohne Bedeutung für die Erfüllung bestimmter Aufgaben oder Tätigkeiten und damit für die Präsenzpflicht wären. Hier prägen dann die Vorgaben des Handwerksrechts das Gewerberecht und damit auch die Regelungen zur Stellvertretung.

Die GewO kennt des Weiteren den Gehilfen, der das Gewerbe „unter Aufsicht und auf Weisung des Gewerbetreibenden" verwaltet.[720] Wenn dieser nur unter der Aufsicht des qualifizierten Gewerbetreibenden/Betriebsleiters arbeiten darf, bedeutet dies im Umkehrschluss, dass es bestimmte Präsenznotwendigkeiten des qualifizierten Gewerbetreibenden/Betriebsleiters oder seines Stellvertreters geben muss, ohne die sonst die Aufsicht nicht ausgeübt werden könnte. Für Handwerksbetriebe besteht auch hier eine besondere Prägung durch das Handwerksrecht.

Gewerberechtlich wird es allerdings toleriert, wenn ein Erlaubnisinhaber während einer kurzen Zeit (wegen einer Reise oder Erkrankung) seinen

720 Wormit, in: Pielow, § 45 Rn. 3.

Betriebsleiter, der nicht Stellvertreter ist, nicht unmittelbar beaufsichtigt.[721] Dies kann aber nicht für das Handwerksrecht gelten, das strengere Präsenzvorgaben hat.

Im Ergebnis finden sich daher in der GewO keine unmittelbaren Hinweise zu einer Präsenzpflicht. Die GewO ist zwar so zu verstehen, dass auch dort eine regelmäßige Kontrolle und Überwachung von Qualifizierten verlangt wird, grenzt diese aber nicht weiter ein. Rückschlüsse auf eine Präsenzpflicht lassen sich insoweit ziehen, dass eine Präsenz als solche notwendig ist; weitere (zeitliche, räumliche oder organisatorische) Regelungen gibt es aber nicht.

Aus der GewO lässt sich folglich die Notwendigkeit einer generellen Präsenzpflicht des fachlich Qualifizierten belegen, doch sind dort keine Anwesenheits- oder Präsenzzeiten weiter definiert.

C. Die Tätigkeiten der Gesundheitshandwerke im Verhältnis zu anderen Berufen

Bei den Gesundheitshandwerken gibt es nicht nur mit den anderen Gewerken der Anlage A der HwO Berührungspunkte, sondern gerade auch mit anderen Berufen des Gesundheitswesens. Nachfolgend sollen zunächst Ähnlichkeiten und Unterschiede erörtert und bewertet werden, die ggf. Rückschlüsse auf die Präsenzpflicht zulassen.

I. Abgrenzung zur Heilkunde

In der Vergangenheit wurde die Fragestellung diskutiert, ob die Gesundheitshandwerke teilweise Heilkunde i. S. d. HeilPraktG ausüben und deshalb eine entsprechende Erlaubnis benötigen.[722]

1. Ausübung von Heilkunde

§ 1 Abs. 1 HeilPraktG stellt die Ausübung von Heilkunde durch Personen, die nicht als Arzt approbiert sind und dennoch Heilkunde ausüben wollen, unter einen Erlaubnisvorbehalt.[723] Die Erteilung der Erlaubnis zur Ausübung der Heilkunde ist in einer Durchführungsverordnung näher geregelt. Auf die

---

721 Heß, in: Friauf, § 45 Rn. 12.

722 Vgl. BVerwG, Urt. v. 20.01.1966 – I C 73.64, in: BVerwGE 23, 140 ff.; Schelling, in: Spickhoff, § 1 HeilPraktG Rn. 11.

723 Haage, § 1 HeilPraktG Rn. 1.

Erteilung der Erlaubnis besteht ein Rechtsanspruch, sofern kein Versagungsgrund besteht.[724]

Der Beruf des Heilpraktikers unterliegt keiner festgelegten Ausbildung und ist auch nicht an das Bestehen einer Fachprüfung gebunden.[725] Die Ausübung von Heilkunde stellt kein Gewerbe i. S. d. GewO dar; der Heilpraktiker übt einen freien Beruf aus.[726]

Das HeilPraktG, das 1939 in Kraft trat[727], stammt aus der Zeit des Nationalsozialismus und gilt – wenn auch mit Änderungen – weiterhin fort. Es wurde nicht als typisch nationalsozialistisch angesehen[728], da es „keiner einheitlichen, typisch nationalsozialistischen Ideologie“[729] folge, „sondern zumindest zum Teil das Ergebnis schon länger anhaltender Diskussionen und Auseinandersetzungen“[730] gewesen sei.[731] Einzelne Vorschriften sind „infolge ihres nationalsozialistischen Charakters oder wegen Verstoßes gegen das Grundgesetz außer Kraft getreten.“[732] Ziel des Gesetzes war es, ein „Ärztemonopol“ einzuführen[733],

---

724 Vgl. BVerwG, Urt. v. 26.08.2009 – 3 C 19/08, in: NVwZ-RR 2010, 111 (112).

725 Zurstraßen, in: Wenzel, Kap. 10 Rn. 338; vgl. dazu die Kritik von A. Ehlers, S. 98 f.

726 Schelling, in: Spickhoff, § 1 HeilPraktG Rn. 9.

727 Gesetz über die berufsmäßige Ausübung der Heilkunde ohne Bestallung (Heilpraktikergesetz) v. 17.02.1939, RGBl. I 1939, 251 f. sowie Erste Durchführungsverordnung zum o.g. Gesetz v. 18.02.1939, RGBl. I 1939, 259 ff.

728 BVerwG, Urt. v. 14.10.1958 – I C 25/56, in: NJW 1959, 833 (834).

729 Schnitzler, S. 31.

730 Schnitzler, S. 31.

731 Diese Einschätzung ist beim vorliegenden Wortlaut zweifelhaft. Nach § 2 Abs. 1 lit. c Erste Durchführungsverordnung wird die Erlaubnis zur Heilkunde nicht erteilt, wenn der Antragsteller oder sein Ehegatte nicht deutschen oder artverwandten Blutes ist. In der Begründung zur Einführung des HeilPraktG heißt es im Reichs- und Staatsanzeiger v. 28.02.1939 (Nr. 50, S. 2): „Auf Grund der liberalistischen Grundeinstellung zu allen Fragen des öffentlichen Lebens kam es im Jahre 1869 im Zuge der Einführung allgemeiner Gewerbefreiheit in Deutschland auch zur Einführung der allgemeinen Kurierfreiheit. Diese Kurierfreiheit war eine nahezu unbeschränkte; fast jede praktische Betätigung auf dem Gebiete der Heilkunde war für jedermann möglich. Es konnte dabei nicht ausbleiben, daß sich auch fachlich unfähige und **charakterlich minderwertige** Personen auf diesem Gebiete betätigten und durch unzweckmäßige Behandlungsmethoden gesundheitlichen Schaden anrichteten. Die hierzu berufenen Stellen haben daher seit der Machtergreifung durch den Nationalsozialismus Mittel und Wege geprüft, um diese Mißstände zu beseitigen und dem deutschen Volke eine einwandfreie gesundheitliche Betreuung sicherzustellen. [...]“ (Hervorhebungen durch den Verfasser).

732 BVerwG, Urt. v. 25.06.1970 – I C 53.66, in: BVerwGE 35, 308 (310).

733 A. Ehlers, S. 106.

um „der Bevölkerung gegenüber Gesundheitsschädigungen durch Unberufene einen ausreichenden Schutz zu gewähren“.[734]

Das HeilPraktG entstand deshalb als Gegenreaktion auf die liberale GewO und die dort postulierte allgemeine Gewerbefreiheit, die auch die Kurierfreiheit umfasste.[735] Ursprüngliches Ziel des HeilPraktG war deshalb gerade nicht die Etablierung des Heilpraktikers neben dem Arzt, sondern vielmehr – durch hohe formale Hürden – auf lange Sicht die Beseitigung des Heilpraktiker-Berufsstandes und die Einführung eines Ärztemonopols.[736]

Die Zahnheilkunde fiel (und fällt) gemäß § 6 Abs. 1 HeilPraktG nicht unter das HeilPraktG aF, für die damit weiterhin die Kurierfreiheit fortbestand.[737] Der Reichsminister des Innern konnte gemäß § 6 Abs. 2 HeilPraktG aF „im Einvernehmen mit dem Stellvertreter des Führers auch andere heilkundliche Verrichtungen von den Bestimmungen dieses Gesetzes ausnehmen.“ In der damaligen Gesetzesbegründung ist aufgeführt, dass „bestimmte heilkundliche Verrichtungen mehr technischer und handwerklicher Art, wie die Feststellung der Sehschärfe durch einen Optiker, Anfertigung orthop. Apparate usw., von den Bestimmungen dieses Gesetzes auszunehmen“[738] sind. Zur vom Gesetzgeber als notwendig angesehenen Grenzziehung zwischen Heilkunde und Handwerk kam es in der Zeit des Nationalsozialismus nicht mehr, da diese Frage „einstweilen zurückgestellt“ wurde.[739]

---

734 BVerwG, Urt. v. 20.01.1966 – I C 73.64, in: BVerwGE 23, 140 (143).

735 Guttau, S. 68; vgl. die ausführliche Schilderung bei Arndt, S. 19 ff.

736 BVerfG, Beschl. v. 10.05.1988 – 1 BvR 482/84 und 1166/85; vgl. auch A. Ehlers, S. 100; vgl. nach: Reichs- und Staatsanzeiger v. 28.02.1939, Nr. 50, S. 2: Begründung zu § 2 Heilpraktikergesetz: „In Zukunft wird eine Erlaubnis zur Berufsausübung als Heilpraktiker nicht mehr erteilt werden.“ Begründung zu § 4 Heilpraktikergesetz: „Die Heranbildung eines Nachwuchses ist im Gesetz nicht vorgesehen, daher war jede Form von Schulen oder Ausbildungsstätten zu verbieten.“

737 Schnitzler, S. 30; Reichs- und Staatsanzeiger v. 28.02.1939, Nr. 50, S. 2, dort: Begründung zu § 6 Heilpraktikergesetz: „Die Berufsverhältnisse auf dem Gebiete der Zahnheilkunde sind als grundsätzlich so verschieden von denen der allgemeinen Heilkunde anzusehen, daß für sie eine besondere Regelung vorbehalten bleibt.“

738 Reichs- und Staatsanzeiger v. 28.02.1939, Nr. 50, S. 2, dort: Begründung zu § 6 Heilpraktikergesetz: „Es ist weiter beabsichtigt, bestimmte heilkundliche Verrichtungen mehr technischer und handwerklicher Art, wie die Feststellung der Sehschärfe durch einen Optiker, Anfertigung orthop. Apparate usw., von den Bestimmungen dieses Gesetzes auszunehmen.“

739 BVerwG, Urt. v. 20.01.1966 – I C 73.64, in: BVerwGE 23, 140 (143).

Grundsätzlich hätte der pauschale Wortlaut des HeilPraktG auch die Herstellung von Zahnersatz oder Hörgeräten erfasst.[740] Allerdings ging man von Anfang an davon aus, dass es einer späteren „Grenzziehung gegenüber dem Handwerk bedurfte."[741] Für die Zahnheilkunde war dies bereits mit der Regelung in § 6 Abs. 1 HeilPraktG geschehen, für die übrigen handwerklichen Gewerke war eine Ausnahme i. S. d. § 6 Abs. 2 HeilPraktG aF vorgesehen, zu der es dann aber nicht mehr kam. Insofern entsprach es dem gesetzgeberischen Willen, dass die Verrichtungen der Gesundheitshandwerke zunächst unter die Normen des damaligen Heilpraktikergesetzes fielen, von der sie durch eine spätere Ausnahmevorschrift ausgeschlossen werden sollten.[742] Offensichtlich ging man aber bei den gesundheitshandwerklichen Leistungen davon aus, dass es sich um „heilkundliche Verrichtungen" handelt, denn so wurden sie in § 6 Abs. 2 HeilPraktG aF zunächst bezeichnet, bevor sie in der Gesetzesbegründung konkret benannt wurden.

Nach dem Ende des Nationalsozialismus erfuhr das Heilpraktikerrecht einen „tiefgreifenden Funktionswandel".[743] Statt der beabsichtigten radikalen und umfassenden[744] Beseitigung des Berufsstands der Heilpraktiker etablierte sich dieser Berufszweig durch eine verfassungskonforme Interpretation der Rechtsgrundlagen.[745]

Dies geschah wie folgt: Unter der Ausübung der Heilkunde im Sinne des HeilPraktG wird gemäß § 1 Abs. 2 HeilPraktG jede berufs- oder gewerbsmäßig vorgenommene Tätigkeit zur Feststellung, Heilung oder Linderung von Krankheiten, Leiden oder Körperschäden bei Menschen, auch wenn sie im Dienste von anderen ausgeübt wird, verstanden. Somit ist auch die heilkundliche Tätigkeit im Dienste eines anderen die Ausübung von Heilkunde, sofern sie eigenverantwortlich und weisungsfrei praktiziert wird.

Diese Definition wurde als zu eng angesehen[746] und deshalb zunächst verfassungskonform dahingehend ausgelegt, dass die jeweilige Tätigkeit ärztliche Fachkenntnisse voraussetzt.[747] Außerdem muss die Behandlung gesundheitliche

740 BVerwG, Urt. v. 20.01.1966 – I C 73.64, in: BVerwGE 23, 140 (143).
741 BVerwG, Urt. v. 20.01.1966 – I C 73.64, in: BVerwGE 23, 140 (143).
742 BVerwG, Urt. v. 20.01.1966 – I C 73.64, in: BVerwGE 23, 140 (142).
743 Arndt, S. 13.
744 Vgl. BVerwG, Urt. v. 20.01.1966 – I C 73.64, in: BVerwGE 23, 140 (143).
745 Arndt, S. 13; vgl. dazu BVerwG, Urt. v. 24.01.1957 – I C 194.54, in: BVerwGE 4, 250 (256).
746 Vgl. Guttau, S. 72; Schnitzler, S. 130.
747 BVerwG, Urt. v. 14.10.1958 – I C 25/56, in: NJW 1959, 833 (834).

Schädigungen verursachen können.[748] Mit diesen zusätzlichen ungeschriebenen Tatbestandsmerkmalen korrigierte die Rechtsprechung eine zu enge und damit unverhältnismäßige Auslegung des Heilkundebegriffs.[749]

Das BVerwG präzisierte seine Rechtsprechung zur Erlaubnispflicht dahingehend, dass auch solche Verrichtungen, die „für sich gesehen ärztliche Fachkenntnisse nicht voraussetzen, gleichwohl unter die Erlaubnispflicht [fallen] [...], wenn sie Gesundheitsgefährdungen mittelbar zur Folge haben können, etwa dadurch, daß frühzeitiges Erkennen ernster Leiden, das ärztliches Fachwissen voraussetzt, verzögert werden kann und daß die Wahrscheinlichkeit einer solchen Gefährdung nicht nur geringfügig ist“[750]. Das BVerwG geht davon aus, dass eine mittelbare Gefahr dann besteht, „wenn die in Rede stehende Heilbehandlung als eine die ärztliche Berufsausübung ersetzende Tätigkeit erscheint.“[751]

Das bedeutet:

- Heilkundliche Tätigkeiten, die *keine* nennenswerten *Gesundheitsgefahren* zur Folge haben, unterliegen demnach nach der Rechtsprechung des BVerwG nicht dem HeilPraktG, selbst wenn ärztliche Fachkenntnisse zur ordnungsgemäßen Verrichtung erforderlich sind.[752]
- Heilkundliche Tätigkeiten, bei denen ärztliche Fachkenntnisse nicht vorausgesetzt werden, fallen nach der Rechtsprechung des BVerwG gleichwohl unter die Erlaubnispflicht des HeilPraktG, wenn sie *Gesundheitsgefährdungen* mittelbar zur Folge haben können.[753]

Das BVerwG stellt daher bei der Beantwortung der Frage, ob es sich um eine erlaubnispflichtige heilkundliche Verrichtung handelt, allein darauf ab, ob sie die Gesundheit gefährden kann. Daher ist die höchstrichterliche Rechtsprechung auf Gefahrenabwehr beschränkt.[754]

Aktuell werden z. B.

- chiropraktische Behandlungen
- chirurgische Nasen-, Ohren- und Brustkorrekturen

---

748 BVerwG, Urt. v. 25.06.1970 – I C 53/66, in: BVerwGE 35, 308 (310).

749 Vgl. Guttau, S. 71 ff.

750 BVerwG, Urt. v. 25.06.1970 – I C 53/66, in: BVerwGE 35, 308 (311); BVerwG, Urt. v. 11.11.1993 – 3 C 45.91, in: BVerwGE 94, 269 (275).

751 BVerwG, Urt. v. 11.11.1993 – 3 C 45.91, in: BVerwGE 94, 269 (275).

752 BVerwG, Urt. v. 25.06.1970 – I C 53/66, in: BVerwGE 35, 308 (311).

753 BVerwG, Urt. v. 25.06.1970 – I C 53/66, in: BVerwGE 35, 308 (311).

754 Zuck, in: Quaas/Zuck, § 33 Rn. 12 (unter kritischer Bezugnahme auf die sog. Eindruckstheorie).

- kosmetische Faltenunterspritzungen im Gesichtsbereich
- Entfernung von Leberflecken und Warzen
- Piercing mit örtlicher Betäubung
- Osteopathie

als Ausübung der Heilkunde angesehen.[755] Für diese Tätigkeiten benötigt man allein eine Heilpraktiker-Erlaubnis.

Es ist eine bemerkenswerte Nähe zu den Gesundheitshandwerkswerken feststellbar, bei denen in der Regel eine besondere Gefahrengeneigtheit vorliegt. Auch zeigt der Gesetzeswortlaut des § 6 Abs. 2 HeilPraktG aF in Verbindung mit der Gesetzesbegründung, dass es sich bei den Leistungen der Gesundheitshandwerker um grundsätzlich heilkundliche Tätigkeiten handelt.

2. *Ausübung von Heilkunde durch Gesundheitshandwerke*

Fraglich ist, ob die Gesundheitshandwerker bei ihrer Tätigkeit Heilkunde i. S. d. HeilPraktG ausüben.

Wie oben bereits dargelegt, geht das BVerwG davon aus, dass der nationalsozialistische Gesetzgeber zunächst die Gesundheitshandwerke in den Geltungsbereich des HeilPraktG einbeziehen wollte[756], aber Ausnahmen vorgesehen waren, die für technische und handwerkliche Tätigkeiten gelten sollten.[757]

Dann müssten sich die Gesundheitshandwerke beruflich mit Krankheiten, Leiden oder Körperschäden beschäftigen und diese feststellen, heilen oder lindern (vgl. § 1 Abs. 2 HeilPraktG). Als ungeschriebenes Tatbestandsmerkmal tritt die Möglichkeit der mittelbaren Gesundheitsgefährdung hinzu.

a) Krankheiten, Leiden und Körperschäden

Die Tätigkeiten bei den Gesundheitshandwerken betreffen zumindest körperliche Leiden und Körperschäden.

aa) Krankheiten

Gemäß einer Legaldefinition des BGH ist der Krankheitsbegriff im HeilPraktG weit auszulegen, sodass darunter jede auch nur unerhebliche oder vorübergehende Störung der normalen Beschaffenheit oder der normalen Tätigkeit des

---

755 Vgl. die Aufzählungen bei Schelling, in: Spickhoff, § 1 HeilPraktG Rn. 16 und bei Haage, § 1 Rn. 16.

756 BVerwG, Urt. v. 20.01.1966 – 1 C 73.64, in: BVerwGE 23, 140 (142).

757 BVerwG, Urt. v. 20.01.1966 – 1 C 73.64, in: BVerwGE 23, 140 (142 f.).

Körpers verstanden wird, die geheilt werden kann.[758] Schwerhörigkeit, Fehlsichtigkeit oder Fehlfunktionen, die durch Orthesen oder Prothesen ausgeglichen werden, können in der Regel nicht geheilt werden, sodass es sich bei den Tätigkeitsbereichen im Gesundheitshandwerk nicht um Tätigkeiten handelt, die im Zusammenhang mit Krankheiten stehen. Auch bei den Tätigkeiten eines Zahntechnikers ist nicht ersichtlich, dass sich dieser mit der Heilung einer Krankheit beschäftigt.

Das BVerwG bewertete die Fehlsichtigkeit ebenfalls nicht als Krankheit.[759] Alle Arten von Fehlsichtigkeiten sind danach Wachstumsanomalien des Augapfels, weshalb ein Vergleich zu Wachstumsanomalien der Gliedmaßen nahe liegt, die ebenso keine Krankheiten sind.[760]

bb) Leiden

Unter Leiden werden lang anhaltende Funktionsstörungen verstanden, die kaum oder gar nicht mehr therapierbar sind.[761] Schwerhörigkeit oder Fehlsichtigkeit sind z. B. solche Funktionsstörungen, die kaum oder nicht therapierbar sind, sodass sie als Leiden i. S. d. HeilPraktG anzusehen sind. Das BVerwG stufte die Fehlsichtigkeit ebenfalls als ein Leiden ein.[762] Ähnlich zu bewerten sind solche Funktionsstörungen am Arm oder Bein sowie im Gebiss. Auch dort können bestimmte Risse oder Verletzungen dazu führen, dass sie nicht mehr therapiert werden können.

cc) Körperschäden

Irreparable, nicht krankhafte Veränderungen des Zustands oder der Funktion des Körpers, seiner einzelnen Organe oder Organteile sind Körperschäden.[763] Dazu zählen angeborene oder erworbene Missbildungen oder der Verlust einzelner Glieder.[764] Fehlende vollständige Seh- oder Hörfähigkeit stellen einen solchen irreparablen Körperschaden dar, ebenso wie Amputationen von Gliedern oder verlorene Zähne. Auch das BVerwG ging davon aus, dass es sich bei der Fehlsichtigkeit um einen Körperschaden handelt.[765]

---

758 BGH, Beschl. v. 21.03.1958 – 2 StR 393/57, in: NJW 1958, 916 (918) für § 1 AMVO.
759 BVerwG, Urt. v. 20.01.1966 – 1 C 73.64, in: BVerwGE 23, 140.
760 BVerwG, Urt. v. 20.01.1966 – 1 C 73.64, in: BVerwGE 23, 140 f.
761 Schelling, in: Spickhoff, § 1 HeilPraktG Rn. 8.
762 BVerwG, Urt. v. 20.01.1966 – 1 C 73.64, in: BVerwGE 23, 140 (141).
763 Schelling, in: Spickhoff, § 1 HeilPraktG Rn. 8.
764 Pelchen/Anders, in: Erbs/Kohlhaas, § 2 AMG Rn. 9 (Vorauflage: 217. EL).
765 BVerwG, Urt. v. 20.01.1966 – 1 C 73.64, in: BVerwGE 23, 140 (141).

dd) Ergebnis

Im Ergebnis beschäftigen sich die Gesundheitshandwerker mit Leiden und Körperschäden, sodass diese Tatbestandsmerkmale des § 1 Abs. 2 HeilPraktG erfüllt sind.

b) Feststellen, Heilen und Lindern

Zu untersuchen ist des Weiteren, welche Tätigkeitsformen die Gesundheitshandwerke dabei aktiv ausüben. Die Heilkundeausübung verlangt, dass die Tätigkeit zur Feststellung, Heilung oder Linderung der Leiden und Körperschäden dient.

aa) Feststellen

Alle Tätigkeiten des Heilpraktikers, die seine Entscheidung über das Vorliegen einer Krankheit ermöglichen sollen, werden vom Begriff der Feststellung umfasst.[766] Dazu zählen auch Untersuchungen und Befunderhebungen.[767]

Untersuchungen (Anamnesen) gehören aber auch zum Berufsbild der vier unmittelbar am Patienten ausgeübten Gesundheitshandwerke:

- § 3 Abs. 2 Abschnitt A Nr. 5 AugenoptAusbV (Kundenspezifische Sehanforderungen ermitteln und Kunden beraten)
- § 4 Abs. 2 HörAkAusbV (Nr. 1: individuelle Hörprofile bestimmen und beurteilen, Nr. 2: berufsspezifische audiologische und otoskopische Befunde erheben und bewerten, Nr. 3: Patientinnen und Patienten hinsichtlich der Versorgungsmöglichkeiten mit Hörsystemen, Hörassistenzsystemen und Sonderversorgungen sowie Zubehör beraten und dabei individuelle Hörerwartungen einbeziehen)
- § 4 Abs. 3 Nr. 2 OrthAusbVO (lit. a: Beurteilen anatomischer, physiologischer, biomechanischer und pathologischer Gegebenheiten; lit. c: Digitales und manuelles Messen, Analysieren und Abformen am menschlichen Körper)
- § 4 Abs. 2 OrthopschuhmAusbV (Nr. 1: Beurteilen von Anatomie, Physiologie und Pathologie der Stütz- und Bewegungsorgane; Nr. 4: Beraten und Betreuen von Kunden und Kundinnen sowie von Patienten und Patientinnen)

Die Zahntechniker führen keine Anamnesen durch, da sie nicht im Kontakt mit dem Patienten stehen. Dennoch beschäftigen sie sich auch mit der Anatomie und haben diese zu berücksichtigen:

---

766 Schelling, in: Spickhoff, § 1 HeilPraktG Rn. 8.
767 Schelling, in: Spickhoff, § 1 HeilPraktG Rn. 8.

- § 4 ZTechAusbV i. V. m. Ausbildungsrahmenplan: Nr. 11 lit. f: Restgebiss in Bezug auf Basisgestaltung und Platzierung retentiver und abstützender Elemente analysieren; Nr. 13 lit. a: Kieferorthopädische Modelle, insbesondere unter Berücksichtigung von Dentitionen und Anomalien, nach gewählten Systemen vermessen und kieferorthopädische Geräte konstruieren

bb) Heilen

Die vollständige Behebung des krankhaften Zustands wird als Heilung bezeichnet.[768] Brillen oder Hörsysteme verringern z. B. die Fehlsichtigkeit bzw. Schwerhörigkeit nicht und haben auf sie daher keinen Einfluss.[769] Eine vollständige Behebung der Leiden ist durch die Versorgung mit Hilfsmitteln daher in der Regel nicht möglich, weshalb die Gesundheitshandwerke nicht heilen (in der Orthopädietechnik gibt es Hilfsmittel, die einen krankhaften Zustand beheben können).

cc) Lindern

Die nicht unerhebliche Verbesserung des Zustandes in Richtung auf das Normale bezeichnet man als Linderung von Krankheiten, Leiden oder Körperschäden.[770] Die Versorgungen des Gesundheitshandwerks beabsichtigen zwar in der Regel einen vollständigen funktionellen Ausgleich der Behinderung (z. B. bei Hörgeräten: die bestmögliche Angleichung an das Hörvermögen Gesunder[771]), doch bedeutet dies nicht, dass die ursprüngliche Funktion wiederhergestellt wird. Vielmehr wird mittels der angepassten Hilfsmittel das Funktionsdefizit korrigiert, keineswegs aber beseitigt. Die Abgabe eines Hilfsmittels kann daher zu einer Linderung führen, weil durch die Versorgung eine wesentliche Verbesserung in Richtung des „Normalen“ erreicht wird.

Dementsprechend differenziert das BVerwG, ob eine Brillenversorgung zur Heilung oder Linderung einer Fehlsichtigkeit führt.[772] Durch Brillen oder Hörsysteme würden die Fehlsichtigkeit oder Schwerhörigkeit nicht behoben; Brillen wie Hörsysteme hätten darauf gar keinen Einfluss, da sie nur die Anomalien ausgleichen, nicht aber verringern würden.[773] Allerdings führt das BVerwG auch

768 Schelling, in: Spickhoff, § 1 HeilPraktG Rn. 8.
769 BVerwG, Urt. v. 20.01.1966 – I C 73.64, in: BVerwGE 23, 140 (141).
770 Schelling, in: Spickhoff, § 1 HeilPraktG Rn. 8.
771 Vgl. BSG, Urt. v. 17.12.2009 – B 3 KR 20/08 R, in: BSGE 105, 170 (177).
772 BVerwG, Urt. v. 20.01.1966 – 1 C 73.64, in: BVerwGE 23, 140 (141).
773 BVerwG, Urt. v. 20.01.1966 – 1 C 73.64, in: BVerwGE 23, 140 (141).

aus, dass bereits das bloße Verschaffen einer Erleichterung ein Lindern i. S. d. § 1 Abs. 2 HeilPraktG darstellt.[774]

dd) Ergebnis

Im Ergebnis ist festzustellen, dass die Gesundheitshandwerke rein begrifflich orientiert am HeilPraktG grundsätzlich Leiden und Körperschäden feststellen und lindern.

c) Medizinische Kenntnisse

Nach der allgemeinen Auslegung des HeilPraktG liegt die Ausübung von Heilkunde dann vor, wenn die Tätigkeit ärztliche oder medizinische Fachkenntnisse erfordert.[775] Mit dieser Auslegung werden „Bereiche von der Heilkunde und damit Erlaubnispflichtigkeit unter dem Gesichtspunkt der Verhältnismäßigkeit ausgenommen, in denen die Behandlung keine ärztlichen Fachkenntnisse voraussetzt".[776]

Diese Regelung gilt aber nicht uneingeschränkt. Tätigkeiten, die „für sich gesehen ärztliche Fachkenntnisse nicht voraussetzen, [fallen] gleichwohl unter die Erlaubnispflicht [des HeilPraktG], wenn sie Gesundheitsgefährdungen mittelbar zur Folge haben können".[777] Kann also durch die Ausübung bestimmter Tätigkeiten mittelbar die Gesundheit gefährdet werden, kommt es nicht weiter darauf an, ob man zur Ausübung der Tätigkeit medizinische Kenntnisse braucht oder nicht. Allein aufgrund der Gefährdungsmöglichkeit besteht die Erlaubnispflicht, selbst wenn medizinische Fachkenntnisse nicht notwendig sind.

Bei den Gesundheitshandwerken kommt es darauf nicht an, da entsprechende Fachkenntnisse zur Ausübung *lege artis* notwendig sind.

Bei der Begrifflichkeit fällt auf, dass verschiedentlich ärztliche, heilkundliche oder medizinische Fachkenntnisse verlangt werden.[778] Die Begrifflichkeiten werden oftmals als Synonyme verwendet.[779]

Nachfolgend soll von medizinischen, nicht von „ärztlichen Fachkenntnissen" gesprochen werden. Nur Ärzte sollen und können ärztliche Kenntnisse besitzen. Es wäre ein Widerspruch, wenn das HeilPraktG bestimmte heilkundliche

---

774 BVerwG, Urt. v. 20.01.1966 – 1 C 73.64, in: BVerwGE 23, 140 (141).
775 Schelling, in: Spickhoff, § 1 HeilPraktG Rn. 11.
776 Schelling, in: Spickhoff, § 1 HeilPraktG Rn. 13.
777 BVerwG, Urt. v. 25.06.1970 – I C 53/66, in: BVerwGE 35, 308 (311).
778 Vgl. dazu.: Guttau, S. 78 ff.; Schnitzler, S. 130 f.
779 Guttau, S. 74.

Tätigkeiten auch Nicht-Ärzten gestattet, dann aber ein ärztliches Fachwissen eingefordert wird.

„Heilkundliche Kenntnisse“ sind ebenso wenig geeignet, um zu ermitteln, welche Kenntnisse zur Erlaubnispflicht führen können („Wer Heilkunde ausübt, benötigt heilkundliche Kenntnisse“), weshalb der allgemeinere Gattungsbegriff der *medizinischen* Kenntnisse verwendet wird.

Die Ausübung eines Gesundheitshandwerks bedarf in allen Fällen medizinischer Kenntnisse, wie exemplarisch dargelegt wird:

- § 7 Abs. 5 Nr. 1 lit. b AugenoptAusbV: Auswirkungen von Korrektionsmitteln auf anatomische, physiologische und optische Gegebenheiten zu erläutern
- § 4 Abs. 2 HörAkAusbV (Nr. 1: individuelle Hörprofile bestimmen und beurteilen; Nr. 2: berufsspezifische audiologische und otoskopische Befunde erheben und bewerten; Nr. 3: Patientinnen und Patienten hinsichtlich der Versorgungsmöglichkeiten mit Hörsystemen, Hörassistenzsystemen und Sonderversorgungen sowie Zubehör beraten und dabei individuelle Hörerwartungen einbeziehen; Nr. 7: Patientinnen und Patienten betreuen und Rehabilitationsmaßnahmen durchführen)
- § 4 Abs. 3 Nr. 2 lit. a OrthAusbVO: Beurteilen anatomischer, physiologischer, biomechanischer und pathologischer Gegebenheiten
- § 4 Abs. 2 Nr. 1 OrthopschuhmAusbV: Anatomie, Physiologie und Pathologie der Stütz- und Bewegungsorgane
- § 4 ZTechAusbV i. V. m. dem Ausbildungsrahmenplan: Nr. 11 lit. f.: Restgebiss in Bezug auf Basisgestaltung und Platzierung retentiver und abstützender Elemente analysieren; Nr. 12 lit. a: Totalen Zahnersatz nach Analyse von Funktionsmodellen konstruieren, insbesondere Bissregistratwerte übertragen, Entlastungen einzeichnen, Oberkieferabdämmungen einzeichnen und radieren sowie anatomische Parameter einzeichnen

d) Gesundheitsschädigungen

Als weiteres ungeschriebenes Tatbestandsmerkmal wird für die Ausübung von Heilkunde verlangt, dass die Behandlung gesundheitliche Schädigungen verursachen kann.[780] Auch dieses Tatbestandsmerkmal dient der Verhältnismäßigkeit der Regelung. Denn Maßnahmen ohne nennenswerte Risiken, die keinen relevanten Schaden anrichten können, sollen ebenso von der Regelung ausgenommen sein.[781]

780 Schelling, in: Spickhoff, § 1 HeilPraktG Rn. 12.
781 Schelling, in: Spickhoff, § 1 HeilPraktG Rn. 13.

Die spezielle Gefahrengeneigtheit der Gesundheitshandwerke wurde bereits dargelegt, weshalb folglich auch dieses Kriterium von den Gesundheitshandwerken erfüllt wird.

e) Ergebnis

Im Ergebnis erfüllen die Gesundheitshandwerke den Tatbestand der Ausübung von Heilkunde.

3. Unterschiede zwischen Heilkunde und Gesundheitshandwerk i. S. d. Rechtsprechung

Die Notwendigkeit, ungeschriebene Tatbestandsmerkmale zu bilden, um eine verfassungskonforme Auslegung zu erzielen, zeigt die Probleme der Anwendung und Vollziehung des HeilPraktG auf: Das HeilPraktG, das als „Eliminationsgesetz“[782] von den Nationalsozialisten verabschiedet wurde und in der Nachkriegszeit in Anwendung des Grundgesetzes und einer verfassungskonformen Auslegung zum „Heilpraktiker-Zulassungsgesetz“[783] wurde, führt zu rechtlichen Anwendungs- und Abgrenzungsschwierigkeiten. Dies betrifft insbesondere die Gesundheitshandwerke[784], die vom Gesetzeswortlaut umfasst waren, für die aber eine Ausnahmeregelung vorgesehen war, zu der es nicht mehr kam.

Der Wortlaut wurde deshalb in der Vergangenheit als „unzureichend“[785] und als „zu weit“[786] angesehen, sodass Tätigkeiten ganzer Heilhandwerksberufe davon erfasst wären.[787] *Laufs* fasst die Kritik zusammen mit dem Satz: „Berufspraxis wie Berufsrecht der Heilpraktiker führen in juristische[n] Verlegenheiten und tiefe Widersprüche.“[788]

Das BVerwG legte bereits in seiner Entscheidungsbegründung vom 20. Januar 1966[789] dar, dass der Wortlaut des HeilPraktG schon zum Zeitpunkt seines Inkrafttretens unvollständig war und es „insbesondere einer Grenzziehung gegenüber dem Handwerk bedurfte“[790], wozu es aber nicht kam.

---

782 Oepen, MedWelt 1979, 632.
783 Oepen, MedWelt 1979, 632.
784 Vgl. Guttau, S. 136 ff. zu den optometrischen Leistungen.
785 Pelchen/Häberle, in: Erbs/Kohlhaas, § 1 HeilPraktG Rn. 2.
786 Schelling, in: Spickhoff, § 1 HeilPraktG Rn. 11.
787 Schelling, in: Spickhoff, § 1 HeilPraktG Rn. 11.
788 Laufs, in: Laufs/Kern § 10 Rn. 15.
789 BVerwG, Urt. v. 20.01.1966 – I C 73.64, in: BVerwGE 23, 140 ff.
790 BVerwG, Urt. v. 20.01.1966 – I C 73.64, in: BVerwGE 23, 140 (143).

a) Entscheidung des BVerwG zur Sehschärfenbestimmung

Das BVerwG sah in der Sehschärfenbestimmung durch den Augenoptiker oder in der Hörgeräte-Anpassung durch den Hörakustiker *keine* Ausübung von Heilkunde, da sich die Tätigkeiten auf technische Vorgänge beschränkten, die das Gebiet des Handwerksmäßigen nicht überschritten.[791] Die Bestimmung der Sehschärfe (Refraktion) wurde als technischer bzw. handwerksmäßiger Vorgang bewertet, genauso wie die audiometrische Messung des Hörakustikers.[792] Das Gericht erkannte in diesen Arbeiten Hilfeleistungen, um das Aussuchen und Auswählen von Hilfsmitteln durch den Kunden selbst zu ersetzen, zu erleichtern und zu verkürzen; eine selbstständige Ausübung der Heilkunde liege darin nicht.[793] Solange sich die Tätigkeit des Augenoptikers auf technische Vorgänge beschränke und das Gebiet des Handwerksmäßigen nicht überschreite, könne von einer Ausübung der Heilkunde keine Rede sein.[794]

Diese Einordnung ist hinsichtlich der Legaldefinition in § 1 Abs. 2 HeilPraktG durchaus angreifbar:

- Dient nicht ein Sehtest, den ein Augenoptiker vornimmt, in erster Linie der Feststellung eines Leidens oder eines Körperschadens?
- Ist die Anpassung eines Hörgerätes an den individuellen Hörverlust eines Schwerhörigen nicht eine Linderung des Leidens oder Körperschadens?
- Gilt dies nicht auch für eine Prothese, die der Orthopädietechniker abgibt?

Allerdings ist die Entscheidung des BVerwG auch aus einem anderen Kontext heraus zu betrachten: Die Kläger gingen davon aus, dass Augenoptiker bei der Bestimmung der Sehschärfe Heilkunde i. S. d. HeilPraktG ausübten und deshalb eine Heilpraktiker-Erlaubnis benötigen würden.[795] Die Entscheidung ist daher auch dahingehend zu bewerten, dass den Augenoptikern nicht zugemutet wurde, eine weitere Erlaubnis (zu ihrer Ausbildung zusätzlich) zu beantragen.

Die Grenzen zwischen der Ausübung von Heilkunde i. S. d. HeilPraktG und der Ausübung eines Gesundheitshandwerks sind fließend: Denn das Handwerk kann nur dann optimal und regelkonform ausgeübt werden, wenn es sich gleichzeitig an dem unmittelbaren und individuellen Leiden des Patienten (Kunden) orientiert. Hierzu bedarf es einer ausführlichen Anamnese. Auch erscheint es zweifelhaft,

---

791 BVerwG, Urt. v. 20.01.1966 – I C 73.64, in: BVerwGE 23, 140 (146).
792 BVerwG, Urt. v. 20.01.1966 – I C 73.64, in: BVerwGE 23, 140 (145 f.).
793 BVerwG, Urt. v. 20.01.1966 – I C 73.64, in: BVerwGE 23, 140 (146).
794 BVerwG, Urt. v. 20.01.1966 – I C 73.64, in: BVerwGE 23, 140 (146).
795 BVerwG, Urt. v. 20.01.1966 – I C 73.64, in: BVerwGE 23, 140.

dass eine Refraktion oder Audiometrie allein auf dem Gebiet des Handwerksmäßigen bliebe. Kunde und Gesundheitshandwerker werden die Ergebnisse stets besprechen. Das verlangt eine Auswertung des Gesundheitshandwerkers und hat mit einer rein technischen-handwerklichen Tätigkeit nichts mehr zu tun.

Diesem Spannungsfeld wird der aktuelle Gesetzestext im HeilPraktG nicht gerecht, zumal die verbleibenden Ausbildungsordnungen und Berufsbilder der Gesundheitswerke viele heilkundliche Tätigkeitsfelder aufweisen (exemplarisch):

- § 2 Abs. 2 AugOptMstrV Nr. 8: Fehlsichtigkeit ermitteln und bewerten; Nr. 9: Refraktion der Augen mit objektiven Methoden messen
- § 4 Abs. 2 HörAkAusbV (Nr. 1: individuelle Hörprofile bestimmen und beurteilen; Nr. 2: berufsspezifische, audiologische und otoskopische Befunde erheben und bewerten; Nr. 3: Patientinnen und Patienten hinsichtlich der Versorgungsmöglichkeiten mit Hörsystemen, Hörassistenzsystemen und Sonderversorgungen sowie Zubehör beraten und dabei individuelle Hörerwartungen einbeziehen; Nr. 7: Patientinnen und Patienten betreuen und Rehabilitationsmaßnahmen durchführen)
- § 4 Abs. 3 Nr. 2 lit. a OrthAusbVO: Beurteilen anatomischer, physiologischer, biomechanischer und pathologischer Gegebenheiten
- § 4 Nr. 2 Nr. 1 OrthopschuhmAusbV: Beurteilen von Anatomie, Physiologie und Pathologie der Stütz- und Bewegungsorgane

Diese Tätigkeiten haben sicherlich auch eine handwerkliche Komponente, doch bewegen sie sich in dem heilkundlich-medizinischen Bereich, um Körperschäden oder Leiden festzustellen oder zu lindern.

Der Unterschied wird dann nochmals deutlich, wenn zum Vergleich das fünfte Gesundheitshandwerk, die Zahntechnik, betrachtet wird.

In § 3 ZTechAusbV finden sich unter den gewerkspezifischen Tätigkeitsfeldern (Nr. 8–17) keine diagnostischen, prüfenden und bewertenden Tätigkeiten, sondern ausschließlich aktive Tätigkeiten. Dies wird bereits durch die gewählten Substantive hervorgehoben: Erstellen, Anfertigen, Herstellen, Verarbeiten oder Einarbeiten im Gegensatz zu den oben aufgeführten Teil-Tätigkeiten der anderen Gesundheitshandwerke, sodass ein Unterschied innerhalb der Gesundheitshandwerke besteht.[796]

---

796 Auch wenn es bei der Zahntechnik keine Anamnese gibt, muss der Zahntechniker dennoch medizinische Kenntnisse besitzen (s. o.). Vgl. dazu auch § 7 Abs. 2 Nr. 4 VO über die Berufsausbildung zum Zahntechniker: „Grundlagen der Anatomie und Physiologie des orofacialen Systems, das Gebiss als Funktionseinheit.“

Die Tätigkeitsfelder in der Zahntechnik führen in aller Regel zu keinem direkten Kontakt zum Patienten (in Eil- und Notfällen wird ein Kunde direkt einen Zahntechniker aufsuchen, auch soll es private Krankenkassen und Zahnärzte geben, die die Auswahl des Zahntechnikers ihren Patienten überlassen). Der Zahntechniker kann daher gar nicht am Patienten diagnostisch tätig werden, eine Anamnese vornehmen oder einen Gesundheits- oder Leidensstand feststellen. Denn der Zahntechniker wird vom Zahnarzt, nicht vom Patienten aufgesucht und beauftragt.

Dennoch finden sich auch hier heilkundliche Tätigkeiten, die der Zahntechniker selbstständig ausübt und bei seiner Arbeit berücksichtigt:

- § 4 ZTechAusbV i. V. m. Ausbildungsrahmenplan: Nr. 11 lit. f: Restgebiss in Bezug auf Basisgestaltung und Platzierung retentiver und abstützender Elemente analysieren; Nr. 13 lit. a: Kieferorthopädische Modelle, insbesondere unter Berücksichtigung von Dentitionen und Anomalien, nach gewählten Systemen vermessen und kieferorthopädische Geräte konstruieren

Insofern verbleibt beim Zahntechniker aufgrund des prinzipiell fehlenden Patientenkontakts ein Mehr an handwerklichen-technischen Tätigkeiten gegenüber den übrigen Gesundheitshandwerken. Dies ist bei den vier anderen Gesundheitshandwerken anders. Denn dort gibt es nicht stets den Arzt, der als heilkundliches Korrektiv vorgeschaltet ist. Wenn der Patient nicht den HNO-Arzt, Orthopäden oder Augenarzt aufsucht, ist es Aufgabe des Gesundheitshandwerkers, gewisse Grundabfragen (Anamnesen) vorzunehmen. Das aber betrifft den Bereich der Heilkunde und ist nicht zwangsläufig handwerklich.

Allerdings geht das BVerwG auch nicht so weit, dass es Sehschärfenbestimmungen pauschal und generell als handwerklich-technische Tätigkeit einordnet. Das BVerwG stellt dabei einen Vergleich zum praktischen Arzt (also dem Nicht-Facharzt) her: Auch diesem ist es gestattet, eine Sehschärfenbestimmung vorzunehmen, obwohl er weder über die Fachkenntnisse eines Augenarztes noch über dessen Instrumente verfügt.[797] Im Vergleich zu ihm ist der Augenoptiker besser ausgebildet, weshalb es unverhältnismäßig wäre, ihm die Tätigkeit zu untersagen: „Sie rechtfertigt es unter Berücksichtigung des Grundsatzes der Verhältnismäßigkeit nicht, einem durch seine handwerksmäßige Vorbildung für ein bestimmtes Tätigkeitsfeld *besonders qualifizierten Beruf* nunmehr unter Anwendung des Heilpraktikergesetzes dieses Tätigkeitsfeld zu entziehen.“[798]

---

797 BVerwG, Urt. v. 20.01.1966 – I C 73.64, in: BVerwGE 23, 140 (148).

798 BVerwG, Urt. v. 20.01.1966 – I C 73.64, in: BVerwGE 23, 140 (148; Hervorhebung durch Verfasser).

Das BVerwG argumentiert, dass die Sehschärfenbestimmung nicht besonders gefahrengeneigt sei, weist aber auch darauf hin, dass es sich nicht um eine besonders einfache Tätigkeit handle.

b) Entscheidung des BVerfG zur Augeninnendruckmessung

Das BVerfG beschäftigte sich in seinem Beschluss vom 17. Juli 2000[799] mit der Fragestellung, ob Augenoptiker u. a. Augeninnendruckmessungen (Tonometrie) und Gesichtsfeldprüfungen mittels Computermessung (automatische Perimetrie) durchführen und bewerben dürfen. Dabei prüfte das BVerfG, ob ein Verbot gegen Art. 12 Abs. 1 GG verstoßen würde, ob also ein generelles Verbot der Ausübung der Tonometrie und Perimetrie sowie der Werbung hierfür die Augenoptiker in ihrer Berufsausübungsfreiheit verletzt.[800] Das BVerfG entschied:

„Vorliegend lassen sich kaum vernünftige Erwägungen des Gemeinwohls dafür finden, Angebot und Ankündigung von Tonometrie und Perimetrie generell zu verbieten und den aufklärenden Hinweisen, dass ein krankhafter Befund zuverlässig nur durch einen Augenarzt ausgeschlossen werden kann, kein Gewicht beizumessen. Allein die Möglichkeit, dass ein gebotener Arztbesuch unterbleibt, kann nicht ausreichen, um eine mittelbare Gesundheitsgefährdung zu begründen. Diese Gefahr besteht immer, wenn der Patient nicht unter Beschwerden leidet. [...] Der Schutz der Gesundheit der Kunden kann durch die Untersuchung einerseits und durch den vom OLG geforderten aufklärenden Hinweis vor ihrer Durchführung andererseits weit besser gewährleistet werden.“[801]

Das BVerfG kam folglich zum Ergebnis, dass Tonometrie und Perimetrie von Augenoptikern ausgeführt werden dürfen, da keine mittelbare Gesundheitsgefährdung besteht.

c) Bewertung

Wenn – mit dem BVerfG und dem BVerwG – davon ausgegangen wird, dass bestimmte Tätigkeiten der Gesundheitshandwerke wie die Audiometrie oder die Tonometrie nicht gesundheitsgefährdend sind, liegt keine Heilkunde i. S. d. § 1 Abs. 2 HeilPraktG vor und damit auch keine Erlaubnispflicht.

---

799 BVerfG, Beschl. v. 17.07.2000 – 1 BvR 254/99, in: NJW 2000, 2736 ff.; Guttau (S. 137 FN. 363) weist darauf hin, dass das Verfahren neben der Eingangsinstanz zweimal das Berufungsgericht, dreimal den BGH und einmal das BVerfG in Anspruch nahm.

800 BVerfG, Beschl. v. 17.07.2000 – 1 BvR 254/99, in: NJW 2000, 2736.

801 BVerfG, Beschl. v. 17.07.2000 – 1 BvR 254/99, in: NJW 2000, 2736 f.

Nach den oben aufgeführten Schlussfolgerungen sind die Tätigkeiten im Gesundheitshandwerk aber gerade gefahrengeneigt. Wenn Gesundheitsgefährdungen mittelbar entstehen können, ist es für die Erlaubnispflicht unerheblich, ob zusätzlich medizinische Fachkenntnisse notwendig sind.[802] Die Erlaubnispflicht besteht aufgrund der möglichen Gesundheitsgefährdungen. Bei den Versorgungen durch die Gesundheitshandwerker werden aber medizinische Kenntnisse vorausgesetzt,[803] um die Versorgung *lege artis* auszuführen. Insofern sind eine Vielzahl der Kerntätigkeiten der Gesundheitshandwerke gesundheitsgefährdend und verlangen medizinische Kenntnisse. Danach wäre für diese Kerntätigkeiten § 1 Abs. 2 HeilPraktG erfüllt; es läge eine Erlaubnispflicht vor.

Dieses Ergebnis erscheint weder interessengerecht, noch verhältnismäßig, wenn die Erlaubnispflicht aus dem HeilPraktG mit dem Zulassungsrecht aus der HwO verglichen wird. Gesundheitshandwerker mit einer mindestens dreijährigen Lehre und einer daran anschließenden Gesellenprüfung sowie ggf. einer weiteren Meisterprüfung sind im Zweifel deutlich besser ausgebildet als ein Heilpraktiker, für den es weder einen zwingenden gesetzlichen Ausbildungs-Rahmenplan gibt noch zwingend gesetzlich anerkannte Abschlüsse oder Prüfungen.[804]

Verwiesen kann hier auf die jeweiligen Ausbildungsordnungen und Ausbildungsrahmenpläne. Exemplarisch soll hier die gewöhnliche Länge der Lehre dargestellt werden:

- § 2 AugenoptAusbV: Die Ausbildung dauert drei Jahre.
- § 2 HörAkAusbV: Die Berufsausbildung dauert drei Jahre.
- § 2 OrthAusbVO: Die Ausbildung dauert drei Jahre.
- § 2 OrthopschuhmAusbV: Die Berufsausbildung dauert dreieinhalb Jahre.
- § 2 ZTechAusbV: Die Ausbildung dauert dreieinhalb Jahre.

Insofern ist bei einer verfassungskonformen Auslegung zu beachten, dass gesundheitshandwerkliche Tätigkeiten dann nicht unter das HeilPraktG fallen können, wenn dem hohen Schutzgut „Volksgesundheit" von ausgebildeten

802 Vgl. BVerwG, Urt. v. 25.06.1970 – I C 53.66, in: BVerwGE 35, 308 (311).
803 Vgl. BSG, Urt. v. 21.07.2011 – B 3 KR 14/10 R, in: BSGE 109, 9 (17, Rn. 23).
804 Vgl. A. Ehlers (S. 98): „Wie konnte es zu der einzigartigen Situation kommen, daß ein Berufsstand von staatlicher Überprüfung der notwendigen Professionalisierung ausgespart bleibt und völlige staatliche Freiheit in der Ausbildung existiert? Kennzeichen unserer Gesellschaft ist die staatlich reglementierte Ausbildung, die kontrollierte Prüfung und die stetige Kontrolle der Professionalität. Eine Rarität: Nur die Heilpraktiker unterliegen keiner staatlichen Kontrolle."

Gesundheitshandwerkern deutlich besser Rechnung getragen werden kann als durch Heilpraktiker:

- Die „Heilpraktiker-Prüfung“ ist keine Prüfung, sondern allein Überprüfung, um eine Gefahr für die Volksgesundheit auszuschließen.[805]
- Verfahren, Art und Umfang der Prüfung sind nicht gesetzlich geregelt.[806]

Das HeilPraktG ist stets ein Minus zur Ausbildung der Gesundheitshandwerke und kann daher nicht dazu führen, dass ausgerechnet die minder-qualifizierten Heilpraktiker konkret mehr Tätigkeiten in der Heilkunde ausführen und ausüben können als die Gesundheitshandwerker.

Lausche stellte bereits 1965 fest, dass es eine unzulässige Ungleichbehandlung wäre, wenn einem Heilpraktiker mehr Rechte zustünden als dem ausgebildeten Augenoptiker: „Wenn das [HeilPraktG] daher die Ausübung der Heilkunde lediglich an die Erfüllung dieser sachlich bedeutungslosen Formalie knüpft, wenn es also nichts dagegen einzuwenden hat, daß Personen, die nur ein formelles Zulassungsverfahren passieren, Heilkunde ausüben, so kann es keinesfalls seiner Zweckrichtung entsprechen, einen Personenkreis, der spezielle Ausbildung dafür erhalten und sich über seine Kenntnisse in einer staatlichen Prüfung ausgewiesen hat, von der Vornahme von Handlungen auszuschließen, die sich auf diese Sonderausbildung des betreffenden Personenkreises beziehen und an der Grenze dessen liegt, was man als Ausübung der Heilkunde im allgemeinen versteht. Das aber trifft für die Sehschärfenprüfung durch die Augenoptiker

---

805 A. Ehlers, S. 131; entsprechend heißt es in einem Lehrbuch für Heilpraktiker: „Bei der Überprüfung muss nachgewiesen werden, dass man seinen Patienten **nicht schaden** wird, nicht jedoch, dass man ihnen nützen wird.“ (Richter, S. 8).

806 A. Ehlers, S. 132. Aufschlussreich hier der Inhalt der Kenntnisprüfung die Heilpraktiker-Verwaltungsvorschrift Baden-Württemberg v. 23.06.2014 (GABl. v. 30.06.2014, 357 (361) unter Ziff. 5.4 ff. „Durchführung der Kenntnisprüfung“: „Die Kenntnisprüfung besteht aus einem schriftlichen und einem mündlichen Teil. […] Bei der schriftlichen Kenntnisüberprüfung wird das Antwort-Wahl-Verfahren (Multiple choice) mit 60 Fragen angewandt. Die Auswahl der Fragen erfolgt nach einem mit anderen Ländern abgestimmten Verfahren. […] Für die Beantwortung einer Frage nach dem Antwort-Wahl-Verfahren stehen zwei Minuten zur Verfügung. Wer mindestens 75 Prozent der Fragen zutreffend beantwortet hat, ist zur Fortsetzung der Überprüfung im mündlichen Teil zugelassen. […] Die mündliche Kenntnisüberprüfung soll 45 Minuten pro Person nicht überschreiten.“ Die Bearbeitungszeit für die schriftliche Prüfung beträgt grundsätzlich 120 Minuten (Dölcker, S. 3). Empfohlen wird von Dölcker ein solider Grundstock an medizinischem Wissen (Dölcker, S. 3).

zu."[807] Er erhebt verfassungsrechtliche Bedenken, insbesondere hinsichtlich Art. 3 Abs. 1 GG und erkennt einen Fall der unzulässigen Ungleichbehandlung: „Soll es wirklich richtig sein, daß die sachunkundigen Heilpraktiker jederzeit Sehschärfenbestimmungen vornehmen dürfen?"[808]

Nach Ansicht von *Guttau* benötigt der Augenoptiker zur Durchführung der automatischen Tonometrie und Perimetrie keine medizinischen Fachkenntnisse (die er für maßgeblich ansieht), sodass keine erlaubnispflichtige Heilkunde vorliege.[809] Der BGH hatte indes eine mittelbare Gesundheitsgefährdung erkannt, da (fehlerhafte) Ergebnisse ggf. dazu führen könnten, einem Leiden nicht weiternachzugehen.[810] Im Hinblick auf die Entscheidung des BVerfG zur Tonometrie führt der BGH aus: „Von einer Aufhebung und Zurückverweisung könnte nur dann abgesehen werden, wenn allein die vom Ber.Ger. aufgezeigten mittelbaren Gesundheitsgefahren ein generelles Verbot der Tonometrie und Perimetrie rechtfertigen würden, ohne dass es auf einen aufklärenden Hinweis ankäme. Davon kann jedoch auf Grund der Entscheidung des BVerfG nicht ausgegangen werden. Danach würde ein solches generelles Verbot die Bekl. in ihrer Berufsausübungsfreiheit nach Art. 12 I GG verletzen. Es lasse sich nicht durch hinreichende Gründe des Gemeinwohls rechtfertigen, da in die gebotene Gesamtabwägung auch der Nutzen einer Durchführung von Tonometrie und Perimetrie durch Augenoptiker einzubeziehen sei, der in der Wahrscheinlichkeit einer vermehrten Aufdeckung von vorhandenen oder drohenden Augenerkrankungen bestehe."[811]

Wenn also gerade die positiven Aspekte der Tonometrie und der Perimetrie durch den Augenoptiker erkannt werden und diese mit der Aufdeckung von Erkrankungen begründet werden, wäre es widersprüchlich, wenn dies ohne medizinische Kenntnisse möglich wäre. Wie soll ein Augenoptiker eine Augenerkrankung richtig einschätzen, wenn er nicht über solche konkreten medizinischen Kenntnisse verfügt? Das BVerfG geht in seiner Entscheidungsbegründung davon aus, dass der Augenoptiker bei einem „gewissen Anteil" schwere Erkrankungen am Auge durch Untersuchungen „richtig erkennt".[812] Insofern rechtfertigen gerade die Begründungen des BGH und des BVerfG die Annahme, dass der Augenoptiker medizinische Kenntnisse besitzt und auch anwendet.

---

807 Lausche, GewArch 1965, 241 (242).
808 Lausche, GewArch 1965, 241 (242).
809 Guttau, S. 138.
810 BGH, Urt. v. 21.06.2001 – I ZR 197/00, in: NJW 2001, 3408 (3410).
811 BGH, Urt. v. 21.06.2001 – I ZR 197/00, in: NJW 2001, 3408 (3410).
812 BVerfG, Beschl. v. 17.07.2000 – 1 BvR 254/99, in: NJW 2000, 2736 (2737).

Bei einer verfassungskonformen Auslegung ist zu berücksichtigen, dass bestimmte Teilleistungen, die ggf. formal als Ausübung der Heilkunde angesehen werden könnten, faktisch als Vor-, Neben- oder Nachleistung der Hilfsmittelversorgung dienen. In diesem Zusammenhang wäre es daher zulässig, Vorbehalte gegen die singuläre Durchführung dieser Tätigkeitsfelder zu haben, nicht aber, wenn sie Teile einer vollständigen Versorgung und daher für den Erfolg notwendig sind. Wenn den Gesundheitshandwerken die Ausübung und Versorgung mit bestimmten Hilfsmitteln aufgrund ihrer Ausbildung gestattet wurden, zählen dazu alle Handlungen, die den Erfolg, den Nutzen und die Wirkung potenzieren.

Das BSG[813] hat folgerichtig festgestellt, dass die Wahrnehmung in der Hilfsmittelversorgung „Kenntnisse auch in medizinischer Hinsicht" voraussetzt: „So können etwa Prothesen ohne eingehendes Wissen über die maßgeblichen orthopädischen und sonstigen medizinischen Anforderungen nicht abgegeben [...] werden. Auch die Auswahl und Anpassung von Hörgeräten erfordert Fachwissen über das Hörvermögen und dessen Störungen."[814]

4. *Ergebnis*

Im Ergebnis stellen Tätigkeiten der Gesundheitshandwerke bei einer rein formalen Betrachtung des Wortlauts des HeilPraktG die Ausübung von Heilkunde dar. Gleichwohl dürfen sie von den Gesundheitshandwerken auch ohne eine Heilpraktikerzulassung verrichtet werden, weil sie über die hierfür notwendigen Kenntnisse verfügen. Dies entspricht einer verfassungskonformen Auslegung des § 1 Abs. 1 HeilPraktG: Wie bereits das BVerwG festgestellt hat, wäre es unverhältnismäßig, einer besser und besonders qualifizierten Person ein bestimmtes Tätigkeitsfeld aufgrund fehlender formeller Erlaubnis im Unterschied zu schlechter Qualifizierten mit Erlaubnis vorzuenthalten.[815]

II. Abgrenzung zum Arztberuf

Die Abgrenzung des Gesundheitshandwerkers zum Arzt ist aus zwei Perspektiven zu betrachten: Zum einen muss das ärztliche Berufsbild bestimmt werden. Zum anderen ist zu prüfen, ob es ärztliche Tätigkeiten gibt, die auch zum Berufsbild des Gesundheitshandwerkers gehören (oder Tätigkeiten eines Gesundheitshandwerkers, die zum ärztlichen Berufsbild gehören).

---

813 BSG, Urt. v. 21.07.2011 – B 3 KR 14/10 R, in: BSGE 109, 9 (17, Rn. 23).
814 BSG, Urt. v. 21.07.2011 – B 3 KR 14/10 R, in: BSGE 109, 9 (17, Rn. 23).
815 BVerwG, Urt. v. 20.01.1966 – I C 73.64, in: BVerwGE 23, 140 (148).

1. *Merkmale des freien Berufs*

Gemäß § 1 Abs. 1 BÄO dient der Arzt der Gesundheit des einzelnen Menschen und des gesamten Volkes. Dabei ist der ärztliche Beruf gemäß § 1 Abs. 2 BÄO kein Gewerbe, sondern seiner Natur nach ein freier Beruf. Im ärztlichen Berufsrecht ist nicht genauer definiert, was darunter konkret zu verstehen ist. Allgemein werden unter dem Begriff der freien Berufe „verschiedenartige selbständige Wirtschaftstätigkeiten zusammmengefaßt, die Dienstleistungen höherer Art in der Regel höchstpersönlich und aufgrund einer qualifizierten Hochschulausbildung erbringen."[816]

Entscheidendes Element der Freiberuflichkeit des Arztes soll dessen Weisungsfreiheit sein.[817] Für einen freien Beruf typisch ist die persönliche Leistungserbringung, die bei den Ärzten in § 19 MBO-Ä geregelt ist.[818] Es handelt sich folglich um eine höchstpersönliche Tätigkeit.

Der Arzt übt dabei Heilkunde i. S. d. § 1 Abs. 2 HeilPraktG aus, worunter jede Tätigkeit zur Feststellung, Heilung oder Linderung von Krankheiten, Leiden oder Körperschäden bei Menschen gehört.[819] Entsprechende prophylaktische Tätigkeiten des Arztes fallen ebenfalls darunter.[820] Auch wenn Ärzte gewerbliche Nebentätigkeiten ausüben, üben sie immer noch einen freien Beruf aus, wenn diese im Zusammenhang mit der ärztlichen Tätigkeit stehen.[821]

2. *Überschneidungen zwischen Tätigkeiten des Arztes und des Gesundheitshandwerkers*

In den letzten Jahren wurden immer wieder Überschneidungen zwischen Tätigkeiten der Ärzte und der Gesundheitshandwerker festgestellt.[822] Dies liegt insbesondere an der dynamischen Weiterentwicklung der Medizintechnik und dem

816 Badura, Rn. 370.

817 Rehborn, in: Prütting, § 1 MBOÄ Rn. 8.

818 Hoppe/Seebohm/Rompf, in: Prütting, § 1 BÄO Rn. 31; so auch Schelling, in: Spickhoff, § 1 BÄO Rn. 9.

819 Nach Zuck (in: Quaas/Zuck, § 33 Rn. 7) können allein Ärzte und Nicht-Ärzte (wenn sie eine Heilpraktikererlaubnis besitzen Heilkunde ausüben. Diese Definition geht nach der hier vertretenen Ansicht nicht weit genug. Nach einer verfassungskonformen Auslegung des HeilPraktG üben auch die Gesundheitshandwerker Heilkunde aus, ohne dass sie über eine entsprechende Heilkundeerlaubnis verfügen müssen.

820 Detterbeck, PL, S. 22.

821 Holzner, in: Pielow, § 6 Rn. 46.

822 Detterbeck, PL, S. 24 ff.; ders., WiVerw 2009, 227.

Einsatz von Medizincomputertechnik.[823] Dadurch entwickeln sich die handwerklichen und die ärztlichen Berufsbilder kontinuierlich weiter, weshalb es zu Überschneidungen immer wieder kommt.[824]

Die Weiterentwicklungen und zunehmenden Überschneidungen werden durchaus kritisch betrachtet. Von ärztlicher Seite aus wird beanstandet, dass Hilfsmittel ohne eine ärztliche Verordnung an den Patienten abgegeben werden.[825]

Die Gesundheitshandwerke kritisieren hingegen, dass sich Fachärzte an der Hilfsmittelversorgung beteiligen.[826] In den letzten 20 Jahren kam es deshalb regelmäßig zu gerichtlichen Auseinandersetzungen um den sogenannten verkürzten Versorgungsweg. Dabei ging es um wettbewerbsrechtliche Streitigkeiten, ob ein Arzt gegen sein Berufsrecht verstößt, wenn er bestimmte Leistungen anbietet und Tätigkeiten ausübt, die das Gesundheitshandwerk als singulär-handwerkliche Leistung und Tätigkeit bezeichnet. Beim verkürzten Versorgungsweg verschreibt der Facharzt nicht allein eine Verordnung für den Patienten (über Hörgeräte usw.), sondern berät und versorgt ihn direkt mit dem verschriebenen Hilfsmittel. Das Hilfsmittel wird daher von ihm selbst abgegeben.[827]

Die Abgrenzung der Tätigkeiten zwischen Arzt und Gesundheitshandwerker ist in den vergangenen Jahren kontrovers betrachtet und diskutiert worden.[828] Während teilweise die Ansicht vertreten wurde, dass die ärztliche Versorgung von Patienten mit Hörgeräten oder Kontaktlinsen ohne Einbindung eines Augenoptikers oder Hörakustikers gegen das Handwerksrecht und gegen das ärztliche Berufsrecht verstoßen würde,[829] wurden von anderer Seite keine rechtlichen Bedenken bei der Versorgung durch den Arzt geäußert, sondern auf die Vorteile bei einer Versorgung „aus einer Hand" hingewiesen.[830] Auf diese rechtliche Auseinandersetzung soll im Weiteren nicht eingegangen werden, da sie die hier zu prüfende Thematik nicht betrifft.

---

823 Detterbeck, GewArch 2012, 337.

824 Detterbeck, GewArch 2012, 337 (338).

825 Vgl. Löhler/Akcicek/Wienke/Hoppe, HNO 2014, 360 ff. zur Hörgeräteversorgung ohne HNO-Arzt.

826 Vgl. Gesundheitshandwerke, Demografie, S. 7. Vgl. zur Hörgeräteversorgung Detterbeck, WiVerw 2009, 227.

827 Detterbeck, WiVerw 2009, 227 (228).

828 Vgl. Detterbeck, WiVerw 2009, 227 ff.; Schwannecke/Webers, NJW 1998, 2697 ff.; Kern, NJW 2000, 833 ff.

829 Schwannecke/Webers, NJW 1998, 2697 (2702).

830 Kern, NJW 2000, 833 (837).

Jedenfalls führten die Fortentwicklung in der Medizintechnik und die Spezialisierung in den jeweiligen eigenen Tätigkeitsfeldern dazu, dass Gesundheitshandwerke Tätigkeiten ausüben, die bislang dem ärztlichen Berufsbild zugerechnet wurden.[831] In der Augenoptik z. B. messen nun auch Augenoptiker die Fehlsichtigkeit des Patienten, um ein Brillenglas anfertigen zu können, und bieten eine Tonometrie sowie Perimetrie an.[832]

3. *Rechtsgrundlage für Überschneidungen*

Grundsätzlich unterscheiden sich die Tätigkeiten des Arztes von denen eines Gesundheitshandwerkers. Der Arzt analysiert das Leiden oder die Erkrankung und heilt, der Gesundheitshandwerker gleicht das Leiden oder die Erkrankung durch ein Hilfsmittel aus.[833] Überlagerungen sind dabei fließend, denn wo hört das Heilen auf und fängt die reine Hilfsmittelversorgung an?

Wo es Schnittstellen gibt, können Angehörige beider Berufsgruppen die jeweiligen Tätigkeiten ausüben.[834] Die Ausübung muss allerdings dem eigenen Berufsbild entsprechen.[835] Für das ärztliche Berufsbild sind die Berufsordnungen und vor allem die Weiterbildungsordnungen nebst Richtlinien zur Prüfung des Berufsbildes maßgeblich.[836] Auch ist davon auszugehen, dass die Tätigkeiten, für die der Arzt nach der GÖA oder dem EBM eine Vergütung verlangen kann, zu seinem Berufsbild gehören.[837]

Tätigkeiten, die danach zum ärztlichen Berufsbild gehören, unterliegen nicht der HwO.[838] Für ärztliche Tätigkeiten ist dann das ärztliche Berufsrecht und damit die ärztliche Präsenzverpflichtung maßgeblich.

Insofern kann es bei bestimmten Tätigkeiten möglich sein, dass diese für den Gesundheitshandwerker aus Sicht der HwO und den damit verbundenen Präsenzverpflichtungen betrachtet werden und für den Arzt aus Sicht seiner Berufsordnung und seiner Präsenzverpflichtungen.

---

831 Detterbeck, GewArch 2012, 337 (338).
832 Detterbeck, GewArch 2012, 337.
833 Vgl. Detterbeck, WiVerw 2009, 227 (231).
834 von Maydell/Kötter, S. 32.
835 von Maydell/Kötter, S. 32.
836 Detterbeck, WiVerw 2009, 227 (231).
837 Detterbeck, WiVerw 2009, 227 (231).
838 Detterbeck, WiVerw 2009, 227 (232).

4. *Überprüfung nach Überschneidungen*

Nachfolgend soll anhand der Rechtsprechung und des Schrifttums überprüft werden, welche handwerklichen Tätigkeiten auch dem Berufsbild des Arztes entsprechen.

a) Augenoptiker (Nr. 33)

In der Augenoptik gibt es u. a. folgende Tätigkeiten, die zum Berufsbild des Augenoptikers gehören, aber auch von Augenärzten ausgeübt werden:

- Sehschärfenbestimmung[839]
- Abgabe von Kontaktlinsen[840]
- Brillenanpassung (inkl. Brillenglasberatung; die Korrektur des Brillensitzes; die Messung des Abstands zwischen Brillenscharnier und Ohrmuschel)[841]
- Abgabe von Brillen[842]

b) Hörakustiker (Nr. 34)

In der Hörakustik gibt es u. a. folgende Tätigkeiten, die zum Berufsbild des Hörakustikers gehören, aber auch von HNO-Ärzten ausgeübt werden:

- Individuelle Bedarfsanalyse und Beratung über die Versorgung[843]
- Audiologische Untersuchung[844]
- Erstellen eines Ohrabdrucks[845]
- Überprüfung der individuellen Hörsystem-Anpassung[846]
- Einweisung in den Gebrauch[847]

---

839 BVerwG, Urt. v. 20.01.1966 – I C 73/64, in: BVerwGE 23, 140 (148); Detterbeck, GewArch 2012, 337.

840 OLG Stuttgart, Urt. v. 28.06.1996 – 2 U 146/95.

841 BGH, Urt. v. 09.07.2009 – I ZR 13/07, in: NJW 2009, 3582 (3583).

842 BGH, Urt. v. 09.07.2009 – I ZR 13/07, in: NJW 2009, 3582 (3583 soweit notwendiger Bestandteil der ärztlichen Therapie); kritisch: Detterbeck, GewArch 2012, 337 (338).

843 Detterbeck, WiVerw 2009, 227 (265).

844 Detterbeck, WiVerw 2009, 227 (265).

845 BGH, Urt. v. 29.06.2000 – I ZR 59/98, in: NJW 2000, 2745 (2746); kritisch: Detterbeck, WiVerw 2009, 227, (266).

846 BGH, Urt. v. 29.06.2000 – I ZR 59/98, in: NJW 2000, 2745 (2746).

847 BGH, Urt. v. 29.06.2000 – I ZR 59/98, in: NJW 2000, 2745 (2746).

c) Orthopädietechniker (Nr. 35)

In der Orthopädietechnik gibt es folgende Tätigkeiten, die zum Berufsbild des Orthopädietechnikers gehören, aber auch von Orthopäden ausgeübt werden:

- Abgabe von Orthesen[848]
- Abmessung von Kompressionsstrümpfen[849]

d) Orthopädieschuhmacher (Nr. 36)

In der Orthopädieschuhtechnik gibt es folgende Tätigkeit, die zum Berufsbild des Orthopädieschuhmachers gehört, aber auch von Orthopäden ausgeübt werden:

- Herstellung orthopädischer Schuhe[850]

e) Zahntechniker (Nr. 37)

In der Zahntechnik gibt es folgende Tätigkeit, die zum Berufsbild des Zahntechnikers gehört, aber auch von Zahnärzten ausgeübt wird:

- Herstellung zahntechnischer Produkte[851] (wie z. B. Kronen, Inlays, Zahnprothesen)

5. Ergebnis

Der Arzt übt einen freien Beruf aus. Der freie Beruf unterliegt speziellen Rechten und Pflichten, ggf. auch bezüglich seiner Präsenz. Interessant ist, dass es Tätigkeiten gibt, die sowohl der Arzt als auch der Gesundheitshandwerker ausüben können. Dies sind dabei auch wesentlich gefahrengeneigte Tätigkeiten wie die Ohrabformung (durch den HNO-Arzt) oder die Herstellung zahntechnischer

---

848 OLG Düsseldorf, Urt. v. 08.03.2005 – I-20 U 96/04, in: MedR 2005, 528 (529).

849 LG Trier, Urt. v. 29.09.2000 – 10 HK.O 6/00.

850 Kern, NJW 2000, 833 (836); vgl. BSG, Urt. v. 14.07.1965 – 6 RKa 50/64, in: BSGE 23, 176 (179): „[Ein] Arzt, der orthopädische Heil- oder Hilfsmittel selbst anfertigt […], [wird] insoweit nicht mehr als Arzt tätig, denn es handelt sich hier nicht mehr um eine Leistung, die wesentlich durch die Anwendung medizinisch-wissenschaftlicher Erkenntnisse bestimmt wird und daher in der typischen Tätigkeitssphäre des Arztes liegt".

851 BVerwG, Urt. v. 11.05.1979 – 5 C 16/79, in: NJW 1980 1349; BGH, Urt. v. 14.12.1979 – I ZR 36/78, in: NJW 1980, 1337 (1338); BSG, Urt. v. 12.12.1972 – 3 RK 67/70, in: BSGE 35, 105 (107); Detterbeck, PL, S. 55 f.

Produkte (durch den Zahnarzt). Die ärztlichen Präsenzpflichten sollen im nachfolgenden Kapitel untersucht werden.

Wenn es nun für den *Arzt* bestimmte Präsenzpflichten gibt, könnte dies erst recht unter den Gesichtspunkten der Gleichbehandlung und des Verbraucherschutzes auch für die Präsenzpflichten im Gesundheitshandwerk gelten.[852]

D. Die Präsenzpflichten in den Gesundheitshandwerken im Verhältnis zu anderen Berufen

Nachdem Überschneidungen und Ähnlichkeiten insbesondere zwischen den Gesundheitshandwerkern und Ärzten sowie Heilpraktikern festgestellt wurden, sind nun die Präsenzpflichten zu untersuchen und gegenüberzustellen. Es wäre ein Wertungswiderspruch, wenn für die gleichen Leistungen unterschiedliche Präsenzpflichten beständen, sofern dies nicht gerechtfertigt wäre.

I. Präsenzpflichten des Heilpraktikers

Der Beruf des Heilpraktikers kann grundsätzlich von jedem ausgeübt werden, der die entsprechende staatliche Erlaubnis besitzt.[853]

1. Erlaubnispflicht

Die Heilpraktiker-Erlaubnis ist personenbezogen, was sich sowohl aus § 1 Abs. 1 HeilPraktG wie auch aus § 7 Abs. 1 HeilPraktG ergibt (Rücknahme der Erlaubnis). Aussagen zur Präsenzpflicht ergeben sich dadurch zwar noch nicht, doch spricht die persönliche Erlaubnispflicht für eine Präsenzpflicht.

Zumindest ergibt sich aus § 3 HeilPraktG, dass es keine Erlaubnis zum Umherziehen gibt, sodass – anders als im Reisegewerbe – der Beruf des Heilpraktikers eine feste, dauerhafte Niederlassung verlangt. Allerdings ist auch hier festzustellen, dass eine Standortpräsenzpflicht keine zwingenden Rückschlüsse zulässt, ob damit auch eine Präsenzverpflichtung besteht.

2. Sanktionierung

Zudem ist die Ausübung der Heilkunde ohne Erlaubnis nach § 5 HeilPraktG strafbar. Dies spricht ebenso für die Notwendigkeit der höchstpersönlichen Leistungspflicht und damit auch für eine Präsenzpflicht.

---

852 Vgl. Detterbeck, PL, S. 56 f., der darauf hinweist, dass für den Arzt wiederum auch nicht geringere Anforderungen gelten dürfen als für den Gesundheitshandwerker.

853 Zurstraßen, in: Wenzel, Kap. 10 Rn. 338.

Auch wenn es § 1 Abs. 2 HeilPraktG grundsätzlich erlaubt, dass Heilkunde von Dritten ausgeübt werden kann, führt dies nicht zu einer Minderung der Präsenzpflicht. Denn nur dann liegt keine strafbare Handlung des Mitarbeiters vor, „wenn der Heilpraktiker die gestellte Diagnose überprüft, die angeratene Therapie selbständig verantwortet und vorgenommene Eingriffe so beobachtet, dass ein Eingreifen jederzeit möglich ist".[854] Grundsätzlich ist es deshalb erlaubt, dass ein Angestellter ohne Erlaubnis an der Heilkunde mitwirkt.[855] Dies verlangt aber gerade die Präsenz des Erlaubnisinhabers.

Diese Auffassung lässt sich anhand einer Entscheidung des OLG Lüneburg darstellen: Das OLG Lüneburg verlangte, dass bei einem Nicht-Heilpraktiker, der in einer Arztpraxis Heilkundeverfahren anbietet, der Arzt jederzeit eingreifen können muss.[856] Ohne den Arzt vor Ort durfte Heilkunde nicht ausgeübt werden. Dies muss erst recht gelten für Angebote, die nicht in der Arztpraxis, sondern beim Heilpraktiker selbst ausgeübt werden. Insofern besteht ein indirektes Präsenzgebot für den Heilpraktiker.

Das BayObLG entschied im Übrigen, dass es nicht ausreicht einen weisungsgebundenen Arzt oder zugelassenen Heilpraktiker zu beschäftigen, wenn jemand selbst Heilkunde ausüben will.[857] In dem Fall wird eine eigene Erlaubnis benötigt, sodass der Angestellte ohne Erlaubnis an der Ausübung der Heilkunde unter bestimmten Bedingungen mitwirken, nicht aber diese ausüben darf.

3. *Freier Beruf*

Die Heilpraktiker werden zudem als Angehörige eines freien Berufs angesehen.[858] Ein Kennzeichen der freien Berufe ist die grundsätzliche höchstpersönliche Dienstleistungserbringung.[859]

---

854 Schelling, in: Spickhoff, § 1 HeilPraktG Rn. 2.

855 Schelling, in: Spickhoff, § 1 HeilPraktG Rn. 10.

856 OLG Lüneburg, Urt. v. 06.03.1979 – Ss 1/79, in: NJW 1980, 652.

857 BayObLG, Beschl. v. 03.04.1984 – Rreg – 4 St 40/84, in: NJW 1984, 2643 (2644).

858 Friauf, in: Friauf, § 1 Rn. 179a; Henssler, § 1 Rn. 77, 123; vgl. § 1 Abs. 2 PartGG, § 18 Abs. 1 Nr. 1 EStG. Stober, in: Stober/Eisenmenger, § 45 VIII 4a (S. 23) sieht die freiberuflichen Voraussetzungen bei den Heilpraktikern nicht als gegeben an, da sie keine bestimmte Vorbildung benötigen. Seine Kritik ist durchaus berechtigt. Indes hat sich der Gesetzgeber im PartGG und im EStG für eine andere Bewertung entschieden.

859 Badura, Rn. 370.

4. *Vergleich zu Heilhilfstätigkeiten*

Die Tätigkeiten eines Heilpraktikers stellen in der Regel auch keine Heilhilfstätigkeiten dar, die „[j]e nach Art, Schwierigkeitsgrad und Gefährlichkeit der besonderen (Hilfs-)Funktion [...] einer mehr oder weniger intensiven Anleitung und Beaufsichtigung durch einen Arzt" unterliegen.[860] In dem Fall bestände eine Präsenzpflicht des Arztes.

Das BVerwG grenzte in einer Entscheidung, in der es um die Tätigkeit eines Chiropraktikers geht, die Tätigkeiten der Heilpraktiker von Heilhilfstätigkeiten (z. B. medizinischer Masseure, Krankenpfleger usw.) ab.[861] Der Chiropraktiker übt keine Heilhilfstätigkeiten aus, sondern wird vielmehr selbstständig, eigenverantwortlich und mit ärztlichem Fachwissen tätig.[862] Insofern handelt er höchstpersönlich.

Die Höchstpersönlichkeit seiner Leistungspflicht führt zu erhöhten Sorgfaltspflichten. Die Sorgfaltspflichten verlangen, „dass nur derjenige die Behandlung eines Leidens übernehmen darf, der über die dazu notwendigen Fähigkeiten verfügt. Hat er sie von Anfang an nicht oder stellt er im Laufe der Behandlung fest, dass seine Befähigung nicht ausreicht, setzt aber die Behandlung fort, so ist er für den entstandenen Schaden haftbar."[863] Wenn aber nur derjenige behandeln darf, der über die bestimmten Fähigkeiten verfügt und die erforderliche Erlaubnis besitzt, dann besteht im Umkehrschluss für ihn auch eine entsprechende persönliche Präsenzpflicht, sofern er sich solcher Personen bedient, die nicht diese besonderen Fähigkeiten und Erlaubnisse besitzen.

Insbesondere hält das BVerwG bei den Heilhilfstätigkeiten eine Anleitung und Beaufsichtigung des Arztes für notwendig, wenn sie eine gewisse Schwierigkeit oder Gefährlichkeit aufweisen.[864] Eine unmittelbare Aufsichtspflicht muss folgerichtig erst recht für den Heilpraktiker und einer möglichen Delegation seiner gefahrengeneigten Leistungen gelten.

860 BVerwG, Urt. v. 25.06.1970 – I C 53.66, in: BVerwGE 35, 308 (312).
861 BVerwG, Urt. v. 25.06.1970 – I C 53.66, in: BVerwGE 35, 308 (312).
862 Vgl. BVerwG, Urt. v. 25.06.1970 – I C 53.66, in: BVerwGE 35, 308 (312 f.).
863 Deutsch/Spickhoff, Rn. 590.
864 BVerwG, Urt. v. 25.06.1970 – I C 53.66, in: BVerwGE 35, 308 (312).

5. *Ergebnis*

Diese Feststellungen führen zu dem Rückschluss, dass auch die Ausübung von Heilkunde grundsätzlich persönlich durchzuführen ist und dafür eine individuelle Präsenzpflicht besteht. Andernfalls würde auch der Sinn und Zweck der Erlaubnispflicht aus § 1 Abs. 1 HeilPraktG nicht erfüllt. Denn dann würde eine gesetzliche Erlaubnispflicht zum Schutz der Bevölkerung ins Leere laufen, wenn letztlich doch jeder Dritte die Tätigkeiten des Heilpraktikers ausüben dürfte.

II. Präsenzpflichten des Arztes

Zwischen Arzt und Patienten wird in der Regel ein Behandlungsvertrag geschlossen. Der Behandlungsvertrag ist in § 630a BGB geregelt und gilt als Dienstvertrag besonderer Art.[865] Ausfluss dieser rechtlichen Einordnung ist, dass die vertraglich geschuldete Leistung grundsätzlich vom behandelnden Arzt persönlich zu erbringen ist.[866] Aus § 613 BGB ergibt sich – allgemein für Dienstleistungen –, dass vereinbarte Dienste im Zweifel selbst in Person zu leisten und nicht übertragbar sind. Dies schließt aber nicht aus, dass bestimmte Leistungen delegiert werden können.

1. *Persönliche Leistungspflicht*

Für den Arzt besteht grundsätzlich eine persönliche Leistungspflicht, die an mehreren Stellen normativ aufgegriffen wurde. Sie ist ein Kernelement des Arztberufs.[867] Zudem ist die persönliche Leistungserbringung ein prägendes Merkmal der freien Berufe.[868]

Standesrechtlich ergibt sich die persönliche Leistungspflicht aus § 19 Abs. 1 MBO-Ä, sozialversicherungsrechtlich aus § 15 Abs. 1 SGB V und vergütungsrechtlich aus § 4 Abs. 2 S. 1 GOÄ und Nr. 2.2 EBM.[869]

a) *Standesrecht*

Standesrechtlich ist in § 19 Abs. 1 S. 1 MBO-Ä geregelt, dass Ärzte die Praxisführung persönlich ausüben müssen. Diese Regelung „ist insofern Ausdruck des die ärztliche Tätigkeit prägenden Prinzips der persönlichen Leistungserbringung“.[870]

---

865 Bergmann/Middendorf, in: Bergmann u. a., § 630a BGB Rn. 2.
866 Nebendahl, in: Igl/Welti, § 47 Rn. 7; vgl. Hübner, in: Narr/Hübner, D-VI. 3. Rn. 1.
867 Clemens/Steinhilper, in: Laufs/Kern, § 35 Rn. 52; vgl. Deutsch/Spickhoff, Rn. 41.
868 Janda, S. 131; so auch Hartmannsgruber, in: Ratzel/Luxenburger, Kap. 7 Rn. 257.
869 Nebendahl, in: Igl/Welti, § 47 Rn. 7.
870 Kilian, in: Prütting, § 19 MBOÄ Rn. 1; vgl. auch Scholz, in: Spickhoff, § 19 MBO Rn. 1.

b) Sozialversicherungsrecht

§ 15 Abs. 1 SGB V legt fest, dass ärztliche oder zahnärztliche Behandlung von Ärzten oder Zahnärzten erbracht wird. Der Arztvorbehalt wird verfassungsrechtlich damit gerechtfertigt, dass die Gesundheit der Versicherten nur durch die Behandlung fachkundiger Ärzte gewährleistet ist.[871] Sind Hilfeleistungen anderer Personen erforderlich, dürfen sie gemäß § 15 Abs. 1 S. 2 SGB V nur erbracht werden, soweit sie vom Arzt oder Zahnarzt angeordnet und von ihm verantwortet werden.

§ 28 Abs. 1 S. 1 SGB V stellt ebenso fest, dass die ärztliche Behandlung die Tätigkeit des Arztes umfasst.

c) Gebührenrecht

Auf die vergütungsrechtlich relevanten Regelungen im BMV-Ä und in der GOÄ wird nachfolgend näher eingegangen.

2. Vertretung und Delegation

Die Pflicht zur persönlichen Leistungserbringung durch den Arzt besteht nicht ausnahmslos; nicht alles ist vom Arzt persönlich durchzuführen, er besitzt grundsätzlich die Berechtigung zur Delegation.[872] Dies stellt auch keinen Widerspruch zum Arztvorbehalt dar: „Der Arztvorbehalt begründet bzw. statuiert die **Schlüsselfunktion der Ärzte** bei der Behandlung der Versicherten“[873], doch kann ihm auch dann genügt werden, „wenn sie die Leistungen nicht selbst erbringen.“[874]

Bestimmte Leistungen sind auch an medizinisch geschultes oder sogar nichtmedizinisch geschultes Personal delegierbar. Auch besteht grundsätzlich die Möglichkeit der Vertretung in bestimmten Fällen (Urlaub, Erkrankung usw.). Allgemein gilt als Abgrenzungskriterium für die Delegierbarkeit ärztlicher Leistungen, ob für die Vornahme bestimmter Maßnahmen ärztliches Wissen und ärztliche Erfahrung erforderlich sind.[875]

a) Vertretung

Die ärztlichen Zulassungsverordnungen lassen bei Krankheit, Urlaub oder auch bei der Teilnahme an Fortbildungsmaßnahmen eine Vertretung zu.[876] Doch

871 Wenner, in: Prütting, § 15 SGB V Rn. 3.
872 Wigge, in: Schnapp/Wigge, § 2 Rn. 48.
873 Prehn, in: Berchtold u. a., § 15 SGB V Rn. 7.
874 Prehn, in: Berchtold u. a., § 15 SGB V Rn. 7.
875 Bock, in: Ulsenheimer, Kap. 1 Rn. 293.
876 Hartmannsgruber, in: Ratzel/Luxenburger, Kap. 7 Rn. 262.

verlangt die Vertretung dieselbe fachliche Qualifikation, wie sie der vertretene Vertragsarzt besitzt (§ 14 Abs. 1 BMV-Ä).[877]

b) Delegation

Die grundsätzliche Verpflichtung der persönlichen Leistungserbringung schließt nicht aus, dass bestimmte Hilfsleistungen an Dritte delegiert und von diesen erbracht werden dürfen.[878]

Die Abgrenzung ist schwierig[879]: Auf der einen Seite ist eine Delegation erlaubt und „in der Praxis unumgänglich“[880], auf der anderen Seite muss die Delegationsfähigkeit von Leistungen beschränkt sein – andernfalls gäbe es keinen Grund mehr für das grundsätzliche Heilbehandlungsmonopol der Ärzte.

Grundvoraussetzung der Delegation ist, dass sie der Arzt anordnet und die zu erbringenden Leistungen von ihm dahingehend verantwortet werden, dass sie entweder unter seiner Aufsicht oder nach seiner fachlichen Weisung erbracht werden.[881] Zudem muss der Mitarbeiter, der die Tätigkeiten ausübt, qualifiziert genug sein.[882]

Mit der Berechtigung zur Delegation ist aber noch nichts über die Präsenz des Arztes während der Ausführung der delegierten Tätigkeiten ausgesagt.

aa) Standesrecht

Nach § 19 Abs. 1 S. 1 MBO-Ä müssen Ärzte die Praxistätigkeit persönlich ausüben. Die Vorschrift „ist Ausdruck des Prinzips der persönlichen Leistungserbringung“.[883] Die Möglichkeit der Delegation ärztlicher Leistungen an ärztliche und nichtärztliche Mitarbeiter wird durch die persönliche Leistungserbringungspflicht in § 19 Abs. 1 MBO-Ä nicht ausgeschlossen.[884]

---

877 Hartmannsgruber, in: Ratzel/Luxenburger, Kap. 7 Rn. 265.

878 Hartmannsgruber, in: Ratzel/Luxenburger, Kap. 7 Rn. 267; Nebendahl, in: Igl/Welti, § 47 Rn. 7; Prehn, in: Berchtold u. a., § 15 Rn. 21; Sobotta, in: NK-MedizinR, § 19 MBO Rn. 1; Wenner, in: Prütting, § 15 SGB V Rn. 3.

879 Vgl. Lippert, in: Ratzel/Lippert, § 7 Rn. 34, der auf den Einzelfall abstellen will.

880 Prehn, in: Berchtold, § 15 SGB V Rn. 28.

881 Hoppe/Seebohm/Rompf, in: Prütting, § 1 BÄO Rn. 31.

882 Prehn, in: Berchtold, § 15 SGB V Rn. 21.

883 Clausen, FS Dahm, S. 80; Ratzel, in: Ratzel/Lippert, § 19 Rn. 1.

884 Vgl. Sobotta, in: Bergmann u. a., § 19 MBO-Ä Rn. 1.

bb) Sozialversicherungsrecht

Der oben festgestellte Arztvorbehalt in § 15 Abs. 1 S. 1 SGB V sieht in Satz 2 explizit eine Ausnahme von der persönlichen Leistungserbringungspflicht vor: Danach dürfen Hilfeleistungen von anderen Personen (wie Arzthelfern) erbracht werden, wenn sie vom Arzt oder Zahnarzt angeordnet und von ihm verantwortet werden.

Gemäß § 28 Abs. 1 S. 1 SGB V umfasst die ärztliche Behandlung die Tätigkeit des Arztes, die zur Verhütung, Früherkennung und Behandlung von Krankheiten nach den Regeln der ärztlichen Kunst ausreichend und zweckmäßig ist. Zur ärztlichen Behandlung gehört nach § 28 Abs. 1 S. 2 SGB V auch die Hilfeleistung anderer Personen, die von dem Arzt angeordnet und von ihm zu verantworten ist. Die in § 28 Abs. 1 S. 1 SGB V definierte ärztliche Behandlung betrifft daher nicht allein die Behandlung des Arztes selbst, sondern schließt auch die Einschaltung von Hilfspersonen mit ein.[885]

Es besteht für den Arzt bei den Tätigkeiten Dritter, die – obwohl sie nicht vom Arzt persönlich ausgeübt und erbracht werden – unmittelbar zur ärztlichen Behandlung zählen[886], folgende Verpflichtung:

- Anordnung: Unter der Anordnung versteht man die unmittelbare Weisung des Arztes zum Tätigwerden.[887]
- Verantwortung: Unter der Verantwortung versteht man, dass der Arzt die delegierten Tätigkeiten überwachen und leiten kann.[888]

Eine ärztliche Behandlung, die nicht vom Arzt erbracht wird, verlangt folglich, dass sie der Arzt persönlich anordnet und überwacht.

Hinzuweisen ist schließlich auf § 28 Abs. 1 S. 3 SGB V, der eine Vereinbarung zur Delegation enthält. Die KBV und der GKV-Spitzenverband haben zum 1. Oktober 2013 eine Vereinbarung über die Delegation ärztlicher Leistungen an nichtärztliches Personal in der ambulanten vertragsärztlichen Versorgung gemäß § 28 Abs. 1 S. 3 SGB V vereinbart.[889]

---

885 Lang, in: Becker/Kingreen, § 28 Rn. 19.
886 Lang, in: Becker/Kingreen, § 28 Rn. 20.
887 Lang, in: Becker/Kingreen, § 28 Rn. 22.
888 Lang, in: Becker/Kingreen, § 28 Rn. 23; vgl. Lang, in: Becker/Kingreen, § 15 Rn. 11 ff., der zwischen Hilfspersonen, die ärztliche Leistungen erbringen, und Sonstigen, die die ärztliche Tätigkeit unterstützen, unterscheidet.
889 https://www.gkv-spitzenverband.de/krankenversicherung/aerztliche_versorgung/bundesmantelvertrag/anlagen_zum_bundesmantelvertrag/einzelne_anlagen_zum_bmv/bmv_anlage_24_delegation.jsp

In § 2 dieser Vereinbarung heißt es: „Der Arzt darf Leistungen, die er aufgrund der erforderlichen besonderen Fachkenntnisse nur persönlich erbringen kann, nicht delegieren. Dazu gehören insbesondere Anamnese, Indikationsstellung, Untersuchung des Patienten einschließlich invasiver diagnostischer Leistungen, Diagnosestellung, Aufklärung und Beratung des Patienten, Entscheidungen über die Therapie und Durchführung invasiver Therapien und operativer Eingriffe." Gemäß § 4 Abs. 2 S. 2 der Vereinbarung hat der Arzt seine Mitarbeiter zur selbstständigen Durchführung der zu delegierenden Leistung anzuleiten (Anleitungspflicht) sowie regelmäßig zu überwachen (Überwachungspflicht).

Zur Vereinbarung gehört ein „Anhang zur Anlage 24 des BMV-Ä Beispielkatalog delegierbarer ärztlicher Leistungen". Delegierbare ärztliche Tätigkeiten sind u. a. danach:

Nr. II/	**Delegierbare ärztliche Tätigkeit**	**Konkrete Tätigkeit**	**Typische Mindestqualifikation**
2	Augenärztliche Leistungen	Tonometrie	Medizinische/r Fachangestellte/r (MFA)
3	Hals-Nasen-Ohrenärztliche Leistungen	Audiometrische Messungen, Prüfung des Hörens/der Gleichgewichtsnerven	Medizinische/r Fachangestellte/r (MFA)
3	Hals-Nasen-Ohrenärztliche Leistungen	Hörgeräteversorgung: Kontrolle der Hörgerätehandhabung	Medizinisch-technische/r Assistent/-in für Funktionsdiagnostik (MTAF)
9	Orthopädische/unfallchirurgische Leistungen	Anlage und/oder Wiederanlage von Verbänden und Orthesen (Hinweis: Bei der Anlage fixierender Verbände (insbesondere Gipsverbände) ist die abschließende Kontrolle durch den Arzt erforderlich.)	Medizinische/r Fachangestellte/r (MFA)
9	Orthopädische/unfallchirurgische Leistungen	Abdrücke oder Modellherstellung durch Gips oder andere Werkstoffe	Medizinische/r Fachangestellte/r (MFA)

Aussagen, wie die „regelmäßige Überwachung" i. S. d. § 4 Abs. 2 S. 2 der Vereinbarung auszusehen hat, finden sich nicht. Insofern verwundert nicht, dass die verbleibenden Rechtsunsicherheiten kritisiert werden.[890]

890 Vgl. Lang, in: Becker/Kingreen, § 28 Rn. 24.

cc) Gebührenrecht

Die Gebührenordnungen sowohl für bestimmte GKV- wie auch für PKV-Leistungen sehen vor, dass der Arzt einen Honoraranspruch auch dann erwirbt, wenn die Leistungen nicht von ihm selbst erbracht werden.

aaa) BMV-Ä/EBM

Für Vertragsärzte der gesetzlichen Krankenkassen gibt es Bundesmantelverträge (BMV-Ä), deren Kernstück der Einheitliche Bewertungsmaßstab (EBM) ist.[891] Der EBM ist allerdings keine Gebührenordnung, da er keine Gebührenbeträge enthält.[892] Der Inhalt der abrechnungsfähigen Leistungen für den Vertragsarzt wird in dem EBM bestimmt, der deshalb ein abschließender Leistungskatalog ist.[893]

Jeder an der vertragsärztlichen Versorgung teilnehmende Arzt ist nach § 15 Abs. 1 S. 1 BMV-Ä verpflichtet, die vertragsärztliche Tätigkeit persönlich auszuüben. Nach § 15 Abs. 1 S. 2 BMV-Ä gelten als persönliche Leistungen auch ärztliche Leistungen durch genehmigte Assistenten und angestellte Ärzte. Gemäß § 15 Abs. 1 S. 5 BMV-Ä sind persönliche Leistungen solche Hilfeleistungen nichtärztlicher Mitarbeiter, die der an der vertragsärztlichen Versorgung teilnehmende Arzt, der genehmigte Assistent oder ein angestellter Arzt anordnet und fachlich überwacht, wenn der nichtärztliche Mitarbeiter zur Erbringung der jeweiligen Hilfeleistung qualifiziert ist.

Voraussetzungen für die Anrechenbarkeit sind also:

- Anordnung durch den Arzt
- Fachliche Überwachung
- Qualifikation des Mitarbeiters

Nicht näher geregelt wird im BMV-Ä, welche Anforderungen an die Überwachung des nichtärztlichen Mitarbeiters durch den Arzt bestehen. Zudem stellt der Vertragswortlaut auf „Nebenleistungen" ab, die dann nicht weiter konkretisiert werden. Insofern regelt der BMV-Ä die Präsenzpflicht des Arztes nicht näher.

bbb) GOÄ

Die Vergütung ärztlicher Leistungen regelt die GOÄ.[894] Sie gilt „vor allem für den ärztlichen Honoraranspruch gegenüber Privatpatienten, d. h. solchen Patienten,

891 Scholz, in: Bazan u. a., Rn. 362.
892 Clemens, in: Quaas/Zuck, § 22 Rn. 10.
893 Altmiks, in: NK-MedR, § 87 SGB V Rn. 6.
894 Quaas, in: Quaas/Zuck, § 14 Rn. 42.

für die kein sonstiger sozialrechtlicher Kostenschuldner (GKV, Sozialhilfe) existiert. Unerheblich ist es insoweit, ob der Patient privat versichert ist oder selbst zahlen muss."[895]

Die GOÄ beschäftigt sich ebenso mit der Honorierung von nichtärztlichen Leistungen. Gemäß § 4 Abs. 2 S. 1 GOÄ kann der Arzt nur für selbstständige ärztliche Leistungen Gebühren berechnen, die er selbst erbracht hat *oder* die unter seiner Aufsicht nach fachlicher Weisung erbracht wurden (eigene Leistungen).

Voraussetzungen also für die Anrechenbarkeit bei delegierten Tätigkeiten sind:

- fachliche Weisung
- unter Aufsicht

Die Notwendigkeit der Aufsicht wird dabei nicht so verstanden, dass der Arzt stets vor Ort sein muss.

In der „Amtlichen Begründung" zu § 4 GOÄ heißt es: „Im Rahmen der Verantwortung des Arztes für die Durchführung delegierter Leistungen kann den Bedürfnissen eines reibungslosen Praxisablaufes und einer rationalisierten Leistungserbringung in der Arztpraxis durchaus Rechnung getragen werden (z. B. Konzentration im Einzelfall vom Arzt angeordneter Blutentnahmen auf die Zeit unmittelbar vor Beginn der Sprechstunde, Fortsetzung vom Arzt delegierter Leistungen während eines Krankenbesuchs). Der Arzt muss also nicht zum jederzeitigen Eingreifen bereitstehen; es reicht aus, dass er erreichbar ist, um gegebenenfalls – etwa bei Komplikationen – unverzüglich persönlich einwirken zu können. Diese Voraussetzungen sind nicht gewahrt, wenn der Arzt hierzu tatsächlich nicht in der Lage ist."[896]

Der hier zitierte letzte Satz bedeutet nach *Hoffmann/Kleinken*, dass sich Ärzte nicht Leistungen als eigene Leistungen zurechnen können, auf die sie wegen fehlender Erreichbarkeit keinen Einfluss nehmen konnten.[897] Nicht weiter definiert wird, was unter Erreichbarkeit verstanden wird. Wenn der Arzt zum unverzüglichen, persönlichen Einwirken tatsächlich in der Lage sein muss, spricht dies für eine Vor-Ort-Präsenz und gegen eine rein telefonische Erreichbarkeit. Ausgeschlossen ist eine reine Rufbereitschaft aber nicht.

---

895 Quaas, in: Quaas/Zuck, § 14 Rn. 42.

896 Zitiert nach: Brück, § 4 (S. 91); Hoffmann/Kleinken, § 4 GOÄ Rn. 1.4.

897 Hoffmann/Kleinken, § 4 Rn. 3.4.

ccc) Ergebnis
Die Gebührenordnungen verbieten es dem Arzt nicht, Leistungen abzurechnen, die er selbst nicht ausgeübt hat.

dd) Präsenzpflicht bei Kernbereichsleistungen

Unstrittig ist, dass bestimmte Leistungen des Arztes nicht delegierbar sind. Die Vorgaben des HeilPraktG und der Arztvorbehalt in § 15 SGB V belegen, dass bestimmte Leistungen allein dem Arzt vorbehalten sind. Dem Arztvorbehalt und dem Kurierverbot würde es widersprechen, wenn die Leistungen gar nicht vom Arzt persönlich ausgeübt werden müssen.

Es hängt dabei von der Leistung und dem damit verbundenen Gefahrenpotenzial ab, „[o]b und in welchem Umfang der Arzt ärztliche Leistungen persönlich erbringen muss oder sie an ärztliche oder nicht ärztliche Mitarbeiter delegieren darf".[898] Die undelegierbaren Leistungen sind ärztliche Kernbereichsleistungen.

aaa) Keine Delegation bei Kernbereichsleistungen
Eine Delegation ist dann nicht möglich, wenn es sich um Aufgaben handelt, die den Kernbereich des ärztlichen Wirkens betreffen.[899] Wäre eine Delegation im Kernbereich möglich, würde sich wohl auch die Frage stellen, weshalb es sich noch um einen freien Beruf handelt. So sollen Ärzte ihren Beruf nach ihrem Gewissen ausüben (§ 2 Abs. 1 S. 1 MBO-Ä) und sind gegenüber Nichtärzten weisungsfrei (§ 2 Abs. 4 MBO-Ä). Diese Bestimmung allein „auf sich selbst" kann im Umkehrschluss nur bedeuten, dass Ärzte Kernleistungen stets selbst erbringen müssen, denn andernfalls könnten sie die genannten Vorgaben gar nicht erfüllen.

Bestimmte Kerntätigkeiten kann der Arzt daher generell nicht delegieren. Dazu zählt die

- Anamnese
- Indikationsstellung
- Untersuchung
- Diagnose
- Aufklärung und Beratung
- Therapieentscheidung

---

898 Brück, § 4 Rn. 9.2 (S. 110).

899 Janda, S. 131; Lang, in: Becker/Kingreen, § 15 Rn. 14; Hahn, NJW 1980, 1977 (1980); vgl. Prehn (in: Berchtold u. a., § 15 SGB V Rn. 29), die darauf hinweist, dass dieser Kernbereich der ärztlichen Tätigkeit noch nicht beschrieben ist.

- Durchführung invasiver Therapien
- Operative Eingriffe[900]

Diese Kernleistungen sind die wesentlichen medizinischen Tätigkeiten, die ein Arzt persönlich zu erbringen hat. Bei den aufgeführten Kernleistungen wird deutlich, dass diese nicht zwingend gefahrengeneigt sein müssen.[901]

Eine Delegation dieser Kernleistungen würde dem Sinn und Zweck des Arztberufes als freier Beruf mit verschiedenen Rechten und Pflichten, die aus der Berufsordnung folgen, widersprechen.

bbb) Umkehrschluss: Delegationsrecht von Nicht-Kernleistungen
Wenn bei Kernaufgaben ärztlicher Tätigkeiten eine Delegation ausscheidet,[902] können folglich im Umkehrschluss Nicht-Kernleistungen an qualifizierte Dritte delegiert werden. Dabei kann es sich z. B. um Hilfstätigkeiten handeln, die der Vorbereitung einer Diagnose oder Therapie dienen.[903] Abstrakt soll es sich dabei um vorbehaltene, unterstützende, ergänzende oder allenfalls mitwirkende Tätigkeiten handeln.[904]

c) Ergebnis

Die Festlegung von *Kernleistungen*, verbunden mit der Pflicht, dass diese stets unmittelbar vom Arzt selbst ausgeübt werden müssen, bedeutet im Umkehrschluss, dass *Nicht-Kernleistungen* nicht vom Arzt unmittelbar selbst ausgeübt werden müssen.

3. Präsenzpflicht bei delegierbaren Leistungen

Wenn nun die Delegation von Leistungen, die nicht ärztliche Kernleistungen sind, erlaubt ist, ist zu prüfen, ob die Delegationsfähigkeit zu Präsenz- oder Aufsichtspflichten des Arztes führen.

---

900 BÄK/KBV, Persönliche Leistungserbringung, S. 3; so auch Kern, in: Laufs/Kern, § 45 Rn. 6; Lang, in: Becker/Kingreen, § 15 Rn. 14; Scholz, in: Beck-OK SGB V, § 15 Rn. 9; ders, in: Spickhoff, § 19 MBO Rn. 3. Dies deckt sich mit § 2 der „Vereinbarung über die Delegation ärztlicher Leistungen an nichtärztliches Personal in der ambulanten vertragsärztlichen Versorgung gemäß § 28 Abs. 1 S. 3 SGB V".

901 Vgl. Peikert, MedR 2000, 352 (355).

902 Martis/Winkhart-Martis, Rn. A.396.

903 Janda, S. 131.

904 Kern, in: Ratzel/Lissel, § 3 Rn. 87.

a) Regel: Generelle Präsenzpflicht

Grundsätzlich soll jede Tätigkeit, die der Arzt delegiert, von ihm zu beaufsichtigen sein.[905] *Steinhilper* begründet dies wie folgt: „Nur wenn der Arzt im räumlichen Einzugsbereich des Untersuchungsganges anwesend ist und mithin in Konfliktsituationen auch von dem nichtärztlichen Personal zur Entscheidung von Einzelfällen und Problemsituationen hinzugezogen werden kann, kann die Aufsichtspflicht sinnhaft erfüllt werden."[906]

Diese Anwesenheitspflicht soll auch dann bestehen, wenn der Arzt ärztliche Leistungen an sein nichtärztliches Personal, das in einer Zweigstelle oder in einer ausgelagerten Praxisstätte tätig ist, delegiert.[907] Nach § 17 Abs. 2 S. 1 MBO-Ä ist es Ärzten gestattet, über den Praxissitz hinaus an zwei weiteren Orten ärztlich tätig zu sein. Dabei haben sie Vorkehrungen für eine ordnungsgemäße Versorgung ihrer Patienten an jedem Ort ihrer Tätigkeiten zu treffen (§ 17 Abs. 2 S. 2 MBO-Ä). Doch auch bei diesen Leistungen hat der Arzt jeweils die delegierten Leistungen zu überwachen.[908] Es besteht also eine Präsenzpflicht.

Bei delegierbaren Handlungen besteht für den Arzt die Notwendigkeit der Überwachung und Rufbereitschaft. Wenn sich nun der Arzt in Rufweite aufhalten muss, sofern der nichtärztliche Mitarbeiter an ihn delegierte Handlungen ausübt, bedeutet dies indirekt dann doch eine unmittelbare Präsenzpflicht des Arztes, da er sich ja zumindest *in Rufweite* und damit unmittelbar vor Ort aufzuhalten hat.

BÄK/KBV erklären hierzu: „Es ist daher unzulässig, in der Arztpraxis auf Grund genereller Anordnung an das Praxispersonal Leistungen durchführen zu lassen, wenn der Arzt persönlich nicht in der Praxis erscheinen kann oder für längere Zeit abwesend ist. In solchen Fällen muss daher ein in der Praxis tätiger Vertreter bestellt oder die Praxis vorübergehend geschlossen werden."[909] Nicht ausreichend, auch nicht unter Berücksichtigung der Rufweite, ist es, wenn der Arzt lediglich fernmündlich kontaktiert werden kann.[910] Vom Grundsatz her soll daher eine generelle Anwesenheitspflicht bestehen.

---

905 Steinhilper, in: HK-AKM, Nr. 4060 Rn. 91.
906 Steinhilper, in: HK-AKM, Nr. 4060 Rn. 91.
907 Steinhilper, in: HK-AKM, Nr. 4060 Rn. 91.
908 Steinhilper, in: HK-AKM, Nr. 4060 Rn. 91.
909 BÄK/KBV, Persönliche Leistungserbringung, S. 5.
910 Spickhoff/Seibl, MedR 2008, 463 (469).

b) Ausnahmen von der Präsenzpflicht

Bereits in der „Amtlichen Begründung" der GOÄ wird eine generelle Präsenzpflicht angezweifelt. Es ist umstritten, ob die Regel der persönlichen Anwesenheit des Arztes bei der Ausübung delegierter Tätigkeiten Ausnahmen zulässt.[911] Eine (höchst-)richterliche Entscheidung hierzu steht noch aus.

aa) Ansichten in der Literatur

Steinhilper[912] führt aus, dass nach gegenwärtiger Rechtslage die persönliche Anwesenheit des überwachenden Arztes bei der Durchführung delegationsfähiger Leistungen nach wie vor notwendig sei: „Der Arzt muss sich also für Konfliktfälle jederzeit erreichbar in unmittelbarer räumlicher Nähe aufhalten, um ggfs. auch in den Untersuchungsgang eingreifen und ergänzende Entscheidungen treffen zu können."[913] Als Ausnahme erkennt er an, wenn sich bestimmte Untersuchungsgänge automatisiert haben, da dann sowieso selten eine Eingriffsnotwendigkeit bestehe und selbst in Konfliktsituationen nicht unmittelbar eingegriffen werden müsse.[914] In diesen Fällen sei eine Erreichbarkeit des Arztes „je nach Art der Untersuchung von 15 bis 30 Minuten"[915] angemessen.

Nach *Hartmannsgruber* soll es „[z]weifellos [...] nicht zu beanstanden sein, wenn eine ausgebildete Arzthelferin in Abwesenheit des Praxisinhabers einen Verbandwechsel vornimmt oder Blut entnimmt für spätere Untersuchungen, wenn vorher abgeklärt wurde, dass keine Risiken zu erwarten sind".[916] Erst bei einer „längere[n] Urlaubsabwesenheit" sei eine Delegation nicht mehr erlaubt.[917]

Peikert geht nicht von einer grundsätzlichen Anwesenheitspflicht des Arztes aus, sondern vertritt die Auffassung, dass seine Anwesenheit nur dort verlangt werden könne, „wo sie durch die Pflicht des Arztes, für die Gesundheit des Patienten Sorge zu tragen, zwingend gefordert wird, also dann, wenn die Abwesenheit des Arzt (sic.) während der delegierten Maßnahme durch das nichtärztliche Hilfspersonal als sorgfaltswidrig einzustufen wäre."[918] Wenn ein Schaden atypisch und fernliegend erscheine und die Notwendigkeit des kurzfristigen

911 Ausführliche Darstellung des Meinungsstandes für Laborleistungen bei Taupitz/Neikes, MedR 2008, 121 (128 ff.).

912 Steinhilper, in: Wenzel, Kap. 11 Rn. 358.

913 Steinhilper, in: Wenzel, Kap. 11 Rn. 358.

914 Steinhilper, in: HK-AKM, Nr. 4060 Rn. 92.

915 Steinhilper, in: HK-AKM, Nr. 4060 Rn. 92.

916 Hartmannsgruber, in: Ratzel/Luxenburger, Kap. 7 Rn. 274.

917 Hartmannsgruber, in: Ratzel/Luxenburger, Kap. 7 Rn. 274.

918 Peikert, MedR 2000, 352 (358).

ärztlichen Eingreifens nicht gegeben sei, hält er die Abwesenheit des Arztes für gerechtfertigt.[919] Ob eine Anwesenheitspflicht des Arztes besteht, entscheidet er anhand der konkreten Gefährlichkeit der Maßnahme.[920]

Nach *Bock*[921] gilt der Grundsatz, dass je gefährlicher oder bedeutender eine Maßnahme im Behandlungsgeschehen sei, desto ‚arztnäher' müsse sie vorgenommen werden. Er zeichnet ein Bild mehrerer konzentrischer Kreise und erklärt dies wie folgt: „Den ersten bildet der **ausschließlich dem Arzt vorbehaltene Tätigkeitsbereich**, den zweiten der Bereich **unmittelbarer ärztlicher Aufsicht** über die Durchführung der übertragenen Maßnahmen, den dritten die Arztaufsicht im Sinne einer ständigen und schnellen, keine zusätzliche Gefährdung auslösenden **Erreichbarkeit des Arztes**."[922] Die ärztliche Überwachungspflicht nimmt demnach im Sinne einer abgestuften Gefährdung ab.[923]

Griebau[924] verlangt zwar, dass der Arzt bei delegierter Leistung grundsätzlich in der Praxis anwesend ist, doch sei eine kurzzeitige Abwesenheit hinnehmbar, solange der Arzt in angemessener Zeit erreichbar sei und die Art der von ihm angeordneten und unter seiner Abwesenheit erbrachten Maßnahme vertretbar erscheine. Die ärztliche Leistung habe erst dann zu unterbleiben oder sei durch einen Vertreter auszuüben, wenn der Praxisinhaber nicht in der Lage sei, kurzfristig zu kommen, oder generell bei längerer Abwesenheit.[925]

Nach *Zipperer* sind solche Verrichtungen nicht delegationsfähig, die wegen ihrer Schwierigkeit, ihrer Gefährlichkeit oder wegen der Unvorhersehbarkeit etwaiger Reaktionen ärztliches Fachwissen verlangen und deshalb in die Hand des Arztes gehörten.[926]

bb) Ansicht der Berufsvertretung

Diese Ansichten decken sich letztlich mit den Ausführungen der BÄK/KBV: „Erbringen nichtärztliche Mitarbeiter delegierte Leistungen, ist der Arzt verpflichtet, sich grundsätzlich in unmittelbarer Nähe (Rufweite) aufzuhalten. Es ist daher unzulässig, in der Arztpraxis auf Grund genereller Anordnung an das Praxispersonal Leistungen durchführen zu lassen, wenn der Arzt persönlich

919 Peikert, MedR 2000, 352 (358).
920 Peikert, MedR 2000, 352 (359).
921 Bock, in: Ulsenheimer, Kap. 1 Rn. 294.
922 Bock, in: Ulsenheimer, Kap. 1 Rn. 294.
923 Bock, in: Ulsenheimer, Kap. 1 Rn. 294.
924 Griebau, in: Saalfrank, § 5 Rn. 82.
925 Griebau, in: Saalfrank, § 5 Rn. 82.
926 Zipperer, in: Orlowski u. a., § 28 SGB V Rn. 14a.

nicht in der Praxis erscheinen kann oder für längere Zeit abwesend ist. In solchen Fällen muss daher ein in der Praxis tätiger Vertreter bestellt oder die Praxis vorübergehend geschlossen werden. Bei vorübergehender Abwesenheit können jedoch Leistungen durchgeführt werden, die der Arzt einzelfallbezogen bereits angeordnet hat, wenn dies medizinischen Erfordernissen genügt. Als Grundregel kann gelten, dass eine Abwesenheit des Arztes um so eher hingenommen werden kann (sic.) je höher Kenntnisstand und Erfahrung des Mitarbeiters in Bezug auf die delegierte Leistung sind und je geringer das mit der Leistung für den Patienten verbundene Gefährdungspotential ist. So können beispielsweise vom Arzt im Einzelfall vorher angeordnete Blutentnahmen in der Zeit vor Beginn der Sprechstunde durchgeführt werden, wenn der Arzt erreichbar ist und notfalls kurzfristig persönlich in der Praxis sein kann. Soweit im Krankenhaus auch zur Nachtzeit und an Wochenenden Ärzte im Bereitschaftsdienst anwesend sind, können nichtärztliche Mitarbeiter zuvor im Einzelfall ärztlich angeordnete Leistungen auch zu diesen Zeiten erbringen. Dabei muss aber sicher gestellt sein, dass ein Arzt im Notfall kurzfristig zur Verfügung stehen kann (Notfallkette).“[927]

cc) Stellungnahme

Sowohl die herrschende Meinung in der Literatur wie auch die Standesvertretungen lassen eine Delegation ohne unmittelbare Präsenz des Arztes zu. Allerdings wird bei diesen Auffassungen deutlich, dass sich die Abwesenheit des Arztes an der Gefährlichkeit der Tätigkeit orientiert: Je gefährlicher die Tätigkeit ist, desto unmittelbarer muss die Eingriffsmöglichkeit des Arztes sein.

Die Ansichten gehen dabei davon aus, dass die Tätigkeiten, die delegiert werden, stets nur an solches Personal delegiert werden dürfen, die über eine entsprechende Qualifikation verfügen. Je qualifizierter die Person ist, desto mehr gefahrengeneigtere Tätigkeiten dürfen an sie delegiert werden.

c) Ergebnis

Die Vertretungen der Ärzte, BÄK und KBV halten ärztliche Abwesenheitszeiten für hinnehmbar, sofern die Mitarbeiter des Arztes entsprechend gut ausgebildet sind und kein erhöhtes Gefährdungspotenzial für den Patienten besteht.

Diese Ansicht wird auch vom Schrifttum vertreten, sodass folgende Feststellungen getroffen werden können:

- Die Delegation an nichtärztliche Mitarbeiter ist eingeschränkt möglich.

---

927 BÄK/KBV, Persönliche Leistungserbringung, S. 5.

- Maßgebliche Kriterien sowohl für die Delegationsfähigkeit wie für die Präsenzzeit sind sowohl die Gefährlichkeit der Tätigkeit und die Kenntnisse des Mitarbeiters.

4. *Einordnung von Tätigkeiten, die sowohl Ärzte als auch Gesundheitshandwerker ausüben*

Regelmäßig wird darüber diskutiert, ob und ggf. welche Leistungen ein Arzt ausüben darf, die gleichzeitig von Gesundheitshandwerkern angeboten werden.[928] Die Fragestellung hat hier eine besondere Bedeutung, da sie Rückschlüsse auf eine Präsenzpflicht geben kann. Wenn der Arzt bei Tätigkeiten, die ein Gesundheitshandwerker ebenso anbietet, verpflichtet ist, aufgrund der Gefahrengeneigtheit präsent zu sein, dann muss dies grundsätzlich auch für den Gesundheitshandwerker gelten.

Wichtig ist dabei, ob es sich bei den Leistungen um Kernleistungen des Arztes handelt, die er stets höchstpersönlich ausführen muss und damit eine Präsenzpflicht vorgegeben ist oder ob es sich um delegierbare Tätigkeiten handelt, bei denen ggf. keine Präsenz vor Ort notwendig ist.

Leistungen, die im Kernbereich des Arztes liegen, dürfen grundsätzlich nicht von Dritten ausgeübt werden. Wo der Kernbereich ärztlicher Leistungen beginnt, hört die Möglichkeit der Delegation auf.[929]

Zunächst hört es sich wie ein Widerspruch an, wenn Leistungen aus dem ärztlichen Kernbereich von Gesundheitshandwerkern ausgeübt werden. Wenn sich eine Tätigkeit im ärztlichen Kernbereich befindet, dürfte sie doch aufgrund des Artvorbehalts nicht von (nichtärztlichen) Dritten ebenso ausgeübt werden. Im Bereich der Hilfsmittel gilt der Arztvorbehalt aber nicht.[930] Aus diesem Grund ist es in der Hilfsmittelversorgung möglich, Leistungen sowohl als Kernleistungen des Arztes als auch des Gesundheitshandwerkers auszuweisen, da eine Ausschließlichkeit der Leistungserbringung nicht gegeben ist.[931]

Sollte die gleiche Tätigkeit sowohl dem Arzt wie auch dem Gesundheitshandwerker erlaubt sein und sollte es sich dabei um ärztliche Kernleistungen handeln (wie z. B. die Anamnese), dann dürfte die Tätigkeit einerseits in der Arztpraxis

---

928 Ratzel, in: Berchtold u. a., § 128 SGB V Rn. 16.

929 Prehn, in: Berchtold u. a., § 15 SGB V Rn. 30; vgl. Lang, in: Becker/Kingreen, § 15 Rn. 14.

930 Vgl. BSG, Urt. v. 10.03.2010 – B 3 KR 1/09 R; BSG, Urt. v. 16.09.1999 – B 3 KR 1/99 R, in: BSGE 84, 266 (267); Lang, in: Becker/Kingreen, § 15 Rn. 12.

931 Vgl. Detterbeck, WiVerw 2009, 227 (235).

allein vom Arzt ausgeübt werden (also nicht delegiert werden) und andererseits dennoch vom Gesundheitshandwerker verrichtet werden. Bei Kernleistungen des Arztes bestände für diesen im Übrigen auch eine persönliche Leistungspflicht und damit auch ein unmittelbares Präsenzgebot. Es ließe sich dann aber kaum rechtfertigen, weshalb für einen Arzt bei der Ausübung dieser (gefahrengeneigten) Tätigkeiten eine Präsenzpflicht besteht, für den Meister bei den gleichen Tätigkeiten aber nicht.

Es wird die Ansicht vertreten, dass es sich bei den Arbeiten im Gesundheitshandwerk um bloße handwerkliche Tätigkeiten handele, mithin gar nicht um ärztliche Tätigkeiten.[932] Begründet wird dies damit, dass die Erbringung handwerklich-technischer Leistungen keine ärztliche Behandlung darstelle.[933] Diese Tätigkeiten würden deshalb kein medizinisches Fachwissen erfordern, weshalb ein Arzt sie aufgrund seines ärztlichen Fachwissens nicht leiten oder kontrollieren und damit auch nicht verantworten müsse.[934]

Dieser Ansicht ist aus verschiedenen Gründen zu widersprechen:

- Sie berücksichtigt in ihrer Pauschalität nicht, dass es teilweise für bestimmte Tätigkeiten in der GOÄ/EBM[935] Abrechnungspositionen gibt, die auch von Gesundheitshandwerkern ausgeübt werden. Eine Abrechnungsposition für eine Tätigkeit ist nur dann sinnvoll, wenn der Arzt sie auch abrechnen kann und es sich mithin um eine ärztliche Tätigkeit handelt. Aus diesem Grund gibt es bei einer Abrechnungsposition die Vermutung, dass ein Arzt die Tätigkeit ausüben darf.[936] Andernfalls läge ein Widerspruch vor, wenn er die Position abrechnen darf. Gleiches gilt für Tätigkeiten, die in der Berufs- oder Weiterbildungsordnung des Arztes explizit aufgeführt sind.[937] Auch hier lässt es sich nicht vertreten, dass es sich um eine rein handwerkliche Tätigkeit handelt.[938]
- Die Behauptung, dass es sich bei den Tätigkeiten der Gesundheitshandwerke stets um handwerkliche handeln muss, ist auch von anderer Stelle aus

932 von Maydell, in: GK-SGB V, § 28 Rn. 19; Kraftberger, in: LPK-SGB V, § 28 Rn. 18.

933 von Maydell, in: GK-SGB V, § 28 Rn. 20.

934 von Maydell, in: GK-SGB V, § 28 Rn. 19.

935 Vgl. Detterbeck, WiVerw 2009, 227 (237) zur Hörfeldskalierung.

936 Vgl. Detterbeck, WiVerw 2009, 227 (231).

937 Vgl. Detterbeck, WiVerw 2009, 227 (237) zur Audiologie.

938 Detterbeck, WiVerw 2009, 227 (236) weist aber darauf hin, dass sich allein durch eine Erweiterung der Weiterbildungsordnung nicht das ärztliche Berufsbild ausdehnen lässt. Es bedarf bei den Tätigkeiten stets eines Bezugs zum Bereich der medizinischen Analyse, der Diagnose oder des Heilens oder einen spezifisch medizinisch-wissenschaftlichen Bezug.

problematisch: Die Gesundheitshandwerke haben sich in ihrer Dynamik weiterentwickelt, weshalb ihre Tätigkeit nicht auf ein reines handwerkliches reduziert werden kann. Dies wird der Komplexität und (gesundheitlichen) Verantwortung nicht mehr gerecht.

- Es gibt zudem Tätigkeiten, die sowohl ärztlicher als auch handwerklicher Art sind.[939] Die oben vertretene Ansicht übersieht daher, dass es Überschneidungen zwischen den jeweiligen Berufsordnungen geben kann.[940] Somit ist es möglich, dass ein Arzt aufgrund seines Berufsrechts die gleiche Tätigkeit ausüben darf wie der Gesundheitshandwerker aufgrund seines Berufsrechts.

Die Überschneidungen der verschiedenen Tätigkeiten durch Arzt und Gesundheitshandwerker sind in den letzten Jahren regelmäßig beim verkürzten Versorgungsweg aufgetreten. Zu dieser Versorgungsart und ihren Überschneidungen gibt es eine Vielzahl an Entscheidungen und juristischen Ausführungen, auf die hier zurückgegriffen werden kann.

a) Vergleich zum verkürzten Versorgungsweg

In § 128 Abs. 4 SGB V ist der sog. verkürzte Versorgungsweg gesetzlich geregelt. Er sieht eine Beteiligung von Vertragsärzten an der Durchführung der Hilfsmittelversorgung vor.[941] Beim verkürzten Versorgungsweg erfolgt die Versorgung des Patienten unmittelbar durch den Arzt.[942]

aa) Tätigkeiten des Arztes im verkürzten Versorgungsweg

In der Rechtsprechung[943] und in der Literatur[944] wurde in den vergangenen Jahrzehnten regelmäßig überprüft und bewertet, ob Ärzte bestimmte Tätigkeiten der Gesundheitshandwerker ausüben dürfen. Beim verkürzten Versorgungsweg wird der Patient von seinem Arzt nicht nur medizinisch betreut, sondern direkt auch mit einem (von ihm selbstverordneten) Hilfsmittel versorgt, weshalb der Patient nicht mehr in Kontakt zum Gesundheitshandwerker tritt.[945] Der Versorgungsweg wird „verkürzt“, weil bestimmte Dienstleistungen vom Arzt

939 Detterbeck, WiVerw 2009, 227 (234).
940 Detterbeck, WiVerw 2009, 227 (235).
941 Murawski, in: LPK-SGB V, § 128 Rn. 5.
942 Detterbeck, WiVerw 2009, 227 (228).
943 Vgl. BGH, Urt. v. 29.06.2000 – I ZR 59/98, in: NJW 2000, 2745 ff.
944 Vgl. Detterbeck, WiVerw 2009, 227 ff.
945 Detterbeck, WiVerw 2009, 227 (228).

übernommen werden, der damit Leistungen erbringt, die beim „klassischen" Versorgungsweg vom Gesundheitshandwerker erbracht werden.[946]

In der öffentlichen Diskussion über diese Versorgungsform wird in der Regel davon ausgegangen, dass die Dienstleistungen, die der Arzt anstelle des Gesundheitshandwerkers im verkürzten Versorgungsweg übernimmt, *persönlich* von ihm ausgeübt werden.[947]

Nach § 128 Abs. 4 S. 1 SGB V dürfen beim verkürzten Versorgungsweg Vertragsärzte nur auf der Grundlage vertraglicher Vereinbarungen mit Krankenkassen *über die ihnen im Rahmen der vertragsärztlichen Versorgung obliegenden Aufgaben hinaus* an der Durchführung der Versorgung mit Hilfsmitteln *mitwirken.*

Im verkürzten Versorgungsweg geht es also um die Mitwirkung des Arztes, die über seine Aufgaben in der vertragsärztlichen Versorgung hinaus gehen. Es kann sich also nicht um Tätigkeiten handeln, die der Arzt im Rahmen seiner gewöhnlichen Behandlung erbringt. Das bedeutet aber freilich nicht, dass es sich um handwerkliche Tätigkeiten handelt. Denn der Arzt ist nur zur Ausübung solcher Tätigkeiten berechtigt, die zu seinem Berufsbild gehören.[948] Ärzte können daher in ihrer Eigenschaft als Ärzte nur *ärztliche* Tätigkeiten ausüben. *Detterbeck* erläutert diese wesentliche Abgrenzung an folgendem Beispiel: „Repariert etwa ein nicht ausgelasteter HNO-Arzt in seiner Praxis Fernsehgeräte zum Zwecke der Einnahmeerzielung, übt er selbstverständlich das zulassungspflichtige Handwerk des Informationstechnikers [...] aus, weil er insoweit nicht in ärztlicher Eigenschaft tätig ist."[949]

Das ärztliche Mitwirkungsrecht bei der Hilfsmittelversorgung ist gemäß § 128 Abs. 4a S. 1 SGB V daran gekoppelt, dass die Wirtschaftlichkeit und Qualität der Versorgung nicht eingeschränkt wird. Die Sicherstellung einer qualitativen Versorgung spricht ebenso für eine höchstpersönliche Leistungspflicht.

Ausgeschlossen ist mit dem Wortlaut indes nicht, dass es sich um Leistungen handelt, die der Arzt delegieren könnte.

---

946 Detterbeck, WiVerw 2009, 227 (228); vgl. auch Butzer/Bogan, VSSR 2010, 309 (310 f.).
947 Vgl. Zuck, in: Quaas/Zuck, § 41 Rn. 19.
948 Vgl. Detterbeck, WiVerw 2009, 227 (232 f.).
949 Detterbeck, WiVerw 2009, 227 (233).

bb) Ausübung des verkürzten Versorgungsweges in der Praxis am Beispiel der Hörgeräteversorgung

In der Praxis wurde wiederholt von Fällen berichtet, in denen beim verkürzten Versorgungsweg die Tätigkeiten des Arztes nicht von ihm selbst, sondern von einer dritten Hilfsperson erbracht werden.

aaa) Entscheidung des VG München

In einer Entscheidung des VG München wehrte sich eine Hilfsperson, die kein HNO-Arzt und auch kein Hörakustiker war, gegen die Untersagung, das Hörakustiker-Handwerk auszuüben.[950] Der Kläger trug selbst vor, dass er „seine Tätigkeiten ausschließlich in den Räumlichkeiten der mit dem Leistungserbringer kooperierenden HNO-Praxen aufgrund einer vertraglichen Bindung mit dem jeweiligen HNO-Arzt, also quasi als Mitarbeiter des HNO-Arztes [durchführe ...]. [Er unterstütze] verschiedene HNO-Ärzte bei der Versorgung von Patienten mit Hörhilfen im Rahmen des verkürzten Versorgungwegs.“[951]

Das Gericht stellte explizit fest, dass sich der Kläger „nicht darauf berufen [kann], dass die Tätigkeiten, die er ausübt, einem HNO-Arzt erlaubt wären und daher auch für ihn nicht als Ausübung von Tätigkeiten zu qualifizieren wären, die wesentlicher Bestandteil eines Handwerks sind.“[952]

Die Frage der Delegation musste nicht weiter geklärt werden, da eine Zurechnung nur bestände, wenn die Tätigkeiten mit eigenen Mitteln der Praxis und mit eigenem Personal erbracht würden.[953] Diese Voraussetzungen waren aber nicht erfüllt, zumal der Kläger „ohne ärztliche Beratung oder Aufsicht“ die Tätigkeiten selbstständig ausübte.[954]

bbb) Versorgungsverträge der GKV

Versorgungsverträge nach § 128 Abs. 4 SGB V ermöglichen es Ärzten, die ihnen zugewiesenen Aufgaben an Dritte zu delegieren.

Recht vage heißt es zum Beispiel im Versorgungsvertrag der AOK Bayern über die Versorgung mit Hörhilfen im Rahmen des verkürzten Versorgungsweges[955] unter § 5 Abs. 4: „Der HNO-Arzt stellt sicher, dass er Leistungen nach

---

950 VG München, Urt. v. 25.04.2017 – M 16 K 15.5455, juris Rn. 1.

951 VG München, Urt. v. 25.04.2017 – M 16 K 15.5455, juris Rn. 18.

952 VG München, Urt. v. 25.04.2017 – M 16 K 15.5455, juris Rn. 35.

953 VG München, Urt. v. 25.04.2017 – M 16 K 15.5455, juris Rn. 35.

954 VG München, Urt. v. 25.04.2017 – M 16 K 15.5455, juris Rn. 35.

955 http://www.aok-gesundheitspartner.de/by/hilfsmittel/vertraege_preise/hoerhilfen/index.html; dort: Versorgung mit Hörhilfen im Rahmen des verkürzten Versorgungsweges Stand: 16.11.2016.

diesem Vertrag vorrangig selbst oder – soweit zulässig – nur durch sein dazu audiologisch fortgebildetes Personal erbringt."

In den Empfehlungen zur Präqualifizierung führt der GKV-Spitzenverband aus, dass „[b]ei arbeitsteiligen Versorgungen nach § 128 Abs. 4 ff. SGB V [...] die Anforderungen von den ärztlichen und nichtärztlichen Leistungserbringern entsprechend der vertraglich vereinbarten Aufgabenverteilung gemeinsam zu erfüllen [sind]."[956]

In einer fachlichen Erläuterung des verkürzten Versorgungswegs bei der Hörgeräteversorgung heißt es: „Die Anpassung der Hörsysteme erfolgt in Form einer Fernanpassung über eine Online-Verbindung zwischen HNO-Praxis und Lieferfirma. Vor Ort begleitet wird der Versorgungsprozess durch das Praxispersonal der HNO-Fachpraxis, das auch die Einweisung in die Funktion der Hörsysteme und deren Gerbrauch vornimmt."[957]

Im Hinblick auf die „Vereinbarung über die Delegation ärztlicher Leistungen an nichtärztliches Personal in der ambulanten vertragsärztlichen Versorgung gemäß § 28 Abs. 1 S. 3 SGB V" zwischen KBV und GKV-Spitzenverband und die in der Anlage aufgeführten Beispiele, lässt sich für die Hörgeräteversorgung sagen, dass die beiden Vertragsparteien Delegationen bei folgenden Tätigkeiten akzeptieren:

Nr. II/	**Delegierbare ärztliche Tätigkeit**	**Konkrete Tätigkeit**	**Typische Mindestqualifikation**
3	Hals-Nasen-Ohrenärztliche Leistungen	Audiometrische Messungen, Prüfung des Hörens/der Gleichgewichtsnerven	Medizinische/r Fachangestellte/r (MFA)
3	Hals-Nasen-Ohrenärztliche Leistungen	Hörgeräteversorgung: Kontrolle der Hörgerätehandhabung	Medizinisch-technische/r Assistent/-in für Funktionsdiagnostik (MTAF)

Bei der „Hörgeräteversorgung" wird durch die Verwendung des Doppelpunktes in der Tabelle (so auch im Orignial) deutlich, dass allein die „Kontrolle der Handhabung" an nichtärztliches Personal delegiert werden kann. Insbesondere wenn man wie der BGH[958] davon ausgeht, dass die Ohrabformung zum

956 GKV-Spitzenverband, Empfehlungen, S. 10.
957 Kießling in: Kießling/Kollmeier/Baumann, Nr. 4.1.4 (S. 243 f.).
958 BGH, Urt. v. 29.06.2000 – I ZR 59/98, in: NJW 2000, 2745 (2746).

Berufsbild des HNO-Arztes gehört, da sie als GOÄ abgerechnet werden kann, belegt dies, dass bei den nicht aufgeführten Tätigkeiten davon auszugehen ist, dass sie nicht delegierbar sind.

Zwar wird in § 1 der Vereinbarung betont, dass die Beschreibung delegationsfähiger ärztlicher Leistungen nicht abschließend ist, sondern den Charakter einer bespielhaften Aufzählung hat, die der Orientierung der Handelnden dient. Auch trägt der Anhang die Bezeichnung „Beispielkatalog delegierbarer ärztlicher Leistungen“ (Unterstreichung im Original).

Es wäre aber nicht begreiflich, weshalb bei der Hörgeräteversorgung allein die relativ ungefährliche Kontrolle als konkrete delegierbare Tätigkeit genannt wäre und auf die Benennung deutlich schwierigerer Leistungen verzichtet wurde. Die Vermutung spricht daher für eine abschließende Aufzählung.

cc) Ergebnis

Es ist nachvollziehbar, dass die offenen Fragen, welche Tätigkeiten der Arzt selbst auszuüben hat (Kernaufgaben) und welche er delegieren kann, auch den verkürzten Versorgungsweg betreffen. Warum sollten die Fragen hier geklärt und gelöst sein, wenn sie bereits im Allgemeinen nicht geklärt sind?[959] Beim verkürzten Versorgungsweg findet die Diskussion ihren Weg in die Praxis, da in der Regel davon ausgegangen wird, dass der Arzt anstelle des Gesundheitshandwerkers die Versorgung übernimmt, aus der Praxis es aber Hinweise gibt, dass die Versorgung von nichtärztlichen Helfern vorgenommen wird.

Man wird davon ausgehen müssen, dass die Erlaubnis, Tätigkeiten des Gesundheitshandwerkers auszuüben, in erster Linie an die persönliche Befähigung des Arztes gebunden ist. Andererseits haben weder Gesetzgeber noch die gesetzlichen Krankenkassen die persönliche Tätigkeit des Arztes unmissverständlich angeordnet und die Delegation verboten.

Die zuvor festgestellte Möglichkeit der Delegation wird daher auch auf den verkürzten Versorgungsweg zu übertragen sein: Je gefährlicher die Tätigkeit ist, desto unmittelbarer muss die Eingriffsmöglichkeit des Arztes sein. Maßgebliche Kriterien sind daher die Gefährlichkeit der Tätigkeit und die Kenntnisse der Mitarbeiter.

---

959 Vgl. bereits Hahn (NJW 1981, 1977, 1980): „Als erstaunliches Zwischenergebnis ist festzustellen, daß eine eindeutige Bestimmung des Arbeitsfeldes des Arztes nicht möglich ist.“

b) *Untersuchung der ärztlichen Präsenzpflicht beim verkürzten Versorgungsweg*

In der Rechtsprechung wurde und wird schon seit mehreren Jahren darüber entschieden, welche Tätigkeiten ein Arzt im verkürzten Versorgungsweg ausüben darf.

aa) Augenoptiker (Nr. 33)

Das OLG Stuttgart prüfte, ob Augenärzte genauso wie Augenoptiker Kontaktlinsen abgeben dürfen und bejahte diese Möglichkeit: „Diese Tätigkeiten setzen zwar besondere Fachkenntnisse voraus. Sie sind jedoch mit Ausnahme der unmittelbaren Bearbeitung von Kontaktlinsen nicht nur Aufgabe des Optikers, sondern auch typisch ärztliche Aufgabe und fallen deshalb zumindest auch in die Kompetenz des Augenarztes. Dies gilt zunächst für die sog. Kontaktlinsenanpassung, die mit der Bestimmung der Fehlsichtigkeit beginnt und zu der eine umfassende Augenüberprüfung mit Feststellung etwaiger Kontraindikationen gehört, desweiteren die Bestimmung einer Probelinse, die zunächst versuchsweise aufgesetzt und mit anschließender Nachkontrolle zwei Stunden zu tragen ist, sowie schließlich die Verschreibung der Kontaktlinse […]. Daß diese Leistungen zumindest auch zum ärztlichen Leistungsbereich gehören, folgt schon daraus, daß sie gem. Ziff. 1210 – 1213 GOÄ von Gesetzes wegen ausdrücklich für den Arzt als vergütungsfähig anerkannt sind.“[960]

Der BGH hatte sich mit der Frage zu beschäftigen, ob Augenärzte auch Brillen anpassen dürfen: „Zwar gehören Tätigkeiten wie die Brillenglasberatung, die Korrektur des Brillensitzes und die Messung des Abstands zwischen Brillenscharnier und Ohrmuschel, die der Bekl. bei der Brillenanpassung ausübt, zum Handwerk des Augenoptikers. Wie das BerGer. ohne Rechtsfehler angenommen hat, sind sie jedoch ebenso Teil der Tätigkeit eines Augenarztes oder stehen mit dessen Tätigkeit jedenfalls in engem Zusammenhang.“[961]

Ebenso beschäftigte sich der BGH mit der Frage, ob Ärzte Brillen abgeben dürfen: „3 II NdsBOÄ steht der Anpassung und Abgabe einer Brille durch einen Augenarzt im Zusammenhang mit der Behandlung eines Patienten nur entgegen, soweit sie nicht wegen ihrer Besonderheiten notwendiger Bestandteil der ärztlichen Therapie sind. Die Kl. hat nicht dargelegt, dass die Anpassung und Abgabe einer Brille durch den Bekl. unter keinen Umständen ein solcher notwendiger Therapiebestandteil sein können. Das erscheint vielmehr jedenfalls bei

960 OLG Stuttgart, Urt. v. 28.06.1996 – 2 U 146/95, in: BeckRS 1996, 30000221.
961 BGH, Urt. v. 09.07.2009 – I ZR 13/07, in: NJW 2009, 3582 (3583).

Patienten denkbar, bei denen ein ursächlicher Zusammenhang zwischen Sehbeschwerden und bisheriger Brillenversorgung naheliegt."[962]

Die Rechtsprechung bejahte folglich die Befugnis des Augenarztes Kontaktlinsen und – unter bestimmten Voraussetzungen – Brillen abzugeben sowie Brillen anzupassen. Das Anpassen von Kontaktlinsen wird als freiberufliche Tätigkeit bei Augenärzten bewertet; erst der Verkauf von Kontaktlinsen führt zu gewerblichen Einnahmen.[963] Wie oben dargelegt, handelt es sich bei diesen Tätigkeiten um besonders gefahrengeneigte Tätigkeiten. Die Tätigkeit wird nicht dadurch ungefährlicher, dass sie in der Arztpraxis ausgeübt wird; die Gefährlichkeit liegt objektiv vor.

Das BSG bewertete indes sowohl das Anpassen eines Brillengestells wie auch die Gläserermittlung als ausschließlich handwerkliche Tätigkeit, die dem Augenoptiker nach seiner Ausbildung obliege.[964] Selbst die Refraktion stellt nach dem BSG ein physikalisches Messverfahren dar, für das keine speziellen wissenschaftlichen Kenntnisse auf dem Gebiet der Medizin notwendig wären.[965]

Wenn aber generell solche Tätigkeiten nicht delegationsfähig sind, die „wegen ihrer Schwierigkeit, ihrer Gefährlichkeit für den Patienten oder wegen der Unvorhersehbarkeit etwaiger Reaktionen"[966] ärztliches Fachwissen verlangen und deshalb vom Arzt persönlich ausgeübt werden müssen,[967] dann muss dies auch für die oben genannten Tätigkeiten gelten. Zwar wird hier kein *ärztliches* Fachwissen von nöten sein, da es sich um Kerntätigkeiten der Gesundheitshandwerker, also von Nicht-Ärzten handelt. Allerdings ist ein *medizinisches* Fachwissen notwendig. Die negativen Folgen, die oben beschrieben wurden, sind zu schwerwiegend, als dass eine Delegation an einen Dritten zulässig wäre, gerade weil die Berechtigung zur Delegation stark von der Gefahrengeneigtheit abhängt.

Selbst wenn aber eine Krankenkasse eine Delegation erlauben würde, ist aufgrund der objektiven Gefährlichkeit die Präsenzpflicht des Arztes vor Ort notwendig. Nur dadurch ist gewährleistet, dass eine unverzügliche Reaktion zum Zwecke der Gefahrenabwehr möglich ist.

---

962 BGH, Urt. v. 09.07.2009 – I ZR 13/07, in: NJW 2009, 3582 (3583).

963 Brandt, in: Herrmann/Heuer/Raupach, § 18 Rn. 142.

964 BSG, Urt. v. 18.09.1973 – 6 RKa 2/72, in: BSGE 36, 146 (149).

965 BSG, Urt. v. 18.09.1973 – 6 RKa 2/72, in: BSGE 36, 146 (150).

966 BÄK/KBV, Persönliche Leistungserbringung, S. 3.

967 Vgl. Zipperer, in: Orlowski u. a., § 28 SGB V Rn. 14a und BÄK/KBV, Persönliche Leistungserbringung, S. 3.

bb) Hörakustiker (Nr. 34)

Auch im Hörakustiker-Handwerk gibt es zahlreiche Entscheidungen zum verkürzten Versorgungsweg. Gegenstand der Verfahren war die Frage, ob ein HNO-Arzt bestimmte Versorgungsleistungen eines Hörakustikers ausüben darf.

Hierzu wurde in der Literatur festgestellt, dass „[d]ie umfassende und individuelle Beratung des Patienten hinsichtlich einer medizinisch notwendigen Versorgung (im Sinne einer Rehabilitation) mit einem Hörgerät [...] dem HNO-Arzt nach den Bestimmungen der Hilfsmittelrichtlinien (HM-RL)“ obliegt.[968]

Unter der Audiometrie versteht man die Prüfung der Gehörfunktion mit elektroakustischen Ton- oder Klickgeneratoren, die Testsignale erzeugen.[969] Mittels audiometrischer Messungen werden Hörstörungen erkannt, der Schweregrad der Hörstörung klassifiziert, der Schädigungsort lokalisiert und ergeben sich Hinweise auf die Ursache der Hörstörung.[970] Audiometrische Messungen gehören zum beruflichen Bereich des HNO-Arztes.[971]

Der BGH stellte zur Ohrabformung fest: „Das Erstellen eines Ohrabdrucks zur Anpassung eines Hörgeräts ist zwar in dem EBM und der GOÄ nicht ausdrücklich berücksichtigt. Diese Leistung, die im Übrigen auch nach dem Vorbringen beider Parteien jedenfalls für einen HNO-Arzt nicht besonders schwierig ist, gehört jedoch ohne weiteres in den Tätigkeitsbereich eines HNO-Arztes. Dies ergibt sich auch daraus, dass für Leistungen, die mit der Fertigung eines Ohrabdrucks in Zusammenhang stehen, nach den Nrn. 1565, 1569 und 1570 GOÄ Vergütungen vorgesehen sind.“[972]

Selbst die Überprüfung der individuellen Hörsystem-Anpassung dürfte durch den HNO-Arzt erfolgen: „Die Überprüfung des Ergebnisses der Tätigkeit des Hörgeräteakustikers und damit auch der individuellen Anpassung gehört ohne weiteres zu den Aufgaben des HNO-Arztes.“[973]

Gleiches gelte für die Einweisung in den Gebrauch: „Ebenso wenig kann in Zweifel gezogen werden, dass die Einweisung eines Patienten in den Gebrauch eines Hörgeräts auch von einem HNO-Arzt vorgenommen werden darf (vgl. dazu auch Nr. 1653 EBM) oder dass es einem HNO-Arzt nicht verboten sein

968 Detterbeck, WiVerw 2009, 227 (236).

969 Pschyrembel, S. 183.

970 Ulrich/Hoffmann, S. 194.

971 BGH, Urt. v. 29.06.2000 – I ZR 59/98, in: NJW 2000, 2745 (2746). So auch: Detterbeck, WiVerw 2009, 227 (237); von Maydell/Kötter, S. 34 f.

972 BGH, Urt. v. 29.06.2000 – I ZR 59/98, in: NJW 2000, 2745 (2746).

973 BGH, Urt. v. 29.06.2000 – I ZR 59/98, in: NJW 2000, 2745 (2746).

kann, Hörgeräte und Batterien, die von der Bekl. an einen Patienten geliefert werden, an diesen auszuhändigen."[974]

Für die besonders gefahrengeneigten Tätigkeiten wie die Ohrabformung oder die Audiometrie gilt, dass diese aufgrund der Gefährlichkeit nicht delegationsfähig sind und daher vom Arzt selbst ausgeübt werden müssen. Eine Delegation würde der Schwierigkeit und der Gefährlichkeit widersprechen.

KBV und GKV-Spitzenverband vereinbarten, dass audiometrische Messungen von nichtärztlichem Personal ausgeübt werden dürfen.[975] Die Audiometrie ist Bestandteil der Basisweiterbildung zur Hals-Nasen-Ohrenheilkunde und gehört zum ärztlichen Berufsbild.[976] Weshalb die Leistung an nichtärztliches Personal delegationsfähig sein soll, ist nicht nachzuvollziehen. Schließlich handelt es sich um ärztliche Leistungen, die gefahrengeneigt sind.[977] Selbst wenn eine Krankenkasse eine Delegation für zulässig hielte, wäre es notwendig, dass der Arzt stets unmittelbar vor Ort ist und jederzeit eingreifen kann.

cc) Orthopädietechniker (Nr. 35)

Das OLG Düsseldorf entschied, dass ein Arzt auch <u>Orthesen abgeben</u> darf: „Jedenfalls soweit nach vertretbarer ärztlicher Auffassung die sofortige Anlegung einer Orthese geboten war (was das vorgelegte Gutachten bejaht), stellt dies keine Verletzung des § 3 Abs. 2 BO dar."[978]

Die Abgabe von Orthesen ist besonders gefahrengeneigt, weshalb eine Delegation an einen Dritten nicht möglich ist. Selbst wenn eine Krankenkasse eine Delegation akzeptieren würde, bestände für den Arzt die Pflicht der Präsenz vor Ort.

dd) Orthopädieschuhmacher (Nr. 36)

Nach einer (äußerst umstrittenen) Literaturansicht darf ein Arzt sogar <u>orthopädische Schuhe herstellen</u>: „Selbst eindeutig handwerkliche Tätigkeiten, wie

---

974 BGH, Urt. v. 29.06.2000 – I ZR 59/98, in: NJW 2000, 2745 (2746).

975 Vgl. Nr. II. 6 zum Anhang zur Anlage 24 des BMV-Ä nach der „Vereinbarung über die Delegation ärztlicher Leistungen an nichtärztliches Personal in der ambulanten vertragsärztlichen Versorgung gemäß § 28 Abs. 1 S. 3 SGB V".

976 BGH, Urt. v. 29.06.2000 – I ZR 59/98, in: NJW 2000, 2745 (2746); Detterbeck, WiVerw 2009, 227 (237).

977 Vgl. dazu BGH, Urt. v. 29.06.2000 – I ZR 59/98, in: NJW 2000, 2745 (2747): „Der HNO-Arzt [...] erbringt im Übrigen in eigener Verantwortung zusätzliche ärztliche Leistungen".

978 OLG Düsseldorf, Urt. v. 08.03.2005 – I-20 U 96/04, in: MedR 2005, 528 (529).

das Herstellen orthopädischer Schuhe […], dürfen von Ärzten vorgenommen werden.“[979]

Da auch eine besondere Gefahrengeneigtheit vorliegt, ist die Tätigkeit nicht delegierbar. Würde eine Delegation dennoch akzeptiert, bestände eine ärztliche Präsenzpflicht vor Ort, um jederzeit eingreifen zu können.

ee) Zahntechniker (Nr. 37)

Nach einer Entscheidung des BVerwG darf ein Zahnarzt zahntechnische Arbeiten ausüben: „Ob hieraus allerdings gefolgert werden kann, der Zahnarzt werde, soweit er diese Arbeiten selbst ausführe oder durch einen in seiner Praxis angestellten Zahntechniker anfertigen lasse, nicht mehr als Arzt tätig […], muß Zweifeln begegnen. Daraus, daß das Gesetz die gewerbs- und handwerksmäßig ausgeübte Zahntechnik außerhalb des zahnärztlichen Berufs als Handwerk anerkennt und reglementiert, kann nicht ohne weiteres geschlossen werden, daß zahntechnische Arbeiten nicht auch zur Ausübung des zahnärztlichen Berufs gehören können […].“[980]

Zu der zahnprothetischen Behandlung äußerte sich das BVerwG wie folgt: „Dementsprechend wird die zahnprothetische Behandlung als einheitliche, wenn auch komplexe Leistung des Zahnarztes angesehen, wenn auch die Gewährleistung für die technische Herstellung der Prothese dem Recht des Werkvertrags entnommen wird […].“[981] Die Anfertigung von Prothesen stellt deshalb eine freiberufliche Tätigkeit dar (zumindest wenn sie nicht auch für andere Zahnärzte und Dentisten erfolgt), auch wenn die Tätigkeit auf Gewinnerzielung gerichtet ist.[982] Maßgeblich für den BFH war bei dieser Frage, dass die Anfertigung von Prothesen einen Teil der zahnärztlichen Ausbildung darstellt und es sich deshalb um Tätigkeiten eines Zahnarztes handelt.[983]

---

979 Kern, NJW 2000, 833 (836); demgegenüber BSG, Urt. v. 14.07.1965 – 6 RKa 50/64, in: BSGE 23, 176 (179): „[Ein] Arzt, der orthopädische Heil- oder Hilfsmittel selbst anfertigt […], [wird] insoweit nicht mehr als Arzt tätig, denn es handelt sich hier nicht mehr um eine Leistung, die wesentlich durch die Anwendung medizinisch-wissenschaftlicher Erkenntnisse bestimmt wird und daher in der typischen Tätigkeitssphäre des Arztes liegt“.

980 BVerwG, Urt. v. 11.05.1979 – 5 C 16/79, in: NJW 1980, 1349.

981 BVerwG, Urt. v. 11.05.1979 – 5 C 16/79, in: NJW 1980, 1349 (1350).

982 BFH, Urt. v. 13.08.1953 – IV 50/53 U, in: BFHE 58, 1 (3); Brandt, in: Herrmann/Heuer/Raupach, § 18 Rn. 142; Stuhrmann, in: K/S/M, § 18 Rn. B 110; Detterbeck, PL, S. 23.

983 BFH, Urt. v. 13.08.1953 – IV 50/53 U, in: BFHE 58, 1 (2 f.).

Nach dem BSG ist die Herstellung einer Zahnprothese ein handwerklich-technischer Vorgang, der sich von der zahnärztlichen Tätigkeit unterscheidet.[984] Ausnahmsweise mag der Zahnersatz auch vom Zahnarzt hergestellt werden, der hierin ausgebildet ist und für den eine Gebühr für prothetische Leistungen vorgesehen ist.[985]

Beim rechtlich umstrittenen Modell der Praxislaborgemeinschaft, in der mehrere Zahnärzte einen Zahntechniker beschäftigen, wird verlangt, „dass der Zahnarzt auch praktisch in der Lage ist, die Tätigkeit im Labor zu beaufsichtigen und zu überwachen."[986] Insofern läge eine Delegation auf einen Zahntechniker vor, die auch erlaubt sei, bei der aber eine Präsenzpflicht vor Ort bestehe. Ansonsten sei davon auszugehen, dass zahntechnische Leistungen vom Zahnarzt ausgeführt werden dürfen „aufgrund seiner mehrjährigen Fachausbildung."[987]

ff) Stellungnahme

In den zitierten Entscheidungen wird stets davon ausgegangen, dass der Arzt die jeweiligen Tätigkeiten ausübt. Die Ausübung durch ihn wird insbesondere mit seiner Qualifikation gerechtfertigt und erklärt. Daraus lässt sich schließen, dass es sich um Leistungen handelt, die an seine Person unmittelbar gekoppelt sind.

Eine Delegation erscheint nur dann möglich, wenn der Delegierte eine ebenso hohe Qualifikation zur Erbringung der Tätigkeit besitzt (wie z. B. ein Geselle).

Aber auch bei der Delegation regelt das Arztrecht, dass die Gefährlichkeit der Tätigkeit ein unmittelbares Eingreifen notwendig macht, weshalb eine Präsenzpflicht unabdingbar ist.

5. *Ergebnis*

Der verkürzte Versorgungsweg soll zu Konkurrenz und Wettbewerb bei der Hilfsmittelabgabe führen. Ärzten ist es erlaubt, unter bestimmten Bedingungen an der Hilfsmittelversorgung mitzuwirken. Da es sich um meist besonders gefahrengeneigte Tätigkeiten handelt, besteht eine persönliche Leistungserbringungspflicht des Arztes. Denn dem Arzt wurde das Mitwirkungsrecht bei der

---

984 BSG, Urt. v. 12.12.1972 – 3 RK 67/70, in: BSGE 35, 105 (106).

985 BSG, Urt. v. 12.12.1972 – 3 RK 67/70, in: BSGE 35, 105 (106); vgl. hierzu auch BGH, Urt. v. 09.12.1974 – VII ZR 182/73, in: NJW 1975, 305 (306), wonach die technische Anfertigung einer Zahnprothese keine Heilbehandlung ist.

986 Ries u. a., Kap. VII.4.c (S. 136).

987 OVG Nordrhein-Westfalen, Urt. v. 20.11.2017 – 4 A 1113/13, in: GewArch 2018, 72 (76).

Hilfsmittelversorgung allein deshalb eingeräumt, weil er über die persönliche Befähigung verfügt. Dann kann aber auch nur er allein diese Tätigkeit ausüben. Die gewünschte Konkurrenz und der Wettbewerb im verkürzten Versorgungsweg dürfen nach dem Willen des Gesetzgebers nicht dazu führen, dass dies auf Kosten der Versorgungsqualität geht. Nach § 128 Abs. 4a S. 1 SGB V dürfen Krankenkassen nur dann mit Vertragsärzten Versorgungsverträge abschließen, wenn die Wirtschaftlichkeit und die Qualität der Versorgung dadurch nicht eingeschränkt werden. Aus diesem Grund haben die am verkürzten Versorgungsweg teilnehmenden Ärzte bestimmte Qualitätsanforderungen zu erfüllen.[988]

Die Qualitätsverpflichtung des verkürzten Versorgungsweges wirkt sich auch auf die Gesundheitshandwerke aus: Wenn die oben beschriebenen Tätigkeiten aufgrund ihrer Gefahrengeneigtheit nur persönlich vom Arzt erbracht werden dürfen, also nicht delegierbar sind und damit eine Präsenzpflicht implizieren, hat dies auch Auswirkungen auf die Präsenzverpflichtung der Gesundheitshandwerker.

III. Präsenzpflichten des Apothekers

Zur Bewertung der Präsenzpflicht des Gesundheitshandwerkers ist ein Vergleich zum Apotheker naheliegend. Denn der Apotheker bietet genauso wie der Gesundheitshandwerker Dienstleistungen im Gesundheitsbereich an, die ebenso heterogen sind. Genauso wie es im Gesundheitshandwerk ungefährliche Tätigkeiten wie etwa die Abgabe von Batterien gibt, verkauft der Apotheker Vitamin C-Tabletten oder Hustenpastillen, die ebenso in einer Drogerie bezogen werden könnten. Bestimmte Arzneimittel (vgl. §§ 43 ff. AMG, § 50 AMG) und Medikamente dürfen aber aus Gründen des Gesundheitsschutzes nur von ihm abgegeben werden. Insofern ist zu prüfen, ob es beim Apotheker Präsenzpflichten gibt, die sich auf das Gesundheitshandwerk übertragen lassen. Beim Apotheker handelt es sich zugleich um einen Freiberufler und Gewerbetreibenden.[989]

1. Überschneidungen mit den Gesundheitshandwerken

Zwischen den Apothekern und Gesundheitshandwerkern gibt es verschiedene Ähnlichkeiten, die hier dar- und gegenübergestellt werden.

988 Murawski, in: LPK-SGB V, § 128 Rn. 6 (Teilnahme am Präqualifizierungsverfahren).
989 Zuck, in: Quaas/Zuck, § 38 Rn. 1.

a) Anwendung der GewO

Der selbstständige Apotheker übt einen freien Beruf des Gesundheitswesens aus und ist gleichzeitig Inhaber eines Gewerbebetriebs.[990] Außerhalb des speziellen Komplexes des Arzneimittelverkaufs ist der Betrieb einer Apotheke eine gewerbliche Tätigkeit und unterfällt der GewO.[991] Eine Apotheke ist deshalb ein Gewerbebetrieb, der unter einer fachlichen Leitung eines Apothekers steht und für die Zubereitung und den Verkauf von Arzneimitteln zuständig ist.[992]

b) Spannungsdreieck Gewerberecht/Gesundheitsrecht/Sozialrecht

Das Apothekenrecht wird dem Gesundheitsrecht und neuerdings dem Gesundheitsgewerberecht zugeordnet, einem Begriff, „der bislang eher auf die sog. Gesundheitsgewerbe bzw. Gesundheitshandwerke […] bezogen wird".[993] Gewerberechtliche Vorgaben treffen auf eigene berufsrechtliche Regelungen wie die des ApoG oder der ApBetrO.

Die Apotheker müssen neben diesen Vorschriften auch spezielle sozialrechtliche Normen einhalten. Apotheker müssen sich sozialrechtlich wie die Gesundheitshandwerker präqualifizieren, um ihre Eignung gegenüber den gesetzlichen Krankenkassen nachzuweisen (vgl. § 126 SGB V) und damit mit ihnen abrechnen zu können.

Insofern besteht auch bei den Apotheken eine vergleichbare Doppelstruktur aus eigenem Berufsrecht (hier: ApoG; dort: HwO) und den Vorgaben aus dem Sozialrecht (SGB V).

c) Reglementierungsüberschneidungen

Nach § 43 Abs. 1 S. 1 AMG dürfen Arzneimittel für den Endverbrauch grundsätzlich nur in Apotheken abgegeben werden. Sowohl § 43 AMG wie auch §§ 44, 45 AMG sehen zahlreiche Ausnahmen von der Apothekenpflicht vor. Grundsätzlich besteht aber für die Apotheken „ein gesetzlich verankertes **Monopol** für den Handel mit Arzneimitteln."[994] Dieses Abgabemonopol ähnelt dem der Gesundheitshandwerker und ihrer Befugnis zur Abgabe von bestimmten Hilfsmitteln.

---

990 Holzner, in: Pielow, § 6 Rn. 15.
991 Ennuschat, in: Tettinger u. a., § 6 Rn. 10.
992 Lippert, in: Wenzel, Kap. 20 Rn. 3.
993 Rixen, in: Rixen/Krämer, Einl., Rn. 4.
994 Janda, S. 255.

Den Apotheken obliegt gemäß § 1 Abs. 1 ApoG die im öffentlichen Interesse gebotene Sicherstellung einer ordnungsgemäßen Arzneimittelversorgung der Bevölkerung. Die Apothekenpflicht dient deshalb u. a. dem Schutz der Gesundheit der Bevölkerung.[995] Insofern wird bei den Apotheken wie auch bei den Gesundheitshandwerken die Reglementierung u. a. damit gerechtfertigt, dass die Gesundheit des Verbrauchers durch die persönliche Leistungserbringung eines Experten geschützt werde. Sowohl der Apotheker wie auch der Gesundheitshandwerker benötigen eine Erlaubnis, um ihre Berufe ausüben zu können.

d) Leistungsüberschneidungen

Trotz der jeweiligen Monopole gibt es eine Vielzahl von Leistungen, die sowohl von Apothekern, aber auch von Dritten angeboten werden. Dabei gibt es auch Überschneidungen mit den Gesundheitshandwerken. Das sind dann Leistungen, die sowohl in einer Apotheke als auch vom Gesundheitshandwerker angeboten werden.

Der GKV-Spitzenverband entwickelte für das Präqualifizierungsverfahren einen eigenen „Kriterienkatalog", in dem die jeweiligen Eignungskriterien aufgeführt sind, die ein Leistungserbringer erfüllen muss, um bestimmte Hilfsmittel abgeben zu können. Dieser „Kriterienkatalog" ist nach Produktgruppen des Hilfsmittelverzeichnisses (§ 139 SGB V) bzw. des Pflegehilfsmittelverzeichnisses (§ 78 Abs. 2 Satz 2 SGB XI) unterteilt.[996]

Es gibt eine große Anzahl von Produktgruppen, die insbesondere von Apothekern wie auch von Orthopädietechnikern abgegeben werden können. Beispielhaft seien hier genannt:[997]

- Elektrostimulationsgeräte
- industriell hergestellte Orthesen mit Anpassung (Versorgung oberhalb des Knies)

Auch gab es in der Vergangenheit Ansätze, voreingestellte Hörgeräte über Apotheken abzugeben, wobei sich dies bislang soweit ersichtlich nicht durchsetzen konnte.

995 Grau, in: Rixen/Krämer, § 1 ApoG Rn. 10.

996 https://www.gkv-spitzenverband.de/krankenversicherung/hilfsmittel/praequalifizierung/eignungskriterien/eignungskriterien.jsp (dort unter: Kriterienkatalog).

997 Vgl. https://www.gkv-spitzenverband.de/krankenversicherung/hilfsmittel/praequalifizierung/eignungskriterien/eignungskriterien.jsp (dort unter: Kriterienkatalog).

e) Ergebnis

Zwischen Apotheken und Gesundheitshandwerken bestehen sowohl bezüglich der rechtlichen Struktur wie auch in der tatsächlichen Leistungsabgabe bestimmte Überschneidungen. Diese führen dazu, dass – wie bei den Ärzten und Heilpraktikern – zu prüfen ist, ob und ggf. wie die Präsenzverpflichtung hier geregelt ist.

2. Pflicht zur persönlichen Leitung

Für die Erlaubnis zum Betrieb einer Apotheke bestehen gemäß § 2 ApoG bestimmte spezielle personelle und sachliche Voraussetzungen, wozu u. a. die Approbation (§ 2 Abs. 1 Nr. 3 ApoG) gehört. Die Voraussetzungen beinhalten noch keine Aussage zu einer Präsenzpflicht.

Allerdings misst der Gesetzgeber der persönlichen Leitung der Apotheke eine zentrale Bedeutung zu.[998] Nach § 7 S. 1 ApoG verpflichtet die Erlaubnis zum Betrieb einer Apotheke zur persönlichen Leitung der Apotheke in eigener Verantwortung. Im Gegensatz zur HwO findet sich damit für die Apotheker eine konkrete Aussage zur persönlichen Leitung. Diese Leitungsfunktion kann nicht delegiert und übertragen werden.[999]

Hierzu heißt es zusammenfassend: „Zur persönlichen Leitung der Apotheke gehört, dass der Apothekenleiter die **wesentlichen Betriebsvorgänge** durch eigenes Tätigwerden oder durch seine Entscheidungen und Anweisungen maßgeblich bestimmt und den Betrieb der Apotheke laufend überwacht sowie die Aufsicht über das pharmazeutische Personal bei der Ausübung pharmazeutischer Tätigkeiten ausübt und das gesamte Apothekenpersonal im Rahmen des Betriebsablaufs beaufsichtigt.“[1000]

Es bestehen große Überschneidungen zwischen den Aufgaben des Apothekenleiters und des handwerklichen Betriebsleiters: Beide müssen

- bestimmenden Einfluss auf die Betriebsvorgänge besitzen
- den Arbeitsablauf überwachen
- als Vorgesetzter die Mitarbeiter beaufsichtigen.[1001]

998 Cyran/Rotta, § 2 Rn. 77.
999 Mecking, in: NK-MedR, § 7 ApoG Rn. 2.
1000 Wiesener, in: Ratzel/Luxenburger, Kap. 33 Rn. 46.
1001 Vgl. BVerwG, Urt. v. 16.04.1991 – 1 C 50.88, in: BVerwGE, 88, 122 (125).

3. Dispens bei Tod

Vom Grundsatz der eigenverantwortlichen Tätigkeit des Apothekenleiters kann in bestimmten Ausnahmefällen (und nur befristet) abgewichen werden.[1002] Nach dem Tod des Erlaubnisinhabers dürfen die Erben die Apotheke gemäß § 13 Abs. 1 ApoG für längstens zwölf Monate durch einen Apotheker verwalten lassen. Nur ein Apotheker kann dabei ein Verwalter sein.[1003]

Insofern gibt es im Apothekenrecht kein pauschales „Witwenprivileg“ wie im Handwerksrecht. Das Apothekenrecht senkt in dieser Überbrückungsphase nicht die Anforderung an die Qualifikation: Die vorübergehende Verwaltung muss ein Apotheker übernehmen.

4. Präsenzpflichten

Fragen zur Präsenz und Abwesenheit werden im Apothekenrecht diskutiert.

a) Vertretung des Apothekers

Nach § 2 Abs. 5 S. 1 ApBetrO muss sich der Apotheker, sofern er seine Verpflichtung zur persönlichen Leitung der Apotheke vorübergehend nicht selbst wahrnimmt, durch einen Apotheker vertreten lassen. Grundsätzlich ist eine Vertretung möglich, doch „nur für einen begrenzten Zeitraum und nur durch einen Apotheker bzw. Apothekerassistenten oder Pharmaingenieur“[1004]. Dabei darf gemäß § 2 Abs. 5 S. 2 ApBetrO die Vertretung insgesamt drei Monate im Jahr nicht überschreiten. Insofern besteht im Apothekenrecht eine klare Regelung sogar in Fällen der „vorübergehenden“ Verhinderung.

Kann ein Apothekenleiter seiner Verpflichtung nach § 2 Abs. 5 S. 1 ApBetrO nicht nachkommen, darf er sich von einem Apothekerassistenten oder Pharmazieingenieur vertreten lassen, sofern dieser insbesondere hinsichtlich seiner Kenntnisse und Fähigkeiten dafür geeignet ist und im Jahre vor dem Vertretungsbeginn mindestens sechs Monate hauptberuflich in einer öffentlichen Apotheke oder Krankenhausapotheke beschäftigt war (§ 2 Abs. 6 S. 1 ApBetrO). Der Apothekenleiter darf sich dabei nicht länger als insgesamt vier Wochen im Jahr von Apothekerassistenten oder Pharmazieingenieuren vertreten lassen.[1005]

1002 Krämer, in: Rixen/Krämer, § 13 ApoG Rn. 1.

1003 Mecking, in: NK-MedR, § 13 ApoG Rn. 1.

1004 Wiesener, in: Ratzel/Luxenburger, Kap. 33 Rn. 46.

1005 Vgl. hierzu: Krämer, in: Rixen/Krämer, § 2 ApBetrO Rn. 15; siehe auch Krämer/Rixen, aaO, § 1a ApBetrO Rn. 7 ff.: Kein Zugang besteht mehr zum Apothekerassistent, Pharmazieingenieur, Apothekenassistenten und Pharmazeutischen Assistenten,

b) Ausübung pharmazeutischer Tätigkeiten und Beaufsichtigung

Nach § 3 Abs. 5 S. 1 ApBetrO ist es verboten, pharmazeutische Tätigkeiten von anderen Personen als pharmazeutischem Personal auszuführen oder ausführen zu lassen (soweit nach § 3 Abs. 5a ApBetrO nichts anderes bestimmt ist). Zu den pharmazeutischen Tätigkeiten gehören u. a. die Entwicklung und Herstellung von Arzneimitteln (§ 1a Abs. 3 Nr. 1 ApBetrO), die Abgabe von Arzneimitteln (§ 1a Abs. 3 Nr. 3 ApBetrO) oder die Information und Beratung über Arzneimittel (§ 1a Abs. 3 Nr. 4 ApBetrO).

Arzneimittel sowie apothekenpflichtige Medizinprodukte dürfen nach § 17 Abs. 1a ApBetrO nur durch pharmazeutisches Personal ausgehändigt werden. Zum pharmazeutischen Personal gehören nicht allein der Apotheker, sondern auch pharmazeutisch-technische Assistenten, Apothekerassistenten, Pharmaingenieure und andere in § 1a Abs. 2 ApBetrO genannte Personen. Teilweise sind dort Berufsgruppen aus der früheren DDR aufgeführt (Pharmazieingenieure, Apothekenassistenten, pharmazeutische Assistenten), die es als Beruf – wie bereits erwähnt – nicht mehr gibt.[1006] Pharmazeutische Tätigkeiten von Apothekerassistenten, Pharmazieingenieuren und Apothekenassistenten sind nicht durch den Apotheker zu beaufsichtigen.[1007]

Hingegen hat der Apotheker die pharmazeutischen Tätigkeiten von anderen Mitarbeitern, wozu auch der pharmazeutisch-technische Assistent gehört, nach § 3 Abs. 5 S. 3 ApBetrO zu beaufsichtigen.[1008] Beim pharmazeutisch-technischen Assistenten handelt es sich um einen zweijährigen Ausbildungsberuf mit einer zusätzlichen praktischen Ausbildung von sechs Monaten in der Apotheke (vgl. § 1 Abs. 1 PTA-APrV).

Was bedeutet nun Beaufsichtigung i. S. d. § 3 Abs. 5 S. 3 ApoG? Es bedeutet nicht, dass der Apothekenleiter „ständig zugegen“[1009] sein muss: „Er muss jedoch jederzeit erreichbar und damit in der Lage sein, in der Apotheke Weisungen zu erteilen und in die Tätigkeiten des Apothekenpersonals regulierend und kontrollierend einzugreifen.“[1010] Tatsächlich versteht man unter Beaufsichtigung also eine „Beobachtungskontrolle“[1011]. Sie beinhaltet, dass der Apotheker

---

sodass die Vertretung durch Personen mit dieser Qualifikation keine große praktische Bedeutung in der Zukunft haben wird.

1006 Cyran/Rotta, § 1a Rn. 4.

1007 Krämer, in: Rixen/Krämer, § 3 ApBetrO Rn. 11.

1008 Cyran/Rotta, § 3 Rn. 25.

1009 Cyran/Rotta, § 3 Rn. 27.

1010 Cyran/Rotta, § 3 Rn. 27; so auch: Krämer, in: Rixen/Krämer, § 3 ApBetrO Rn. 12.

1011 Krämer, in: Rixen/Krämer, § 3 ApBetrO Rn. 12.

- jederzeit und unmittelbar eine konkrete Tätigkeit überprüfen und
- ggf. korrigierend eingreifen kann.[1012]

c) Unterschiedliche Ansichten zur Präsenzpflicht

Nicht jede Abwesenheit des Apothekenleiters soll eine Vertretung i. S. d. § 2 Abs. 5 ApBetrO erfordern; ständige Präsenzpflichten des Apothekers gäbe es demnach keine.[1013] Zu der Präsenzpflicht bei den Apothekern gibt es verschiedene Rechtsansichten. Auch die Rechtsprechung hat sich bereits damit beschäftigt.

aa) Rechtsprechung

Das BVerfG[1014] entschied, dass der Apothekenleiter nicht verpflichtet ist, ständig und unmittelbar anwesend zu sein. Weiter heißt es: „Eine kurzfristige Abwesenheit des Apothekers mag dann möglich sein, wenn er jederzeit für das pharmazeutische Personal erreichbar ist, so daß er unverzüglich dessen Tätigkeit kontrollieren kann."[1015]

Das OLG Bamberg hat eine Abwesenheit von 10 Minuten als zulässig angesehen, nicht aber bei mehr als 40 Minuten.[1016] Das Gericht stellte dabei fest, dass eine telefonische Erreichbarkeit nicht die notwendige Beaufsichtigung des Apothekenpersonals gewährleistet.[1017] Selbst etwaige Kontrollanrufe könnten nicht sicherstellen, dass das tatsächliche Verhalten des Personals ausreichend überwacht werde.[1018]

bb) Juristisches Schrifttum

Nach *Kieser*[1019] muss erst dann ein Vertreter eingesetzt werden, wenn der Apothekenleiter seinen beruflichen Leitungsfunktionen nicht mehr nachkommen

---

1012 Krämer, in: Rixen/Krämer, § 3 ApBetrO Rn. 12.

1013 Kieser, in: Saalfrank, § 11 Abschn. B Rn. 162; ders., in: Kieser u. a., § 7 Rn. 71; so auch Cyran/Rotta, § 2 Rn. 85; Krämer, in: Rixen/Krämer, § 2 ApBetrO Rn. 13.

1014 BVerfG, Beschl. v. 28.07.1971 – 1 BvR 40, 47, 155, 159, 175/69, in: NJW 1971, 2259 (2262).

1015 BVerfG, Beschl. v. 28.07.1971 – 1 BvR 40, 47, 155, 159, 175/69, in: NJW 1971, 2259 (2262).

1016 OLG Bamberg, Beschl. v. 12.07.2007 – 3 Ss OWi 170/07.

1017 OLG Bamberg, Beschl. v. 12.07.2007 – 3 Ss OWi 170/07.

1018 OLG Bamberg, Beschl. v. 12.07.2007 – 3 Ss OWi 170/07.

1019 Kieser, in: Saalfrank, § 11 Abschn. B Rn. 162.

kann. Bei einer kurzfristigen Abwesenheit soll dies nicht der Fall sein.[1020] Ein qualifizierter Vertreter ist demnach bei kurzfristiger Abwesenheit nicht notwendig. Für *Kieser* stellt sich deshalb die Frage, „wie die Vertretung bei Urlauben oder Krankheitsabwesenheiten zu regeln ist."[1021] Er geht davon aus, dass eine Vertretung i. S. d. § 2 Abs. 5 ApBetrO bei „längere[r] Krankheit, Krankenhausaufenthalt, Urlaub in entlegenen Regionen"[1022] notwendig sei. Kurzfristige Abwesenheiten des approbierten Personals von wenigen Minuten seien zulässig, nicht aber längere Abwesenheiten.[1023]

Die Ausübung des Leitungsrechts durch Einsetzung der Neuen Medien bewertet *Kieser* differenzierter als das OLG Bamberg: „Mit Blick auf die heutigen technischen Möglichkeiten, den Zugriff auf die Apothekendaten von quasi jedem Computer mit Internetverbindung, die Möglichkeit, Videotelefonate über nahezu jedes Handy oder Tablet zu führen, kann die Leitungsverantwortung auch ohne ständige Präsenzzeiten in der Apotheke eingehalten werden."[1024]

cc) Rückschlüsse aus § 3 Abs. 5 S. 3 ApBetrO

Nach § 3 Abs. 5 S. 1 ApBetrO ist es grundsätzlich verboten, pharmazeutische Tätigkeiten von anderen Personen als pharmazeutischem Personal auszuführen oder ausführen zu lassen.

§ 3 Abs. 5 S. 3 ApBetrO verlangt, dass pharmazeutisch-technische Assistenten, also Mitarbeiter, die über eine zweieinhalbjährige Ausbildung verfügen, vom Apothekenleiter zu *beaufsichtigen* sind.

Insofern gibt die ApBetrO zum einen konkret vor, dass nicht alle Angestellten des Apothekers bestimmte Tätigkeiten ausüben dürfen. Zum anderen verlangt die Vorschrift auch die Beaufsichtigung von bestimmten Mitarbeitern.

Nach *Cyran/Rotta* bedeutet dies zwar nicht, dass der Apothekenleiter „ständig zugegen" sein muss. „Er muss jedoch jederzeit erreichbar und damit in der Lage sein, in der Apotheke Weisungen zu erteilen und in die Tätigkeiten des Apothekenpersonals regulierend und kontrollierend" eingreifen zu können.[1025]

1020 Kieser, in: Saalfrank, § 11 Abschn. B Rn. 162.
1021 Kieser, in: Kieser u. a., § 7 Rn. 89.
1022 Kieser, in: Kieser u. a., § 7 Rn. 73.
1023 Kieser, in: Kieser u. a., § 7 Rn. 75.
1024 Kieser, in: Kieser u. a., § 7 Rn. 72.
1025 Cyran/Rotta, § 3 Rn. 27.

Krämer fordert zwar eine jederzeitige Erreichbarkeit, aber er nennt auch Fälle, bei denen eine ständige physische Anwesenheit des Apothekers entbehrlich sei.[1026]

Auch wenn normativ eine Überwachung verlangt wird, gibt es folglich Stimmen, die die Überwachung wieder einschränken und damit eine Präsenzpflicht relativieren.

d) Zusammenfassung

Das Apothekenrecht zeigt, dass vermeintlich eindeutige gesetzliche Regelungen zur Präsenz wie in der ApBetrO nicht zwingend zu einer eindeutigen Lösung führen, wenn sie in der Praxis anders „gelebt" werden.

- Nach § 2 Abs. 5 S. 1 ApBetrO muss sich ein Apothekenleiter durch einen Apotheker vertreten lassen, sofern er seine Verpflichtung zur persönlichen Leitung der Apotheke *vorübergehend* nicht selbst wahrnimmt.
- Nach § 3 Abs. 5 S. 3 ApBetrO sind pharmazeutische Tätigkeiten, die von bestimmten Personen ausgeübt werden, vom Apothekenleiter zu beaufsichtigen.

Vorliegend werden „kurzfristige Abwesenheiten des approbierten Personals (wenige Minuten)"[1027] toleriert, längere Abwesenheiten dann nicht mehr. Wenn aber Sinn und Zweck der Präsenzpflicht der Schutz des Verbrauchers ist, die Reglementierungsdichte im Apothekenrecht u. a. mit dem Gesundheitsschutz gerechtfertigt wird,[1028] erscheinen auch diese (kurzzeitigen) Ausnahmen nicht hinnehmbar. Entweder besteht das Bedürfnis des Gesundheitsschutzes dauerhaft, also auch dann, wenn der Apotheker nicht vor Ort ist, denn auch dann können Beratungen und Verkäufe erfolgen, die (ohne der Präsenz des Apothekers) negative Folgen haben können, oder aber die Folgen sind gar nicht so nachteilig, wobei dann zu hinterfragen ist, weshalb es überhaupt normative Vorgaben zur Präsenz gibt.

Zumindest verbietet das Apothekenrecht, dass bestimmte pharmazeutische Tätigkeiten in Abwesenheit vom pharmazeutischen Personal vom übrigen Personal ausgeübt werden. Insofern wird eine wichtige und notwendige Trennlinie gezogen. Zu den pharmazeutischen Tätigkeiten gehört u. a. gemäß § 1a Abs. 3 Nr. 4 ApBetrO die Information und Beratung über Arzneimittel. Damit dürfen

---

1026 Krämer, in: Rixen/Krämer, § 3 ApBetrO Rn. 12.

1027 Kieser, in: Kieser u. a., § 7 Rn. 75.

1028 Vgl. Dorn, in: Rixen/Krämer, Einl., Rn. 101.

auch gängige Arzneimittel wie Kopfschmerztabletten nur vom pharmazeutischen Personal abgegeben werden.[1029]

Hinzuweisen ist darauf, dass bestimmte Hilfsmittel, die von Apotheken abgegeben werden dürfen und bei denen es sich nicht um pharmazeutische Tätigkeiten handelt, auch ohne Anwesenheit eines Apothekers abgegeben werden dürfen.

5. *Ergebnis*

Das Apothekenrecht hat sich mit den Präsenzzeiten des Apothekers detaillierter beschäftigt als das Handwerksrecht. Grundsätzlich werden im Apothekenrecht Abwesenheitszeiten toleriert, auch im Hinblick auf die Möglichkeit der bloßen telefonischen Erreichbarkeit. Die Problematik der Urlaubs- oder Krankheitsvakanz wird erkannt, ohne dass es hierzu allgemeingültige Feststellungen gibt, wie damit umgegangen werden soll.

Es gibt – im Gegensatz zum Handwerk – kein uneingeschränktes „Witwenprivileg". Diese Widersprüchlichkeit wie in der HwO besteht nicht: Erben dürfen zwar eine Apotheke weiterhin betreiben, benötigen aber einen entsprechend ausgebildeten Verwalter.

Die Apotheken haben mit den Vorgaben in der ApBetrO klare Regelungen zur Anwesenheit, da bestimmte Arbeiten ohne Präsenz einer ausgebildeten höheren Fachkraft nicht ausgeübt werden dürfen.

Positiv ließe sich zunächst für die Gesundheitshandwerke aus diesen Erkenntnissen Folgendes zusammenfassen: Wenn bestimmte Leistungen und Tätigkeiten nur in Anwesenheit des Apothekers ausgeübt werden dürfen, könnte dies auch ein Leitmodell für das Gesundheitshandwerk sein.

Die apothekenrechtliche Vorgabe einer strikten, dauerhaften Präsenzverpflichtung wird aber in der Praxis dahingehend aufgeweicht, dass kurzzeitige Abwesenheiten toleriert werden. Diese Abwesenheitsduldungen führen dazu, dass sämtliche Leistungen auch ohne qualifiziertes Personal angeboten werden dürfen. Sofern dies in der Praxis regelmäßig vorkommt, läge hier ein nicht nachzuvollziehender Widerspruch vor, der für das Gesundheitshandwerk keinen Modellcharakter hätte.

1029 Krämer, in: Rixen/Krämer, § 3 ApBetrO Rn. 9.

E. Europa- und verfassungsrechtliche Aspekte der Betriebsleiterpräsenzpflicht - Präsenzpflichten in anderen Rechtsgebieten

In anderen Rechtsgebieten wurde auch über Präsenzpflichten diskutiert. Diese lassen ggf. Rückschlüsse auf die Präsenzpflicht in den Gesundheitshandwerken zu.

I. Europarecht und europarechtliche Rechtsprechung

Vorrangiges Ziel der Europäischen Union ist gemäß Art. 26 AEUV die Schaffung eines einheitlichen europäischen Binnenmarktes. Eine Grundvoraussetzung hierfür ist die Harmonisierung der wirtschaftlichen Verhältnisse der Mitgliedstaaten.[1030] Um dieses Ziel zu erreichen, werden den Bürgern der Europäischen Union verschiedene Rechte eingeräumt, die primär einen wirtschaftlichen Bezug haben und als Marktfreiheiten oder Grundfreiheiten bezeichnet werden.[1031] Zu den Grundfreiheiten gehören die Niederlassungsfreiheit (Art. 49–55 AEUV) und die Dienstleistungsfreiheit (Art. 56–62 AEUV).

Die Dienstleistungsfreiheit garantiert den Bürgern der Europäischen Union, Dienstleistungen in anderen EU-Mitgliedstaaten zu erbringen, ohne dort eine dauerhafte Niederlassung haben zu müssen. Die Niederlassungsfreiheit garantiert wiederum den EU-Bürgern, dass sie das Recht auf eine freie Wahl des Standortes ihres Unternehmens haben.

1. *Niederlassungsfreiheit, Art. 49 AEUV*

Beschränkungen der freien Niederlassung von Staatsangehörigen eines Mitgliedstaates im Hoheitsgebiet eines anderen sind nach den Maßgaben des Art. 49 AEUV[1032] verboten. Die Niederlassungsfreiheit umfasst grundsätzlich die Aufnahme und Ausübung selbstständiger Erwerbstätigkeiten sowie die Gründung und Leitung von Unternehmen. Die Regelung soll allen EU-Bürgern das Recht garantieren, sich im Unionsgebiet frei niederlassen zu können. Behindert eine staatliche Maßnahme den Zugang zum Markt, kann ein Verstoß gegen die Niederlassungsfreiheit wegen eines unzulässigen Beschränkungsverbotes vorliegen.[1033] Für Unternehmen und ihre Standortentscheidungen ist die

---

1030 Detterbeck, ÖR, Rn. 1152.

1031 Detterbeck, ÖR, Rn. 1152.

1032 Art. 49 AEUV ist wortgleich mit der Regelung in Art. 43 EGV (gültig bis 30.11.2009).

1033 Forsthoff, in: Grabitz/Hilf/Nettesheim, Art. 49 AEUV Rn. 96.

Niederlassungsfreiheit daher eine wichtige Regelung, denn sie fördert die freie Wahl des Unternehmensstandorts im europäischen Binnenmarkt.[1034]

Nach der ständigen Rechtsprechung des EuGH steht die Niederlassungsfreiheit „jeder nationalen Regelung entgegen, die zwar ohne Diskriminierung aus Gründen der Staatsangehörigkeit anwendbar ist, die aber geeignet ist, die Ausübung der durch den Vertrag garantierten Niederlassungsfreiheit durch die Gemeinschaftsangehörigen zu behindern oder weniger attraktiv zu machen."[1035] Eine Präsenzpflicht eines fachlichen Leiters bei einem Gesundheitshandwerk könnte daher dazu führen, dass Dritte in Deutschland in ihrer Niederlassungsfreiheit und z. B. in der Ausübung eines Gesundheitshandwerks beeinträchtigt werden.

Einerseits untersagen es die europarechtlichen Bestimmungen den Mitgliedstaaten, „ungerechtfertigte Beschränkungen der Ausübung dieser Freiheiten im Bereich der Gesundheitsversorgung einzuführen oder beizubehalten"[1036]. Die Regelungen im Europarecht sollen grundsätzlich überall Anwendung finden.

Andererseits wird aber europarechtlich die besondere Bedeutung des Gesundheitsschutzes erkannt. Aus diesem Grund ist bei einer Prüfung stets „zu berücksichtigen, dass unter den vom Vertrag geschützten Gütern und Interessen die Gesundheit und das Leben von Menschen den höchsten Rang einnehmen und dass es Sache der Mitgliedstaaten ist, zu bestimmen, auf welchem Niveau sie den Schutz der Gesundheit der Bevölkerung gewährleisten wollen und wie dieses Niveau erreicht werden soll."[1037] Der EuGH gesteht den Mitgliedstaaten dabei auch einen Wertungsspielraum zu.[1038] Nach Art. 168 Abs. 1 AEUV ist bei allen Maßnahmen ein hohes Gesundheitsschutzniveau sicherzustellen.

Wird die Niederlassungsfreiheit durch eine Maßnahme oder Vorgabe wie die der Präsenzpflicht beschränkt, kann ein Rechtfertigungsgrund vorliegen. Hierfür kommen die Rechtfertigungsgründe des Art. 52 AEUV und zwingende Allgemeininteressen in Betracht.[1039]

1034 Tiedje, in: von der Groeben u. a., Vor Art. 49-55 AEUV Rn. 2.

1035 EuGH, Urt. v. 21.04.2005 – C-140/03, in: Slg. 2005, I-3193 (3202).

1036 EuGH, Urt. v. 19.05.2009 – C-531/06, Rn. 35, in: EuZW 2009, 415 (417).

1037 EuGH, Urt. v. 19.05.2009 – C-531/06, Rn. 36, in: EuZW 2009, 415 (417).

1038 EuGH, Urt. v. 19.05.2009 – C-531/06, Rn. 36, in: EuZW 2009, 415 (417).

1039 Kainer, in: FK, Art. 49 AEUV Rn. 70.

a) Stellt eine Präsenzpflicht eine Beschränkung der Niederlassungsfreiheit dar?

Jeder EU-Ausländer hat das Recht, unter gleichen Bedingungen und den gleichen Rechten wie die eigenen Staatsangehörigen eine selbstständige Erwerbstätigkeit in einem Aufenthaltsstaat aufzunehmen und auszuüben.[1040] Eine Beschränkung dieses Rechts liegt dann vor, wenn eine staatliche Maßnahme entweder in die Wettbewerbsgleichheit eingreift oder den Marktzugang behindert.[1041]

Unter das Diskriminierungsverbot fallen Eingriffe in die Wettbewerbsgleichheit und Maßnahmen, die die Freiheit des Marktzugangs beschränken.[1042]

aa) Verstößt die Präsenzpflicht gegen das Diskriminierungsverbot?

Die Niederlassungsfreiheit gewährleistet die grenzüberschreitende Mobilität selbstständiger Unternehmen. Werden ausländische Unternehmen gegenüber inländischen diskriminiert, schränkt das die Motivation ein, sich in einem Mitgliedstaat niederzulassen.

Eine Verpflichtung zur permanenten Betriebsleiterpräsenz nach nationalem Recht dürfte EU-Ausländer nicht diskriminieren. Eine Diskriminierung liegt dann vor, „wenn eine bestimmte Tätigkeit, ein bestimmter Beruf oder bestimmte Handlungsmöglichkeiten Inländern vorbehalten oder für Ausländer erschwert" wird.[1043] Dabei bezieht sich das Diskriminierungsverbot nicht allein auf die Aufnahme oder Ausübung des Berufs, sondern auch auf die Gründung und Leitung.[1044] Mit dieser Ausweitung wird klargestellt, dass auch unselbstständig agierende Geschäftsführer unter das Niederlassungsfreiheitsrecht fallen und sich darauf berufen können.[1045] Auch diese üben eine leitende Funktion aus. Wird also die Gründung einer Gesellschaft oder ihre Leitung eingeschränkt, kann dies ein Verstoß gegen die Niederlassungsfreiheit bedeuten. Die Berufsausübung wird dahingehend konkretisiert, dass auch die Leitung einer Betriebsstätte davon umfasst und zu gewährleisten ist.

1040 Kotzur, in: Geiger u. a., Art. 49 Rn. 8.

1041 Kainer, in: FK, Art. 49 AEUV Rn. 45.

1042 Kainer, in: FK, Art. 49 AEUV Rn. 45. Kainer (aaO) bezeichnet dies hier als Behinderungsverbot. Allgemein wird nicht von einem Behinderungsverbot, sondern einem Beschränkungsverbot gesprochen: Schlag, in: Schwarze, Art. 49 AEUV Rn. 49; Kotzur, in: Geiger u. a., Art. 49 AEUV Rn. 15; Oppermann u. a., § 28 Rn. 34.

1043 Vgl. VG Berlin, Urt. v. 25.09.2009 – 1 A 224.07 (Vortrag der Beklagten); Müller-Graff, in: Streinz, Art. 49 Rn. 44.

1044 Müller-Graff, in: Streinz, Art. 49 Rn. 44.

1045 Korte, in: Calliess/Ruffert, Art. 49 Rn. 18.

Unterschieden wird dabei zwischen einer offenen und einer verdeckten oder versteckten Diskriminierung.

aaa) Offene (unmittelbare) Diskriminierung

Offene Diskriminierungen liegen vor, wenn Maßnahmen formal an die Staatsangehörigkeit zum Zwecke der Differenzierung anknüpfen.[1046] Wird zum Beispiel der Zugang zu einem Beruf oder die Ausübung der Tätigkeit Inländern vorbehalten, sind für Ausländer der Zugang und die Ausübung unmöglich.[1047] Dadurch werden Ausländer offen und unmittelbar diskriminiert.

Ein weiteres Beispiel für eine offene Diskriminierung liegt vor, wenn Tochtergesellschaften einer im EU-Ausland ansässigen Muttergesellschaft besteuert werden, Tochtergesellschaften mit inländischen Muttergesellschaften aber nicht.[1048] Die Besteuerung erfolgt allein aufgrund der Staatsangehörigkeit und ist deshalb diskriminierend.

Eine offene Diskriminierung stellt eine Präsenzverpflichtung nicht dar, da sie sich sowohl an Inländer wie auch an Ausländer wendet. Ausländern wird es durch eine Präsenzpflicht nicht verboten, einen Beruf auszuüben oder einen entsprechenden Betrieb zu leiten. Ebenso wird durch die Präsenzpflicht nicht der Zugang verwehrt. Vielmehr schließt eine Präsenzverpflichtung die Möglichkeit der Betriebsausübung und -leitung ein, enthält allein quantitative und qualitative Vorgaben und bindet sowohl In- wie auch Ausländer.

bbb) Verdeckte (mittelbare) Diskriminierung

Regelungen können dann diskriminierend sein, wenn sie sich zwar formal betrachtet nicht speziell an Ausländer richten, aber in der praktischen Anwendung zu unterschiedlichen Ergebnissen zwischen eigenen Staatsangehörigen und EU-Ausländern führen. Um eine verdeckte Diskriminierung handelt es sich daher bei solchen Vorgaben, „die typischerweise von EU-Ausländern nicht oder nur schwerer als von eigenen Staatsangehörigen erfüllt werden können [...] und dadurch das von Art. 49 AEUV geschützte Verhalten erschweren oder unmöglich machen“[1049].

Als verdeckte Diskriminierung wird dabei z. B. angesehen, wenn eine Inlandsansässigkeit oder ein Wohnsitzerfordernis verlangt wird[1050] oder wenn

1046 Kainer, in: FK, Art. 49 AEUV Rn. 52.

1047 Kainer, in: FK, Art. 49 AEUV Rn. 52.

1048 Detterbeck, ÖR, Rn. 1185.

1049 Detterbeck, ÖR, Rn. 1185.

1050 Vgl. Müller-Graff, in: Streinz, Art. 49 Rn. 50; Khan/Eisenhut, in: Vedder u. a., Art. 49 AEUV Rn. 16.

zur Ausübung einer Tätigkeit eine inländische Qualifikation notwendig ist und gleichzeitig die im EU-Ausland erworbene Qualifikation nicht als gleichwertig anerkannt wird.[1051]

Die Anforderung einer Betriebsleiterpräsenz betrifft den Inländer genauso wie den EU-Ausländer. Der Inländer muss daher wie der EU-Ausländer für eine ständige Meisterpräsenz sorgen, sodass den Inländer die Regelung genauso trifft. Eine mittelbare oder verdeckte Diskriminierung liegt daher auf den ersten Blick nicht vor.

Eine indirekte verdeckte Diskriminierung könnte aber unter dem Aspekt anzunehmen sein, dass eine permanente Präsenzpflicht zwar zu keiner Unterscheidung hinsichtlich der Präsenz führt, aber eine indirekte Wohnverpflichtung zur Folge haben könnte, die dann für den Ausländer härter ist als für den Inländer. Wohnort und Arbeitsort sind in der Regel beim Inländer nicht übermäßig weit voneinander entfernt, sodass die Präsenzpflicht keine nennenswerten Auswirkungen für ihn hat. Der Inländer kann seinen Arbeitsort meist gut vom Wohnort aus erreichen. Eine Präsenzpflicht wird ihn daher hinsichtlich seiner Wohnortwahl nicht unverhältnismäßig belasten.

Die Präsenzpflicht darf aber nicht zu einer Residenz- oder Wohnortpflicht umgedeutet und erweitert werden, was sie auch bewusst nicht ist. Die Präsenz orientiert sich an jedem, der den Beruf ausüben will und verlangt gewisse Anwesenheits- und Erreichbarkeitszeiten. Die Präsenzpflicht ist für den Inländer mitunter genauso schwierig zu erfüllen und aufwendig wie für den EU-Ausländer. Keinesfalls erfüllt sie der Inländer bereits automatisch oder von selbst.[1052] Auch ist sie nicht mit einem ggf. mittelbar diskriminierenden Ansässigkeitserfordernis[1053] gleichzusetzen. Denn es geht nicht darum, dass der Betriebsleiter ansässig sein muss, sondern darum, dass er präsent ist, wenn er seinen Beruf ausübt.

Die Präsenzpflicht dient daher nicht dazu, den Ausländer vom Marktzugang abzuhalten, sie diskriminiert ihn auch nicht, da die Gewährleistung einer permanenten Präsenz für den Inländer genauso aufwendig ist.

ccc) Ergebnis

Die permanente Betriebsleiterpräsenz ist weder eine offene noch eine versteckte Diskriminierung von EU-Ausländern, da sie sowohl für Inländer wie auch für Ausländer gilt und für beide die gleichen Folgen hat.

1051 Vgl. Detterbeck, ÖR, Rn. 1185; Khan/Eisenhut, in: Vedder u. a., Art. 49 AEUV Rn. 16.

1052 Vgl. Schlag, in: Schwarze, Art. 49 AEUV Rn. 37.

1053 Vgl. Kainer, in: FK, Art. 49 AEUV Rn. 55.

bb) Verstößt die Präsenzpflicht gegen das Beschränkungsverbot?

Wenn Maßnahmen nicht aus Gründen der Staatsangehörigkeit diskriminieren, aber dennoch geeignet sind, die Ausübung der EU-Freiheiten zu behindern oder weniger attraktiv zu machen, fallen sie unter das Beschränkungsverbot.[1054]

Die Präsenzpflichten sind nicht geeignet, die grundlegenden Freiheiten des AEUV zu behindern. Denn derjenige, der im Inland versorgen will, wird gerade Personal benötigen, das vor Ort ist, um Versorgungen durchführen zu können.

Ob es zur Gründung eine Niederlassung weniger attraktiv erscheinen lässt, eine Präsenzpflicht zu erfüllen, erscheint zweifelhaft. Im Übrigen wird es für jede rechtliche Vorgabe jemanden geben, für den dadurch die Ausübung des Vertrages weniger attraktiv ist.

Selbst wenn die Präsenzpflicht die Niederlassung weniger attraktiv erscheinen lässt, ist sie gerechtfertigt.

cc) Rechtfertigungsgründe

Eine Einschränkung der Niederlassungsfreiheit ist dann gerechtfertigt, wenn sie zwingenden Gründen des Allgemeininteresses dient und zudem verhältnismäßig ist.[1055] Dieser Rechtfertigungsstandard, der für alle Grundfreiheiten des AEUV gilt, hat sich aus der Rechtsprechung des EuGH und seiner sog. „*Gebhard*-Formel" entwickelt.[1056]

Diese Formel besagt, dass „nationale Maßnahmen, die die Ausübung der durch den Vertrag garantierten grundlegenden Freiheiten behindern oder weniger attraktiv machen können, vier Voraussetzungen erfüllen müssen: Sie müssen in nichtdiskriminierender Weise angewandt werden, sie müssen aus zwingenden Gründen des Allgemeininteresses gerechtfertigt sein, sie müssen geeignet sein, die Verwirklichung des mit ihnen verfolgten Zieles zu gewährleisten, und sie dürfen nicht über das hinausgehen, was zur Erreichung dieses Zieles erforderlich ist"[1057].

aaa) Nichtdiskriminierender Charakter

Oben wurde bereits dargelegt, dass die Präsenzpflicht keinen diskriminierenden Charakter hat.

1054 Schlag, in: Schwarze, Art. 49 AEUV Rn. 47.
1055 Schlag, in: Schwarze, Art. 49 AEUV Rn. 54.
1056 Streinz, Rn. 836; Kainer, in: FK, Art. 49 AEUV Rn. 72.
1057 EuGH, Urt. v. 30.11.1995 – C-55/94, Rn. 37, in: NJW 1996, 579 (581).

bbb) Zwingende Gründe des Allgemeininteresses

Der Verbraucherschutz stellt grundsätzlich einen zwingenden Rechtfertigungsgrund des Allgemeininteresses dar.[1058] Zu prüfen ist, ob eine Präsenzpflicht den zwingenden Gründen des Allgemeininteresses entspricht.

(1) Vergleich zu Residenzpflichten

Der EuGH hatte sich 1992 mit der Frage von Residenzpflichten für luxemburgische Wirtschaftsprüfer zu beschäftigen („*Ramrath*").[1059] Er sah keinen Verstoß (hier: gegen die Freizügigkeit), wenn bestimmte tatsächliche Anwesenheitszeiten für Wirtschaftsprüfer verlangt werden, um den Schutz des Allgemeininteresses zu gewährleisten, sofern nicht anderweitig eine Aufsicht möglich ist.[1060] Grundsätzlich „kann das ständige Vorhandensein der für die Ausführung der Arbeiten erforderlichen Einrichtungen, die tatsächliche Anwesenheit in diesem Mitgliedstaat und die Einhaltung der Standesregeln betreffen, verlangt werden."[1061]

Die Präsenzpflicht ist keine Residenzpflicht: Sie knüpft weder daran an, dass ein Wohnsitz für die Zulassung einer Tätigkeit notwendig ist, noch dass am Tätigkeitsort aktiv, also tatsächlich, gewohnt wird.[1062]

(2) Vergleich zur Eintragung in die Handwerksrolle

In den Verfahren „*Corsten*"[1063] und „*Schnitzer*"[1064] überprüfte der EuGH die Frage, ob die Eintragung in die Handwerksrolle für ein ausländisches Unternehmen eine Beschränkung der Dienstleistungsfreiheit darstellt. Eine Beschränkung der Dienstleistungsfreiheit kann aus Sicht des EuGH „durch zwingende Gründe des Allgemeininteresses gerechtfertigt sein, etwa durch das Ziel, die Qualität der durchgeführten handwerklichen Arbeiten zu sichern und deren Abnehmer vor Schäden zu bewahren".[1065] Die Anwendung der nationalen Regelungen muss dabei geeignet sein, die Verwirklichung des „verfolgten Ziels zu gewährleisten,

---

1058 Vgl. Hailbronner, in: Hailbronner/Wilms, Art. 49/50 Rn. 118; Kingreen, in: Calliess/Ruffert, Art. 34-36 Rn. 80; Schlag, in: Schwarze, Art. 49 AEUV Rn. 54; Siekemeier/Wendland, in: EnzEuR, § 3 Rn. 91; Tiedje, in: von der Groeben u. a., Art. 49 Rn. 117.

1059 EuGH, Urt. v. 20.05.1992 – C-106/91, in: NJW 1992, 2407 ff.

1060 EuGH, Urt. v. 20.05.1992 – C-106/91, in: NJW 1992, 2407 (2409, Rn. 35).

1061 Hailbronner, in: Hailbronner/Wilms, Art. 49/50 Rn. 121.

1062 Kainer, in: FK, Art. 49 AEUV Rn. 64.

1063 EuGH, Urt. v. 03.10.2000 – C-58/98, in: EuZW 2000, 763 ff.; vgl. dazu Leisner, Meisterqualifikation, S. 42 ff.

1064 EuGH, Urt. v. 11.12.2003 – C-215/01, in: NVwZ 2004, 206 f.; vgl. dazu Leisner, Meisterqualifikation, S. 49 f.

1065 EuGH, Urt. v. 11.12.2003 – C-215/01, in: NVwZ 2004, 206 (207).

und darf nicht über das hinausgehen, was zur Erreichung dieses Ziels erforderlich ist“[1066].

Wenn als Schutzzweck vom EuGH die Sicherung der Qualität im Handwerk sowie die Bewahrung vor Schäden anerkannt wird, lässt sich diese Argumentation auch auf die Notwendigkeit einer Präsenzpflicht übertragen, denn auch sie dient der Sicherung der Qualität und dem Schutz vor Schäden.

(3) Vergleich zu anderen Gesundheitsberufen

Der Gesundheitsschutz der Bevölkerung gehört nach der Rechtsprechung des EuGH zu den zwingenden Gründen des Allgemeininteresses, der Beschränkungen (der Niederlassungsfreiheit) rechtfertigen kann.[1067] Diese Bedeutung des Schutzgutes Gesundheit ist auch in Art. 52 Abs. 1 AEUV angelegt. Denn Art. 52 Abs. 1 AEUV gestattet es Nationalstaaten unter bestimmten Bedingungen, Ausländer anders als Inländer zu behandeln und damit ggf. unmittelbar oder mittelbar zu diskriminieren. Die Dispensrechtfertigung des Gesundheitsschutzes findet sich auch in den Art. 36, 45 Abs. 3, 62 (i. V. m. Art. 52) AEUV. Insofern stellt der Gesundheitsschutz – neben der öffentlichen Sicherheit und Ordnung – ein von der EU als wesentlich herausgestelltes Schutzgut dar, das andere Freiheitsrechte überragt. Diese Dispensoption wurde auch als „**Sicherheitsventil für nationale Interessen**“[1068] bezeichnet, das bei übergeordneten Interessen geltend gemacht werden kann.

Grundsätzlich können daher Maßnahmen, die dem Gesundheitsschutz dienen, einen Eingriff in die Niederlassungsfreiheit rechtfertigen.

Gleichzeitig stellte der EuGH fest, dass es Sache der Mitgliedstaaten sei, zu bestimmen, auf welchem Niveau der Schutz der Gesundheit der Bevölkerung gewährleistet wird und wie er erreicht werden soll.[1069]

(4) Augenoptiker-Entscheidung des EuGH

Ausgangspunkt der Entscheidung des EuGH waren griechische Regelungen, wonach es u. a. einem diplomierten Augenoptiker in Griechenland als natürlicher Person untersagt war, mehr als ein Augenoptiker-Fachgeschäft zu führen, sowie weitere Regelungen, die die Gründung eines Augenoptiker-Fachgeschäftes oder die gesellschaftsrechtliche Beteiligung hieran einschränkten.[1070] Die griechische Regierung rechtfertigte die Regelungen damit, dass dadurch ein

1066 EuGH, Urt. v. 11.12.2003 – C-215/01, in: NVwZ 2004, 206 (207).
1067 EuGH, Urt. v. 19.05.2009 – C-172/07, Rn. 27, in: EuZW 2009, 409 (410).
1068 Kreuschitz, in: von der Groeben u. a., Art. 45 AEUV Rn. 124.
1069 EuGH, Urt. v. 26.09.2013 – C-539/11, Rn. 44.
1070 EuGH, Urt. v. 21.04.2005 – C-140/03, Rn. 1, in: Slg. 2005, I-3193 (3195).

persönliches Vertrauensverhältnis innerhalb des Geschäfts für den Verkauf optischer Artikel erhalten bliebe.[1071] Zudem solle der Augenoptiker unbegrenzt und absolut bei Verschulden haften.[1072] Für diese Ziele benötige man einen Augenoptiker als Fachmann, der persönlich an seinem Fachgeschäft beteiligt sei, „ohne seine körperlichen und geistigen Kräfte dadurch zu verzetteln, dass er mehrere Geschäfte betreibe".[1073] Die Beteiligungsverbote wurden mit dem öffentlichen Gesundheitsschutz gerechtfertigt.[1074]

Nach Ansicht des EuGH gehen diese Beschränkungen über das Erforderliche hinaus und sind folglich nicht gerechtfertigt.[1075] Denn das Ziel des Schutzes der öffentlichen Gesundheit könne mit Maßnahmen erreicht werden, „die die Niederlassungsfreiheit sowohl natürlicher Personen als auch juristischer Personen weniger einschränken, z. B. durch das Erfordernis, dass in jedem Optikergeschäft als Arbeitnehmer oder als Gesellschafter diplomierte Optiker anwesend sein müssen, durch die für die zivilrechtliche Haftung für das Verhalten eines Dritten geltenden Vorschriften sowie durch Bestimmungen, die eine Berufshaftpflichtversicherung vorschreiben."[1076]

Diese Aussagen sind bemerkenswert, da sich der EuGH (ungefragt) zum Thema der Präsenzpflichten von Augenoptikern und damit zu Gesundheitshandwerkern äußert. Er hält es für ein verhältnismäßiges Mittel, um die öffentliche Gesundheit zu schützen, wenn Personen mit einer bestimmten fachlichen Qualifikation (hier: diplomierte Augenoptiker) „anwesend sein müssen".

Eine Präsenzpflicht ist daher für den EuGH bei Augenoptikern ein zulässiges Mittel, um den Gesundheitsschutz zu gewährleisten. Insofern ist die Entscheidung bedeutend, da sie zeigt, dass aus Gründen des Gesundheitsschutzes Präsenzpflichten gefordert werden können. Die europarechtliche Eignung und Verhältnismäßigkeit einer Präsenzpflicht werden dadurch belegt.

(5) Apotheken-Entscheidungen des EuGH

Länderübergreifend gibt es für Apotheken Reglementierungen. Bereits mehrfach hatte der EuGH zu überprüfen, ob diese Reglementierungen dem Europarecht entsprechen.

1071 EuGH, Urt. v. 21.04.2005 – C-140/03, Rn. 31, in: Slg. 2005, I-3193 (3204).
1072 EuGH, Urt. v. 21.04.2005 – C-140/03, Rn. 31, in: Slg. 2005, I-3193 (3204).
1073 EuGH, Urt. v. 21.04.2005 – C-140/03, Rn. 31, in: Slg. 2005, I-3193 (3204).
1074 EuGH, Urt. v. 21.04.2005 – C-140/03, Rn. 31, in: Slg. 2005, I-3193 (3204).
1075 EuGH, Urt. v. 21.04.2005 – C-140/03, Rn. 36, in: Slg. 2005, I-3193 (3205).
1076 EuGH, Urt. v. 21.04.2005 – C-140/03, Rn. 35, in: Slg. 2005, I-3193 (3204).

In Italien gab es eine Regelung, wonach das Recht zum Betrieb einer privaten Apotheke ausschließlich natürlichen und juristischen Personen vorbehalten war, die ein Apothekerdiplom besaßen bzw. aus Gesellschaftern bestanden, die ein solches Diplom hatten.[1077]

Auch hier wurde u. a. ein Verstoß gegen die Niederlassungsfreiheit gerügt. Der EuGH hielt die Regelung für zulässig. Dabei betonte er, dass grundsätzlich der Verkauf von Arzneimitteln durchaus allein Apothekern vorbehalten werden könne „wegen der Garantien, die diese bieten müssen, und der Informationen, die sie dem Verbraucher geben können müssen“[1078]. Diese garantierten eine sichere und qualitativ hochwertige Arzneimittelversorgung.[1079]

Wenn es aber der EuGH gerade als Rechtfertigung ansieht, dass der Apotheker bestimmte Informationen an seine Kunden geben muss, betont er damit auch die damit einhergehende Präsenzpflicht des Apothekers. Dieser vom EuGH genannte Rechtfertigungsgrund impliziert die Präsenzpflicht eines qualifizierten Apothekers.

Auch aus der Entscheidungsbegründung des EuGH, die sich mit dem deutschen Apothekenrecht beschäftigt, lässt sich erkennen, dass der EuGH eine Präsenzpflicht als verhältnismäßiges Mittel einstuft. In diesem Fall ging es u. a. um die deutsche Regelung, dass Apotheker bis zu drei Filialen ein und derselben Apotheke betreiben dürfen. Die drei Filialen müssen in örtlicher Nähe zusammen liegen.[1080]

Der EuGH stellte fest, dass durch die räumliche Nähe der drei Filialen „eine hinreichende Anwesenheit des betreibenden Apothekers in den Filialen und deren tatsächliche Überwachung durch diesen gewährleistet ist. Schließlich hat der betreibende Apotheker für jede Filiale einen Apotheker als Verantwortlichen zu benennen, der für die Einhaltung der gesetzlichen Vorschriften und dafür zu sorgen hat, dass die Führung der betreffenden Filialapotheke mit der allgemeinen Geschäftspolitik, die der betreibende Apotheker festgelegt hat, übereinstimmt.“[1081]

Insofern billigt der EuGH also auch bei der deutschen Apothekerregelung, dass in jedem Fall ein Apotheker vor Ort sein muss, um die Filialapotheke zu führen.

1077 EuGH, Urt. v. 19.05.2009 - C-531/06, Rn. 7, in: PharmR 2009, 451 (452 f.).

1078 EuGH, Urt. v. 19.05.2009 - C-531/06, Rn. 58, in: PharmR 2009, 451 (456).

1079 Vgl. Dorn, in: Rixen/Krämer, Einl., Rn. 94.

1080 Vgl. EuGH, Urt. v. 19.05.2009 - C-171/07 und C-172/07, Rn. 6, in: DStRE 2010, 319.

1081 EuGH, Urt. v. 19.05.2009 - C-171/07 und C-172/07, Rn. 49, in: DStRE 2010, 319 (322).

(6) Bewertung der EuGH-Rechtsprechung

Der EuGH hatte sich sowohl bei den Augenoptikern[1082] wie auch bei den Apothekern[1083] mit der Frage zu beschäftigen, ob jeweils ein Mehrbesitzverbot zulässig ist. Während der EuGH bei den Augenoptikern ein solches Mehrbesitzverbot für unverhältnismäßig ansieht,[1084] hält er es bei Apothekern für zulässig.[1085] Den Unterschied begründete der EuGH wie folgt: „Denn im Unterschied zu Optikerprodukten können aus therapeutischen Gründen verschriebene oder verwendete Arzneimittel sich trotz allem, ohne dass der Patient sich dessen bei ihrer Verabreichung bewusst sein kann, als für die Gesundheit sehr schädlich erweisen, wenn sie ohne Not oder falsch eingenommen werden. Zudem führt ein medizinisch nicht gerechtfertigter Verkauf von Arzneimitteln zu einer ungleich größeren Verschwendung öffentlicher Finanzmittel als der nicht gerechtfertigte Verkauf von Optikerprodukten."[1086] In der Literatur wurde geschlussfolgert, dass der Unterschied in der *handwerklichen* Natur der Leistung liege.[1087] Genau damit begründet der EuGH aber nicht seine Entscheidung.

Vielmehr betrachtet und orientiert sich der EuGH ausschließlich an dem Merkmal der Gesundheitsgefährdung. Diese kann er bei Augenoptiker-Leistungen nicht in vergleichbarem Maße erkennen wie bei Apotheker-Leistungen.

Aus diesem Grund ist die spätere Entscheidung des EuGH zum Gebietsschutz sizilianischer Augenoptiker-Fachgeschäfte konsequent: „Im Rahmen der Wahrnehmung dieses Wertungsspielraums steht es den Mitgliedstaaten frei, eine Planung von Optikergeschäften in einer der Verteilung von Apotheken vergleichbaren Weise vorzusehen, und zwar trotz der Unterschiede, die zwischen den beiden Arten von Gesundheitsdienstleistungen bestehen."[1088] Denn auch hier betont der EuGH, dass es in erster Linie Aufgabe des Mitgliedstaates ist zu bestimmen, auf welchem Niveau der Schutz der Gesundheit der Bevölkerung gewährleistet wird.[1089]

Daher ist festzustellen, dass eine ständige Präsenzpflicht des Betriebsleiters grundsätzlich den europäischen Vorgaben entspricht. Im Bereich der Augenoptik

---

1082 Vgl. EuGH, Urt. v. 21.04.2005 – C-140/03, in: Slg. 2005, I-3193 ff.

1083 Vgl. EuGH, Urt. v. 19.05.2009 – C-171/07 und C-172/07, in: DStRE 2010, 319 ff.

1084 EuGH, Urt. v. 21.04.2005 – C-140/03, Rn. 34 f., in: Slg. 2005, I-3193 (3205).

1085 EuGH, Urt. v. 19.05.2009 – C-171/07 und C-172/07 (LS), in: DStRE 2010, 319.

1086 EuGH, Urt. v. 19.05.2009 – C-171/07 und C-172/07, Rn. 60, in: DStRE 2010, 319 (323).

1087 Schwarze, EuR 2013, 253 (260).

1088 EuGH, Urt. v. 26.09.2013 – C-539/11, Rn. 45.

1089 EuGH, Urt. v. 26.09.2013 – C-539/11, Rn. 44.

wurde sie sogar explizit vom EuGH als relativ mildes, verhältnismäßiges Mittel empfohlen. Somit ist anerkannt, dass es in Bereichen der Gesundheitshandwerke strengere Präsenzpflichten geben kann als im übrigen Handwerk.

Dies liegt daran, dass der EuGH beim Schutz der Gesundheit den Mitgliedstaaten ein hohes Maß an Entscheidungsfreiheit und -kompetenz zubilligt. „In dubio pro salute“[1090] wurde dies einmal treffend umschrieben: Regelungen, die in anderen Marktsegmenten außerhalb der Gesundheitsbranche gegen die Niederlassungsfreiheit verstoßen, werden im Gesundheitsbereich geduldet. Dort überlässt man es den nationalen Mitgliedstaaten, wirksame Maßnahmen für den individuellen Gesundheitsschutz zu treffen.

dd) Eignung

Die Einschränkung der Niederlassungsfreiheit durch eine Präsenzpflicht muss geeignet sein, das oben festgestellte Allgemeinwohlziel zu erreichen.[1091] Geeignet ist eine Maßnahme, wenn sie das bezweckte Ziel fördert,[1092] ungeeignet ist sie, wenn sie dem angestrebten Ziel nicht dient.[1093]

Der angestrebte Gesundheits- und Verbraucherschutz kann durch eine Präsenzpflicht gefördert werden: Der qualifizierte Betriebsleiter, mit der höchstmöglichen fachlichen Ausbildung versehen, die es gibt, ist der Ansprechpartner vor Ort, er kann schwierige Fälle selbst betreuen und seine Mitarbeiter bei der Versorgung anleiten, beaufsichtigen und im Bedarfsfall eingreifen.[1094] Das Ziel der Prävention wird mithin mit der Präsenzpflicht erreicht.

ee) Erforderlichkeit

Eine Präsenzpflicht muss zudem erforderlich sein, um das verfolgte Ziel des Gesundheits- und Verbraucherschutzes zu erreichen. Sie darf deshalb nicht über das hinausgehen, was zur Erreichung dieses Ziels erforderlich ist.[1095] Aus diesem Grund darf es „keine weniger belastende Maßnahme, die das Ziel in gleichem Maße zu erreichen geeignet ist, geben.“[1096] Eine Maßnahme ist dann erforderlich,

---

1090 Martini, NJW 2009, 2116.

1091 Vgl. Oppermann u. a., § 22 Rn. 11.

1092 Kainer, in: FK, Art. 49 AEUV Rn. 85.

1093 Tiedje, in: von der Groeben u. a., Art. 49 Rn. 118.

1094 OVG Nordrhein-Westfalen, Urt. v. 20.11.2017 – 4 A 1113/13, in: GewArch 2018, 72 (74).

1095 Tiedje, in: von der Groeben u. a., Art. 49 Rn. 120.

1096 Siekemeier/Wendtland, in: EnzEuR, § 3 Rn. 97; so auch Kainer, in: FK, Art. 49 AEUV Rn. 87.

wenn es keine milderen, gleich geeigneten Mittel gibt, um das verfolgte Ziel zu verwirklichen.[1097]

Das verfolgte Ziel ist bei der Präsenzpflicht der Gesundheits- und Verbraucherschutz. Mit der Präsenz wird sichergestellt, dass bei gefahrengeneigten Tätigkeiten ein Ansprechpartner vor Ort ist, der jederzeit zur Verfügung steht und ggf. auch eingreifen kann. Hierfür ist eine Präsenz vor Ort notwendig; fernmündlich lassen sich bestimmte Fragestellungen nicht beantworten. Denn ggf. muss in das Ohr gesehen, das Auge untersucht oder das Bein abgetastet werden. Dies macht eine Präsenz vor Ort erforderlich.

ff) Angemessenheit

Von der „Gebhard-Formel" nicht umfasst ist die Prüfung der Angemessenheit im engeren Sinn.[1098] Im Gegensatz zum deutschen Staatsrecht prüft sie der EuGH seltener.[1099]

Bei der Angemessenheit im engeren Sinn wird die Relation zwischen der möglichen Beeinträchtigung der Niederlassungsfreiheit und dem Grund der gewählten Maßnahme untersucht.[1100]

Dietz/Streinz entwickelten den Grundsatz: „Je binnenmarktschädlicher das staatliche Verhalten, desto höher sollten auch die Anforderungen für seine Rechtfertigung sein."[1101]

Als Kriterien zur Prüfung können dabei herangezogen werden:

- Grad der Diskriminierung
- Schwere der Zusatzbelastung
- Ausmaß der Marktzugangsverhinderung,

die dann mit dem Ziel des Verbraucher- und Gesundheitsschutzes ins Verhältnis zu setzen sind.[1102]

Wie bereits geprüft, liegt keine Diskriminierung vor. Die permanente Präsenzpflicht stellt eine Zusatzbelastung dar, die zuvor intensiv, doch im Hinblick auf den Gesundheits- und den Verbraucherschutz erforderlich ist.

Ob sie eine Marktzugangsverhinderung darstellt, dürfte zweifelhaft sein. Dies würde im Umkehrschluss bedeuten, dass es EU-Ausländern allein darauf

1097 Korte, in: Calliess/Ruffert, Art. 49 Rn. 68.

1098 Vgl. Frenz, § 6 Rn. 2685.

1099 Vgl. Frenz, § 6 Rn. 2685; Kainer, in: FK, Art. 249 AEUV Rn. 90.

1100 Kainer, in: FK, Art. 249 AEUV Rn. 90.

1101 Dietz/Streinz, EuR 2015, 50 (72).

1102 Dietz/Streinz, EuR 2015, 50 (72).

ankäme, Mitarbeiter einzustellen, die keinen ausreichenden Abschluss haben, um mit diesen Kunden zu versorgen. Eine solche Annahme wäre abwegig. EU-Ausländer, die sich entscheiden, in Deutschland Gesundheitshandwerksdienstleistungen anzubieten, werden – genauso wie ihre deutschen Konkurrenten – Personal entsenden wollen, das fachlich die Arbeiten auch ausüben kann. Es ist nicht davon auszugehen, dass ein „Schwarm der Unausgebildeten“ solche Versorgungen übernehmen soll (und auch kann). Auch würde es dann Probleme mit den Eignungs- und Qualitätskriterien der GKV geben (vgl. § 126 Abs. 1 SGB V).

Allerdings stellt sich die Frage, ob eine permanente Betriebsleiterpräsenz ausreichend differenziert.[1103] *Tiedje*[1104] verlangt daher die Prüfung, ob alle infrage stehenden Tätigkeiten unter dieselbe Verpflichtung fallen müssen. Diese Fragestellung ist berechtigt, wenn die Eignung der Maßnahme gerade unter dem Aspekt des Gesundheits- und Verbraucherschutzes zu bewerten ist. Denn nur dann, wenn es bei den Leistungen und Tätigkeiten um Gesundheits- und Verbraucherschutz geht, mithin sich dieser konkret und unmittelbar auswirkt, besteht die Eignung und damit auch die Verhältnismäßigkeit einer Präsenzpflicht.

Die Prüfung verlangt daher eine genaue Untersuchung der Tätigkeiten der Gesundheitshandwerker, bei denen der Gesundheits- und Verbraucherschutz gefährdet sein könnte.

Keineswegs soll eine solche Prüfung der unterschiedlichen Tätigkeiten bei der Versorgung zu einer atypischen Atomisierung des jeweiligen Berufsbildes führen. Nicht jede Tätigkeit kann kleinteilig zwischen gesundheitsgefährdend und nicht gesundheitsgefährdend aufgeteilt werden. Dies wäre weder praxisgerecht noch praxistauglich.

Die einfache Entgegennahme eines (vermeintlich) defekten Hörsystems wäre bspw. keine gesundheitsgefährdende Tätigkeit. Doch wird es in der Regel nicht bei der bloßen Entgegennahme bleiben. Um überhaupt herauszufinden, wo der Defekt genau liegt, bedarf es nicht nur der genauen Beschreibung, sondern auch des Vorführens und damit des Überprüfens „am Kunden“. Dann können aber gesundheitsgefährdende Situationen entstehen, wenn versucht wird, den Defekt unmittelbar zu beheben. Es wäre realitätsfern, wenn man nun für die reine Entgegennahme des Produkts eine andere Wertung vornähme als für die Prüfung des Defekts. Diese Leistungen und Tätigkeiten sind als zusammenhängend zu bewerten und zu betrachten.

1103 Tiedje, in: von der Groeben u. a., Art. 49 Rn. 120.

1104 Tiedje, in: von der Groeben u. a., Art. 49 Rn. 120.

In der Hörakustik stellt die Ohrabformung z. B. eine solche Tätigkeit dar, die besonders gefahrengeneigt ist und die daher unter den Gesundheits- und Verbraucherschutz fällt. Eine Präsenz des Betriebsleiters bei der Ausübung dieser Tätigkeit ist notwendig, um die Gefahren, die hier für den Verbraucher entstehen können, zu minimieren. Der Betriebsleiter hat als Ansprechpartner vor Ort zu sein, die Leistung zu überwachen und zu kontrollieren.

Anders verhält es sich bei einem Verkauf von Hörsystembatterien. Es wäre nicht zu rechtfertigen und daher unverhältnismäßig, würde man hier eine Präsenzpflicht verlangen, nur weil es sich um eine Leistung des Hörakustikers handelt. Allein schon die Tatsache, dass solche Batterien auch im unreglementierten Einzelhandel erhältlich sind, spricht für eine Gleichbehandlung und damit für einen Verzicht auf eine Präsenzpflicht. Zudem handelt es sich nicht um eine gefahrengeneigte Tätigkeit.

Im Hinblick auf die gebotene Überprüfung der Zweck-Mittel-Relation[1105] ist es notwendig, eine Präsenzpflicht nur für solche Tätigkeiten und Leistungen einzufordern, die *gefahrengeneigt* sind. Denn ein etwaiger Eingriff in die Niederlassungsfreiheit wird mit dem legitimen Zweck des Gesundheits- und Verbraucherschutzes begründet. Dann darf es sich aber auch nur um solche Tätigkeiten handeln, die gesundheitsrelevant sind.

Insofern bedarf es einer Differenzierung zwischen gefahrengeneigten und nicht gefahrengeneigten Tätigkeiten, um eine Einschränkung zu rechtfertigen.

gg) Weitere Zugangsbehinderung

Die Anforderung einer (permanenten) Betriebsleiterpräsenz könnte dazu geeignet sein, den Marktzugang in maßgeblicher Weise weniger attraktiv für EU-Ausländer zu machen.[1106] Denn faktisch könnte eine Betriebsleiterpräsenzpflicht dazu führen, dass ein ausländischer Betrieb gezwungen wäre, jeweils einen Mitarbeiter für eine Betriebsstätte in Deutschland abzustellen. Gerade in Grenzgebieten würde ansonsten ein ausländischer Gesundheitshandwerksbetrieb ggf. mehrere Filialen mit einem Leiter führen können. Auf diese Synergieeffekte muss er aufgrund der permanenten Präsenzpflicht verzichten.

Detterbeck[1107] hat nachgewiesen, dass die Grundsätze der sog. „Keck-Formel“ des EuGH[1108] auch im Bereich der Niederlassungsfreiheit und der

1105 Vgl. Kainer, in: FK, Art. 49 Rn. 90.

1106 Vgl. Müller-Graff, in: Streinz, Art. 49 AEUV Rn. 62.

1107 Detterbeck, ÖR, Rn. 1186.

1108 Vgl. EuGH, Urt. v. 24.11.1993 – C-267/91 und C-268/91, Rn. 16, in: NJW 1994, 121.

„Gebhard-Formel“ anzuwenden sind: Nach der „Keck-Formel“ sind nationale Bestimmungen u. a. zulässig, die für alle betroffenen Wirtschaftsteilnehmer gelten, die ihre Tätigkeit im Inland ausüben.[1109] Da die möglichen Synergieeffekte grundsätzlich jeden, auch den inländischen Filialisten betreffen würden, besteht keine Benachteiligung für EU-Ausländer.

b) Ergebnis

Die Präsenzpflicht verstößt nicht gegen die Niederlassungsfreiheit. Auch wenn die Präsenzverpflichtung einen Eingriff darstellt, ist sie mit dem Gesundheits- und Verbraucherschutz zu rechtfertigen, solange auf die gefahrengeneigte Tätigkeit abgestellt wird. Im Übrigen betrifft sie sowohl Inländer als auch EU-Ausländer in gleicher Weise.

2. Dienstleistungsfreiheit

Eine Präsenzpflicht könnte auch den freien Dienstleistungsverkehr innerhalb der EU behindern und deshalb gegen europäische Schutzvorschriften für die Dienstleistungsfreiheit verstoßen.

a) Dienstleistungsfreiheit i. S. d. Art. 56 AEUV

Art. 56 Abs. 1 AEUV verbietet grundsätzlich Beschränkungen der Dienstleistungsfreiheit. EU-Bürgern und -Gesellschaften wird folglich das Recht eingeräumt, Dienstleistungen in anderen Mitgliedstaaten zu erbringen, ohne aber dort über eine dauerhafte Niederlassung verfügen zu müssen.[1110] Ein Dienstleistender darf deshalb eine Tätigkeit vorübergehend in einem anderen Mitgliedstaat ausüben, und zwar unter den Voraussetzungen, welche dieser Mitgliedstaat für seine eigenen Angehörigen vorschreibt (Art. 57 S. 3 AEUV).

Der Dienstleistungsbegriff ist dann erfüllt, wenn es sich um

- eine regelmäßig entgeltliche und grenzüberschreitende wirtschaftliche Tätigkeit handelt,
- die selbstständig zu Erwerbszwecken ausgeübt wird und
- sich auf eine nicht-körperliche Leistung bezieht.[1111]

1109 EuGH, Urt. v. 24.11.1993 – C-267/91 und C-268/91, Rn. 16, in: NJW 1994, 121.

1110 Detterbeck, ÖR, Rn. 1188.

1111 Frotscher/Kramer, Rn. 229.

Handwerkliche Tätigkeiten werden gemäß Art. 57 S. 2 lit. c AEUV als Dienstleistungen in diesem Sinne angesehen, sodass die Tätigkeiten und Leistungen der Gesundheitshandwerke unter den Dienstleistungsbegriff fallen.

aa) Abgrenzung Niederlassungs-/Dienstleistungsfreiheit

Die Dienstleistungsfreiheit ist gegenüber der Niederlassungsfreiheit subsidiär.[1112] In Abgrenzung zur Niederlassungsfreiheit erfordert die Dienstleistungsfreiheit keine auf eine gewisse Dauer angelegte Tätigkeit im EU-Ausland, sondern es genügt eine vorübergehende Leistungserbringung.[1113] Abgestellt wird bei der Abgrenzung nicht auf die Dienstleistungsausübung, die nicht kurzfristig erfolgen muss.[1114] Maßgeblich zur Abgrenzung ist vielmehr die Aufenthaltszeit des Dienstleistungserbringers,[1115] wobei letztlich die Zuordnung auf den Einzelfall abzustellen ist und dabei die Faktoren Dauer, Häufigkeit, Periodizität und Kontinuität zu berücksichtigten sind.[1116]

Selbst bei einer eigenen Infrastruktur wie einem Geschäftssitz, einer Praxis oder einer Kanzlei kann die Dienstleistung nur einen vorübergehenden Charakter haben.[1117] Der EuGH führte dazu aus: „Der vorübergehende Charakter der Leistung schließt nicht die Möglichkeit für den Dienstleistungserbringer i. S. des Vertrages aus, sich im Aufnahmemitgliedstaat mit einer bestimmten Infrastruktur (einschließlich eines Büros, einer Praxis oder einer Kanzlei) auszustatten, soweit diese Infrastruktur für die Erbringung der fraglichen Leistung erforderlich ist.“[1118]

Für die Gesundheitshandwerke bedeutet die Abgrenzung, dass eine Regelung zur Präsenzpflicht auch gegen die Dienstleistungsfreiheit verstoßen könnte. Denn die Dienstleistung wird nur mit eigener Infrastruktur erfolgreich und *lege artis* erbracht werden können (es handelt sich bei den Gesundheitshandwerken wie bereits dargelegt nicht um Reisegewerbe). Eine Vorgabe zur Präsenzpflicht

---

1112 Haltern/Stein, in: FK, Art. 57 AEUV Rn. 17.

1113 Frotscher/Kramer, Rn. 229; Khan/Eisenhut, in: Vedder u. a., Art. 57 Rn. 18; Obwexer/Ianc, in: EnzEuR, § 7 Rn. 25.

1114 Haltern/Stein, in: FK, Art. 57 AEUV Rn. 17; Holoubek, in: Schwarze, Art. 56, 57 AEUV Rn. 25.

1115 Haltern/Stein, in: FK, Art. 57 AEUV Rn. 17.

1116 Kluth, in: Calliess/Ruffert, Art. 56, 57 AEUV Rn. 15.

1117 Haltern/Stein, in: FK, Art. 57 AEUV Rn. 17; Holoubek, in: Schwarze, Art. 56, 57 AEUV Rn. 25; Obwexer/Ianc, in: EnzEuR, § 7 Rn. 25; aA Khan/Eisenhut, in: Vedder u. a., Art. 57 Rn. 18 (Infrastruktur kann Indiz sein, muss aber nicht).

1118 EuGH, Urt. v. 30.11.1995 – C-55/94 (Rn. 27), in: NJW 1996, 579 (580).

könnte die Attraktivität mindern, in einem anderen Mitgliedstaat Dienstleistungen der Gesundheitshandwerke anzubieten und zu erbringen.

bb) Beeinträchtigungen der Dienstleistungsfreiheit

Staatliche Maßnahmen können offen oder versteckt auf die Staatsangehörigkeit abstellen und dadurch den Dienstleistungsverkehr erschweren, ggf. sogar vollständig zum Erliegen bringen.[1119]

Offene Diskriminierungen knüpfen unmittelbar an die Staatsangehörigkeit an.[1120] Die Diskriminierung erfolgt hier aufgrund der Staatsangehörigkeit. Eine solche offene Diskriminierung liegt nicht vor, da sich die Präsenzpflicht nicht allein an EU-Ausländer richtet, sondern genauso an die Inländer.

Eine *versteckte Diskriminierung* liegt vor, wenn Beschränkungen von Freizügigkeitsrechten nicht unmittelbar an die Staatsangehörigkeit anknüpfen, aber die verlangten Vorgaben, die Inländer und EU-Ausländer gleichermaßen betreffen, faktisch nur oder zumindest leichter von Inländern erfüllt werden können.[1121] Eine Präsenzpflicht könnte zu einer versteckten Diskriminierung führen, da sie für nichtortsansässige Betriebsleiter schwieriger zu erfüllen ist.[1122] Zudem könnte die Präsenzpflicht mittelbar zu einer Residenzpflicht führen.

Das Dienstleistungsrecht hat eine sekundärrechtliche Konkretisierung in Form einer Richtlinie erfahren.[1123] Dem Europäischen Parlament und dem Rat wurde in Art. 59 AEUV eine Ermächtigung eingeräumt, für einzelne Dienstleistungen spezielle Richtlinien zu erlassen.[1124]. Eine solche Richtlinie ist die „Richtlinie des Europäischen Parlaments und des Rates über Dienstleistungen im Binnenmarkt vom 12. Dezember 2006 (Richtlinie 2006/123/EG)", die als Europäische Dienstleistungsrichtlinie (DLRL) bekannt ist.

Die DLRL richtet sich an Dienstleistungserbringer, die keine Niederlassung im EU-Ausland haben und vorübergehend grenzüberschreitend tätig sind.[1125] Ihr Ziel besteht darin, „administrative und rechtliche Hindernisse im Dienstleistungsmarkt abzubauen und dadurch das Bruttoinlandsprodukt (BIP) zu

1119 Detterbeck, ÖR, Rn. 1191.
1120 Vgl. Frotscher/Kramer, Rn. 230.
1121 Tiedje, in: von der Groeben u. a., Art. 56 Rn. 46.
1122 Frotscher/Kramer, Rn. 230.
1123 Vgl. Frotscher/Kramer, Rn. 231.
1124 Obwexer/Ianc, EnzEuR, § 7 Rn. 94.
1125 Stober, in: Stober/Eisenmenger, § 45 II 3d (S. 4).

stärken."[1126] Die DLRL findet grundsätzlich auch auf Handwerksdienstleistungen Anwendung.[1127]

aaa) Nichtanwendung der DLRL auf Gesundheitshandwerke

Die grundsätzliche Anwendbarkeit im Handwerk muss aber nicht für die Gesundheitshandwerke gelten. Nach Art. 2 Abs. 2 lit. f DLRL sind Gesundheitsdienstleistungen, unabhängig davon, ob sie durch Einrichtungen der Gesundheitsversorgung erbracht werden, und unabhängig davon, wie sie auf nationaler Ebene organisiert und finanziert sind und ob es sich um öffentliche oder private Dienstleistungen handelt, vom Anwendungsbereich der DLRL ausgenommen.

Die Ausnahme bezieht sich auf solche Gesundheitsdienstleistungen, „die von Angehörigen eines Berufs im Gesundheitswesen gegenüber Patienten erbracht werden, um deren Gesundheitszustand zu beurteilen, zu erhalten oder wiederherzustellen, wenn diese Tätigkeiten in dem Mitgliedstaat, in dem die Dienstleistungen erbracht werden, einem reglementierten Gesundheitsberuf vorbehalten sind."[1128]

Bei den Berufen des Gesundheitshandwerks handelt es sich um Tätigkeiten im Gesundheitswesen gegenüber Patienten. Zudem muss die Gesundheitsdienstleistung i. S. d. Berufsanerkennungsrichtlinie reglementiert sein.[1129] Das trifft für die Gesundheitshandwerke zu.[1130] Aus diesem Grund ist davon auszugehen, dass die DLRL keine Anwendung auf die Gesundheitshandwerke findet.

Selbst wenn man entgegen dem oben festgestellten Ergebnis die Ansicht vertreten würde, dass die DLRL auch für die Gesundheitshandwerke anwendbar wäre, bliebe es selbst bei Anwendbarkeit, dass eine Präsenzpflicht nicht gegen die DLRL verstoßen würde, wie nachfolgend hilfsweise skizziert wird.

bbb) Verbot der Residenzpflicht nach der DLRL

Nach Art. 14 Abs. 1 lit. b DLRL dürfen die Mitgliedstaaten die Aufnahme oder Ausübung einer Dienstleistungstätigkeit in ihrem Hoheitsgebiet nicht von einer *Residenzpflicht* des Dienstleistungserbringers, seiner Beschäftigten, der Gesellschafter oder der Mitglieder der Geschäftsführung oder Kontrollorgane im betreffenden Hoheitsgebiet abhängig machen. Die Regelung fällt in der DLRL in das Kapitel über die *Niederlassungsfreiheit* für Dienstleistungserbringer.

1126 Haltern/Stein, in: FK, Art. 59 AEUV Rn. 14.
1127 Haltern/Stein, in: FK, Art. 59 AEUV Rn. 15.
1128 Calliess/Korte, § 5 Rn. 79.
1129 Calliess/Korte, § 5 Rn. 81.
1130 Vgl. Stober, BW, § 48 I 2.

Ein *Residenz*pflichtverbot begründet aber kein unmittelbares *Präsenz*pflichtverbot. Residenzpflicht bedeutet eine Pflicht, einen Wohnort vor Ort zu haben; sie sagt aber nichts zur beruflichen Präsenz. Die Präsenzpflicht bedeutet die Pflicht, vor Ort zu sein, sagt aber nichts dazu, einen Wohnsitz auch vor Ort haben zu müssen. Residenz- und Präsenzpflichten sind nicht deckungsgleich.[1131] Dies ergibt sich bereits aus der Richtlinie selbst: „So sollte die Aufnahme oder Ausübung einer Dienstleistungstätigkeit in einem Mitgliedstaat als Haupt- oder Nebentätigkeit nicht von Kriterien wie dem Niederlassungsort, dem Wohnsitz oder Aufenthaltsort oder dem Standort der überwiegenden Tätigkeit abhängen. Zu diesen Kriterien sollte jedoch nicht die Anforderung gehören, dass der Dienstleistungserbringer bzw. einer seiner Arbeitnehmer oder Vertreter bei der Ausübung seiner Tätigkeit präsent sein muss, wenn zwingende Gründe des Allgemeininteresses dies rechtfertigen."[1132] Positiv ausgedrückt bedeutet dies, dass „[e]ine Anwesenheitspflicht am Ort der Dienstleistungserbringung [...] aus zwingenden Gründen des Allgemeininteresses **gerechtfertigt** sein [kann]."[1133]

Ein Rückschluss aus einem Residenzpflichtverbot auf die Präsenzpflicht ist daher nicht möglich, weil es sich um völlig unterschiedliche Zielrichtungen handelt.

ccc) Kein Verbot der Präsenzpflicht nach der DLRL

Gleichwohl könnten auch Präsenzpflichten gegen die Dienstleistungsfreiheit verstoßen.

(1) Kein unmittelbares Präsenzpflichtverbot aus der DLRL

Art. 16 DLRL beschäftigt sich mit der Dienstleistungsfreiheit und steht im Kapitel zum freien Dienstleistungsverkehr. Die Vorschrift wird als Zentralnorm der DLRL angesehen, da sie „konkret vorgibt, welche Regelungen die Mitgliedstaaten im Hinblick auf eine grenzüberschreitende Dienstleistung nicht treffen dürfen."[1134]

Nach Art. 16 Abs. 2 DLRL dürfen die Mitgliedstaaten die Dienstleistungsfreiheit eines in einem anderen Mitgliedstaat niedergelassenen Dienstleistungserbringers u. a. nicht dadurch einschränken, indem sie von ihm verlangen, in ihrem Hoheitsgebiet eine *Niederlassung* zu unterhalten (Art. 16 Abs. 2 lit. a DLRL). Mit einer Präsenzpflicht ist aber keine Niederlassungspflicht verbunden.

1131 Cornils, in: Schlachter/Ohler, Art. 14 Rn. 10.
1132 Richtlinie 2006/123/EG v. 12.12.2006 (Erwägungsgrund 65).
1133 Cornils, in: Schlachter/Ohler, Art. 14 Rn. 10.
1134 Kluth, in: Calliess/Ruffert, Art. 59 AEUV Rn. 29.

Auch dürfen sie ihn nicht dazu verpflichten, eine Genehmigung bei einer Behörde einzuholen (Art. 16 Abs. 2 lit. b DLRL): Dies gilt nach dieser Regelung auch für die Verpflichtung zur Eintragung in ein Register oder die Mitgliedschaft in einem Berufsverband oder einer Berufsvereinigung in ihrem Hoheitsgebiet, außer in den in dieser Richtlinie oder anderen Rechtsvorschriften der Gemeinschaft vorgesehenen Fällen. Eine Präsenzpflicht hat solche Auswirkungen nicht.

Schließlich darf einem Dienstleistungserbringer auch nicht verboten werden, im Hoheitsgebiet des Mitgliedstaats eine bestimmte Form oder Art von *Infrastruktur* vorzuhalten, einschließlich Geschäftsräumen oder einer Kanzlei, die der Dienstleistungserbringer zur Erbringung der betreffenden Leistungen benötigt (Art. 16 Abs. 2 lit. c DLRL).

Fraglich ist nun, ob die Präsenzpflicht als Infrastruktur im Sinne der DLRL anzusehen ist. Mit dem Begriff der Infrastruktur sind hier räumliche Vorgaben gemeint wie Geschäftsräume, Empfangs- oder Lagerungsräumlichkeiten.[1135] Eine Ausweitung des Begriffs der Infrastruktur auf personelle Vorgaben entspricht nicht dem Sinn und Zweck der Vorschrift, die neben den Geschäftsräumen die Kanzlei erwähnt. Es geht daher um das Erfordernis bestimmter räumlicher Vorgaben. Direkte Vorgaben zur Infrastruktur enthält eine Präsenzpflicht folglich nicht.

(2) Mittelbares Präsenzpflichtverbot aus der DLRL?

Das in der DLRL normierte Residenzpflichtverbot könnte mittelbar auch ein Präsenzpflichtverbot beinhalten.

Denn mittelbar besteht eine Residenzpflicht dadurch, dass die gefahrengeneigten Tätigkeiten der Gesundheitshandwerke nicht als Reisegewerbe angeboten werden können. Eine Betriebsstätte, Praxis oder Räumlichkeiten, also Infrastruktur, sind erforderlich, um einen Kunden *lege artis* versorgen zu können. Mit der Betriebsstätte verbunden ist dann die notwendige Präsenzpflicht des qualifizierten Betriebsleiters. Insofern greift die Präsenzpflicht mittelbar in den Schutzbereich der DLRL ein.

Art. 16 Abs. 3 DLRL lässt einen solchen mittelbaren Eingriff zu, da sowohl die Notwendigkeit einer Betriebsstätte wie auch die Präsenzpflicht dem Schutz der öffentlichen Gesundheit dienen. Es wird mit diesen Vorgaben gewährleistet, dass Patienten und Kunden sachgerecht versorgt und bei gefahrengeneigten Tätigkeiten geschützt werden.

Einen zwingenden Grund des Allgemeininteresses stellen der Gesundheitsschutz[1136] und der Verbraucherschutz[1137] dar. Die Präsenzpflicht dient dem

1135 Schmidt-Kessel, in: Schlachter/Ohler, Art. 16 Rn. 57.
1136 Calliess/Korte, § 3 Rn. 120.
1137 Obwexer/Ianc, in: EnzEuR, § 7 Rn. 81.

Gesundheits- und Verbraucherschutz, da sich der Kunde darauf verlassen kann, dass bei gefahrengeneigten Tätigkeiten ein qualifizierter Ansprechpartner vor Ort ist. Die Präsenzpflicht ist auch geeignet, erforderlich und angemessen, wie bereits oben dargestellt wurde.[1138] Insbesondere ist sie erforderlich und kann nicht durch weniger eingreifende Maßnahmen ersetzt werden.[1139] Die Anknüpfung der Präsenzpflicht an die gefahrengeneigten Tätigkeiten wird dieser Vorgabe gerade gerecht. Im Hinblick auf die möglichen Gesundheitsgefahren stehen die Freiheitsbeeinträchtigung und das verfolgte Ziel auch in einem angemessenen Verhältnis zueinander.[1140]

(3) Zulässigkeit einer Präsenzpflicht nach der EuGH-Rechtsprechung

Im Fall „*Ramrath*" hatte der EuGH über eine Regelung in Luxemburg zu entscheiden, nach der ausländische Wirtschaftsprüfer bestimmte Präsenzpflichten für die Dauer der Dienstleistung zu erfüllen haben, um die Einhaltung von Standesregeln zu sichern.[1141] Der EuGH hielt dies für zulässig: „Es ist festzustellen, daß ein Mitgliedstaat diese Aufgabe erfüllen kann, indem er die Einhaltung von durch das Allgemeininteresse gerechtfertigten Berufsregelungen verlangt, die die Ehrenhaftigkeit und Unabhängigkeit der Wirtschaftsprüfer betreffen und für jeden gelten, der im Hoheitsgebiet dieses Staates den Beruf des Wirtschaftsprüfers ausübt. Erfordernisse bezüglich des Vorhandenseins von Einrichtungen und einer bestimmten tatsächlichen Anwesenheit des Wirtschaftsprüfers im Hoheitsgebiet erscheinen in dieser Hinsicht als gerechtfertigt, um den Schutz des Allgemeininteresses zu gewährleisten."[1142] Auch wenn die Rechtsprechung aus anderen Gründen als überholt angesehen wird[1143], zeigt die Entscheidung doch, dass sogar Präsenzpflichten durchaus gerechtfertigt sein können.

Ein generelles Präsenzpflichtverbot besteht daher im EU-Recht nicht.

cc) Zwischenergebnis

Die DLRL findet auf die Gesundheitshandwerke schon keine Anwendung aufgrund der expliziten Ausnahme im Zuständigkeitsbereich. Selbst wenn sie

---

1138 S. u. Teil 1/C./I./1./b).

1139 Obwexer/Ianc, in: EnzEuR, § 7 Rn. 84.

1140 Obwexer/Ianc, in: EnzEuR, § 7 Rn. 86.

1141 Tiedje, in: von der Groeben u. a., Art. 56 Rn. 51.

1142 EuGH, Urt. v. 20.05.1992 – C-106/91, in: NJW 1992, 2407 (2409).

1143 Vgl. Tiedje, in: von der Groeben u. a., Art. 56 Rn. 51.

Anwendung fände, verbietet sie generell keine Präsenzpflicht, sondern allein eine Residenzpflicht. Dies ist aber ein Unterschied: Eine Residenz beinhaltet nicht zwingend eine Präsenz, und für eine Präsenz ist keine Residenzpflicht notwendig. Selbst wenn mittelbar eine Residenzpflicht bestünde, wäre diese aus Gründen der Abwehr von Gesundheitsgefahren gerechtfertigt.

b) Ergebnis

Eine Präsenzpflicht verstößt nicht gegen die Dienstleistungsfreiheit des Art. 56 AEUV. Präsenzpflichten sind keine Residenzpflichten, die eine entsprechende örtliche Ansässigkeit verlangen.

Residenzpflichten betreffen Ansässigkeits- und damit Niederlassungs- und Wohnsitzerfordernisse.[1144] Ein Ansässigkeits- oder Wohnorterfordernis beinhaltet aber keine berufliche Präsenzpflicht. Derjenige, der an einem bestimmten Ort ansässig sein oder dort seinen Wohnort haben muss, um seinem Beruf nachgehen zu können, muss nicht zwingend persönlich am Ort der Leistungserbringung bei der Berufsausübung präsent sein. Die berufliche Präsenz betrifft zudem nicht den Wohnort. Die Motivlage mag bei beiden Vorgaben – Residenz- und Präsenzpflicht – die gleiche sein: Die Möglichkeit, dass eine qualifizierte Person vor Ort als Ansprechpartner für Fragen zur Verfügung steht und im Notfall eingreifen kann, ohne dass gewartet werden muss. Die Anforderungen sind indes andere: Die Präsenzpflicht betrifft allein die Berufsausübung. Anders verhält es sich bei der Residenzpflicht, die nicht an die Berufsausübung anknüpft, sondern pauschal an den Aufenthalt. Die Residenzpflicht ist von der Berufsausübung entkoppelt und schränkt allgemein den Dienstleistungserbringer stärker in seinen Rechten ein als eine Präsenzpflicht. Denn sie findet auch dann Anwendung, wenn der Beruf nicht ausgeübt wird.

Die Präsenzpflicht ist daher aufgrund ihrer Verknüpfung mit der Berufsausübung und dort auch nur bei der Verrichtung gefahrengeneigter Tätigkeiten ein verhältnismäßiger Eingriff in die Dienstleistungsfreiheit, die dem Schutz der öffentlichen Gesundheit dient.

II. Grundgesetz und verfassungsgerichtliche Rechtsprechung

Die Betriebsleiterpräsenzpflicht soll nachfolgend aus Sicht des Verfassungsrechts betrachtet werden.

1144 Vgl. Holoubek, in: Schwarze, Art. 56, 57 AEUV Rn. 81.

Art. 12 Abs. 1 GG gewährt allen Deutschen das Recht, Beruf, Arbeitsplatz und Ausbildungsstätte frei zu wählen. Die Berufsausübung kann durch Gesetz oder aufgrund eines Gesetzes geregelt werden. Es handelt sich dabei um ein Grundrecht und zwar um „ein klassisches Abwehrrecht gegenüber staatlicher Ingerenz".[1145] Art. 12 Abs. 1 GG soll eine möglichst unreglementierte berufliche Betätigung gewährleisten.[1146]

1. Eingriff in Art. 12 Abs. 1 GG

Die Betriebsleiterpräsenz stellt einen Eingriff in die Berufsfreiheit dar. Eingriffe sind dabei alle staatlichen Maßnahmen, die gezielt eine berufliche Tätigkeit oder ein Verhalten, das zur Berufsausübung gehört, unterbinden oder erschweren.[1147] Mit einer Präsenzverpflichtung wird die Tätigkeit im Gesundheitshandwerk zumindest erschwert.

2. Qualifizierung des Eingriffs

Bei Eingriffen wird zwischen Berufsausübungs- und Berufswahlregelungen unterschieden:[1148]

- Berufsausübungsregelungen betreffen Form, Mittel, Umfang oder Inhalt der Berufstätigkeit; es geht folglich um die Modalitäten des Berufs (das *Wie*).[1149] Die Berufsausübung umfasst alle Aspekte des Berufs, also auch Ort, zeitlicher, räumlicher und gegenständlicher Umfang.[1150] Entscheidungen zur Berufsausübung wirken auf die Freiheit der Berufswahl nicht zurück, sondern bestimmen, wie die Berufsangehörigen ihre Berufstätigkeit im Einzelnen zu gestalten haben.[1151]
- Berufswahlregelungen entscheiden über den Beginn oder das Ende einer bestimmten Berufstätigkeit; es geht hier also um das *Ob* der Wahl oder der der Fortsetzung eines Berufs.[1152] Sie werden des Weiteren zwischen subjektiven

---

1145 Nolte, in: Stern/Becker, Art. 12 Rn. 9.

1146 BVerfG, Urt. v. 11.06.1958 – 1 BvR 596/56, in: BVerfGE 7, 377 (397); Nolte, in: Stern/Becker, Art. 12 Rn. 39.

1147 Detterbeck, ÖR, Rn. 466.

1148 BVerfG, Urt. v. 11.06.1958 – 1 BvR 596/56, in: BVerfGE 7, 377 (403); Detterbeck, ÖR, Rn. 470.

1149 Detterbeck, ÖR, Rn. 470; vgl. Beispiele bei Mann, in: Sachs, Art. 12 Rn. 79.

1150 Kämmerer, in: von Münch/Kunig, Art. 12 Rn. 27.

1151 Winkler, in: BerlinerK-GG, Art. 12 Rn. 61.

1152 Detterbeck, ÖR, Rn. 471.

und objektiven Berufswahlregelungen unterschieden:[1153] „**Subjektive Berufswahlregelungen** machen die Aufnahme oder Beendigung eines bestimmten Berufes von Voraussetzungen abhängig, **die in der Person** oder Sphäre des einzelnen (deshalb **subjektiv**) liegen."[1154] Werden die Voraussetzungen für die Aufnahme oder Beendigung eines Berufes nicht von der Person abhängig gemacht, sondern liegen außerhalb der Person, handelt es sich um objektive Berufswahlregelungen.[1155]

Das BVerfG[1156] stellte fest, dass auch eine Berufsausübungsregelung in ihrer wirtschaftlichen Auswirkung einer Zulassungsbeschränkung nahekommen und damit die Freiheit der Berufswahl beeinträchtigen kann. Ein Eingriff in das Recht auf freie Berufswahl ist nach dem BVerfG dann anzunehmen, wenn die betroffenen Berufsangehörigen in aller Regel und nicht nur in Ausnahmefällen wirtschaftlich nicht mehr in der Lage sind, den gewählten Beruf ganz oder teilweise zur Grundlage ihrer Lebensführung oder – bei juristischen Personen – zur Grundlage ihrer unternehmerischen Erwerbstätigkeit zu machen.[1157]

Zur rechtlichen Einordnung soll die Präsenzzeit mit anderen Vorgaben verglichen werden: Die Festsetzung von Ladenschlusszeiten[1158] oder Nachtbackverbote[1159] werden als Berufsausübungsregelung angesehen, da sie die Modalitäten der Berufsausübung, das *Wie*, betreffen.[1160]

Das BVerfG[1161] überprüfte, ob das Betreiben von Warenautomaten an Ladenschlusszeiten gebunden ist. Dabei stellte es zunächst fest, dass „[d]er Betrieb von Automaten, die mit einem Ladengeschäft verbunden sind, [...] an allen Tagen, also auch an Sonn- und Feiertagen, und auch während der Ladenschlußzeiten zugelassen [ist]. Auch selbständige Automaten dürfen – allerdings nur während der Ladenöffnungszeiten – betrieben werden. Die Regelung des

1153 Detterbeck, ÖR, Rn. 471.

1154 Detterbeck, ÖR, Rn. 471.

1155 Vgl. Detterbeck, ÖR, Rn. 471.

1156 BVerfG, Beschl. v. 16.03.1971 – 1 BvR 52, 665, 667, 754/66, in: NJW 1971, 1255 (1256).

1157 BVerfG, Beschl. v. 16.03.1971 – 1 BvR 52, 665, 667, 754/66, in: NJW 1971, 1255 (1256).

1158 Vgl. BVerfG, Urt. v. 29.11.1961 – 1 BvR 760/57, in: NJW 1962, 99; BVerfG, Urt. v. 21.02.1962 – 1 BvR 198/57, in: NJW 1962, 579.

1159 Vgl. BVerfG, Beschl. v. 17.11.1992 – 1 BvR 168/89, 1 BvR 1509/89, 1 BvR 638/90, 1 BvR 639/90, in: NVwZ 1993, 878.

1160 Detterbeck, ÖR, Rn. 470.

1161 BVerfG, Urt. v. 21.02.1962 – 1 BvR 198/57, in: NJW 1962, 579 f.

Ladenschlußgesetzes macht somit die Wahl des Berufs eines Automatenaufstellers nicht unmöglich."[1162] Weiter heißt es: „Wenn auch die gesetzliche Regelung die Rentabilität des Betriebs selbständiger Automaten erheblich beeinträchtigt, so bedeutet dies doch keinen Eingriff in die Freiheit der Berufswahl, sondern nur eine Erschwerung der Berufsausübung."[1163]

Ladenschlusszeiten führen nicht dazu, dass die Berufswahl eingeschränkt wird. Innerhalb der Öffnungszeiten kann der Beruf ja ausgeübt werden. Sie erschweren aber die Berufsausübung aufgrund der zeitlichen Schranken.

Beim Nachtbackverbot lag nach dem BVerfG eine Regelung der Berufsausübung vor, da den Betrieben des Backgewerbes lediglich Beschränkungen für die Produktionszeiten und damit für die Betriebsorganisation auferlegt wurden.[1164]

Ein Nachtbackverbot schränkt die Berufswahl folglich ebenso wenig ein: Der Bäcker kann grundsätzlich backen, indes ist dies nur in den „Backzeiten" erlaubt. Dadurch wird seine Berufsausübung eingeschränkt.

Bei einer Präsenzpflicht wird auch nicht der Betrieb eines Gesundheitshandwerks verboten. Solange eine Präsenz gesichert ist, kann der Betrieb geöffnet sein. Die Tätigkeit wird durch die Präsenzpflicht lediglich erschwert. Das *Ob*, die *Berufswahl*, ist deshalb nicht von einer solchen Regelung betroffen.

Der Inhaber eines Gesundheitshandwerksbetriebs wird in seiner Entscheidungsfreiheit eingeschränkt, den Umfang bestimmter Dienstleistungen zu bestimmen. Denn er wird verpflichtet, bestimmte (gefahrengeneigte) Tätigkeiten nur dann auszuüben oder ausüben zu lassen, wenn ein qualifizierter Betriebsleiter vor Ort ist. Andernfalls darf er diese Dienstleistungen nicht erbringen. Dadurch ist das *Wie* der Berufsausübung betroffen.

Die Verpflichtung zu einer Betriebsleiterpräsenz betrifft deshalb die *Berufsausübungsfreiheit*. Pflichten zur persönlichen Betriebsführung werden folglich als Berufsausübungsregelungen angesehen.[1165] Insofern stellt die Betriebsleiterpräsenzpflicht grundsätzlich eine Berufsausübungsregelung dar.[1166]

1162 BVerfG, Urt. v. 21.02.1962 – 1 BvR 198/57, in: NJW 1962, 579.

1163 BVerfG, Urt. v. 21.02.1962 – 1 BvR 198/57, in: NJW 1962, 579.

1164 BVerfG, Beschl. v. 17.11.1992 – 1 BvR 168/89, 1 BvR 1509/89, 1 BvR 638/90, 1 BvR 639/90, in: NVwZ 1993, 878.

1165 Scholz, in: Maunz/Dürig, Art. 12 Rn. 343.

1166 So auch BGH, Urt. v. 16.06.2016 – I ZR 46/15, in: GewArch 2017, 209 (210).

3. *Verfassungsrechtliche Rechtfertigung*

Die Berufsausübung kann gemäß Art. 12 Abs. 1 S. 2 GG durch Gesetz oder aufgrund eines Gesetzes geregelt werden. Berufsausübungsregelungen weisen dabei eine geringere Eingriffsintensität auf als Berufswahlbeschränkungen, weshalb es unterschiedlich strenge Rechtfertigungsanforderungen gibt.[1167]

Die Betriebsleiterpräsenz stellt allerdings eine erhebliche Einschränkung der Berufsausübungsfreiheit dar.[1168] Denn die Ausübung des Berufes ist faktisch mit der Anstellung eines qualifizierten Betriebsleiters und dessen Präsenz verknüpft, wenn gefahrengeneigte Tätigkeiten ausgeübt werden.

a) *Legitimer Zweck*

Die Freiheit der Berufsausübung darf nach dem BVerfG durch Regelungen beschränkt werden, soweit es vernünftige Erwägungen des Gemeinwohls zweckmäßig erscheinen lassen.[1169]

Legitimer Zweck der Präsenzpflicht ist der Gesundheitsschutz der Verbraucher. Verbraucher sollen darauf vertrauen können, dass bei der Ausübung gefahrengeneigter Tätigkeiten ein fachlich qualifizierter Berufsstandträger vor Ort ist, der die Arbeiten kontrollieren kann, für Fragen zur Verfügung steht und notfalls bei Problemen eingreift.

Die Betriebsleiterpräsenz gewährleistet deshalb eine Gefahrenabwehr für die Gesundheit und schützt das Leben Dritter vor einer unsachgemäßen Ausübung des Handwerks.[1170] Sie stellt einen vernünftigen und legitimen Zweck zur Gefahrenabwehr und zum Gesundheitsschutz dar.[1171]

b) *Verhältnismäßigkeit*

Das vom Gesetzgeber eingesetzte Mittel muss zudem *geeignet* und *erforderlich* sein, um den erstrebten Zweck zu erreichen.[1172] Bei einer Gesamtabwägung zwischen der Schwere des Eingriffs und dem Gewicht und der Dringlichkeit der für

---

1167 Frotscher/Kramer, Rn. 132.

1168 Detterbeck, GewArch 2014, 147 (149).

1169 BVerfG, Urt. v. 11.06.1958 – 1 BvR 596/56, in: BVerfGE 7, 377 (405).

1170 Detterbeck, GewArch 2014, 147 (149).

1171 Detterbeck, GewArch 2014, 147 (149).

1172 BVerfG, Beschl. v. 16.03.1971 – 1 BvR 52, 665, 667, 754/66, in: NJW 1971, 1255 (1256).

ihn sprechenden Gründe muss schließlich die Grenze der Zumutbarkeit noch gewahrt sein, die Regelung also *angemessen* sein.[1173]

aa) Geeignetheit

Die Regelung ist geeignet, wenn mit ihrer Hilfe der gewünschte Erfolg gefördert werden kann, wobei die Möglichkeit der Zweckerreichung genügt.[1174] Der gewünschte Erfolg des Gesundheits- und Verbraucherschutzes wird durch eine Präsenzpflicht gefördert, da der qualifizierte Betriebsleiter unmittelbar steuernd in die Arbeitsabläufe eingreifen kann und als Ansprechpartner gerade in Notfällen zur Verfügung steht.

bb) Erforderlichkeit

Die für die Gesundheitshandwerke bestehende strenge Betriebsleiterpräsenz wird damit begründet, dass sie dem Gesundheits- und Verbraucherschutz dient. Bei der Ausübung gefahrengeneigter Tätigkeiten soll der Verbraucher geschützt werden. Die Regelung ist erforderlich, wenn der Gesetzgeber nicht ein anderes, gleich wirksames, aber das Grundrecht nicht oder doch weniger fühlbar einschränkendes Mittel hätte wählen können.[1175]

aaa) Gelockerte Betriebsleiterpräsenz

Fraglich ist, ob eine gelockerte Betriebsleiterpräsenzverpflichtung ausreichend genug wäre, also Fehlzeiten durch Urlaub, Krankheit usw. toleriert werden sollten. Gerechtfertigt werden kann dies mit der Begründung, dass dies dem Berufsalltag und der Lebenswirklichkeit[1176] entspricht und so auch in der Praxis[1177] gelebt wird.

Die Forderung einer generell nur gelockerten Präsenzpflicht übersähe aber, dass der Eingriff in die Berufsausübungsfreiheit allein dem legitimen Zweck des Gesundheits- und Verbraucherschutzes dient.

Würde für bestimmte Zeiten (Urlaub, Krankheit usw.) keine stetige Präsenzpflicht gelten, müsste erklärt werden, weshalb in diesen Zeiten eine Gesundheitsgefährdung eher hingenommen werden kann oder gar nicht besteht. Überspitzt

---

1173 BVerfG, Beschl. v. 16.03.1971 – 1 BvR 52, 665, 667, 754/66, in: NJW 1971, 1255 (1256).

1174 BVerfG, Urt. v. 28.03.2006 – 1 BvR 1054/01, in: GRUR 2006, 688 (691).

1175 BVerfG, Beschl. v. 16.03.1971 – 1 BvR 52, 665, 667, 754/66, in: NJW 1971, 1255 (1256).

1176 Vgl. Schmitz, WiVerw 1999, 88 (93).

1177 Vgl. ZDH, Eckpunktepapier, S. 6.

formuliert: Weshalb ist der Verbraucher in Zeiten des Urlaubs oder der Krankheit des qualifizierten Betriebsleiters weniger schutzbedürftig, weshalb sind die Tätigkeiten, die Dritte ohne die Aufsicht und Kontrolle vornehmen, dann weniger gefahrengeneigt?

Würden solche Abwesenheitszeiten hingenommen, wäre zu hinterfragen, ob generell schon eine Betriebsleiterpräsenz angemessen ist. Entweder bedarf es einer Präsenzpflicht, dann wird diese aufgrund der Dauergefährdung immer und stetig verlangt werden müssen, also auch im Urlaub oder bei Krankheit. Oder aber die Gefährdung ist nicht so gravierend für die Verbraucher. Dann dürfte aber selbst eine gelockerte Betriebsleiterpräsenz schon als solche unangemessen sein.

bbb) Durchgehend strenge Betriebsleiterpräsenz

Eine durchgehend strenge, also permanente, Betriebsleiterpräsenz ist nicht erforderlich. Denn die Abwehr von Gesundheitsgefahren erfordert nicht die permanente Anwesenheit des Betriebsleiters.[1178] Wenn der Gesundheitsschutz und die Gefahrenabwehr bei den Gesundheitshandwerken dazu führen, eine Betriebsleiterpräsenz zu rechtfertigen, bedeutet dies im Umkehrschluss, dass bei den Tätigkeiten, bei denen eine Gefährdung ausgeschlossen werden kann, eine Präsenzpflicht nicht erforderlich ist. Beim Verkauf von Hörgerätebatterien z. B. ist es sicherlich nicht notwendig, dass ein qualifizierter Betriebsleiter vor Ort ist. Aus diesem Grund ist ein Abstellen auf eine dauerhafte und durchgängige Betriebsleiterpräsenz nicht erforderlich, um dem legitimen Zweck des Gesundheitsschutzes und der Gefahrenabwehr gerecht zu werden. Eine solche pauschale Präsenzpflicht ist deshalb unverhältnismäßig und verfassungswidrig.[1179]

ccc) Partielle strenge Präsenzpflicht

Im Umkehrschluss bedeutet die Unverhältnismäßigkeit einer pauschalen Präsenzpflicht, dass eine partielle strenge Präsenzpflicht verhältnismäßig sein kann. Dabei ist zu prüfen, welche Tätigkeiten einer solchen Präsenzpflicht unterliegen.

(1) Gefahrengeneigte Tätigkeiten

Der legitime Zweck des Grundrechtseingriffs liegt im Gesundheits- und Verbraucherschutz. Der Verbraucher soll vor gefahrengeneigten Tätigkeiten geschützt werden. Ein solcher Schutz besteht darin, dass ein qualifizierter Betriebsleiter als Ansprechpartner und Kontrolleur vor Ort ist. Seine Präsenz dient damit der

1178 Detterbeck, GewArch 2014, 147 (149).

1179 BGH, Urt. v. 17.07.2013 – I ZR 222/11, in: GewArch 2013, 407 (409); Detterbeck, GewArch 2014, 147 (150).

Gefahrenabwehr. Das bedeutet, dass bei der Ausübung gefahrengeneigter Tätigkeiten eine Präsenzpflicht eines qualifizierten Betriebsleiters besteht. Besteht eine gesteigerte Gefahrengeneigtheit, wie in den Gesundheitshandwerken, rechtfertigt dies das Erfordernis einer strengen Betriebsleiterpräsenzpflicht.

(2) Wesentliche Tätigkeiten

Fraglich ist, ob eine strenge Präsenzpflicht auch dann bestehen muss, wenn *wesentliche* Tätigkeiten eines Gesundheitshandwerks ausgeübt werden, die aber *nicht gefahrengeneigt* sind.[1180]

Bei dem Begriff der „wesentlichen Tätigkeit“ handelt es sich um einen unbestimmten Rechtsbegriff.[1181] Das BVerwG hat zur näheren Bestimmung des Begriffs die Kernbereichstheorie entwickelt.[1182] Wesentlich ist danach eine Tätigkeit, die nicht nur fachlich zu dem Handwerk gehört, sondern gerade seinen Kernbereich ausmacht und ihm sein essenzielles Gepräge verleiht.[1183] Bereits die Verrichtung *einer* wesentlichen Teiltätigkeit führt dazu, dass es sich nicht mehr um ein erlaubnisfreies Kleingewerbe handelt.[1184]

Das zulassungspflichtige Handwerk ist deshalb zulassungspflichtig, weil es sich um ein Gefahrenhandwerk oder um ein ausbildungsintensives Handwerk handelt.[1185] Bei den Gesundheitshandwerken handelt es sich – wie oben dargelegt – um besonders gefahrengeneigte Handwerke. Die Gesundheitshandwerke sind deshalb zulassungspflichtig, weil sie besonders gefahrengeneigt sind. Die besondere Gefahrenneigung, die zur Zulassungspflicht führt, geht aus dem Gepräge des Handwerks hervor. Das Gepräge des jeweiligen Handwerks stellt seinen Kernbereich dar und bestimmt die wesentlichen Tätigkeiten. Folglich ist bei den wesentlichen Tätigkeiten der Gesundheitshandwerke die Gefahrenneigung indiziert, da sie das Gewerk prägen.

Dies ergibt sich auch aus dem Sinn und Zweck der wesentlichen Tätigkeit. Allgemein stellt eine wesentliche Tätigkeit eines Handwerks „auf die erforderlichen Kenntnisse und Fertigkeiten, mithin den **Schwierigkeitsgrad** der fraglichen

1180 Detterbeck, GewArch 2014, 147 (150).

1181 Schreiner, in: Schwannecke, § 1 Rn. 73.

1182 Vgl. BVerwG, Urt. v. 03.09.1991 – 1 C 55.88, in: GewArch 1992, 107 (109); BVerwG, Urt. v. 25.02.1992 – 1 C 27.89, in: GewArch 1992, 386; BVerwG, Beschl. v. 15.10.1992 – 1 B 177.92, in: GewArch 1993, 121; BVerwG, Urt. v. 30.03.1993 – 1 C 26.91, in: GewArch 1993, 329.

1183 BVerwG, Urt. v. 30.03.1993 – 1 C 26.91, in: GewArch 1993, 329.

1184 Detterbeck, DDBR, § 1 Rn. 40; so auch Ehlers, in: Ehlers u. a., § 19 Rn. 20.

1185 Detterbeck, DDBR, § 1 Rn. 10.

Tätigkeit“[1186] ab. Tätigkeiten sind wesentlich, wenn sie schwierig auszuüben sind. Die Tätigkeiten, die bei den Gesundheitshandwerken schwierig auszuüben sind (also wesentlich sind), besitzen stets einen unmittelbaren Bezug zur Gesundheit des Kunden. Die Schwierigkeit der Tätigkeiten indiziert daher eine Gefahrengeneigtheit, sonst wären sie nicht schwierig und damit auch nicht wesentlich. Aus diesem Grund tragen wesentliche Tätigkeiten eines Gesundheitshandwerks die unwiderlegbare Vermutung der Gefahrenneigung in sich.[1187]

(3) Ergebnis

Da es sich bei den wesentlichen Tätigkeiten eines Gesundheitshandwerks generell um gefahrengeneigte Tätigkeiten handelt, besteht für sie eine partielle strenge Präsenzpflicht.

cc) Angemessenheit

Die Verhältnismäßigkeit im engeren Sinn (die Angemessenheit) eines Eingriffs in das Grundrecht der Berufsfreiheit verlangt, dass „bei einer Gesamtabwägung zwischen der Schwere des Eingriffs und dem Gewicht und der Dringlichkeit der ihn rechtfertigenden Gründe die Grenze der Zumutbarkeit noch gewahrt“ bleiben muss.[1188] Folglich muss der zu erwartende Nutzeffekt höher zu bewerten sein als das zu erwartende Ausmaß an Belastungen.[1189]

Weil es sich hierbei um einen zentralen Aspekt der verfassungsrechtlichen Zulässigkeit der Betriebsleiterproblematik handelt, soll zunächst die verfassungsrechtliche Einschätzung ähnlicher Vorschriften untersucht werden.

aaa) Residenzpflicht der Steuerberater

Das Steuerberatungsgesetz (StBerG) sieht für Steuerberater eine Residenzpflicht vor.

(1) Residenzpflicht nach § 34 Abs. 1 S. 2 StBerG

Steuerberater und Steuerbevollmächtigte müssen nach § 34 Abs. 1 S. 1 StBerG unmittelbar nach der Bestellung eine berufliche Niederlassung begründen und unterhalten. Die berufliche Niederlassung ist die eigene Praxis, von der aus der Steuerberater oder Steuerbevollmächtigte aus seinen Beruf überwiegend ausübt (§ 34 Abs. 1 S. 2 StBerG). Damit ist gemeint, dass die Praxis der Mittelpunkt der beruflichen Tätigkeit sein muss.[1190] Aus der Berufsordnung (§ 10 Abs. 2 BOStB)

1186 Thiel, in: Honig/Knörr/Thiel, § 1 Rn. 52.

1187 Detterbeck, GewArch 2014, 147 (150).

1188 BVerfG, Beschl. v. 12.02.1986 – 1 BvR 1770/83, in: NJW 1986, 1801.

1189 Detterbeck, ÖR, Rn. 485.

1190 Kleemann, in: Kluhs, § 34 Rn. 3.

folgt dann, dass der Steuerberater an seiner Niederlassung für Mandanten, Gerichte und Behörden angemessen erreichbar sein muss. Die Erreichbarkeit stellt eine berufsrechtliche Verpflichtung dar.[1191] Eine postalische Erreichbarkeit reicht allerdings aus.[1192]

(2) Residenzpflicht nach § 34 Abs. 2 S. 2 StBerG

Nach § 34 Abs. 2 S. 1 StBerG können Steuerberater neben ihrer Niederlassung weitere Beratungsstellen unterhalten, soweit dadurch die Erfüllung der Berufspflichten nicht beeinträchtigt wird. Leiter der weiteren Beratungsstelle muss nach § 34 Abs. 2 S. 2 StBerG jeweils ein anderer Steuerberater oder Steuerbevollmächtigter sein, der grundsätzlich seine berufliche Niederlassung am Ort der Beratungsstelle oder in deren Nahbereich hat. Als Nahbereich gilt ein Umkreis von rund 50 Kilometer.[1193]

Begründet wird dies damit, dass der Leiter der Beratungsstelle seine Aufgaben in angemessener Frist ausüben und auch zum Zweck eines kurzfristig notwendig werdenden Gesprächs mit einem Mandanten von einer Beratungsstelle zur anderen gelangen kann.[1194] Zweck der Regelung ist folglich die Erreichbarkeit: Damit ist gemeint, dass der Steuerberater jeweils zeitnah seinem Mandanten zur Verfügung stehen kann.[1195] Als zeitnah wird eine Erreichbarkeit innerhalb von einer Stunde angesehen.[1196]

Gegen die Regelung wandten sich steuerberatende Beschwerdeführer, die rund 85 km entfernt von ihrer Niederlassung eine weitere Beratungsstelle für Steuerangelegenheiten unterhielten, die von einem der Beschwerdeführer von der Niederlassung aus geleitet wurde.[1197] Das BVerfG nahm die Verfassungsbeschwerde nicht zur Entscheidung an, da ihr keine grundsätzliche verfassungsrechtliche Bedeutung zukomme.[1198]

1191 Kleemann, in: Kluhs, § 34 Rn. 4.

1192 Kleemann, in: Kluhs, § 34 Rn. 4; Franke (S. 108) hält eine „jederzeitige persönliche Erreichbarkeit des Steuerberaters an nur einem Ort nicht mehr notwendig [...]. Die Annahme einer jederzeitigen persönlichen Erreichbarkeit an nur einem bestimmten Ort knüpft an ein antiquiertes Berufsbild an." An anderer Stelle (S. 177) bezeichnet Franke die jederzeitige persönliche Anwesenheit für „nicht mehr zeitgemäß und anachronistisch."

1193 Kleemann, in: Kluhs, § 34 Rn. 25.

1194 BGH, Urt. v. 09.11.2000 – I ZR 185/98, in: NJW-RR 2001, 851 (853).

1195 Ueberfeldt, DStR 2011, 1777 (1778).

1196 Kleemann, in: Kluhs, § 34 Rn. 25.

1197 BVerfG, Beschl. v. 17.12.2001 – 1 BvR 381/01, in: NJW-RR 2002, 1142.

1198 BVerfG, Beschl. v. 17.12.2001 – 1 BvR 381/01, in: NJW-RR 2002, 1142.

Das BVerfG[1199] hielt es bei Steuerberatern für zulässig, dass in § 34 Abs. 2 S. 2 StBerG verlangt wird, dass der Leiter einer weiteren Beratungsstelle jeweils ein anderer Steuerberater oder Steuerbevollmächtigter sein muss, der seine berufliche Niederlassung am Ort der Beratungsstelle oder in deren Nahbereich hat. Sie bestätigte damit das Erfordernis der örtlichen Nähe bei der Leitung einer Beratungsstelle.[1200]

Zuvor hatte sich der BGH[1201] mit der Angemessenheit der Regelung des § 34 Abs. 2 S. 2 StBerG beschäftigt. Er stellte fest: „Die in Rede stehende Beschränkung der Freiheit der Berufsausübung ist auch verhältnismäßig. Sie erlegt dem Leiter der Beratungsstelle keine Residenz- oder Präsenzpflicht auf, sondern lässt es genügen, dass dieser seine berufliche Niederlassung am Ort der Beratungsstelle oder jedenfalls in deren Nahbereich hat und er die Beratungsstelle daher im Bedarfsfall in angemessener Zeit erreichen kann."[1202]

bbb) Residenzpflicht der Notare

Bei Notaren gab und gibt es eine Residenzpflicht, die in erster Linie mit der Sicherstellung der ständigen Amtsbereitschaft begründet wird.[1203]

Nach § 10 Abs. 2 S. 2 BNotO aF hatte der Notar am gleichen Ort auch seine Wohnung zu nehmen, sofern die Aufsichtsbehörde ihm nicht aus besonderen Gründen gestattete außerhalb des Amtssitzes zu wohnen.[1204] Das BVerfG[1205] hielt diese Residenzpflicht bei Notaren für zulässig. Es erkannte hier zwar einen Eingriff in die Berufsausübungsfreiheit der Notare.[1206] Die mit der Ausgestaltung des Notarberufs als eines öffentlichen Amtes begründete Pflicht zur Amtsbereitschaft diene aber dem allgemeinen Interesse an einer geordneten und funktionsfähigen Rechtspflege und damit einem vernünftigen Gemeinwohlgrund.[1207]

Nach dem aktuellen § 10 Abs. 2 S. 1 BNotO hat der Notar nun an dem Amtssitz seine Geschäftsstelle zu halten. Dabei hat er seine Wohnung so zu wählen, dass er in der ordnungsgemäßen Wahrnehmung seiner Amtsgeschäfte nicht beeinträchtigt wird (§ 10 Abs. 2 S. 2 BNotO).

1199 BVerfG, Beschl. v. 17.12.2001 – 1 BvR 381/01, in: NJW-RR 2002, 1142.
1200 BVerfG, Beschl. v. 17.12.2001 – 1 BvR 381/01, in: NJW-RR 2002, 1142.
1201 BGH, Urt. v. 09.11.2000 – I ZR 185/98, in: NJW-RR 2001, 851 (853).
1202 BGH, Urt. v. 09.11.2000 – I ZR 185/98, in: NJW-RR 2001, 851 (853).
1203 Bremkamp, in: Eylmann/Vaasen, § 10 Rn. 56, 59.
1204 Vgl. Bremkamp, in: Eylmann/Vaasen, § 10 Rn. 56.
1205 BVerfG, Beschl. v. 03.12.1991 – 1 BvR 1477/90, in: NJW 1992, 1093.
1206 BVerfG, Beschl. v. 03.12.1991 – 1 BvR 1477/90, in: NJW 1992, 1093.
1207 BVerfG, Beschl. v. 03.12.1991 – 1 BvR 1477/90, in: NJW 1992, 1093.

Die Geschäftsstelle des Notars soll gemäß § 10 Abs. 3 BNotO während der üblichen Geschäftsstunden geöffnet sein. Dies setzt grundsätzlich auch die Anwesenheit des Notars voraus.[1208] Was mit üblich gemeint ist, wird nicht weiter dargelegt. Jedenfalls ist die Geschäftsstelle so einzurichten, dass sie „den Bedürfnissen der Rechtsuchenden entsprechende[n] Zeit zugänglich ist."[1209] Die Regelung wird in der Rechtspraxis so ausgelegt, dass der Notar, sofern er keine anderen Termine hat, in der Regel von 9 bis 16 Uhr erreichbar sein soll.[1210]

Will sich der Notar länger als eine Woche von seinem Amtssitz entfernen oder ist er aus tatsächlichen Gründen länger als eine Woche an der Ausübung seines Amtes verhindert, so hat er dies der Aufsichtsbehörde gemäß § 38 S. 1 BNotO unverzüglich anzuzeigen.

Eine Abwesenheit vom Amtssitz soll nach einer Ansicht auch dann vorliegen, wenn der Notar eine Erreichbarkeit über Telefon und Internet gewährleisten kann, da eine persönliche Anwesenheit verlangt wird.[1211]

Nach anderer Ansicht liegt eine Amtsbereitschaft und keine Abwesenheit vor, wenn der Notar über Tele- oder Datenkommunikation erreicht werden kann.[1212]

Sinn und Zweck der Vorschrift ist die Sicherstellung des möglichst ununterbrochenen Dienstbetriebs des Notars.[1213] Sofern es die vorhandenen Verkehrsverbindungen und Kommunikationsmöglichkeiten gewährleisten, dass der Notar seinen Amtssitz jederzeit erreichen kann, um seine Amtsgeschäfte ordnungsgemäß wahrnehmen zu können, muss er nicht an dem Ort seines Amtssitzes wohnen.[1214]

Die Arbeit des Notars und die grundsätzliche Residenz- und Anwesenheitspflicht zeigen auf, dass diese Vorgaben zur Sicherstellung bestimmter Qualitätsstandards durchaus notwendig sind, ohne dass es einen Gesundheitsbezug oder eine Gesundheitsgefährdung gibt. Allerdings wird beim Notar aufgrund der geänderten Kommunikationsmöglichkeiten keine starre Residenzpflicht eingefordert. Notwendig ist aber, dass er seine Amtsgeschäfte ordnungsgemäß ausüben kann.[1215] Die Vorgaben werden nicht mit der Lebenswirklichkeit gerechtfertigt, sondern allein vom Grundverständnis heraus, dass die Residenzpflicht der

1208 Bormann, in: Diehn, § 10 Rn. 21.
1209 Püls, in: Schippel/Bracker, § 10 Rn. 16.
1210 Lerch, in: Lerch, § 10 Rn. 18.
1211 Beckhaus, in: Diehn, § 38 Rn. 3.
1212 Wilke, in: Eylmann/Vaasen, § 38 Rn. 3.
1213 Beckhaus, in: Diehn, § 38 Rn. 1.
1214 Püls, in: Schippel/Bracker, § 10 Rn. 23.
1215 Vgl. Püls, in: Schippel/Bracker, § 10 Rn. 23.

Aufrechterhaltung der geordneten Rechtspflege[1216] dient, die zuvorderst sichergestellt sein muss.

ccc) Präsenzpflicht der Apotheker

Gemäß § 1 Abs. 2 ApoG bedarf derjenige, der eine Apotheke und bis zu drei Filialapotheken betreiben will, einer Erlaubnis der zuständigen Behörde. Die Erlaubnis verpflichtet nach § 7 S. 1 ApoG zur persönlichen Leitung der Apotheke in eigener Verantwortung.

Die Pflicht zu persönlichen Leitung wurde vom BVerfG geprüft und im Rahmen der Verhältnismäßigkeitsprüfung des Eingriffs in Art. 12 Abs. 1 GG nicht beanstandet.[1217] Das BVerfG stellte in seiner Entscheidungsbegründung fest, dass das Gesetz die Versorgung der Bevölkerung mit Arzneimitteln in die Hand des „Apothekers in seiner Apotheke" gelegt habe.[1218] Es geht daher von einem selbstständigen Apotheker aus, der seine Apotheke persönlich und in eigener Verantwortung leitet.[1219] Dieser Verpflichtung zur persönlichen Leitung entspricht es nach dem BVerfG, wenn der Apotheker auf den Betrieb einer Apotheke beschränkt wird.[1220] Das BVerfG hält die Regelung weder für unangemessen noch für unzumutbar.[1221] Die Besonderheit des Arzneimittels präge u. a. auch den Apothekerberuf und die Apotheke.[1222] Dem Apotheker kämen aufgrund des Apothekenmonopols bestimmte Vorteile zu, weshalb eine Beschränkung seiner wirtschaftlichen Entfaltungsfreiheit durch das Verbot des Mehrbetriebs zumutbar ist.[1223]

Auch der seit 2004 zugelassene eingeschränkte Mehrbesitz von Apotheken ändert nichts an dem gesetzlichen Leitbild des „**Apothekers in seiner**

1216 Vgl. Püls, in: Schippel/Bracker, § 10 Rn. 2.

1217 BVerfG, Beschl. v. 13.02.1964 – 1 BvL 17/61, 1 BvR 494/60, 128/61, in: NJW 1964, 1067 (1070).

1218 BVerfG, Beschl. v. 13.02.1964 – 1 BvL 17/61, 1 BvR 494/60, 128/61, in: NJW 1964, 1067 (1070).

1219 BVerfG, Beschl. v. 13.02.1964 – 1 BvL 17/61, 1 BvR 494/60, 128/61, in: NJW 1964, 1067 (1070).

1220 BVerfG, Beschl. v. 13.02.1964 – 1 BvL 17/61, 1 BvR 494/60, 128/61, in: NJW 1964, 1067 (1070).

1221 BVerfG, Beschl. v. 13.02.1964 – 1 BvL 17/61, 1 BvR 494/60, 128/61, in: NJW 1964, 1067 (1070).

1222 BVerfG, Beschl. v. 13.02.1964 – 1 BvL 17/61, 1 BvR 494/60, 128/61, in: NJW 1964, 1067 (1070).

1223 BVerfG, Beschl. v. 13.02.1964 – 1 BvL 17/61, 1 BvR 494/60, 128/61, in: NJW 1964, 1067 (1070).

Apotheke"[1224] und damit an den oben aufgeführten Grundaussagen. Denn in jeder Filialapotheke muss ein Apotheker sein, der die gleichen rechtlichen Verpflichtungen besitzt wie der Apothekenleiter.[1225]

Die Entscheidungsbegründung zeigt auf, dass Erfordernisse an einer persönlichen Leitung nicht dem Verfassungsrecht fremd und unter bestimmten Bedingungen zumutbar sind. Dort, wo Berufsstandregelungen, die zu Reglementierungen führen, mit dem Gesundheitsschutz gerechtfertigt werden, können persönliche Leistungspflichten im Umkehrschluss eingefordert werden.

ddd) Bewertung der Residenz- und Präsenzpflichten

Dem Verfassungsrecht sind Residenz- und Präsenzpflichten nicht fremd. Sie betreffen in erster Linie freie Berufe[1226], bei denen die höchstpersönliche Leistungspflicht charakteristisch ist.[1227] Mit einer solchen höchstpersönlichen Pflicht lässt sich eine Residenz- oder Präsenzpflicht einfacher begründen und rechtfertigen. Die Residenzpflichten der Steuerberater und Notare sind rechtlich anders zu bewerten als Präsenzpflichten. Eine Residenzpflicht besagt nicht notwendigerweise etwas über eine Präsenzpflicht. Die Ausübung bestimmter Tätigkeiten ist bei Residenzpflichten mit räumlichen Vorgaben verbunden. Eine Präsenzpflicht ist damit noch nicht indiziert. Dennoch ist es bemerkenswert, dass bei Steuerberatern und Notaren darüber diskutiert wird, ohne dass es hier um die Abwehr von Gefahren für Leib und Leben geht.

Die Präsenzpflicht der Apotheker zeigt auf, dass solche Vorgaben möglich und auch notwendig sein können. Die Gründe, die für die Angemessenheit einer solchen Pflicht sprechen, ließen sich auch auf das Gesundheitshandwerk übertragen.

Bei einer „Kosten-Nutzen-Bilanz"[1228] ist zu prüfen, ob die Beschränkung der Berufsausübung durch den Gesundheits- und Verbraucherschutz, der durch eine Präsenzpflicht gewährleistet werden soll, gerechtfertigt ist.

Die hier erforderliche partielle strenge, also: tätigkeitsbezogene Betriebsleiterpräsenzpflicht könnte unangemessen sein, da sie dazu führt, dass eine Person stets vor Ort sein muss, um eingreifen zu können. Fraglich ist, ob es nicht

---

1224 Grau, in: Rixen/Krämer, § 2 ApoG Rn. 19.

1225 Grau, in: Rixen/Krämer, § 2 ApoG Rn. 19.

1226 Badura (Rn. 374) weist darauf hin, dass der Notar eine Sonderstellung im Kreis der freien Berufe einnimmt, da er einen staatlich gebundenen Beruf ausübt, der mit hoheitlichen Aufgaben belehnt ist.

1227 Badura, Rn. 370.

1228 Vgl. Detterbeck, ÖR, Rn. 478.

angemessener wäre, eine „Präsenz“ einzufordern, die nicht darauf abstellt, dass jemand tatsächlich vor Ort präsent ist. So könnte die Präsenzpflicht auch durch eine (telefonische) Rufbereitschaft wahrgenommen werden. Durch den Mobilfunk ist eine solche Präsenzpflicht auch realistisch und recht unproblematisch (im Gegensatz zu früheren Jahren) umsetzbar. Auch ließe sich eine Erreichbarkeit über E-Mail, SMS, sog. Messengerdienste wie „Whats App“ usw. vorstellen (datenschutzrechtliche Bedenken einmal ausgeklammert).

Im Sinne einer effektiven Gefahrenabwehr gilt der Grundsatz, dass je größer die potenziellen Gefahren bei der Handwerksausübung sind, desto strengere Anforderungen aus dem Grundsatz der Betriebsleiterpräsenz folgen.[1229] Eine effektive Gefahrenabwehr verlangt, dass der qualifizierte Betriebsleiter den Kunden in Augenschein nehmen, ihn direkt ansprechen und befragen sowie unmittelbar die Versorgung beeinflussen kann. Diese Maßnahmen sind telefonisch oder online nicht oder nur bedingt möglich. Eine bloße Rufbereitschaft wird daher nicht dazu führen, den strengen Anforderungen bei einer potenziell-großen Gefahr gerecht zu werden. Zwar ist nicht auszuschließen, dass bestimmte Tätigkeiten auch über eine Rufbereitschaft abgefragt und geklärt werden können, doch würde dies den möglichen Gesundheitsschädigungen nicht gerecht.

Aus diesem Grund ist eine Vor-Ort-Präsenz notwendig, um die zugewiesenen Aufgaben erfüllen zu können. Im Umkehrschluss bedeutet dies freilich, dass bei nicht gefahrengeneigten Tätigkeiten eine solche Vor-Ort-Präsenz nicht angemessen ist.

eee) Ergebnis der Angemessenheitsprüfung

Das Erfordernis einer tätigkeitsbezogenen Betriebsleiterpräsenz ist dann angemessen, wenn auf die Zeit abgestellt wird, in der besonders gefahrengeneigte Tätigkeiten ausgeübt werden.

4. Ergebnis

Gegen eine tätigkeitsbezogene Betriebsleiterpräsenzpflicht bestehen keine verfassungsrechtlichen Bedenken; sie ist im Hinblick auf Art. 12 Abs. 1 GG als verfassungskonform anzusehen, solange sie sich auf die Ausübung und Erbringung besonders gefahrengeneigter Tätigkeiten und Leistungen bezieht.

1229 Detterbeck, GewArch 2014, 147 (150).

III. Sozialrecht

Die Sonderstellung der fünf Gesundheitshandwerke im Vergleich zu den übrigen Handwerken der Anlage A der HwO besteht u. a. darin, dass sie Teil des Gesundheitsversorgungssystems sind.

Nachfolgend wird untersucht, ob durch die Einbindung der Gesundheitshandwerke in das Sozialrecht, speziell in das SGB V (Gesetzliche Krankenversicherung), aber auch in das SGB VI (Gesetzliche Rentenversicherung) und das SGB VII (Gesetzliche Unfallversicherung), Rückschlüsse auf eine (erhöhte) Präsenzpflicht gezogen werden können.

Die unterschiedlichen Regelungen im Sozialrecht zur Hilfsmittelversorgung führen indes nicht zu etwaigen unterschiedlichen sozialrechtlichen Anforderungen an eine mögliche Präsenzpflicht. Die verschiedenen Sozialversicherungsträger, die für eine Hilfsmittelversorgung zuständig sein können, haben alle stets darauf zu achten, dass es sich um eine qualitativ hochwertige Hilfsmittelversorgung handelt.[1230] Nur ein geeignetes und qualitätsgesichertes Hilfsmittel kann die gewünschten Behandlungsziele erreichen.[1231] Unterschiede mag es bei der Unfallversicherung bezüglich der Leistungsentscheidung und Leistungsausführung geben, da die Unfallversicherung im Vergleich zu den Krankenkassen und dem Rentenversicherungsträger freier ist.[1232] Auf die Versorgung und die Präsenz haben die unterschiedlichen sozialrechtlichen Regelungen indes keinen Einfluss, weshalb vorliegend die Präsenzpflicht exemplarisch anhand der Vorgaben des SGB V untersucht wird. In der Regel wird es sich bei einer Hilfsmittelversorgung auch um eine Versorgung handeln, für die die gesetzliche Krankenversicherung zuständig ist.

1. Gesundheitshandwerke als Leistungserbringer

Die Gesundheitsversorgung ist für die gesetzlich Krankenversicherten insbesondere im SGB V geregelt. In § 2 Abs. 2 S. 1 SGB V ist das sog. Sachleistungsprinzip festgelegt. Danach erhalten Versicherte die Leistungen der gesetzlichen Krankenkasse als Sach- und Dienstleistungen (soweit nichts Abweichendes bestimmt ist). Der Versicherte erhält folglich eine Brille, ein Hörsystem, eine Orthese oder eine Schuheinlage von seiner Krankenkasse. Das bedeutet aber nicht, dass die

---

1230 Vgl. Liebig, in: LPK-SGB IX, § 31 Rn. 10. Zur Abgrenzung der Zuständigkeit zwischen Krankenkasse und Rentenversicherungsträger (Zuständigkeit zur Erwerbsfähigkeit) vgl. Liebig, in: LPK-SGB IX, § 31 Rn. 7.

1231 Kraftberger, in: LPK-SGB V, § 33 Rn. 29.

1232 Vgl. Streubel, in: LPK-SGB VII, § 26 Rn. 3.

Krankenkassen selbst die Versicherten versorgen.[1233] Vielmehr schließen die Krankenkassen Verträge über die Erbringung der Sach- und Dienstleistungen mit sogenannten Leistungserbringern (§ 2 Abs. 2 S. 3 SGB V). Ein Leistungserbringer ist derjenige, der die Sach- oder Dienstleistung tatsächlich erbringt.[1234] Das können sowohl Krankenhäuser oder Ärzte, aber auch Apotheken oder Hilfsmittelerbringer sein.[1235]

Bei den Leistungen der Augenoptiker (eingeschränkt, vgl. § 33 Abs. 2, 3, 4 SGB V), Hörakustiker, Orthopädieschuhmacher und Orthopädietechniker handelt es sich in der Regel um Hilfsmittel i. S. d. § 33 SGB V,[1236] beim Zahnersatz dürfte es sich um Hilfsmittel im weiteren Sinne handeln, für den allerdings statt des § 33 SGB V die *lex specialis* in § 55 SGB V Anwendung findet.[1237] Im Hilfsmittelverzeichnis (vgl. § 139 SGB V) sind im Übrigen diverse Hilfsmittel vom GKV-Spitzenverband aufgeführt, wobei dieses Verzeichnis nicht abschließend ist (keine Positivliste[1238]).

2. *Abrechnung zwischen der GKV und den Gesundheitshandwerken*

In der Regel wird zur Abrechnung der Leistungen nach § 33 SGB V ein Vertrag zwischen dem Leistungserbringer (oder seiner entsprechenden Vertretung wie einem Verband oder einer Innung) und der gesetzlichen Krankenkasse nach § 127 Abs. 2 SGB V geschlossen; für die zahntechnische Leistung gilt § 57 Abs. 2 SGB V. Soweit es zweckmäßig ist, können die gesetzlichen Krankenkassen gemäß § 127 Abs. 1 S. 1 SGB V im Wege der Ausschreibung Verträge mit

---

1233 Wenner, in: Prütting, § 3 SGB V Rn. 9; vgl. die Kritik des BSG, Urt. v. 24.01.2013 – B 3 KR 5/12 R, in: BSGE 113, 40 (46 Rn. 20): „Es mutet zudem abenteuerlich an, dass die Rehabilitationsträger die Versorgung mit bestimmten Hilfsmitteln hier: Hörgeräte praktisch nicht mehr selbst vornehmen, sondern in die Hände der Leistungserbringer ‚outgesourced' haben."

1234 Grötschel, in: NK-MedR, § 2 SGB V Rn. 21.

1235 Grötschel, in: NK-MedR, § 2 SGB V Rn. 21.

1236 Vgl. dazu Kraftberger, in: LPK-SGB V, § 33 Rn. 12 mit einer ausführlichen Liste von anerkannten Hilfsmitteln.

1237 Hellkötter-Backes, in: LPK-SGB V, § 55 Rn. 5, so auch: Joussen, in: Knickrehm u. a., § 33 SGB V Rn. 20; ders., in: Knickrehm u. a., § 55 Rn. 6; an der rechtlichen Einordnung des Zahnersatzes könnte man wegen des Wortlautes des § 27 Abs. 1 SGB V auch zweifeln, der unter § 27 Abs. 1 S. 2 Nr. 2a SGB V den Zahnersatz getrennt von den Hilfsmitteln in Nr. 3 aufführt, doch würde er weiterhin eine GKV-Leistung darstellen.

1238 Dalichau, in: Prütting, § 139 SGB V Rn. 30b; Ratzel, in: Berchtold u. a., § 139 SGB V Rn. 1.

Leistungserbringern und ihren Vertretern schließen. Die Ausgestaltung der Regelung als „Kann-Vorschrift“ soll deutlich machen, dass es keine Ausschreibungspflicht für die Krankenkassen gibt.[1239] Ausschreibungen und Verhandlungsverträge stehen deshalb gleichrangig nebeneinander.[1240] Grundsätzlich liegt es daher im Entscheidungsbereich der gesetzlichen Krankenkassen, ob sie eine Ausschreibung vornehmen.[1241]

a) Keine Ausschreibungsmöglichkeit

§ 127 Abs. 1 SGB V räumt den gesetzlichen Krankenkassen die Möglichkeit der Ausschreibung ein, soweit diese zweckmäßig ist. Allerdings wird in § 127 Abs. 1 S. 6 SGB V die Unzweckmäßigkeit von Ausschreibungen in der Regel für solche Hilfsmittel festgestellt, die für einen bestimmten Versicherten individuell angefertigt werden, oder für Versorgungen mit einem hohen Dienstleistungsanteil.

Bei der Mehrzahl der Tätigkeiten der Gesundheitshandwerke dürfte eine Ausschreibung unzweckmäßig sein, da die Hilfsmittel individuell angefertigt werden und zugleich ein hoher Dienstleistungsanteil besteht:

- Augenoptik: Brillengläser werden individuell angefertigt; Brillen werden individuell angepasst, die Beratung bei der Brillen- und Kontaktlinsenwahl hat einen hohen Dienstleistungsanteil.
- Hörakustik: Hörsysteme werden individuell angepasst; Otoplastiken individuell angefertigt. Auch hier besteht ein hoher Dienstleistungsanteil bei der Beratung.
- Orthopädietechnik: Orthesen oder Prothesen werden teilweise individuell angefertigt und angepasst. Auch hier besteht ein hoher Dienstleistungsanteil an der Beratung.
- Orthopädieschuhtechnik: Einlagen oder Schuhe werden teilweise individuell angefertigt und angepasst. Die Beratung stellt einen hohen Dienstleistungsanteil dar.
- Zahntechnik: Zahnersatz wird individuell angefertigt.

Der hohe Dienstleistungsanteil bei den vier der fünf Gesundheitshandwerken lässt sich auch anhand der möglichen Kontraindikationen und der sich dadurch

---

1239 Murawski, in: LPK-SGB V, § 127 Rn. 2; Butzer, in: Becker/Kingreen, § 127 Rn. 4.

1240 Butzer, in: Becker/Kingreen, § 127 Rn. 5; Steinmeyer, in: NK-MedR, § 127 SGB V Rn. 4.

1241 Steinmeyer, in: NK-MedR, § 127 SGB V Rn. 5.

ergebenden Notwendigkeit einer ausführlichen Anamnese erklären und rechtfertigen.

Für die Gesundheitshandwerke besteht deshalb im Sozialrecht keine Ausschreibungsoption. Die fehlende Möglichkeit der Ausschreibung belegt, dass im Sozialrecht mittelbar Sonderregelungen für die Gesundheitshandwerke bestehen, die sich allein aus der Form der individuellen Anfertigung der Hilfsmittel und der Dienstleistungserbringung begründen lassen. Wenn es Sonderrechte gibt, begründet dies auch Pflichten. Aus der fehlenden Ausschreibungspflicht wegen der Individualität der Versorgungen lässt sich aber kein unmittelbarer Rückschluss auf eine Präsenzpflicht ziehen.

b) Abrechnung über Versorgungsverträge nach § 127 Abs. 2 SGB V

Soweit Ausschreibungen nicht durchgeführt werden, schließen die gesetzlichen Krankenkassen nach § 127 Abs. 2 SGB V Verträge mit den Leistungserbringern oder ihren Vertretern über die Einzelheiten der Versorgung mit Hilfsmitteln. Dies ist die häufigste und bekannteste Form der Versorgungsverpflichtungen zwischen gesetzlichen Krankenkassen und Leistungserbringern.[1242]

Nach § 127 Abs. 2 S. 2 SGB V i. V. m. § 127 Abs. 1 S. 2 SGB V ist u. a. die notwendige Beratung der Versicherten und eine wohnortnahe Versorgung sicherzustellen. Die Pflicht zur Beratung und zur wohnortnahen Versorgung könnte Auswirkungen auf eine Präsenzpflicht haben.

aa) Pflicht zur Beratung, § 127 Abs. 4a S. 1 SGB V

Die Leistungserbringer haben nach § 127 Abs. 4a S. 1 SGB V die Versicherten vor Inanspruchnahme der Leistung zu beraten, welche Hilfsmittel und zulässige Leistungen im Einzelfall geeignet und notwendig sind.

Sinn und Zweck der Vorschrift ist es, dass Versicherte ausreichend darüber informiert werden, dass es aufzahlungsfreie („ohne private Zuzahlung") Hilfsmittel gibt. In der Vergangenheit wurde regelmäßig der Vorwurf geäußert, „Versicherte würden zu mehrkostenpflichtigen Versorgungen gedrängt, ohne hinreichend über die ihnen im Einzelnen zustehenden Ansprüche und die ihnen in ihrer konkreten Versorgungssituation zur Verfügung stehenden, mehrkostenfreien Produkte informiert und bei der Auswahl des Hilfsmittels bedarfsgerecht beraten worden zu sein."[1243] Aus dieser gesetzlichen Pflicht dürften sich indes

1242 Zu den Vorteilen der Verhandlungsverträge ggü. einer Ausschreibung: Butzer, in: Becker/Kingreen, § 127 Rn. 4.

1243 Ratzel, in: Berchtold u. a., § 127 SGB V Rn. 1. Erstaunlich ist die Regelung, die durch das „Gesetz zur Stärkung der Heil- und Hilfsmittelversorgung" (HHVG,

keine unmittelbaren Präsenzpflichten eines qualifizierten Betriebsleiters ergeben. Denn den Hinweis auf aufzahlungsfreie Angebote dürfte in aller Regel jeder Mitarbeiter erteilen können.

bb) Wohnortnahe Versorgung, § 127 Abs. 1 S. 2 SGB V

Nach § 127 Abs. 1 S. 2 SGB V (der originär für Ausschreibungen gilt, aber über § 127 Abs. 2 S. 2 SGB V entsprechend auch bei Versorgungsverträgen Anwendung findet) besteht eine Pflicht zur wohnortnahen Versorgung. Eine wohnortnahe Versorgung soll in erster Linie gewährleisten, dass der Patient zeit- und ortsnah versorgt wird. Aus ihr lässt sich nicht der Rückschluss ziehen, dass damit auch eine Aussage zur Präsenzpflicht getätigt wird. Denn: Auch ohne die nicht-wohnortnahe Versorgung soll qualitativ hochwertig erfolgen.

c) Ergebnis

Die Leistungen der Sozialversicherungsträger unterliegen bestimmten Vorgaben und Bedingungen. Grundvoraussetzung ist stets, dass die erbrachten Leistungen eine bestimmte Qualität haben und dadurch zur erfolgreichen Linderung und Behandlung geeignet sind.[1244]

Der Sozialgesetzgeber hat daher bestimmte Regelungen zur Qualitätssicherung bereits im SGB V aufgenommen wie die wohnortnahe Versorgung oder eine spezielle Beratungspflicht. Unmittelbare Präsenzpflichten sind damit aber nicht verbunden und umfasst.

3. Fachliche Anforderungen: Primat des Handwerksrechts

Nach § 126 Abs. 1 S. 2 SGB V können Vertragspartner der Krankenkassen in der Hilfsmittelversorgung nur solche Leistungserbringer sein, die die Voraussetzungen für eine ausreichende, zweckmäßige und funktionsgerechte Herstellung, Abgabe und Anpassung der Hilfsmittel erfüllen.

Um mit einer Krankenkasse abrechnen zu können, bedurfte es früher einer Zulassung, die die jeweilige gesetzliche Krankenversicherung einem Leistungserbringer ausstellte. 2011 wurde ein sogenanntes Präqualifizierungsverfahren eingeführt, welches es den Leistungserbringern ermöglicht, bei einer

---

v. 04.04.2017, BGBl. I, Nr. 19, S. 778 ff.) eingeführt wurde, auch deshalb, weil es bereits zuvor in § 127 Abs. 1 S. 2 SGB V eine allgemeine Beratungspflicht schon gab.

1244 Vgl. Kraftberger, in: LPK-SGB V, § 33 Rn. 28 f. (für die GKV); Streubel, in: LPK-SGB VII, § 26 Rn. 3 ff. (für die Unfallversicherungsträger).

Präqualifizierungsstelle einen Eignungsnachweis zu erhalten, der gegenüber allen Krankenkassen wirkt und gültig ist.[1245] Sowohl dem früheren Zulassungsverfahren wie auch dem jetzigen Präqualifizierungsverfahren gemeinsam ist die vorherige Eignungsprüfung des Leistungserbringers.

Die Eignung des Leistungserbringers kann u. a. an fachliche Voraussetzungen geknüpft sein. Dies könnte dann aber zu Überschneidungen und ggf. Widersprüchen zum Berufsrecht (HwO) führen. Sowohl für die gesetzlichen Krankenkassen als aber auch für die Leistungserbringer stellt sich daher die Frage, wie die (handwerksrechtlichen) Regelungen im Berufsrecht im Verhältnis zur Verpflichtung der gesetzlichen Krankenkassen stehen, wonach nur *geeignete* Leistungserbringer Vertragspartner der Krankenkasse sein können. Auch stellt sich die Frage, ob eine gesetzliche Krankenversicherung von handwerksrechtlichen Vorgaben abweichen darf, insbesondere höhere Ansprüche an die (fachliche) Eignung stellen kann. Dies läuft auf die Frage hinaus, ob bspw. eine Krankenkasse im Sinne der wohnortnahen Versorgung und der Notwendigkeit der qualitativ hochwertigen Beratung eine permanente Betriebsleiterpräsenz selbst dann fordern könnte, wenn dies handwerksrechtlich nicht geboten ist.

a) Tatbestandswirkung der Entscheidung der Handwerkskammer

Die Eintragung einer (natürlichen oder juristischen) Person für eine zulassungspflichtige Tätigkeit in die Handwerksrolle durch die Handwerkskammer ist ein Verwaltungsakt.[1246] Ein Verwaltungsakt entfaltet eine Bindungs- und Tatbestandswirkung: Durch die Bindungswirkung sind die erlassende Behörde und der betroffene Bürger an die Regelung des Verwaltungsaktes gebunden. Die Tatbestandswirkung führt dazu, dass auch alle anderen Behörden an den Verwaltungsakt gebunden sind.[1247]

Ein Verwaltungsakt entfaltet stets Tatbestandswirkung. Die Eintragung der Handwerkskammer ist ein Verwaltungsakt, sodass die Eintragung der Handwerkskammer Tatbestandswirkung hat.[1248] Die Tatbestandswirkung bezieht sich allein

1245 Vgl. Luthe, in: Hauck/Noftz, § 126 SGB V Rn. 15b.

1246 Detterbeck, § 6 Rn. 7; Leisner, in: Leisner, § 6 Rn. 7; Karsten/Pfeifer, in: Schwannecke, § 6 Rn. 16.

1247 Detterbeck, AVR, Rn. 544.

1248 Vgl. hierzu: BSG, Urt. v. 10.11.1994 – 12 RK 58/93; Karsten/Pfeifer, in: Schwannecke, § 6 Rn. 17; so auch Kopp/Ramsauer, § 43 Rn. 19 (FN. 61); Luthe, in: Hauck/Noftz, § 126 Rn. 13; Armbruster, in: Eichenhofer/Wenner, § 126 Rn. 18.

auf den Entscheidungstenor.[1249] Dieser ist ggf. unter Heranziehung der Gründe auszulegen.[1250]

aa) Konsequenzen der Tatbestandswirkung

Die Tatbestandswirkung hat in der vorliegenden Konstellation weitreichende Konsequenzen, da sie den Sozialversicherungsträger an die Entscheidung der Handwerkskammer bindet. Durch die Tatbestandswirkung wird grundsätzlich verhindert, dass eine Behörde durch eine eigene Regelung vom ursprünglichen Verwaltungsakt abweicht.[1251] Das BSG entschied, dass der Entscheidung der für die Ausübung des Berufsrechts zuständigen Behörde Tatbestandswirkung zukommt,[1252] und zwar sowohl positive wie auch negative.[1253] Ist also jemand in der Handwerksrolle mit einem Gesundheitshandwerk eingetragen, wird daraus seine Berechtigung und auch Befähigung zur Hilfsmittelabgabe hergeleitet; ist er (bei einem zulassungspflichtigen Gesundheitshandwerk) nicht eingetragen, darf er keine Hilfsmittel eines Gesundheitshandwerks abgeben, auch wenn die Krankenkasse von seinen Fähigkeiten und Fertigkeiten überzeugt ist.

Die Tatbestandswirkung wurde von *Knispel* abgelehnt, da es eine entsprechende Verknüpfung mit dem Handwerksrecht im SGB V nicht gäbe.[1254] Die handwerksrechtlichen Voraussetzungen und insbesondere die Präsenz seien daher eigenständig zu prüfen.[1255] Es gäbe allein „aufgrund einer Eintragung in die Handwerksrolle die Vermutung für die Gewährleistung einer ausreichenden Einwirkungsmöglichkeit auf das Betriebsgeschehen".[1256] Diese Auffassung begrenzt faktisch die Tatbestandswirkung, was aber gerade ihrem Sinn und Zweck widerspricht. Selbst Registergerichte sind an die Entscheidung der Handwerkskammer gebunden.[1257] Für gesetzliche Krankenkassen, die gemäß § 4 Abs. 1 SGB V rechtsfähige Körperschaften des öffentlichen Rechts mit Selbstverwaltung sind, gilt die Tatbestandswirkung in gleicher Weise.

1249 Ziekow, § 43 Rn. 4.
1250 Ziekow, § 43 Rn. 4.
1251 Ruffert, in: Ehlers/Pünder, § 22 Rn. 17.
1252 BSG, Urt. v. 29.11.1995 – 3 RK 25/94, in: BSGE 77, 108 (116 f.); so auch Murawski, in: LPK-SGB V, § 126 Rn. 4.
1253 BSG, Urt. v. 23.01.2003 – B 3 KR 7/02 R, in: BSGE 90, 220 (227); vgl. Butzer, in: Becker/Kingreen, § 124 Rn. 7 (für Heilmittel).
1254 Knispel, NZS 1995, 13 (14).
1255 Knispel, NZS 1995, 13 (14).
1256 Knispel, NZS 1995, 13 (14).
1257 Knörr, in: Honig/Knörr/Thiel, § 6 Rn. 5.

bb) Auswirkungen der Tatbestandswirkung auf Präsenzpflichten

Fraglich ist nun, ob die Tatbestandswirkung auch speziell die Präsenzzeiten und Präsenzpflichten der Eintragung betrifft. So könnte die Ansicht vertreten werden, dass die Tatbestandswirkung allein eine Bindung für die Krankenkassen bezüglich der handwerklichen Ausübung umfasst. Die Beurteilung der Meisterpräsenz könnte indes nicht von der Tatbestandswirkung umfasst sein. So betont *Luthe*, dass die Tatbestandswirkung die fachliche Qualifikation betrifft; die fachliche Eignung eines Orthopädieschuhmachers dürfe z. B. nicht angezweifelt werden, wenn er die Meisterprüfung erfolgreich abgelegt habe.[1258] Dies könnte so aufgefasst werden, als dass allein der fachlichen Qualifikation die Tatbestandswirkung zukomme.

Gemäß der Anlage D der HwO werden keine Präsenzzeiten in die Handwerksrolle eingetragen. Die Eintragung ist personenbezogen.[1259] Mit dem formellen Akt der Eintragung ist die Handwerksausübung durch einen selbstständigen Betrieb zulässig.[1260] Das bedeutet, dass derjenige, der eingetragen ist, berechtigt ist, das Handwerk auszuüben.

Dieses Ausübungsrecht beinhaltet aber auch alle rechtlichen Nebenpflichten, denn die Genehmigung steht und fällt mit diesen Nebenpflichten. Die Tatbestandswirkung betrifft folglich damit nicht nur die reine Ausübung als solches, sondern auch die damit verbundene Frage, wann die Tätigkeit ausgeübt werden darf. Mit der Eintragung sind damit auch bestimmte Präsenzvorgaben für die Handwerksausübung impliziert.

Sollte die Handwerkskammer die Ansicht vertreten, dass der Betrieb gegen das Handwerksrecht verstößt, weil in ihm bestimmte Präsenzzeiten nicht eingehalten werden, hat sie das Recht, gegen die Eintragung vorzugehen.

Wird zum Beispiel ein zulassungspflichtiges Handwerk als stehendes Gewerbe entgegen den Vorschriften der HwO ausgeübt, so kann die nach Landesrecht zuständige Behörde die Fortsetzung des Betriebs gemäß § 16 Abs. 3 S. 1 HwO untersagen. Entgegen den Vorschriften der HwO wird ein Gewerk schon ausgeübt, wenn der Betriebsleiter die ihm obliegenden Aufgaben und Funktionen dauerhaft nicht erfüllt.[1261] Dazu gehört, wenn er sich nicht an die notwendigen Präsenzzeiten hält.

1258 Luthe, in: Hauck/Noftz, § 126 SGB V Rn. 13.

1259 Detterbeck, DDBR, § 6 Rn. 1.

1260 Karsten/Pfeifer, in: Schwannecke, § 6 Rn. 16.

1261 Detterbeck, DDBR, § 16 Rn. 6.

Die Tatbestandswirkung umfasst daher auch die handwerksrechtlichen Vorgaben an die Präsenz. Die Einhaltung dieser Vorgaben kann von der Krankenkasse grundsätzlich nicht in Abrede gestellt werden.[1262]

cc) Auswirkungen der Tatbestandswirkung auf die GKV

Für die gesetzlichen Krankenkassen besteht das Dilemma, dass sie auf der einen Seite den Vorgaben des SGB V unterliegen, wozu u. a. auch das in § 12 Abs. 1 SGB V aufgeführte Wirtschaftlichkeitsgebot gehört, welches diesen Krankenkassen nach § 126 Abs. 1 S. 2 SGB V gerade auferlegt, lediglich *geeignete* Leistungserbringer als Vertragspartner zu akzeptieren. Auf der anderen Seite sind sie durch die Tatbestandswirkung an bestimmte Feststellungen der Handwerkskammern gebunden und dürfen nicht davon abweichen. Stellt daher eine Krankenkasse die Eignung eines Leistungserbringers wegen seiner geringen Präsenzzeiten infrage, obwohl er in der Handwerksrolle eingetragen ist, dürfte dies nicht dazu führen, ihn als Vertragspartner auszuschließen. Denn damit würde die Tatbestandswirkung außer Kraft gesetzt.

Die Tatbestandswirkung führt zu einer Rechtseinheitlichkeit und damit Verlässlichkeit, sodass es trotz der möglichen doppelten Zuständigkeit im Handwerks- und Sozialrecht zu keinen gegensätzlichen oder widersprüchlichen Beurteilungen kommen kann.[1263] Das handwerksrechtliche Berufsrecht wird vom Sozialrecht bezüglich der fachlichen Anforderungen nicht überlagert. Zulassungsvoraussetzungen sind deshalb vorrangig von den nach dem Berufsrecht zuständigen Behörden zu beurteilen.[1264]

Diese Tatbestandswirkung hat zunächst folgende Konsequenz: Den Krankenkassen ist eine eigenständige Prüfung und Bewertung der Fachkunde verwehrt.[1265] Sie sind an das Ergebnis der zuständigen Behörde, die das Berufsrecht kontrolliert, im vorliegenden Fall also der Handwerkskammer, gebunden. Das ist deshalb bemerkenswert, weil das SGB V die Teilnahme an der Hilfsmittelversorgung i. S. d. § 126 SGB V nicht von einer bestimmten Ausbildung oder von der Erlaubniserteilung abhängig macht.[1266]

1262 Vgl. dazu auch Butzer, in: Becker/Kingreen, § 126 Rn. 11: „Die nach § 127 Abs. 1, 2 und 3 zuständigen Stellen müssen deshalb im Regelfall der Beurteilung der nach Berufsrecht zuständigen Behörden folgen".

1263 Karsten/Pfeifer, in: Schwannecke, § 6 Rn. 18.

1264 BSG, Urt. v. 29.11.1995 – 3 RK 25/94, in: BSGE 77, 108 (116); so auch Kopp/Ramsauer, § 43 Rn. 19 und Butzer, in: Becker/Kingreen, § 126 Rn. 11.

1265 Armbruster, in: Eichenhofer/Wenner, § 126 Rn. 18.

1266 Hencke, in: Peters, § 126 Rn. 3.

dd) Übernahme der Eignungskriterien in der Präqualifikation

Vertragspartner der Krankenkassen können nach § 126 Abs. 1 S. 2 SGB V nur Leistungserbringer sein, die die Voraussetzungen für eine ausreichende, zweckmäßige und funktionsgerechte Herstellung, Abgabe und Anpassung der Hilfsmittel erfüllen. Dazu veröffentlicht der GKV-Spitzenverband Bund Präqualifizierungs-Empfehlungen. Bei diesen Empfehlungen handelt es sich um einen Kriterienkatalog, in dem verschiedene fachliche, räumliche und technische Mindestanforderungen aufgeführt sind.[1267]

Der GKV-Spitzenverband hat zu seinem Kriterienkatalog eine Kommentierung herausgegeben, die sich auch mit der Präsenzpflicht beschäftigt. Dort heißt es:

> „Die Anwesenheit bzw. Erreichbarkeit der fachlichen Leitung während der Betriebszeiten ist durch eine von dem/den fachlichen Leitung(en) mitunterschriebene Selbstverpflichtungserklärung der Inhaberin oder des Inhabers nachzuweisen. Im Rahmen der Eintragung in die Handwerksrolle nach § 7 Handwerksordnung wird von den zuständigen Handwerkskammern auch die Meisterpräsenz geprüft. Mit dem Nachweis der Eintragung in die Handwerksrolle ist daher der Nachweis über die Sicherstellung der Erreichbarkeit der fachlichen Leitung im Rahmen der üblichen Betriebszeit erbracht. Die Vorlage einer schriftlichen Selbstverpflichtung zur Erreichbarkeit der fachlichen Leitung im Rahmen der üblichen Betriebszeit ist in diesem Fall nicht erforderlich."[1268]

Weiter heißt es: „Ist berufsrechtlich eine Anwesenheitspflicht im Betrieb vorgeschrieben, kann die fachliche Leitung nicht gleichzeitig für andere Betriebsstätten fachlicher Leitung sein, es sei denn, die zuständige Behörde genehmigt dies bzw. bestätigt die Unbedenklichkeit."[1269]

Ferner heißt es dann dort klarstellend: „Das Berufsrecht hat grundsätzlich Vorrang vor dem Leistungserbringungsrecht. Daher sind berufsrechtlich geregelte Qualifikationen auch dann anzuerkennen, wenn es sich um berufsrechtlich anerkannte Ausnahmegenehmigungen, z. B. Ausnahmebewilligungen und Ausübungsberechtigungen von Handwerkskammern, handelt."[1270]

Der GKV-Spitzenverband hat somit die berufsrechtlichen Vorgaben bei der Erstellung eines Kriterienkatalogs zur Präqualifzierung aufgegriffen und im Bereich der Eignungsfeststellung nach § 126 Abs. 1 SGB V anerkannt.[1271]

1267 Abrufbar unter: https://www.gkv-spitzenverband.de/krankenversicherung/hilfsmittel/praequalifizierung/eignungskriterien/eignungskriterien.jsp

1268 GKV-Spitzenverband, Empfehlungen, S. 6.

1269 GKV-Spitzenverband, Empfehlungen, S. 6.

1270 GKV-Spitzenverband, Empfehlungen, S. 6.

1271 Vgl. Dalichau, in: Prütting, § 126 SGB V Rn. 57.

b) Kontrollmonopol der Handwerkskammer

Die Kontrolle der fachlichen Eignung obliegt allein der Handwerkskammer. Das BSG entschied, dass ein Entzug der (damaligen) Zulassung, die den Leistungserbringer zur Abrechnung mit einer GKV berechtigt, wegen Fehlens berufsrechtlicher Voraussetzungen nur dann erlaubt ist, wenn die nach dem Berufsrecht zuständige Behörde einen Verstoß gegen das Berufsrecht als gegeben erachtet und einen entsprechenden Verwaltungsakt erlassen hat.[1272]

Insofern beruht die fachliche Eignung des Leistungserbringers allein auf dem Ergebnis der Prüfung durch die Handwerkskammer, das die Krankenkasse zu akzeptieren hat. Sie kann daher lediglich anregen, dass die Handwerkskammer einen konkreten Fall überprüft.[1273]

c) Einfordern zusätzlicher Kriterien

Den Krankenkassen ist es des Weiteren verwehrt, zusätzliche, eigene Eignungskriterien („*Upgrade*") für die Fachkunde aufzustellen und zu verlangen. Würden z. B. für die Eignung zur Hilfsmittelabgabe Erfahrungszeiten des Leistungserbringers verlangt, wäre dies unzulässig.[1274] Die Zulassung i. S. d. § 126 SGB V soll nicht „von weitergehenden Bedingungen abhängig gemacht werden, zumindest insofern diese **dem Bereich des Berufsrechts** zuzuordnen sind."[1275] Über das Berufsrecht hinaus ist es allerdings den Krankenkassen nicht verwehrt, weitere Anforderungen zu stellen und diese zu prüfen.[1276] Hinsichtlich der persönlichen Eignung und Zuverlässigkeit soll eine eigene Beurteilung erlaubt sein.[1277] Während folglich die persönlich-fachlichen Eignungsvoraussetzungen und die damit verbundene Tatbestandswirkung durch das Berufsrecht geprägt sind, besteht für die Krankenkassen eine sächlich-unternehmensbezogene Eignungsfeststellung.[1278]

Daher stellt sich die Frage, ob es möglich wäre, dass eine Krankenkasse (vertraglich) spezielle Betriebsleiterpräsenzzeiten festlegen darf. Aus Gründen des Verbraucher- und Gesundheitsschutzes wäre diese Forderung nachvollzieh- und begründbar. Denn eine ausreichende, zweckmäßige, funktionsgerechte und

---

1272 BSG, Urt. v. 29.11.1995 – 3 RK 25/94, in: BSGE 77, 108 (117).
1273 Vgl. BSG, Urt. v. 29.11.1995 – 3 RK 25/94, in: BSGE 77, 108 (116).
1274 Luthe, in: Hauck/Noftz, SGB V, § 126 Rn. 13.
1275 Luthe, in: Hauck/Noftz, SGB V, § 126 Rn. 13.
1276 Armbruster, in: Eichenhofer/Wenner, § 126 Rn. 21.
1277 Schneider, in: jurisPK SGB V, § 126 Rn. 14.
1278 Butzer, in: Becker/Kingreen, § 126 Rn. 8 f.

wirtschaftliche Herstellung, Abgabe und Anpassung von Hilfsmitteln i. S. d. SGB V verlangt bei den Gesundheitshandwerken die Meisterpräsenz, die bereits handwerksrechtlich notwendig und geboten ist.[1279]

Es wird dabei die Ansicht vertreten, dass Krankenkassen spezifisch krankenversicherungsrechtlich begründete Anforderungen an die erforderliche Zuverlässigkeit der Hilfsmittelerbringer stellen könnten.[1280] „Im Hinblick auf die Dienstleistung können die Kassen verlangen, dass die Anpassung der Mittel an besondere Bedürfnisse der Versicherten sichergestellt wird, Nebenpflichten (z. B. in Form von Beratung) im Vorfeld der einzelnen Abgabe an Versicherte erfüllt werden,“[1281] so *Armbruster*.

Indes würde eine solche Forderung in die unmittelbare Hoheit der Handwerkskammern eingreifen. Diese haben zu prüfen, ob und wie die Meisterpräsenz gewährleistet wird. Insbesondere ist dabei zu beachten, dass der handwerksrechtlich geltend gemachte Gesundheits- und Verbraucherschutz, der die Reglementierung rechtfertigt, kein anderer ist als der sozialrechtliche Gesundheits- und Verbraucherschutz. Die GKV-Patienten benötigen kein „*Upgrade*“, wenn die Handwerkskammern ihrer Aufgabe schon nachgegangen sind. Da es dem Gesetzgeber gerade darauf ankam, dass die Eintragungs- und Prüfungskompetenz bei der Handwerkskammer liegt, wäre es unzulässig, diese Kompetenz dadurch zu unterlaufen, dass sozialrechtlich noch höhere Anforderungen gestellt werden. Das BSG fordert deshalb auch ganz bewusst die Meisterpräsenz im Sinne des *geltenden Handwerksrechts* ein.[1282] Im Übrigen würde eine solche Eigenprüfung der GKV nicht mehr verhältnismäßig sein und gegen Art. 12 GG verstoßen.[1283]

d) Ergebnis

Das SGB V ist kein Korrektiv des Handwerksrechts, mit dem höhere Anforderungen eingeführt und durchgesetzt werden könnten. Vielmehr gilt der Vorrang des Berufsrechts. Diese eindeutige Festlegung führt dazu, dass Widersprüche und sich gegenseitig ausschließende Entscheidungen über die Anforderungen des Berufsrechts vermieden werden können.

1279 Vgl. BSG, Urt. v. 29.11.1995 – 3 RK 25/94, in: BSGE 77, 108 (113).

1280 Armbruster, in: Eichenhofer/Wenner, § 126 Rn. 22.

1281 Armbruster, in: Eichenhofer/Wenner, § 126 Rn. 22.

1282 BSG, Urt. v. 29.11.1995 – 3 RK 25/94, in: BSGE 77, 108 (113).

1283 Vgl. Butzer, in: Becker/Kingreen, § 126 Rn. 11.

Auf der anderen Seite führt dies zu einer besonderen Verantwortung der Handwerkskammern. Denn die Krankenkassen unterliegen gemäß § 12 Abs. 1 SGB V dem Wirtschaftlichkeitsgebot, wonach die Leistungen ausreichend, zweckmäßig und wirtschaftlich sein müssen. Zudem haben sie Sorge dafür zu tragen, dass ihre Patienten eine qualitativ hochwertige, wohnortnahe Hilfsmittelversorgung erhalten.

4. *Tatsächliche Leistungserbringung*

Eine Krankenkasse kann nicht zusätzliche Kriterien für die tatsächliche Leistungserbringung aufstellen, die den Bereich des Berufsrechts betreffen. Der Übergang von zusätzlichen Kriterien zu einem „*Upgrade*" ist im Übrigen fließend. Auch darf sie Entscheidungen der HwK nicht korrigieren.

Qualität und Zuverlässigkeit könnten nach Ansicht des BSG von den Krankenkassen überprüft werden,[1284] doch darf dies auch nicht zum Aushebeln des Berufsrechts führen. Würde also die HwK eine Eintragung in die Handwerksrolle vornehmen, obwohl aus Sicht der Krankenkasse ggf. ein Verstoß gegen die Meisterpräsenz vorliegt, bestände auch dort nicht die Möglichkeit des unmittelbaren Korrektivs durch die GKV.

Es wäre daher kritisch zu betrachten, wenn die gesetzlichen Krankenkassen Eignungsvoraussetzungen festlegen, die mittelbar den handwerksrechtlichen Vorgaben widersprechen. Vertreten wird, dass es zwar der gesetzlichen Krankenkasse verwehrt sei, einen Leistungserbringer wegen mangelnder Qualifikation abzulehnen, wenn er die Qualifikation berufsrechtlich nachgewiesen habe.[1285] Aber „[p]ersönliche (charakterliche) und sachliche (Ausstattung) Eignungsmerkmale kann die Krankenkasse hingegen selbstverständlich ebenso prüfen, wie diejenigen Anforderungen, die nicht in einem strukturierten Berufsbildungsgang hinterlegt sind."[1286] Bei den sachlichen Voraussetzungen soll es sich um Mindestvoraussetzungen für die Ausstattung der jeweiligen Betriebsstätte handeln.[1287] Maßstab soll sein, dass sachliche Mittel und Personal vorhanden sind, um eine angemessene Versorgung der Versicherten sicherzustellen.[1288]

1284 BSG, Urt. v. 23.01.2003 – B 3 KR 7/02 R, in: BSGE 90, 220 (227).

1285 Ratzel, in: Berchtold u. a., § 126 SGB V Rn. 4.

1286 Ratzel, in: Berchtold u. a., § 126 SGB V Rn. 4; so auch Butzer, in: Becker/Kingreen, § 127 Rn. 9 („sächlich-unternehmensbezogene Eignungsfeststellung").

1287 Steinmeyer, in: NK-MedR, § 126 SGB V Rn. 5.

1288 Steinmeyer, in: NK-MedR, § 126 SGB V Rn. 5.

Gegen solche Vorgaben bestehen Bedenken, da sie mittelbar in die Entscheidungskompetenz der Handwerkskammer eingreifen. Wenn eine Handwerkskammer eine Betriebsleiterpräsenz, also die Anwesenheit von Personal zu einem bestimmten Zeitpunkt, nicht verlangt und damit handwerksrechtlich die Öffnung erlaubt ist und demnach bestimmte Leistungen angeboten werden dürfen, hat die GKV dies zu akzeptieren.

Das BSG stellte in einer Entscheidung fest, dass das „Meisterpräsenzprinzip des geltenden Handwerksrechts" sicherstelle, dass ein Handwerksbetrieb nicht ohne einen Meister geführt werden dürfe.[1289] Es werde aber nicht verlangt, dass der Meister bei der Erbringung aller einzelnen Handwerksleistungen anwesend sei.[1290] Auch hier orientiert sich das BSG an dem Primat des Handwerksrechts: Wenn das Handwerksrecht keine permanente Präsenz des Meisters einfordert, kann diese Präsenzpflicht auch nicht vonseiten der Krankenkasse eingefordert werden.

Verstößt folglich ein Betrieb gegen die Meisterpräsenz, führt dies nicht dazu, dass die Krankenkasse die Abrechnungsberechtigung *wegen des Verstoßes gegen die HwO* aufkündigen kann. Fraglich ist, ob die Krankenkasse eine bestands- oder gar rechtskräftige Entscheidung abwarten muss, ehe sie einem Leistungserbringer die Abrechnungsberechtigung entziehen kann. Richtigerweise muss sie nicht die Unanfechtbarkeit der Gewerbeuntersagung abwarten, doch ist zumindest die Gewerbeuntersagung als solche notwendig, um dann selbst tätig werden zu können.[1291] Denn auch eine noch nicht bestandskräftige Gewerbeuntersagung ist wirksam und muss befolgt werden, solange kein Rechtsbehelf eingelegt wurde, der den Suspensiveffekt des § 80 Abs. 1 S. 1 VwGO auslöst. Nur wenn der Rechtsbehelf tatsächlich eingelegt wurde, kann die aufschiebende Wirkung erst eintreten.[1292]

5. *Ergebnis*

Das SGB V ist kein Korrektiv des Handwerksrechts. Entscheidungen der Handwerkskammer sind von den Krankenkassen zu akzeptieren und können nicht durch eigene Entscheidungen umgangen oder vorweggenommen werden. Die Feststellungen der Handwerkskammer haben daher nicht allein eine fachliche Bindung, die eine eigene Qualifikationsprüfung und -einordnung der

---

1289 BSG, Urt. v. 23.01.2003 – B 3 KR 7/02 R, in: BSGE 90, 220 (228).

1290 BSG, Urt. v. 23.01.2003 – B 3 KR 7/02 R, in: BSGE 90, 220 (228).

1291 Vgl. BSG, Urt. v. 29.11.1995 – 3 RK 25/94, in: BSGE 77, 108 (117).

1292 Funke-Kaiser, in: Bader u. a., § 80 Rn. 18.

gesetzlichen Krankenkasse verbietet[1293], sondern auch eine tatsächliche: Denn mit der Eintragung in die Handwerksrolle ist nicht nur die fachliche Qualifikation nachgewiesen, sondern wird die Betriebsleitung und Betriebsführung genehmigt. Auch diese Genehmigungen sind von der gesetzlichen Krankenkasse zu akzeptieren und dürfen nicht – bspw. durch eine gesonderte Abfrage im Wege eines Präqualifizierungssystems (§ 126 Abs. 1a SGB V) – unterlaufen werden. Die Stellung der Krankenkassen im Handwerksrecht lässt sich anhand folgender Entscheidung exemplarisch darstellen: Die gesetzlichen Krankenkassen sind nach Auffassung des BVerwG nicht einmal befugt, gegen die Handwerkskammer auf Löschung eines Betriebs in der Handwerksrolle zu klagen.[1294] Für das Handwerksrecht sind die Handwerkskammern zuständig, nicht die Krankenkassen.

IV. Medizinprodukterecht

Gesundheitshandwerker geben Medizinprodukte an Patienten ab. Zahnfüllungswerkstoffe, Prothesen oder Teile für Hörsysteme werden als Medizinprodukte i. S. d. § 3 Nr. 1 MPG qualifiziert, auch wenn es sich um Zwischenprodukte handelt.[1295] Insbesondere sind alle Gesundheitshandwerker Sonderanfertiger nach § 12 Abs. 1 MPG, wobei sie teilweise auch seriell hergestellte Produkte abgeben.[1296] Das Hörsystem ist industriell und damit serienmäßig hergestellt, während die Otoplastik eine individuelle Sonderanfertigung ist.[1297] Als anderes Beispiel kann auf künstliche Zähne (serienmäßig hergestellt) und individuell angefertigte Brücken oder Kronen (Sonderanfertigung) verwiesen werden.[1298]

In § 4 Abs. 2 MPBetreibV heißt es: „Medizinprodukte dürfen nur von Personen betrieben oder angewendet werden, die die dafür erforderliche Ausbildung oder Kenntnis und Erfahrung besitzen." Der Betreiber eines Medizinprodukts darf gemäß § 4 Abs. 5 MPBetreibV nur Personen mit dem Anwenden von Medizinprodukten beauftragen, die die entsprechende Ausbildung oder Kenntnis und Erfahrung besitzen und in das anzuwendende Medizinprodukt entsprechend eingewiesen sind. Diese Regelung lässt aber keinen Rückschluss darauf zu, dass es sich zwingend um einen qualifizierten Betriebsleiter handeln muss. Auch ein Geselle könnte bspw. die Anforderungen erfüllen.

1293 So wohl Ratzel, in: Berchtold u. a., § 126 SGB V Rn. 4.

1294 BVerwG, Urt. v. 24.09.1965 – VII C 184/63, in: GewArch 1966, 36.

1295 Schorn, § 2 MPG Rn. 23.

1296 Edelhäuser, in: Prütting, § 12 MPG Rn. 2.

1297 Edelhäuser, in: Prütting, § 12 MPG Rn. 2.

1298 Edelhäuser, in: Prütting, § 12 MPG Rn. 2.

Nach § 5 Nr. 2 MPBetreibV dürfen Tätigkeiten, für die besondere Anforderungen i. S. d. MPBetreibV vorausgesetzt werden, nur von demjenigen verrichtet werden, der hinsichtlich der fachlichen Beurteilung keiner Weisung unterliegt. Da aber für die Tätigkeiten der Gesundheitshandwerke keine besonderen Anforderungen i. S. d. MPBetreibV bestehen, wird keine Weisungsfreiheit verlangt werden können.

Auch wenn die Einordnung dieser Hilfsmittel als Medizinprodukt mit einer Vielzahl an Pflichten aus dem Medizinprodukterecht verbunden ist, ergeben sich für die Frage von Präsenz- oder Anwesenheitszeiten keine zusätzlichen über das Handwerksrecht hinausgehenden Anforderungen.

V. Arbeitsrecht

Die große Handwerksrechtsnovelle 2004 führte dazu, dass der Betriebsleiter eines Handwerkbetriebs nicht mehr zwingend auch der Inhaber des Betriebes sein muss. Diese Änderungen haben deshalb auch weitreichende Auswirkungen, da sie das Zusammenspiel zwischen Handwerksrecht und Arbeitsrecht noch mehr in den Fokus rückten. Allerdings ist darauf hinzuweisen, dass es auch vor der Reform möglich war, dass Nicht-Inhaber, also Angestellte, handwerksrechtlich legal als Betriebsleiter eingestellt und in der Handwerksrolle eingetragen waren: Bei Filialen oder bei einer GmbH war dies z. B. erlaubt.

Die handwerksrechtliche Betriebsleiterpräsenzpflicht und das Arbeitsrecht stehen vor allem unter den Aspekten des Arbeitszeitgesetzes und des Bundesurlaubsgesetzes in einem Spannungsfeld. Zu untersuchen ist, wie diese Regelungen aussehen, ob sie im Handwerksrecht Anwendung finden und welche Auswirkungen sie dann haben können.

1. Vorgaben aus dem Arbeitsrecht

Das Arbeitsrecht enthält zahlreiche Regelungen zur Arbeitszeit.

a) Arbeitszeitgesetz

Das Arbeitszeitgesetz begrenzt für Arbeitnehmer die Arbeitszeit. Eine solche Begrenzung steht im Widerspruch zu den regelmäßig an mindestens fünf Tagen geöffneten Betriebsstätten der Gesundheitshandwerke, deren Öffnungszeiten über die normalen Arbeitszeiten hinausgehen. Insbesondere kollidiert diese Regelung mit dem Erfordernis einer permanenten Betriebsleiterpräsenz: In der Praxis hat ein Mitarbeiter im Gesundheitshandwerk in der Regel eine 40-Stunden-Arbeitswoche; ein Fachgeschäft hat aber in der Regel 50 – 60 Stunden geöffnet.

Gemäß § 3 S. 1 ArbZG darf die werkvertragliche Arbeitszeit der Arbeitnehmer acht Stunden nicht überschreiten. Sie kann nach § 3 S. 2 ArbZG auf bis zu zehn Stunden nur verlängert werden, sofern innerhalb von sechs Kalendermonaten oder innerhalb von 24 Wochen im Durchschnitt acht Stunden werktäglich nicht überschritten werden.

Allerdings findet das Gesetz gemäß § 18 Abs. 1 Nr. 1 ArbZG auf leitende Angestellte (i. S. d. § 5 Abs. 3 BetrVG) keine Anwendung.

Leitender Angestellter i. S. d. § 5 Abs. 3 S. 2 BetrVG ist derjenige, der nach Arbeitsvertrag und Stellung im Unternehmen oder im Betrieb

- zur selbstständigen Einstellung und Entlassung von im Betrieb oder in der Betriebsabteilung beschäftigten Arbeitnehmern berechtigt ist oder
- Generalvollmacht oder Prokura hat und die Prokura auch im Verhältnis zum Arbeitgeber nicht unbedeutend ist oder
- regelmäßig sonstige Aufgaben wahrnimmt, die für den Bestand oder die Entwicklung des Unternehmens oder eines Betriebs von Bedeutung sind und deren Erfüllung besondere Erfahrungen und Kenntnisse voraussetzt, wenn er dabei entweder die Entscheidungen im Wesentlichen frei von Weisungen trifft oder sie maßgeblich beeinflusst.

In § 5 Abs. 4 BetrVG werden weitere Tatbestandsmerkmale aufgeführt, die für eine leitende Tätigkeit sprechen. Dies soll der weiteren Konkretisierung der bereits bekannten Merkmale dienen.[1299] Leitende Angestellte müssen daher Aufgaben wahrnehmen, die für den Bestand und die Entwicklung von Bedeutung sind; dabei kommen wirtschaftliche, personelle, organisatorische, kaufmännische oder technische Aufgaben in Betracht.[1300] Allerdings sollen die Befugnisse des Leiters eines kleinen Filialgeschäftes, Hilfskräfte einzustellen und zu entlassen, noch nicht ausreichen.[1301]

Ob nun Betriebsleiter leitende Angestellte i. S. d. BetrVG sind und damit nicht unter das ArbZG fallen, kann nur im Einzelfall geprüft und bewertet werden.

Die fachliche Befähigung, die er besitzt, um überhaupt die Aufgabe des handwerksrechtlichen Betriebsleiters ausüben zu können, spricht für eine leitende Angestelltentätigkeit. Wie bereits oben ausführlich dargestellt, muss der handwerksrechtlich zulässige Betriebsleiter nach den überzeugenden Ausführungen des BVerwG u. a. folgende Merkmale erfüllen:[1302]

1299 Koch, in: ErfK, § 5 BetrVG Rn. 21.

1300 Koch, in: ErfK, § 5 BetrVG Rn. 21.

1301 Fitting, § 5 Rn. 378.

1302 Vgl. BVerwG, Urt. v. 08.11.1996 – 8 C 25/96, in: BVerwGE 102, 204 (208 f.).

- fachlich-technische Leitung des Betriebes
- Bestimmung über den Handwerksbetrieb in seiner fachlichen Ausgestaltung und insoweit Tragung der Verantwortung
- bestimmender Einfluss auf den handwerklichen Betrieb
- Bestellung zum Vorgesetzten der handwerklich beschäftigten Betriebsangehörigen nebst Weisungsbefugnis
- Steuerung, Betreuung und Überwachung des Betriebsablaufs

Diese Kriterien lassen grundsätzlich den Rückschluss zu, dass es sich bei einem Betriebsleiter um einen leitenden Angestellten handelt.

Allerdings dürfte gerade bei Filialisten eine Betriebsleitung rein auf die handwerklich-technische Leitung beschränkt sein und wenig organisatorische Freiheiten einschließen, sodass es in der Praxis auch durchaus rechtlich zulässige andere Konstellationen geben kann. Gerade bei dieser Unternehmensform wird häufig die arbeitsrechtliche Weisungsbefugnis deutlich eingeschränkter sein und ggf. von der Zentralverwaltung oder einer Regionalleitung aus vorgenommen. Denn gerade hier besteht der Sinn und Zweck, möglichst gleichlaufende Filialen zu haben, die „von oben" aus organisiert sind und geführt werden. Dies widerspricht freilich nicht den Voraussetzungen einer Betriebsleitung im handwerksrechtlichen Sinne, die mehr in den fachlich-technischen Bereich hineinreicht. Der dort eingesetzte Betriebsleiter wird vor Ort auch die entsprechende arbeitsrechtliche Weisungsbefugnis haben. Kündigungen oder Einstellungen werden aber nicht durch ihn (nicht einmal zwingend mit ihm gemeinsam) ausgesprochen oder vorgenommen.

Aus diesem Grund ist es möglich, dass Betriebsleiter keine leitenden Angestellten sind und nicht unter den Dispens des § 5 ArbZG fallen.

b) Bundesurlaubsgesetz

Die beim ArbZG bestehende Unterscheidung zwischen Angestellten und leitenden Angestellten besteht beim BUrlG nicht, da es bei der Gewährung von Urlaubsansprüchen allein auf die Stellung des Arbeitnehmers zum Arbeitgeber ankommt, der leitende Angestellte folglich Arbeitnehmer i. S. d. BUrlG ist und ihm der entsprechende Urlaubsanspruch in vollem Umfang zusteht.[1303]

1303 Neumann, in: Neumann, § 2 Rn. 36.

c) Ergebnis

Aus dem ArbZG kann eine Kollision der Betriebsleiterpräsenzzeiten mit den Öffnungszeiten bestehen, da der Betriebsleiter, der kein leitender Angestellter ist, unter die Regelungen des ArbZG fällt. Auch mit den Vorgaben des BUrlG heraus ist eine Kollision möglich.

2. Arbeitsrechtliche Auswirkungen auf die handwerksrechtlichen Präsenzanforderungen

In der handwerksrechtlichen Literatur finden sich nur wenige Aussagen zum Verhältnis zwischen den etwaigen arbeitsrechtlichen Vorschriften und den handwerksrechtlichen Vorgaben zur Betriebsleiterpräsenz.

Bereits zitiert wurde der Hinweis, dass es keine Einheit der Rechtsordnung geben muss.[1304] Das Arbeitsrecht ist genauso wie das Handwerksrecht einzuhalten. In der Praxis ist ersichtlich, dass die Öffnungszeiten der Fachbetriebe deutlich über die Wochenarbeitszeit eines Betriebsleiters hinaus gehen, egal ob dieser „nur" angestellt oder leitend angestellt ist. Öffnungszeiten von 50 bis 60 Stunden sind zumindest für Augenoptiker-, Hörakustiker- oder Orthopädie-Fachgeschäfte nicht unüblich.

Nach *Honig/Knörr* verlangt das Gesetz keine pausenlose Anwesenheit des Betriebsleiters; Geschäftsreisen oder Krankheit erlaubten die Abwesenheit.[1305]

Schmitz verlangt bei der Bewertung, dass keine lebensfremden Maßstäbe angelegt werden.[1306] Es sei nicht erforderlich, dass ein Geschäft geschlossen werde, nur weil der Meister „für kurze Zeit abwesend ist, etwa weil er ein oder zwei Wochen krank oder in Urlaub ist".[1307]

Ambs hält ebenso die kurzfristige Verhinderung des Betriebsleiters durch Erkrankung, Urlaub usw. für unschädlich.[1308]

Nach *Schotthöfer* ist „[d]ie kurzfristige Verhinderung des Betriebsleiters z. B. durch Erkrankung, Urlaub, Kursbesuch usw. […] unschädlich, doch wird, vor allem bei gefahrengeneigten Betrieben, für nötige Aushilfe zu sorgen sein."[1309]

1304 Vgl. Hüpers, GewArch 2013, 409.

1305 Honig/Knörr, § 7 Rn. 29; ohne Beispiele jetzt: Knörr, in: Honig/Knörr/Thiel, § 7 Rn. 10.

1306 Schmitz, WiVerw 1999, 88 (93).

1307 Schmitz, WiVerw 1999, 88 (93).

1308 Ambs, in: Erbs/Kohlhaas, § 7 HwO Rn. 6.

1309 Schotthöfer, GewArch 1981, 114 (118).

Auch die Handwerksorganisationen zeigen sich hier großzügig. „Soweit Filialen längere Öffnungszeiten haben, sind diese ebenso über die zu den branchenüblichen wöchentlichen Arbeitszeiten gewährleistete Betriebsleitung abgedeckt, wie etwa Urlaubs- und Krankheitszeiten, solange sie ein durchschnittliches Maß nicht überschreiten", heißt es im „Eckpunktepapier zur Meisterpräsenz in den Betrieben der Gesundheitshandwerke", das der ZDH herausgibt.[1310] Der Bundesinnungsverband für Orthopädie-Technik geht in einem eigenen Positionspapier weiter: „Dies setzt voraus, dass ein Meister zu den üblichen Geschäftszeiten einen Betrieb oder eine Filiale beaufsichtigt und betreut, dabei ist sicherlich eine ständige Präsenz des Meisters handwerksrechtlich und auch nach der Präqualifizierung nicht notwendig, Unterbrechungen, z. B. durch Fortbildungen, Urlaub oder kürzere Erkrankungen sind möglich, ohne dass die handwerksrechtliche Zulassung erlischt oder die Präqualifizierung zurückgezogen wird. Bei einer längeren Abwesenheit des Meisters, z. B. bei einer lang andauernden Erkrankung, muss aber ein Vertreter bestellt werden."[1311]

Diese Ausführungen, die letztlich die gelebte Praxis widerspiegeln, werden allein von *Detterbeck* als „bedenklich"[1312] kritisiert und die Widersprüchlichkeit dieser Aussagen von ihm auf den Punkt gebracht mit dem Hinweis, dass „sämtliche wesentlichen und gefahrengeneigten Tätigkeiten auch in Abwesenheit des Meisters verrichtet werden, wenn dieser seinen Arbeitstag beendet hat".[1313] Eine Stellungnahme zu dieser Sonderproblematik erfolgt im Zusammenhang mit der abschließenden Gesamtbewertung der Betriebsleiterpräsenzpflicht.

3. Ergebnis

Das Handwerksrecht ist nicht auf das Arbeitsrecht abgestimmt. Dies muss es aber auch nicht; auch das Strafrecht ist nicht auf das Arbeitsrecht abgestimmt und ist – egal wie die heutige Arbeitswelt aussieht – einzuhalten.

Während in der Praxis bei zwei Filialen, die die gleichen Öffnungszeiten haben und von einem Betriebsleiter betreut werden sollen, die Handwerkskammer die Eintragung des Betriebsleiters von einer Vereinbarung abhängig macht, die sicherstellt, dass in Fällen der Abwesenheit des Betriebsleiters keine wesentlichen Tätigkeiten ausgeübt werden,[1314] wird beim „normalen" Arbeitstag

1310 ZDH, Eckpunktepapier, S. 6.

1311 BIV-OT, Meisterpräsenz, S. 1.

1312 Detterbeck, GewArch 2014, 147 (150).

1313 Detterbeck, GewArch 2014, 147 (150).

1314 Hüpers, GewArch 2013, 409 (410).

in einem Betrieb eine temporäre Abwesenheit akzeptiert; schärfere Forderungen werden als lebensfremd[1315] angesehen. Insofern erlaubt sich die Praxis eine Widersprüchlichkeit beim Arbeitsrecht dahingehend, dass die Präsenzpflicht nur für die übliche Arbeitszeit gilt, sodass außerhalb dieser Zeiten gefahrengeneigte Tätigkeiten auch ohne Betriebsleiter verrichtet werden dürfen.

1315 Vgl. Schmitz, WiVerw 1999, 88 (93).

Teil 2: Bewertung und Stellungnahme

A. „Lex Gesundheitshandwerke“: Rechtlich erlaubt, inhaltlich erwünscht?

Die grundsätzliche Betriebsleiterpräsenz wird im Handwerksrecht nicht explizit erwähnt. Wie dargestellt, lässt sie sich aber mittelbar aus dem Handwerksrecht herleiten und rechtfertigen. Sie wird unstrittig in der Rechtsprechung und juristischen Literatur verlangt.

Fraglich ist dabei, ob eine Unterscheidung von allgemeinen und permanenten Präsenzpflichten innerhalb der Anlage A der HwO gerechtfertigt und im Sinne des Gleichheitsgebots sowie des Verhältnismäßigkeitsgrundsatzes erlaubt ist. Zudem stellt sich die Frage, ob spezielle Präsenzpflichten für einzelne Handwerke vom Gesetzgeber gewünscht sind.

I. Rechtliche Möglichkeit spezieller Anforderungen für die Gesundheitshandwerke

Kern der Handwerksnovelle 2004 war, dass der „Meistervorbehalt“ auf diejenigen Handwerke beschränkt wurde, bei denen Gefahren für Gesundheit oder Leben Dritter bestehen könnte.[1316] Nur gefahrengeneigte Handwerke sollten in der Anlage A der HwO aufgenommen werden, in der die zulassungspflichtigen Gewerke aufgeführt sind. Kritisiert wurde bereits zu Anfang, dass für diese Einordnung eine erforderliche Prüfung und Zuordnung fehle.[1317]

Im späteren Verlauf des Novellierungsprozesses trat das Kriterium der Ausbildungsleistung für die Aufnahme eines Gewerks in die Anlage A der HwO hinzu. Allein aufgrund der Ausbildungsleistung eines Gewerks war ein Verbleib in der Anlage A der HwO ausreichend. Dennoch ist davon auszugehen, dass der Gesetzgeber bei der überwiegenden Mehrzahl der in der Anlage A der HwO aufgeführten Handwerke eine Gefahrengeneigtheit unterstellt.[1318] Wenn nun bei (fast) allen Gewerken der Anlage A der HwO ein gleiches Mindestgefahrenpotenzial

1316 Schreiner, in: Schwannecke, § 1 Rn. 21.

1317 Müller, NVwZ 2004, 403 (409).

1318 Vgl. OVG Nordrhein-Westfalen, Urt. v. 20.11.2017 – 4 A 1113/13; in: GewArch 2018, 72 (73). Nach *Frotscher/Kramer* ist das zusätzliche Abstellen auf die Ausbildungszahlen auf die „gute Lobbyarbeit der betroffenen Handwerke“ zurückzuführen (Rn. 534).

unterstellt wird, könnte das dazu führen, dass die Vorgaben an die Betriebsleiterpräsenz bei allen Gewerken der Anlage A der HwO gleich zu beurteilen sind. Eine unterschiedliche, strenge Bewertung der Präsenz bei den Gesundheitshandwerken wäre dann nicht mehr zu rechtfertigen.

Bis zur HwO-Novelle 2004 wurden insbesondere die Gesundheitshandwerke als gefahrengeneigte Handwerke bezeichnet. Dadurch unterschieden sie sich von anderen Handwerken, die in der Anlage A der HwO aufgeführt waren. An dieser Unterscheidung ändert sich allerdings auch nichts dadurch, dass der Gesetzgeber eine „Ziel- und Qualifikationsänderung“[1319] im Handwerksrecht vornahm.[1320]

Eine Präsenzpflicht stellt einen Eingriff in die Berufsausübungsfreiheit dar. Sie ist ein starker Einschnitt in die unternehmerische Freiheit und Selbstbestimmung. Ihre Erfüllung führt zu hohen Kosten (gerade in Zeiten der Vollbeschäftigung[1321]).

Es gibt – gerade weil die Präsenzpflicht rechtsverbindlich nicht geregelt ist – keine Notwendigkeit, etwas Unterschiedliches gleich zu beurteilen und zu bewerten. Vielmehr ist der Gesetzgeber so zu verstehen, dass er sich zur Ausgestaltung der Präsenzpflicht nicht näher festlegen will, sondern im Sinne der Verhältnismäßigkeit die Präsenzpflicht stets individuell für jedes Gewerk betrachtet. Es wäre unverhältnismäßig, in einer Schreinerei die gleiche Präsenzpflicht zu fordern wie für ein Gesundheitshandwerk. Denn die jeweilige Gefahrengeneigtheit wirkt sich unterschiedlich aus und führt damit zu unterschiedlichen Präsenzpflichten. Nach Maßgabe des Verhältnismäßigkeitsprinzips muss daher die Präsenzpflicht gewerksindividuell betrachtet und bewertet werden.

Eine unterschiedliche Bewertung der Präsenz innerhalb der Gewerke wird von *Czybulka* (allerdings noch unter Geltung des alten Rechts vor der HwO-Novelle 2004) abgelehnt: „An die Verfügbarkeit sind bei gefahrgeneigten handwerklichen Tätigkeiten besonders hohe Anforderungen zu stellen. Die auf den Einzelfall bezogene Argumentation insbesondere wegen zu befürchtender Schäden für die Kunden und/oder die Allgemeinheit gilt aber – bei Licht betrachtet – für *jeden* Handwerksbetrieb. Insbesondere im Bauhandwerk sind Baustellenentfernungen von weit mehr als 100 km denkbar und auch üblich.

1319 Leisner, in: Leisner, Einl., Rn. 10/11.

1320 Vgl. Teil 1/A./II./1./a)/bb).

1321 Vgl. Gesundheitshandwerke, Demografie, S. 11: „Es werden immer noch deutlich zunehmend Auszubildende, Gesellen und Meister im Gesundheitshandwerk Orthopädieschuhtechnik benötigt. Es besteht seit Langem Vollbeschäftigung – ein Beruf mit Zukunft und Perspektive für junge Menschen.“

Eine Einschränkung der Arbeiten oder gar eine Residenzpflicht des selbständigen Handwerksmeisters ist aber offensichtlich nicht zulässig. [...] Man schlägt den Sack (Betriebsleiter) und meint den Esel (Handwerksbetrieb mit erheblicher Betriebsgröße und Zweigstellen). Letztlich geht es um die Bestimmung einer zulässigen Größe eines Handwerksbetriebes und die Zulässigkeit mehrerer Betriebsstellen unter einer Gesamtleitung. Eine Festlegung möchte der Gesetzgeber hier – anders als in Frankreich – offensichtlich nicht. Die Rechtsprechung sollte sich nicht als Bremser in der Not mißbrauchen lassen."[1322]

Die von der Rechtsprechung in den letzten Jahrzehnten herausgearbeiteten Sonderregelungen für die Präsenzpflichten bei gefahrengeneigten Handwerken, insbesondere für die Gesundheitshandwerke, wurden vom Gesetzgeber zu keinem Zeitpunkt auf- oder angegriffen und in Folge einer Handwerksrechtsreform modifiziert oder in Frage gestellt.

Die Ausführungen von *Czybulka* überzeugten daher nicht:

- Richtig ist zwar, dass die Tätigkeit *jedes* Handwerksbetriebs zu Schäden führen kann. Diese Feststellung unterlässt aber den notwendigen Folgeschluss, zwischen der Art und dem Ausmaß der Schäden der einzelnen Gewerke zu unterscheiden. Schäden am Menschen sind sicherlich anders zu beurteilen als Schäden an einer Sache. Eine Unterscheidung zwischen der Art und dem Ausmaß der Schäden unterlässt *Czybulka* zu Unrecht.
- Wieso *Czybulka* zur Annahme gelangt, dass eine Einschränkung der Arbeiten nicht zulässig sei, wird von ihm nicht begründet. Richtig ist vielmehr, dass eine Einschränkung der Arbeiten selbstverständlich möglich ist, nämlich dann, wenn ein Meister nicht vor Ort ist und gefahrengeneigte Tätigkeiten ausgeübt werden sollen.
- Die Folgerung *Czybulkas*, dass sich eine Präsenzpflicht tatsächlich gegen Handwerksbetriebe mit erheblicher Betriebsgröße oder Zweigstellen richte, verwechselt Ursache und Wirkung. Sinn und Zweck der Präsenzpflicht ist es allein, dass dort, wo gefahrengeneigte Tätigkeiten ausgeübt werden, ein qualifizierter Betriebsleiter vor Ort ist. Weshalb eine solche Präsenzpflicht nicht für Zweigstellen oder größere Betriebe gelten soll, wird von *Czybulka* nicht weiter begründet. Seine Ansicht missachtet das Gleichheitsgebot und würde die grundsätzliche Präsenzpflicht in Frage stellen. Denn danach bedürfte es in Zweigstellen generell keines qualifizierten Betriebsleiters. Weshalb die Tätigkeiten in einer Zweigstelle weniger gefahrengeneigt sind, wird von ihm nicht erklärt.

1322 Czybulka, NVwZ 1995, 538 (545).

- Im Ergebnis widerspricht die Ansicht von *Czybulka* einer verhältnismäßigen Anwendung und Auslegung des Handwerksrechts. Das Handwerksrecht kann nicht alle Gewerke gleich beurteilen und die gewerksspezifischen Unterschiede ignorieren. Dies würde gegen Art. 12 Abs. 1 und Art. 3 Abs. 1 GG verstoßen.

Der Gesetzgeber ging davon aus, dass die Präsenzpflicht z. B. bei einem Schreiner eine andere ist als bei einem Hörakustiker und dass daher letztlich individuell anhand des jeweiligen Gewerks und dort anhand der jeweiligen Tätigkeit zu prüfen und zu untersuchen ist, ob eine Präsenzpflicht notwendig ist oder nicht. Diese gewünschte gesetzgeberische Unterscheidung wird z. B. durch die Ausnahme der Gesundheitshandwerke vom Anwendungsbereich des § 7b HwO deutlich.

Es ist folgerichtig, wenn für die Gesundheitshandwerke eine strenge Betriebsleiterpräsenz wegen der besonderen Gefahrengeneigtheit ihrer Tätigkeiten gilt. Dabei sind aber die jeweiligen Tätigkeiten der Gesundheitshandwerke zu überprüfen und zu bewerten, da eine pauschale permanente Präsenz ebenso unverhältnismäßig wäre. Das schließt nicht aus, dass es noch weitere Handwerke in der Anlage A der HwO gibt, für die vergleichbare strenge Präsenzpflichten gelten. Insofern können abweichende Präsenzvorgaben im Handwerk bestehen.

Badura hat dies treffend mit der Person und den Aufgaben des Betriebsleiters begründet: Die jeweilige Prüfung der Präsenzpflicht verknüpfte er mit der Frage, ob die verantwortliche und effektive Leitung des Betriebs gewährleistet ist.[1323] Wenn also eine verantwortbare Betriebsleitung ohne Präsenz nicht möglich ist, kann sie auch nicht toleriert werden. Gerade aber wenn sich die Gesundheitshandwerke auf ihre (unstrittige) besondere Gefahrengeneigtheit beziehen (auch um den Verbleib in der Anlage A der HwO zu erklären oder auch im Hinblick auf das exklusive Anbieten von Versorgungsleistungen sowie die Rechtfertigung von Versorgungsabrechnungen mit der GKV im Sozialrecht), können ohne entsprechende Präsenz gefahrengeneigte Tätigkeiten nicht verantwortungsvoll ausgeübt werden.

II. Rechtmäßigkeit einer generellen Präsenzpflicht

Der EuGH[1324] hat in einer Entscheidungsbegründung die Präsenzpflicht eines Augenoptikers als verhältnismäßige Regelung zum Schutz der öffentlichen Gesundheit bezeichnet. Wörtlich heißt es in seiner Entscheidungsbegründung:

1323 Badura, GewArch 1992, 201 (205).

1324 EuGH, Urt. v. 21.04.2005 – C-140/03, Rn. 35, in: Slg. 2005, I-3193 (3205).

> „Im vorliegenden Fall genügt die Feststellung, dass das Ziel des Schutzes der öffentlichen Gesundheit [...] mit Maßnahmen erreicht werden kann, die die Niederlassungsfreiheit sowohl natürlicher Personen als auch juristischer Personen weniger einschränken, z. B. durch das Erfordernis, dass in jedem Optikergeschäft als Arbeitnehmer oder als Gesellschafter diplomierte Optiker anwesend sein müssen, durch die für die zivilrechtliche Haftung für das Verhalten eines Dritten geltenden Vorschriften sowie durch Bestimmungen, die eine Berufshaftpflichtversicherung vorschreiben."[1325]

Im Hinblick auf Eingriffe in die Niederlassungsfreiheit billigt der EuGH nationale Regelungen, die möglicherweise die Ausübung der garantierten Grundfreiheiten behindern oder zumindest weniger attraktiv machen, wenn sich dies aus zwingenden Gründen des Gemeinwohls rechtfertigen lässt.[1326] Der Schutz der Gesundheit wird vom EuGH als zwingender Grund des Allgemeininteresses genannt.[1327]

Gesundheitshandwerke sind besonders gefahrengeneigt, weshalb Patienten darauf vertrauen müssen, optimal vor Gefahren geschützt zu werden. In § 56 GewO werden deshalb bestimmte Dienstleistungen der Gesundheitshandwerke aus Gründen des Verbraucherschutzes und der besonderen Gefährlichkeit in der Form des Reisegewerbes verboten.[1328]

Dem Gesetzgeber sind die besonderen Gefahren der Tätigkeiten der Gesundheitshandwerke bewusst. Er berücksichtigt die Sonderrolle der Gesundheitshandwerke im Vergleich zu anderen Gewerken der Anlage A der HwO daher auch bei gesetzlichen Bewertungen, ohne dass dies verfassungsrechtlichen Bedenken[1329] begegnet. Die Tätigkeiten der Gesundheitshandwerker haben unmittelbare Auswirkungen auf die körperliche Unversehrtheit der Patienten. Fehlerhaftes Arbeiten oder unsachgemäße Tätigkeiten können unmittelbare Schädigungen des Körpers und der Gesundheit bewirken. Schäden am Gehör, am Auge, an Knien oder Gelenken, am Fuß oder der Hüfte sowie am Gebiss und im Mund sind möglich. Ähnlich wie beim Arzt verlangt wird, dass er bestimmte Arbeiten unmittelbar persönlich ausübt, um ein bestimmtes Versorgungsniveau zu gewährleisten und um Schädigungen auszuschließen, ist bei

---

1325 EuGH, Urt. v. 21.04.2005 – C-140/03, Rn. 35, in: Slg. 2005, I-3193 (3205).

1326 EuGH, Urt. v. 21.04.2005 – C-140/03, Rn. 34, in: Slg. 2005, I-3193 (3205).

1327 EuGH, Urt. v. 19.05.2009 – C-531/06, Rn. 51.

1328 Vgl. Eisenmenger, in: Stober/Eisenmenger, § 46 IV 6 (S. 70).

1329 Vgl. hierzu BVerwG, Urt. v. 31.08.2011 – 8 C 8/10, in: GewArch 2012, 35 (37 f.), das keinen Verstoß gegen Art. 12 Abs. 1, Art. 3 Abs. 1 GG bezüglich § 7b HwO erkennt, der die Gesundheitshandwerke (und die Schornsteinfeger) von der „Altgesellenregelung" herausnimmt.

den Gesundheitshandwerken zumindest eine Präsenzpflicht für Kontrollen, für Rückfragen und zum Eingreifen notwendig.

Wenn aber eine Präsenzpflicht notwendig ist, um ein Versorgungsniveau zu gewährleisten und Schädigungen auszuschließen, dann besteht zunächst eine *permanente* Präsenzpflicht. Denn es ist widersprüchlich und wirklichkeitsfremd, wenn sich die Präsenz nur auf die Arbeitszeit bezöge, bei Urlaub, Krankheit oder dem Gang zur Post eine Abwesenheit aber „verschmerzbar" sein soll. Entweder ist die Präsenz notwendig *wegen* der gefahrengeneigten Tätigkeiten, dann aber immer und permanent, wenn diese Tätigkeiten von Dritten ausgeübt werden, oder aber sie ist nicht notwendig. Dann aber bestände auch kein Grund, die besondere Gefahrengeneigtheit hervorzuheben und eine strengere Präsenzpflicht zu fordern als bei übrigen Handwerken. Dies wäre dann ein unverhältnismäßiger Eingriff in die Berufsfreiheit. Eine temporäre Präsenzpflicht, die gerade aus Drittmotiven (Urlaub, Krankheit usw.) gelockert wäre, ist daher bei den Gesundheitshandwerken nicht vertretbar.

Zwar ist es nachvollziehbar, dass aus Gründen der wirtschaftlichen Praktikabilität und Flexibilität, eine gelockerte Präsenzpflicht gefordert wird, wenn der Meister einmal kurze Zeit abwesend sein will oder wegen Krankheit oder Urlaub nicht vor Ort sein kann. Es ist aber widersprüchlich, wenn allgemein „besonders hohe Anforderungen an die Präsenz des Betriebsleiters"[1330] gestellt werden, „da unzureichende Handwerkstätigkeit in diesem Bereich weitreichende Folgen haben kann"[1331], diese weitreichenden Folgen aber nicht während des Urlaubs oder der Krankheit des qualifizierten Betriebsleiters bestehen sollen.

Diese Dialektik trifft auch in den Stellungnahmen des Bundesinnungsverbands für Orthopädie-Technik (BIV-OT) offen zu Tage: In seinem Positionspapier, in dem er „sicherlich eine ständige Präsenz des Meisters" nicht für notwendig hält[1332] (während im auch von ihm verabschiedeten „Eckpunktepapier" des ZDH noch eine Betriebsleitung „mindestens im Umfang der branchenüblichen wöchentlichen Arbeitszeit" verlangt wird[1333]), stellt er fest, dass eine Hilfsmittelabgabe „[b]ei kurzen Ausfällen, z. B. aufgrund einiger Tage Urlaub, Kurzzeiterkrankungen, Fortbildungen usw." ohne Anwesenheit eines „Meisters" erfolgen könne, wenn organisatorisch die Vorsorge getroffen worden sei, dass die Mitarbeiter die Hilfsmittelanfertigung nach seinen Vorgaben

---

1330 Schmitz, WiVerw 1999, 88 (92).

1331 Schmitz, WiVerw 1999, 88 (92).

1332 BIV-OT, Meisterpräsenz, S. 1.

1333 ZDH, Eckpunktepapier, S. 4.

durchführten.[1334] Erst bei einem längeren Ausfall wie längeren Urlauben oder Krankheitszeiten müsse eine Vertretung durch einen anderen Meister organisiert werden.[1335] Auch im „Eckpunktepapier" des ZDH wird die Abwesenheit des qualifizierten Betriebsleiters bei Urlaubs- und Krankheitszeiten geduldet, „solange sie ein durchschnittliches Maß nicht überschreiten."[1336] Nur was nun längere und was kürzere Krankheits- oder Urlaubszeiten sind, wann sie ein durchschnittliches Maß übersteigen, ist offen und letztlich dem Sachbearbeiter der Handwerkskammer überlassen. Dies fördert unterschiedliche und ggf. sogar willkürliche Entscheidungen. In jedem Fall wird es der selbst festgestellten besonderen Gefahrengeneigtheit[1337] nicht gerecht, da diese auch während der kürzeren Urlaubs- oder Krankheitszeit besteht.

Die Gefährdung der Gesundheit endet nicht nach Dienstschluss oder im Urlaub des Betriebsleiters. Es ließe sich sonst argumentieren, dass wenn schon zu Urlaubs- oder Krankheitszeiten keine Präsenzpflicht während der Ausübung gefahrengeneigter Tätigkeiten vonnöten sei, diese generell Makulatur sei und daher nicht weiter gerechtfertigt sei.

Diese (pragmatische) Ansicht ist daher für sich betrachtet zwar konsequent, wird aber der Gefahrneigung der Tätigkeiten nicht gerecht.

Der EuGH[1338] schlägt zum Gesundheitsschutz eine Präsenzpflicht vor, die er für verhältnismäßig ansieht. Das BVerfG hat bislang weder grundsätzliche Einwände gegen Residenz- noch gegen Präsenzpflichten geäußert. Eine Residenzpflicht löst dabei nicht die hier in Rede stehende Problematik des Gesundheitsschutzes. Denn eine Residenzpflicht verlangt allein, dass der Betroffene vor Ort wohnt, nicht aber, dass er auch bei der Ausübung bestimmter Tätigkeiten präsent ist. Die Präsenzpflicht ist weniger einschneidend und zusätzlich wirkungsvoller: Denn wenn der Betrieb nur dann bestimmte Tätigkeiten anbieten darf, wenn der qualifizierte Betriebsleiter auch tatsächlich vor Ort ist, ist es egal, wo er wohnt.

III. Eingeschränkte permanente Betriebsleiterpräsenz

Die Präsenzpflicht kann nur für die Ausübung gefahrengeneigter Tätigkeiten bestehen. Andernfalls ist eine permanente Betriebsleiterpräsenz

1334 BIV-OT, Meisterpräsenz, S. 2.
1335 BIV-OT, Meisterpräsenz, S. 2.
1336 ZDH, Eckpunktepapier, S. 6.
1337 ZDH, Eckpunktepapier, S. 3 f.
1338 EuGH, Urt. v. 21.04.2005 – C-140/03, Rn. 35, in: Slg. 2005, I-3193 (3205).

unverhältnismäßig. Würde also eine permanente Betriebsleiterpräsenz gefordert, die letztlich an die Öffnungszeiten der Betriebsstätte gekoppelt wäre, würde dies dazu führen, dass auch bei rein einzelhändlerischen Tätigkeiten, wie dem Verkauf von Hörgerätebatterien oder Reinigungssets für Brillen, ein qualifizierter Betriebsleiter vor Ort sein müsste.

Der EuGH verlangt u. a., dass eine Regelung nicht über das hinausgehen darf, was zur Erreichung dieses Zwecks erforderlich ist.[1339] Das bedeutet, dass jeweils im Einzelnen zu prüfen ist, „ob die Mittel ausreichend differenzieren und ob alle in Frage stehenden Tätigkeiten unter dieselbe Verpflichtung fallen müssen".[1340] Im Wege dieser Verhältnismäßigkeitsprüfung wäre es nicht zu rechtfertigen, wenn für unstrittig ungefährliche Tätigkeiten eine Betriebsleiterpräsenz gefordert wird. Nicht alle in Frage stehenden Tätigkeiten rechtfertigen eine permanente Betriebsleiterpflicht.

IV. Tätigkeitsbezogene Betriebsleiterpräsenz

Statt einer permanenten Betriebsleiterpräsenz ist eine Präsenzpflicht gerechtfertigt, die auf die gefahrengeneigten Tätigkeiten abstellt. Sie kann als tätigkeitsbezogene Präsenzpflicht bezeichnet werden.

Eine tätigkeitsbezogene Betrachtung bei der Betriebsleiterpräsenz wurde bereits in der handwerksrechtlichen Literatur[1341] gefordert. Eine solche Betrachtung führt zu einer gewerkspezifischen Überprüfung, bei welchen Tätigkeiten eine Gefährdung bestehen kann. Im Ergebnis wird sich die Rechtsprechung im Einzelfall der Prüfung annehmen und dies unter dem Aspekt des Schutzes der Gesundheit jeweils individuell prüfen.

Die Tätigkeiten, die nicht darunter fallen, können im Umkehrschluss von Dritten auch ohne Meisterpräsenz ausgeübt werden. Freilich wird es sich dabei um Tätigkeiten handeln, die nicht wesentlich i. S. d. § 1 Abs. 2 S. 2 HwO sind und die damit für sich genommen auch nicht zulassungspflichtig sein können.

In der Hinsicht wird ein Betriebsinhaber zwischen „Meisterzeiten" und allgemeinen Öffnungszeiten unterscheiden können, also Zeiten, in denen gefahrengeneigte Tätigkeiten ausgeübt werden können, und solchen, in denen die nicht gefahrengeneigten Tätigkeiten ausgeübt werden. Hierzu soll am Ende der Abhandlung nochmals näher eingegangen werden.[1342]

1339 EuGH, Urt. v. 31.03.1993 - C-19/92, Rn. 32, in: NVwZ 1993, 661 (662).

1340 Tiedje, in: von der Groeben u. a., Art. 49 Rn. 120.

1341 Vgl. Badura, GewArch 1992, 201 (205); Detterbeck, GewArch 2014, 147 (150).

1342 Siehe Teil 2/J.

V. Verhältnismäßigkeit im Vergleich zur Industrie?

Für Industriebetriebe gelten die handwerksrechtlichen Vorgaben nicht. Auch *Ziekow* weist darauf hin, „dass für die **industrielle Produktion** von Erzeugnissen, die auch handwerklich hergestellt werden, ein Befähigungsnachweis nicht gefordert wird".[1343] Damit stellt sich die Frage, ob die gesetzliche Unterscheidung zwischen Handwerk und Industrie gegen den allgemeinen Gleichheitssatz des Art. 3 Abs. 1 GG verstößt.[1344]

Ist es verhältnismäßig, wenn bei der industriellen Anfertigung grundsätzlich gar keine Erfordernisse bestehen, aber bei der handwerklichen Anfertigung eine Eintragung nicht ausreicht, sondern eine tätigkeitsbezogene Betriebsleiterpräsenz gefordert wird?

Wenn die industrielle Abgabe von Bandagen, Hörsystemen oder Brillen einen „Ausweg aus dem Handwerksrecht" darstellt, ist zu überprüfen, ob das Einfordern einer handwerksrechtlichen Präsenzpflicht nicht „über das Ziel hinausschießt", wenn an anderer Stelle ohne weitere Vorgaben die gleichen, nur industriell angefertigten Produkte abgegeben werden dürfen.

1. *Keine Überschneidungen*

Für die besonders gefahrengeneigten Gesundheitshandwerke, die nach dem SGB V an der individuellen Hilfsmittelversorgung beteiligt sind, ist die Frage einfacher zu beantworten als für andere Gewerke. Denn die individuelle Versorgung verlangt die individuelle Herstellung verbunden mit der individuellen Beratung.

Das BVerfG erkannte keinen Verstoß gegen den allgemeinen Gleichheitssatz, wenn für die industrielle Produktion andere Voraussetzungen gelten als für das Handwerk.[1345] Es begründete die unterschiedliche Bewertung damit, dass die persönliche handwerkliche Mitarbeit des Betriebsinhabers typisch sei im Gegensatz zum Inhaber eines industriellen Unternehmens, der im Allgemeinen nicht an der Herstellung mitarbeite.[1346] Deshalb entscheidet – in Abgrenzung zur Industrie – die *fachliche Qualifikation* über den Wert der handwerklichen Leistung.[1347] Dann ist es aber auch konsequent und folgerichtig, bestimmte Anforderungen

---

1343 Ziekow, ÖW, § 11 Rn. 5.

1344 Ziekow, ÖW, § 11 Rn. 5. „Wesentliche verfassungsrechtliche Probleme" erkennt auch Czybulka, in: Schmidt, § 2 Rn. 6.

1345 BVerfG, Urt. v. 17.07.1961 – 1 BvL 44/55, in: BVerfGE 13, 97 (122 f.).

1346 BVerfG, Urt. v. 17.07.1961 – 1 BvL 44/55, in: BVerfGE 13, 97 (123).

1347 Vgl. BVerfG, Urt. v. 17.07.1961 – 1 BvL 44/55, in: BVerfGE 13, 97 (123).

an die fachliche Qualifikation zu stellen, da die fachliche Qualifikation maßgeblich für die Einordnung ist.

Auch wenn das Inhaberprinzip zugunsten des Betriebsleiterprinzips aufgegeben wurde, stellt auch weiterhin das fachliche Können den Wert der handwerklichen Leistung dar, weil es die Arbeit und damit die Qualität prägt.

Die Abgrenzung zwischen Handwerk und Industrie besteht deshalb maßgeblich

- in der individuellen Fertigung (Handwerk) in Kontrast zur seriellen Fertigung (Industrie),[1348]
- in dem lediglich unterstützenden Einsatz technischer Mittel im Handwerk.[1349] Es dient „‚die Maschine der Hand', nicht ‚die Hand der Maschine'".[1350] Auf ein Mindestmaß an Handarbeit oder Handfertigkeit kann für eine handwerklichen Einordnung nicht verzichtet werden.[1351]

Diese beiden wesentlichen Abgrenzungstatbestände werden von den Tätigkeiten und Aufgaben der Gesundheitshandwerke vollständig erfüllt:

Bei den Gesundheitshandwerken ist die individuelle (und nicht serielle) Anpassung des Hilfsmittels an den Patienten die alltägliche Berufsaufgabe. Gerade im Gesundheitshandwerk wird die Versorgung an das individuelle Leiden angepasst. Eine serielle Fertigung entspricht nicht den wesentlichen Tätigkeiten der Gesundheitshandwerke.

Freilich bieten die Gesundheitshandwerke auch seriell angefertigte Produkte wie einfachen Gehörschutz, Fertiglesebrillen, Kniebandagen oder Fußeinlagen an. Indes dürfte es sich bei diesen Angeboten in der Regel auch nicht um gefahrengeneigte Tätigkeiten handeln, die die permanente Präsenz eines qualifizierten Betriebsleiters erfordern würden.

Gesundheitshandwerke nutzen für sich regelmäßig die neueste Medizintechnik, was *Detterbeck*[1352] beispielhaft anhand des Augenoptiker-Fachgeschäfts

1348 Thiel, in: Honig/Knörr/Thiel, § 1 Rn. 38; Bulla, in: Schmidt/Wollenschläger, § 10 Rn. 26; Ehlers, in: Ehlers u. a., § 19 Rn. 26; Huber, in: Schoch, 3. Kap. Rn. 334; Ziekow, ÖW, § 11 Rn. 18; kritisch: BVerwG, Urt. v. 17.04.1964 – VII C 228.59, in: BVerwGE 18, 226 (232).

1349 Vgl. BVerwG, Urt. v. 06.12.1963 – VII C 18.63; Detterbeck, § 1 Rn. 52; Leisner, in: Leisner, § 1 Rn. 22; Schreiner, in: Schwannecke, § 1 Rn. 64; Thiel, in: Honig/Knörr/Thiel, § 1 Rn. 42; Peifer, Rn. 41; Frotscher/Kramer, Rn. 548; Ziekow, ÖW, § 11 Rn. 18.

1350 Leisner, in: Leisner, § 1 Rn. 22.

1351 Ehlers, in: Ehlers u. a., § 19 Rn. 26.

1352 Detterbeck, GewArch 2012, 337 f.

darstellt, das sich für einen Augenscreeningtest oder der Tonometrie modernster Präzisionsgeräte bedient. Der Einsatz von Maschinen dient beim Handwerk dem Anwender, nicht dem Produkt wie bei der Industrie. Daher macht der Einsatz der Maschinen in der Versorgung der Patienten das wesentliche Können des Handwerks nicht entbehrlich.[1353] Es bedarf der Interaktion zwischen Gesundheitshandwerker und Patienten, um ihn optimal individuell versorgen zu können. Die Einstellung des Hörsystems z. B. erfolgt mithilfe eines Computers, doch bedarf es des Kontakts zwischen Hörakustiker und Patient, um feststellen zu können, wie dieser individuell auf die Anpassung reagiert.

Insofern stellt sich bei den Gesundheitshandwerken nicht die Frage der Verhältnismäßigkeit in Abgrenzung zur Industrie, da die Ausübung der *gefahrengeneigten* Tätigkeiten generell nur im *handwerklichen* Sinne möglich ist.

Die Abgrenzung zwischen Handwerk und Industrie kann nur tätigkeitsbezogen erfolgen. Externe Kriterien wie Betriebsgröße, Betriebsform oder Umsatz können im Übrigen keine Relevanz haben,[1354] da sie in beiden Zweigen (Handwerk oder Industrie) auftreten können, ohne dass sie eine tatsächliche Aussagekraft besitzen.

2. Zwischenergebnis

Eine Ungleichbehandlung zwischen Industrie und Handwerk besteht bei der notwendigen tätigkeitsbezogenen Präsenz nicht, da die gefahrengeneigten Tätigkeiten im Gesundheitshandwerk stets Tätigkeiten des Handwerks sind und (wegen der individuellen Anpassung) nicht industriell verrichtet werden können. Zudem besteht bei Leistungen ohne Gefahrengeneigtheit eine Vermutung, dass eine Präsenz des qualifizierten Betriebsleiters entbehrlich ist.

VI. Ergebnis

Eine tätigkeitsbezogene Präsenzverpflichtung führt zwei verfassungsrechtliche Vorgaben zusammen: Zum einen ist eine solche Ausübungseinschränkung nur erlaubt, wenn sie dem Gesundheitsschutz dient. Dies wird durch eine Beschränkung der Präsenzpflicht auf die Ausübung gefahrengeneigter Tätigkeiten erfüllt. Zum anderen werden Handwerksbetriebe bei der Ausübung nicht gefahrengeneigter Tätigkeiten nicht schlechter gestellt als der Einzelhandel oder die

1353 Detterbeck, § 1 Rn. 52.
1354 Vgl. die Kritik von Ruthig/Storr, Rn. 468.

Industrie, bei denen für solche Aufgaben auch keine Präsenzpflicht eines qualifizierten Betriebsleiters verlangt wird.

B. Widersprüchlichkeit des Handwerksrechts: Politisch gewollt, rechtlich hinzunehmen?

Bereits 1935 wurde in der „Dritten Verordnung über den vorläufigen Aufbau des Deutschen Handwerks" der sogenannte Große Befähigungsnachweis und mit ihm die sogenannte Meisterpflicht eingeführt.[1355] Einer Witwe wurde dort eingeräumt, den Betrieb für ein Jahr weiterzuführen, auch wenn sie dieses Erfordernis (Meister) nicht erfüllt.[1356]

Nach dem Zweiten Weltkrieg wurde das Handwerksrecht nationalsozialistischer Prägung in den zunächst gebildeten Zonen nicht mehr angewandt, mit Ausnahme der Regelung des Großen Befähigungsnachweises, da es sich hierbei nicht um ein nationalsozialistisches Prinzip handele, sondern vielmehr um eine schon immer vertretene Forderung des Handwerks.[1357] In der amerikanischen Zone wurde indes auch diese Regelung nicht weiter angewandt; an ihrer Stelle gab es Lizensierungsvorschriften für solche Gewerbe, die die Belange der öffentlichen Gesundheit, Sicherheit und Wohlfahrt berührten.[1358]

Die 1951 gebildete Unterkommission „Handwerksordnung", die die Einführung einer (neuen) HwO prüfen sollte, schlug die Beibehaltung des Großen Befähigungsnachweises vor, „weil a) der Leistungsstand und die Leistungsfähigkeit des Handwerks und b) die Ausbildung des Nachwuchses für die gesamte gewerbliche Wirtschaft nur so gewährleistet sind".[1359]

In der ersten HwO vom 24. September 1953[1360] fand sich dann aber doch mit § 4 HwO 1953 ein Betriebsfortführungsrecht ohne Meister wieder, was nicht unbedingt für den Leistungsstand und die Leistungsfähigkeit des Handwerksbetriebs spricht, wenn eine Unausgebildete (oder ein Unausgebildeter) ein Jahr den Betrieb ohne qualifizierten Betriebsleiter führen darf. Bereits in der ersten Fassung der HwO gab es somit Widersprüchlichkeiten.

1355 Dazu Schwannecke, Nr. 105, S. 6.
1356 Vgl. Schwannecke, Nr. 105, S. 6.
1357 Vgl. Schwannecke, Nr. 105, S. 9; so auch Veit, BT-Plenarprot. v. 26.10.1950 (01/95), 3497 (3501 f.).
1358 Vgl. Schwannecke, Nr. 105, S. 10.
1359 Vgl. Schwannecke, Nr. 105, S. 16.
1360 BGBl. 1953 Teil 1, S. 1411 (1412).

Zudem war geplant, Simultanzulassungen zuzulassen: Der Konditormeister sollte z. B. das Recht erhalten, auch einen Schuhmacherbetrieb zu gründen, da jemand, der den Nachweis für den Betrieb *eines* Handwerks besitzt, alle Handwerke ausüben dürfe.[1361] Hierzu kam es dann doch nicht.[1362]

Die Widersprüchlichkeiten wurden dabei zumindest erkannt. Im Schriftlichen Bericht des Ausschusses für Mittelstandsfragen aus dem Jahr 1965 wurde hinsichtlich des sogenannten Witwenprivilegs zwar eine Erweiterung gefordert, doch gleichzeitig festgestellt: „Andererseits sollte bei sog. Gefahrenhandwerken der Handwerksbetrieb immer technisch von einem Handwerker geleitet werden, der den Voraussetzungen des § 7 des Gesetzes genügt. Um nicht eine Liste der Gefahrenhandwerke aufstellen zu müssen, erscheint es dem Ausschuß zweckmäßig, den Verwaltungsbehörden das Recht einzuräumen, zur Verhütung von Gefahren für die öffentliche Sicherheit den Erben die sofortige Einstellung eines Betriebsleiters zur Auflage machen zu können."[1363] Dazu kam es indes nicht.

Aufschlussreich ist das Plenarprotokoll des Deutschen Bundestags aus dem Jahr 1965, in dem über die erste größere Novellierung der Handwerksordnung diskutiert wurde. Dort heißt es, dass es die Marktveränderungen notwendig machten, die gesetzliche Grundlage des Befähigungsnachweises „elastischer" zu gestalten.[1364] An anderer Stelle wird dann darauf hingewiesen, dass es Vollbeschäftigung gibt.[1365]

Der Gesetzgeber ließ sich im Handwerksrecht von Aspekten der Arbeitsmarkt-, Wirtschafts- und Beschäftigungspolitik leiten. Nicht zuletzt dies führte zu Webfehlern und Widersprüchlichkeiten. Sie blieben bis heute bestehen.

1361 Veit, BT-Plenarprot. v. 26.10.1950 (01/95), 3497 (3502) weist auf die vorgesehenen Simultanzulassungen hin.

1362 Bedenklich ist aber die Regelung des § 49 Abs. 2 S. 1 HwO, die – diesen Gedanken zumindest aufgreifend – erlaubt, dass zur Meisterprüfung zuzulassen ist, wer eine andere Gesellenprüfung in einem anderen Ausbildungsberuf bestanden hat und in dem zulassungspflichtigen Handwerk, in dem er die Meisterprüfung ablegen will, eine mehrjährige Berufstätigkeit ausgeübt hat. Der Konditor-Geselle, der bei einem Orthopädieschuhtechniker arbeitet, darf sich deshalb nach mehrjähriger Berufstätigkeit zur Orthopädieschuhtechniker-Meisterprüfung unmittelbar anmelden. Ob dies der Ausbildung und Qualität des Handwerks gerecht wird, ist zweifelhaft. Nach § 7 Abs. 1a HwO wird in die Handwerksrolle im Übrigen auch eingetragen, wer in einem *verwandten* zulassungspflichtigen Handwerk die Meisterprüfung bestanden hat.

1363 Schriftl. Bericht des Ausschusses für Mittelstandsfragen, Nr. IV/2335 v. 02.06.1965, S. 9.

1364 Schulhoff, BT-Plenarprot. v. 23.06.1965 (04/191), 3569 (3592).

1365 Schmücker, BT-Plenarprot. v. 23.06.1965 (04/191), 3569 (3594).

Auch die große Handwerksnovelle 2004 stand im wirtschaftspolitischen Fokus. Handwerkskammern und Behörden wurde vorgeworfen, gegen nicht in der Handwerksrolle eingetragene Unternehmen vorzugehen, die handwerkliche Tätigkeiten ausüben[1366] – es wurde also genau das kritisiert, was bislang Aufgabe der Kammern und Behörden war. Durch diese Maßnahmen würden aber Existenzgründungen erschwert und Arbeitsplätze gefährdet.[1367]

Diese Kritik ist vor allem vor dem damaligen wirtschaftlichen Hintergrund zu sehen. Es gab 4,7 Millionen Arbeitslose[1368], und die Wirtschaft befand sich in einem insgesamt schlechten Zustand.[1369] Die damalige Bundesregierung entwarf deshalb eine „Agenda 2010" als Zukunftsprogramm,[1370] u. a. auch, um den Arbeitsmarkt flexibler zu gestalten. In einer Regierungserklärung bewertete der damalige Bundeskanzler *Gerhard Schröder* die Lage als „äußerst angespannt" und bestätigte, dass Deutschland mit einer Wachstumsschwäche zu kämpfen habe.[1371]

In seinen Reformankündigungen ging er auch direkt auf die Handwerksnovelle ein. Das Handwerksrecht sollte modernisiert werden, um Existenzgründungen einfacher zu machen und mehr Arbeitsplätze entstehen zu lassen.[1372] Der Meisterbrief sollte nur noch in solchen Gewerken verpflichtend sein, bei denen die unsachgemäße Ausübung Gefahren für die Gesundheit oder das Leben verursachen kann.[1373] Entsprechend stellte der zuständige Wirtschaftsminister *Wolfgang Clement* in dieser Bundestagsdebatte die (rhetorische) Frage, ob das heutige Handwerksrecht geeignet sei, „zusätzliche Unternehmen und damit auch zusätzliche Arbeitsplätze entstehen zu lassen."[1374]

Auch diese Handwerksreform stand also im Zusammenhang mit der Arbeitsmarkt- und Beschäftigungspolitik. Diesmal fehlte es indes nicht an

---

1366 Vgl. BT-Drs. 15/1089, S. 1.

1367 BT-Drs. 15/1089, S. 1.

1368 Vgl. Dückert, BT-Plenarprot. v. 14.03.2003 (15/32), 2479 (2542).

1369 In einer Stellungnahme des BR vom 11. Juli 2003 heißt es: „Trotz seiner soliden Grundstruktur ist auch das Handwerk von der allgemein katastrophalen Wirtschaftslage unseres Landes betroffen. Umsatzrückgänge, Insolvenzen und rückläufige Beschäftigtenzahlen machen auch vor diesem bislang erfolgreichen Wirtschaftszweig nicht halt. Der entscheidende Grund für die Talfahrt liegt in der verfehlten Wirtschaftspolitik der Bundesregierung." (BT-Drs. 15/1481, S. 8).

1370 Müller, NVwZ 2004, 403.

1371 Schröder, BT-Plenarprot. v. 14.03.2003 (15/32), 2479.

1372 Schröder, BT-Plenarprot. v. 14.03.2003 (15/32), 2479 (2486).

1373 Schröder, BT-Plenarprot. v. 14.03.2003 (15/32), 2479 (2486).

1374 Clement, BT-Plenarprot. v. 14.03.2003 (15/32), 2479 (2537).

Arbeitskräften, sondern es gab zu viele Arbeitssuchende. In beiden Fällen sollte das Handwerksrecht flexibler gestaltet werden, um die jeweiligen politischen Ansinnen zu erfüllen.

Bei der Diskussion um die Einführung einer Handwerksordnung im Jahr 1950 wurde der damaligen Bundesregierung vorgeworfen, dass „die soziale Marktwirtschaft hier auf einem Seitensprung ertappt" wurde.[1375] Diese Aussage ist immer noch insofern bemerkenswert, als dass das Handwerksrecht – wie hier exemplarisch dargestellt wurde – fraktionsübergreifend für Wirtschafts- und Konjunkturpolitik sowie zum Erfolg von Wirtschaftsprogrammen genutzt wurde und wird. Während unter einer schwarz-liberalen Bundesregierung 1965 den Folgen einer Vollbeschäftigung mit Änderungen bzw. Auflockerungen im Handwerksrecht begegnet werden sollte, nutzte eine rot-grüne Bundesregierung 2003 das Handwerksrecht (als kleineren Teil) zur Überwindung der damaligen Massenarbeitslosigkeit. Aktuell gibt es wieder Überlegungen, für bestimmte zulassungsfreie Berufe die Meisterpflicht wieder einzuführen.[1376] Auch die Motive einer solchen „Re-Regulierung"[1377] sind politisch: Schon wird auf den „angenehmen Nebeneffekt" hingewiesen, dass die Ausweitung der Meisterpflicht zur Erhöhung der Einnahmen in die gesetzliche Sozialversicherung führe.[1378]

Unter diesem Blickwinkel erscheint es nicht ungewöhnlich, dass in der HwO klare und präzise Aussagen zur Präsenz des Betriebsleiters fehlen, würde dies doch die bestehende „Elastizität" gefährden. Solange sich die Rechtsprechung um diese Konkretisierungen kümmert, bleibt der Politik die Flexibilität, um das Handwerksrecht entsprechend der jeweiligen Konjunkturlage anzupassen. Es scheint, als ob die Widersprüchlichkeiten zumindest billigend in Kauf genommen werden.

Die von der rot-grünen Bundesregierung vorgenommene Neudefinition des Handwerksrechts wurde als Paradigmenwechsel bezeichnet.[1379] Auch wenn es dem Gesetzgeber freisteht, Mittel zur Berufszulassungsbeschränkung zu definieren und auch zu ändern,[1380] stärken solche Maßnahmen nicht unbedingt das Vertrauen in die Glaubwürdigkeit der Gesetzgebung. Vielmehr erscheinen

---

1375 Veit, BT-Plenarprot. v. 26.10.1950 (01/95), 3497 (3501).

1376 Vgl. FAZ v. 24.07.2018, S. 15: „Die Rückkehr der Meisterpflicht".

1377 Vgl. Wiemers, VR 2018, 257.

1378 FAZ v. 24.07.2018, S. 15: „Die Rückkehr der Meisterpflicht". Vgl. dazu den kritischen Leitkommentar von Göbel, „Protektionisten am Handwerk" (FAZ v. 26.07.2018, S. 15).

1379 Detterbeck, § 1 Rn. 16.

1380 Detterbeck, § 1 Rn. 16.

solche Regelungen dem Diktat des Zeitgeistes, der Beliebigkeit und Austauschbarkeit unterworfen zu sein. Zwangsläufig führt dies zu Widersprüchlichkeiten, die letztlich von der Rechtsprechung aufgegriffen und gelöst werden müssen.

Das BVerfG hat in seiner Entscheidung aus dem Jahr 1961 hervorgehoben, dass es dem damaligen Gesetzgeber nicht darauf angekommen sei, Gefahren für die Gesamtheit oder die Einzelnen aus einer unsachgemäßen Berufsausübung abzuwenden, die bei manchen Gewerken drohen.[1381] Vielmehr sei es dem damaligen Gesetzgeber um die Leistungs- und Lebensfähigkeit des Handwerks gegangen.[1382] Genau dies wurde bei der letzten Handwerksreform umgedreht: Nun wurde „Kern der Handwerksnovelle [...] die Beschränkung des Meisterbriefs in seiner Funktion als Berufszugangsschranke auf den unbedingt erforderlichen Bereich, nämlich der Abwehr von Gefahren für Gesundheit oder Leben Dritter".[1383]

Diese Beliebigkeit kann auch Auswirkungen auf die Notwendigkeit der dauerhaften Meisterpräsenz haben. Denn wenn das Handwerksrecht in erster Linie als Katalysator der jeweiligen Konjunktur genutzt wird, mindert das die Rechtfertigung einer eingreifenden Regelung wie die der tätigkeitsbezogenen Betriebsleiterpräsenz.

In diesem Zusammenhang kann aber zumindest für die Gesundheitshandwerke festgehalten werden, dass sich die Anforderungen bezüglich der Betriebsleiterpräsenz – allen Änderungen des Handwerksrechts zum Trotz – nicht geändert haben und sich rechtlich begründen lassen. Schon seit jeher verlangte die Rechtsprechung gerade dort eine dauerhafte Präsenzpflicht. Die Änderungen der Handwerksnovelle 2004 und das Abstellen der Betriebsleiterpflicht auf die (besondere) Gefahrengeneigtheit des Gewerks minderten diese Präsenzpflicht nicht, sondern hoben sie noch hervor. Nun wurde es offensichtlich, dass bestimmte Handwerke gefahrengeneigt sind und dass damit eine Präsenzverpflichtung zur Vermeidung des Eintritts dieser festgestellten Gefahren geboten erscheint.

Beachtlich ist bei der Bewertung einer Präsenzpflicht die Regelung des § 4 Abs. 1 S. 3 HwO. Zunächst handelt es sich bei dieser Regelung um eine Spezialregelung zu § 46 GewO. Nach § 46 Abs. 3 GewO kann es die zuständige Behörde gestatten, dass ein Gewerbe bis zur Dauer eines Jahres nach dem Tode des Gewerbetreibenden auch ohne den nach § 45 GewO befähigten Stellvertreter betrieben

1381 BVerfG, Urt. v. 17.07.1961 – 1 BvL 44/55, in: BVerfGE 13, 97 (110).
1382 BVerfG, Urt. v. 17.07.1961 – 1 BvL 44/55, in: BVerfGE 13, 97 (107).
1383 BT-Drs. 15/1206, S. 22.

wird. Eine solche Ausdehnung der Betriebsführung wollte der Gesetzgeber im Handwerksrecht nicht und forderte dort eine unverzügliche Nachbesetzung (§ 4 Abs. 1 S. 2 HwO). Allerdings kann die Handwerkskammer in Härtefällen nach § 4 Abs. 1 S. 3 HwO eine angemessene Frist setzen, wenn eine ordnungsgemäße Betriebsführung gewährleistet ist. Eine ordnungsgemäße Betriebsführung ist demnach auch ohne einen Betriebsleiter möglich. Insofern ist § 4 Abs. 1 S. 3 HwO inkonsequent: Denn in Härtefällen (die wiederum nicht weiter definiert werden) erlaubt die Regelung eine Betriebsfortführung ohne entsprechend qualifizierten Betriebsleiter.

Die aktuelle HwO weist offene Widersprüche bezüglich der Präsenzpflicht auf: Denn wie kann eine tätigkeitsbezogene Präsenzpflicht verlangt werden, wenn die „unausgebildete Witwe" die gleichen handwerklichen Leistungen erbringen und ausüben darf wie ein Meister?

So sozial und nachvollziehbar es ist, den Witwen und Witwern die Betriebsfortführung zu erlauben, so unverständlich und widersprüchlich ist diese Freiheit, die – wie erwähnt – als Webfehler bereits auf die Anfänge der HwO zurückgeht. Auch hier gilt: Die Tätigkeiten sind gefahrengeneigt; eine Ausnahme von der tätigkeitsbezogenen Betriebsleiterpräsenz ist nicht einzusehen und bei den bestehenden Gefahren nicht zu rechtfertigen.

Noch an anderer Stelle findet sich eine Widersprüchlichkeit. Nach § 8 Abs. 1 HwO sind in Ausnahmefällen Ausnahmebewilligungen solchen Antragstellern zu gewähren, die die notwendigen Kenntnisse und Fertigkeiten nachgewiesen haben. Die Ausnahmebewilligung kann auch befristet erteilt werden (§ 8 Abs. 2 HwO). In der Praxis nimmt sie bei den möglichen Nebenbestimmungen die größte Rolle ein.[1384] Sie wird im Vergleich zu anderen Nebenbestimmungen als die geeignete Form angesehen.[1385] Eine Befristung von einem Jahr[1386] bis zu zwei Jahren[1387] soll angemessen sein. Auch hier stellt sich die Frage, ob es gerechtfertigt ist, jemanden als qualifizierten Betriebsleiter zu akzeptieren, der gefahrengeneigte Tätigkeiten selbstständig und alleine ausüben darf und dabei noch ggf. andere Mitarbeiter kontrollieren soll, bei dem aber nicht gesichert ist, dass er über die entsprechenden Fertigkeiten und Fähigkeiten verfügt? Konsequent ist die Regelung im Hinblick auf die mögliche Gesundheitsgefährdung nicht.

1384 Stork, in: Schwannecke, § 8 Rn. 97.

1385 Leisner, in: Leisner, § 8 Rn. 40.

1386 Knörr, in: Honig/Knörr/Thiel, § 8 Rn. 51.

1387 Stork, in: Schwannecke, § 8 Rn. 99.

Die Widersprüche erschweren die rechtliche Einordnung der Präsenzpflicht. Neuregelungen wären wünschenswert. Sie ändern aber nichts daran, dass eine tätigkeitsbezogene Präsenzpflicht zur Gefahrenabwehr notwendig ist und bleibt.

C. Verhältnismäßigkeit: Reicht eine Rufbereitschaft statt einer Vor-Ort-Präsenz?

Bei der Notwendigkeit einer tätigkeitsbezogenen Betriebsleiterpräsenz stellt sich die Frage, ob diese heutzutage auch über moderne Kommunikationswege (z. B. Videokonferenz, Chat-Dienste) gewährleistet werden kann.

Zwischen *Knörr*[1388] und *Leisner*[1389] bestehen hier unterschiedliche Ansichten zur Verfügbarkeit des Betriebsleiters. *Knörr* verlangt zwar keine permanente Anwesenheit des Betriebsleiters, fordert aber eine jederzeitige persönliche Eingriffsmöglichkeit, weshalb eine bloße telefonische Erreichbarkeit nicht ausreiche.[1390] *Leisner* kritisiert dies als zu weitgehend: Der Einsatz moderner Kommunikationsmittel mache die physische Gegenwart in vielen Fällen entbehrlich.[1391] Insoweit ist er großzügig: „Auch kann nicht durchgehend eine zeitlich bestimmte ‚Rufbereitschaft' gefordert werden, selbst nicht bei Gesundheitsberufen."[1392]

Das BVerwG hat sich zu dieser Frage noch nicht abschließend geäußert.[1393] Der damalige Richter am BVerwG *Mallmann* vertrat in einem Aufsatz die Ansicht, dass die Frage der durch moderne Kommunikationsmittel erzielbaren ständigen Erreichbarkeit „[i]m konkreten Einzelfall zu entscheiden"[1394] sei.

Im Wege der Verhältnismäßigkeit ist bei einer Präsenzpflicht zu prüfen, ob diese auch durch eine Rufbereitschaft gewährleistet werden kann. Durch die Rufbereitschaft müsste der qualifizierte Betriebsleiter nicht unmittelbar vor Ort sein.

I. Erreichbarkeit durch moderne Kommunikationsmittel

Unstrittig ist die faktisch tatsächliche und jederzeitige Erreichbarkeit durch mobile Telefone, durch SMS, Apps, E-Mails oder Videokonferenzen: Eine

1388 Knörr, in: Honig/Knörr/Thiel, § 7 Rn. 12.
1389 Leisner, in: Leisner, § 7 Rn. 25.
1390 Knörr, in: Honig/Knörr/Thiel, § 7 Rn. 10.
1391 Leisner, in: Leisner, § 7 Rn. 25.
1392 Leisner, in: Leisner, § 7 Rn. 25.
1393 Vgl. BVerwG, Beschl. v. 26.05.1993 - 1 B 22.93.
1394 Mallmann, GewArch 1996, 89 (92).

Erreichbarkeit durch eine Rufbereitschaft lässt sich ohne Weiteres in der heutigen vernetzten Welt bewerkstelligen. Wird aber eine solche Rufbereitschaft dem Sinn und Zweck der Betriebsleiterpräsenz gerecht?

Wie dargelegt, hat der Betriebsleiter insbesondere die Verpflichtung, bestimmte Leitungs- und Überwachungsaufgaben zu erfüllen.[1395] Wie soll aber eine ausreichende Kontrolle bei einer Versorgung im Gesundheitsbereich möglich sein, wenn der Betriebsleiter nicht vor Ort ist? Ohne auf datenschutzrechtliche Vorbehalte einzugehen, die hier nicht weiter diskutiert werden müssen, lässt sich eine Versorgung kaum durch einen Anruf auf das Mobilfunkgerät oder per E-Mail ausreichend bewerkstelligen. Vor allem setzt dies auch stets die Aktivität des versorgenden Mitarbeiters vor Ort voraus und seine Erkenntnis, dass er Rücksprache beim Betriebsleiter nehmen sollte. Fälle, bei denen diese Erkenntnis nicht besteht, würden daher allein dann aufgedeckt, wenn sich der Betriebsleiter proaktiv meldet und sich die Versorgung schildern lässt. Dies dürfte aber eher selten der Fall sein.

Gerade bei der Anamnese und der Abfrage von Kontraindikationen ist es notwendig, dass der Betriebsleiter vor Ort den Kunden sieht, mit ihm sprechen und Fragen stellen kann, also selbst unmittelbar aktiv werden kann, um einwirken zu können, wenn sein Mitarbeiter fehlerhaft arbeitet. Eine Rufbereitschaft kann den vielfältigen Versorgungseigenheiten nicht gerecht werden. Im Übrigen wäre auch nicht einzusehen, weshalb andernfalls nicht generell eine Rufbereitschaft zur Ausübung der Betriebsleitung und Betriebsführung ausreichen sollte. Die „schwierigen" oder problematischen Fälle werden kaum nur dann anstehen, wenn der Betriebsleiter vor Ort ist. Wenn aber seine Abwesenheit durch die Rufbereitschaft abgedeckt werden könnte, müsste dies immer ausreichend sein.

Die Versorgungsfälle lassen es daher nicht zu, dass die Präsenzpflicht durch eine Rufbereitschaft wahrgenommen wird. Dieses Mittel ist nicht geeignet, um den Gefahren bei der Versorgung ausreichend zu begegnen, sodass es kein ausreichendes Mittel darstellt.

Bemerkenswert ist, dass im Apothekenrecht die Frage der Sicherstellung der Erreichbarkeit durch ein Telefon vom OLG Bamberg kritisch hinterfragt wurde:[1396] Wie soll eine ausreichende Kontrolle via Telefon (genauso via Internet und Videoaufzeichnung) erfolgen? Der Kontrolle der tatsächlich ausgeführten und ausgeübten Tätigkeiten wird eine solche Option nicht gerecht.

1395 Vgl. Detterbeck, § 7 Rn. 21.

1396 OLG Bamberg, Beschl. v. 12.07.2007 – 3 Ss OWi 170/07.

Allerdings ist zu beachten, dass das BVerwG zuletzt dahingehend entschied, dass die Anleitung und Überwachung handwerklicher Arbeiten auch ohne ständige Präsenz möglich wären.[1397] Wörtlich heißt es: Es sei zu berücksichtigen, „dass Anleitung und Überwachung auch ohne ständige Präsenz möglich sind.“[1398] Die Entscheidung betraf das gefahrengeneigte Dachdecker-Handwerk. Sie spricht für eine Tendenz der Rechtsprechung gegen die Annahme einer permanenten Präsenzpflicht. Der Satz könnte indes auch so verstanden werden, dass das BVerwG gerade eine *generelle* Präsenzpflicht verlangt, die Notwendigkeit der Anleitung und Überwachung aber ohne ständige *Vor-Ort*-Präsenz möglich ist. Dies könnte daher für eine Ausdehnung der *Erreichbarkeit* sprechen.

Entscheidend ist, dass es für die Gesundheitshandwerke und die übrigen Handwerke schon seit jeher unterschiedliche Präsenzerfordernisse gibt, die sich mit dem Verbraucher- und Gesundheitsschutz rechtfertigen lassen.

II. Was bedeutet eine Vor-Ort-Präsenz?

Eine Präsenzpflicht, die darauf gründet, dass der Betriebsleiter stets in Versorgungsprozesse eingreifen kann, als Ansprechpartner zur Verfügung steht und somit jederzeit seinen Leitungs- und Überwachungsaufgaben nachkommen kann, bedeutet, dass sich der Betriebsleiter vor Ort, also im Betrieb aufhält. Anders lässt sich diese Pflicht nicht erfüllen.

Eine Unterscheidung[1399] zwischen Präsenz und Anwesenheit ist in der Praxis problematisch: Ständige Präsenz bedeutet ständige Anwesenheit. Denn wenn sich der Betriebsleiter in der Mittagspause befindet, kurz zur Bank gegangen ist oder für seine Mitarbeiter Brötchen beim Bäcker abholt: Auch in diesen kurzen Abwesenheitszeiten besteht die Gefahrengeneigtheit, die bei den Gesundheitshandwerken den Verbleib in der Anlage A der HwO rechtfertigt. Es wäre nicht einzusehen, weshalb die Gesundheitshandwerke bei teilweise identischen Tätigkeiten besser behandelt werden sollten als ein Arzt, der einer grundsätzlich permanenten Präsenzpflicht unterliegt. Der Verbraucher wird durch die Präsenz eines qualifizierten Betriebsleiters geschützt. Die Notwendigkeit des Verbraucherschutzes besteht auch in Urlaubs-, Krankheits- oder sonstigen Abwesenheitszeiten. Auf arbeitsrechtliche Vorgaben, wie Arbeitszeiten, Elternzeit oder Mutterschutz kann hier keine Rücksicht genommen werden. Denn auch in diesen Zeiten besteht die Gefahrengeneigtheit. Es ist nicht die Aufgabe

1397 BVerwG, Urt. v. 31.08.2011 – 8 C 9.10, in: BVerwGE 140, 276 (283 f.).
1398 BVerwG, Urt. v. 31.08.2011 – 8 C 9.10, in: BVerwGE 140, 276 (283 f.).
1399 Vgl. Peifer, Rn. 186.

des Gesetzgebers, in jeder Hinsicht synchrone und aufeinander abgestimmte Gesetze zu schaffen. Wenn also das Arbeitsrecht Arbeitspausen einfordert, kann dies nicht die Abwesenheit des Meisters rechtfertigen.

Mit Augenmaß und gesundem Menschenverstand ist jeweils im Einzelfall zu prüfen, ob der qualifizierte Betriebsleiter eingreifen kann, wenn ein Mitarbeiter gefahrengeneigte Tätigkeiten ausübt. Allgemeingültige Vorgaben, ob eine Erreichbarkeit innerhalb von fünf Minuten oder bei 500 Meter Entfernung ausreicht, sind problematisch. In jedem Fall ist zu prüfen, ob der qualifizierte Betriebsleiter die Möglichkeit hat, im Falle einer Frage oder zur Kontrolle unmittelbar und ohne größere Verzögerung einzugreifen.

III. Ergebnis

Eine Rufbereitschaft reicht nicht aus, um den Gefahren der Ausübung von Gesundheitshandwerken angemessen zu begegnen.[1400] Es ist notwendig, dass sich der Betriebsleiter tatsächlich vor Ort in der Betriebsstätte aufhält.

D. Wettbewerbsrechtliche Widersprüche: Nur „ein bisschen“ Verbraucherschutz?

Die Entscheidungsdichte im Wettbewerbsrecht zu handwerksrechtlichen Fragestellungen ist für die Handwerksorganisationen, insbesondere aber die Handwerkskammern, ein Spannungsfeld: Auch wenn das Lauterkeitsrecht nicht das Handwerksrecht infiziert, mithin selbst Entscheidungen des BGH nicht für die Verwaltungsbehörden rechtlich bindend sind,[1401] präjudiziert es das Handwerksrecht und seine Rechtsanwender jedoch faktisch. Bezeichnend ist, dass es zwar eine (Leit-)Entscheidung des BGH zur Meisterpräsenz gibt,[1402] nicht aber des BVerwG. Hintergrund dafür mag zum einen ein Misstrauen der Wettbewerber vor Ort in die Arbeit der Handwerkskammer sein. Ggf. liegt es aber auch an der Vorsicht der Handwerkskammern, etwaige Verfahren vom BVerwG letztinstanzlich klären zu lassen. Hier mögen juristische Bedenken eine Rolle spielen, den bisherigen Status quo (leichtfertig) durch Rechtsverfahren zu gefährden. Ob diese Politik langfristig sinnvoll ist, muss abgewartet werden.

1400 Vgl. Detterbeck, PL, S. 57: „Der Einsatz von Telefon und Telefax vermag seine persönliche Anwesenheit nicht zu ersetzen.“

1401 Detterbeck, GewArch 2014, 148 (149).

1402 BGH, Urt. v. 17.07.2013 – I ZR 222/11, in: GewArch 2013, 407 ff.

Die Folge jedenfalls davon ist, dass das Wettbewerbsrecht das Handwerksrecht prägt und nicht umgekehrt das Handwerksrecht die lauterkeitsrechtlichen Bestimmungen determiniert.

E. Gewerberechtliche Überlegungen: *Lex generalis* mit klareren Regelungen?

Die GewO, die als *lex generalis*[1403] immer dann im Handwerksrecht Anwendung findet, wenn es dort eine ungewollte Regelungslücke gibt, hat im Gegensatz zum Handwerksrecht eine scharfe Stellvertreter-Regelung in § 45 GewO, die auch für das Handwerk Anwendung findet.[1404] Diese lautet: „Die Befugnisse zum stehenden Gewerbebetrieb können durch Stellvertreter ausgeübt werden; diese müssen jedoch den für das in Rede stehende Gewerbe insbesondere vorgeschriebenen Erfordernissen genügen."

Die Stellvertreter-Regelung ist ein deutliches Zeichen des Gesetzgebers, dass die Gewerbeerlaubnis bei den erlaubnispflichtigen Gewerken (wie dem Handwerk) personenbezogen ist und dies folglich auch für den Fall der Abwesenheit des Erlaubnisinhabers gilt. Wenn der eingetragene Meister in Urlaub ist, dann muss es einen Stellvertreter geben, der über die gleiche fachliche Qualifikation verfügt.

Für bestimmte Gewerke bestehen nach § 47 GewO sogar noch schärfere Regelungen: „Inwiefern für die nach den §§ 31, 33i, 34, 34a, 34b, 34c, 34d, 34e, 34f, 34h, 34i und 36 konzessionierten oder angestellten Personen eine Stellvertretung zulässig ist, hat in jedem einzelnen Falle die Behörde zu bestimmen, welcher die Konzessionierung oder Anstellung zusteht." Somit hat nach § 47 GewO die Behörde im Falle der dort aufgeführten Gewerbe zu prüfen, ob eine Stellvertretung überhaupt erlaubt ist.[1405]

Wenn also bereits gewerberechtlich eine Stellvertretung nicht ohne Weiteres möglich ist und dort eine Stellvertretung an die fachliche Qualifikation des Vertretenen anknüpft, muss die Präsenzpflicht im reglementierten Handwerksrecht eine ebenso bedeutende Rolle einnehmen.

Der Stellvertreter wird im Gewerberecht dabei abgegrenzt vom Gehilfen. Letzterer soll einen Betrieb nur unter Aufsicht und Leitung des Gewerbetreibenden führen können.[1406] Die Rechtsfigur des Stellvertreters erlangt gerade in

1403 Eisenmenger, in: Stober/Eisenmenger, § 48 I 2 (S. 91).

1404 Marcks, in: Landmann/Rohmer, § 45 GewO Rn. 2.

1405 Marcks, § 47 GewO.

1406 Ennuschat, in: Tettinger u. a., § 45 Rn. 2.

Abgrenzung zum Gehilfen Bedeutung, wenn das Gewerbe in Abwesenheit des Gewerbetreibenden oder des Stellvertreters nicht ausgeübt werden darf.

Das Handwerksrecht, das gewerberechtlich geprägt ist, muss daher erst recht diese allgemeinen Vorgaben berücksichtigen und kann eine Stellvertretung ohne Qualifizierung nicht dulden. Es läge sonst ein Wertungswiderspruch vor, wenn beim Pfandleihgewerbe (§ 34 GewO) oder beim Versteigerergewerbe (§ 34b GewO) schärfere Anforderungen an eine Präsenz in Abwesenheit des Gewerbetreibenden bestünden als im besonders gefahrengeneigten Gesundheitshandwerk. Die gewerberechtliche Prägung des Handwerksrechts führt in einem „erst recht"-Schluss dazu, dass auch aus diesen Überlegungen heraus eine qualifizierte Präsenzpflicht notwendig ist.

F. Europarechtliche Fragen: Weites Ermessen, geduldete Diskriminierung?

Die jetzige Praxis der Betriebsleiterpräsenz führt – wie bereits oben angesprochen – zu Fragen, die auch europarechtliche Auswirkungen haben.

Nach der sogenannten *Gebhard*-Formel ist eine Beschränkung der Niederlassungsfreiheit u. a. dann gerechtfertigt, wenn die Maßnahme geeignet ist, „die Verwirklichung des mit [ihr] verfolgten Zieles zu gewährleisten".[1407]

Allerdings kann die Eignung der Maßnahme daran scheitern, dass Behörden ein zu weites Ermessen eingeräumt wird und es mithin an objektiven, nicht diskriminierenden Kriterien fehlt, die dem Ermessen Grenzen setzen.[1408] Die Entscheidung der Behörde muss deshalb auf objektiven, nicht diskriminierenden und im Voraus bekannten Kriterien beruhen.[1409]

Bei der derzeitigen Verwaltungspraxis der Handwerkskammern ist dies problematisch. Der ZDH stimmte zwar 2013 mit den Handwerkskammern und den Gesundheitshandwerksverbänden ein „Eckpunktepapier zur Meisterpräsenz in den Betrieben der Gesundheitshandwerke"[1410] ab, doch hat es keine verbindliche Rechtswirkung (etwa für die Handwerkskammern). Vielmehr kommt es einer bloßen Anwendungs-Empfehlung gleich. Die offenen Widersprüche (wie

1407 Tiedje, in: von der Groeben u. a., Art. 49 Rn. 115.

1408 Tiedje, in: von der Groeben u. a., Art. 49 Rn. 118.

1409 EuGH, Urt. v. 10.03.2009 – C-169/07, Rn. 64, in: EuZW 2009, 298 (302).

1410 ZDH, Eckpunktepapier.

z. B. die fehlende Präsenzpflicht bei Urlaub oder Krankheit) in der Thematik der Betriebsleiterpräsenz löst es zudem auch nicht.[1411]

Im Ergebnis haben die Handwerkskammern aufgrund der fehlenden normativen Regelung in der HwO ein *weites Ermessen*, das sie auch in der Praxis nutzen und dort – gerade bei Filialisten, die es mit mehreren Handwerkskammern und damit teilweise mit ganz unterschiedlichen Praxishandhabungen zu tun haben – zu unterschiedlichen Genehmigungen führt. Ermessen wird dann schnell als Willkür wahrgenommen.

Europarechtlich ist dieses weite Ermessen problematisch. Wenn die bestehende Betriebsleiterpräsenz unterschiedlich national behandelt wird, kann dies dazu führen, dass es an objektiven und nicht diskriminierenden Kriterien mangelt. Die unterschiedliche Bewertung der Präsenzpflichten wurde auch schon erkannt und gerügt: *Czybulka* kritisiert, dass nicht einzusehen sei, dass die Betriebsleiterpräsenz beim Baugewerbe anders beurteilt werde als bei den Gesundheitshandwerken.[1412]

Eine aktive Auseinandersetzung mit der Betriebsleiterpräsenz im Generellen und in den Gesundheitshandwerken im Besonderen ist daher auch aus europarechtlichen Gesichtspunkten angezeigt.

Bei den Gesundheitshandwerken ist es notwendig und wichtig, dass es *eine tätigkeitsbezogene Präsenzpflicht* gibt, wenn gefahrengeneigte Arbeiten ausgeübt werden. Konsequenterweise müsste dies für alle anderen „Anlage A-Handwerke" ebenso untersucht und bewertet werden. Eine tätigkeitsbezogene Präsenzpflicht muss im Wege des Gleichheitsgebots für ähnlich besonders gefahrengeneigte Gewerke ebenso gelten wie für die Gesundheitshandwerke. Für Gewerke, die zwar gefahrengeneigt sind, nicht aber in dem Maße wie die Gesundheitshandwerke, wäre eine vergleichbare tätigkeitsbezogene Präsenzpflicht unverhältnismäßig und würde dem Europarecht widersprechen.

Die fehlende normative Regelung der Betriebsleiterpräsenz im Handwerksrecht kann zwar auf der einen Seite zu unterschiedlichen Prüfungsergebnissen in Einzelfällen führen. Auf der anderen Seite führt die fehlende normative Regelung der Betriebsleiterpräsenz zu einer gewissen Flexibilität, die der dynamischen

1411 Kluth (in: Schulte/Kloos, § 7 Rn. 156) weist darauf hin, dass einem freiwilligen privatrechtlichen Zusammenschluss wie dem ZDH eine gesetzliche Aufgabenzuweisung fehlt und fordert auf Bundesebene eine entsprechende öffentlich-rechtliche Organisation, die verbindliche Aufgaben der Interessenwahrnehmung ausüben kann.

1412 Czybulka, NVwZ 1995, 538 (545).

und stetigen Änderung der Handwerke[1413] und den unterschiedlichen Gewerken gerecht wird.

Allerdings wäre für besonders gefahrengeneigte Handwerke bei aller Dynamik und Änderung eine abschließende, umfassende und plausible normative Regelung wünschenswert.

G. Vergleich mit anderen Berufen: Kein freier Beruf, aber ein „fast freier Beruf"?

Die Vergleiche mit den Ärzten, Apothekern und Heilpraktikern führen zur naheliegenden Frage, ob die Gesundheitshandwerker mehr Freiberufler als Handwerker sind, mit der Konsequenz, dass die für die freien Berufe gültigen Regelungen und Anforderungen der persönlichen Leistungserbringung[1414] gelten, die wiederum – trotz der auch dort geführten Diskussionen um die Präsenzverpflichtungen – strengere Präsenzgebote beinhalten.

I. Begrifflichkeit des freien Berufs

Einen einheitlichen Oberbegriff der freien Berufe gibt es nicht, doch werden in § 18 Abs. 1 Nr. 1 EStG dreierlei freiberufliche Tätigkeiten aufgeführt:[1415]

- die selbstständig ausgeübte wissenschaftliche, künstlerische, schriftstellerische, unterrichtende oder erzieherische Tätigkeit,
- die selbstständige Berufstätigkeit eines sogenannten Katalogberufs
- oder die selbstständige Berufstätigkeit eines den Katalogberufen ähnlichen Berufs.[1416]

Für eine weitere rechtliche Einordnung ist die Vorschrift problematisch, da sie auf eine selbstständige Berufsausübung abstellt, ohne diese dann näher zu konkretisieren.

In § 1 Abs. 2 S. 1 PartGG sind freie Berufe durch

- eine besondere berufliche Qualifikation
- persönliche und eigenverantwortliche Leistungserbringung

1413 Vgl. Detterbeck, GewArch 2012, 337.

1414 Vgl. für die Apotheker: Wiesener, in: Ratzel/Luxenburger, Kap. 33 Rn. 45. Dem Lauterkeitsrecht unterlägen die Gesundheitshandwerke auch als freier Beruf, vgl. Detterbeck, PL, S. 94.

1415 Wacker, in: L. Schmidt, § 18 Rn. 60.

1416 Wacker, in: L. Schmidt, § 18 Rn. 60.

- geistig-ideelle Leistungen und
- in der Regel berufsrechtliche Bindungen durch Gesetz und Satzungen

gekennzeichnet.[1417]

Nach *Brand*[1418] stellen folgende Begriffsmerkmale einen freien Beruf dar:

- Erfordernis einer qualifizierten Vorbildung
- Notwendigkeit der Erlaubnis, Zulassung oder Bestellung zum Beruf
- freie (persönliche geistige) Tätigkeit.

Hinzuweisen ist auf die Begründung, weshalb Heilpraktiker einen freien Beruf ausüben: Denn die Tätigkeit des Heilpraktikers ist im Vergleich zur ärztlichen Tätigkeit nicht wissenschaftlich oder wissenschaftlich vorgeprägt.[1419] Da sie aber „arztähnlich" ist und die Heilpraktiker deshalb einen nichtwissenschaftlichen ärztlichen Ergänzungsberuf ausüben, gehören sie zu den freien Berufen.[1420]

Zwischen den Gesundheitshandwerken und den freien Berufen bestehen bestimmte Überschneidungen, die nachfolgend gegenübergestellt und untersucht werden sollen.

1. Besondere berufliche Qualifikation/Erfordernis einer qualifizierten Vorbildung

Aufgrund der „Meisterpflicht" besteht im Handwerk ein Erfordernis einer qualifizierten Vorbildung. Dem Meister geht in der Regel die erfolgreich-abgeschlossene Gesellenausbildung voraus.

2. Berufsrechtliche Bindungen/Bedeutung der Erlaubnis, Zulassung oder Bestellung zum Beruf

Die Reglementierung nach § 1 Abs. 1 HwO (i. V. m. § 7 HwO) belegt, dass es einer eigenen Zulassung bedarf.

3. Geistig-ideelle Leistung/freie (persönliche geistige) Tätigkeit

Nach *Brand* ist den freien Berufen gemeinsam, „dass sie vornehmlich durch die persönliche, besonders qualifizierte geistige Leistung des Berufsträgers ausgeübt werden, die über eine handwerkliche, rein manuelle Tätigkeit hinausgeht und

---

1417 Quaas, in: Quaas/Zuck, § 13 Rn. 10.

1418 Brand, in: Herrmann/Heuer/Raupach, § 18 EStG Rn. 66 ff.

1419 Stuhrmann, in: K/S/M, § 18 Rn. B 110.

1420 Stuhrmann, in: K/S/M, § 18 Rn. B 110; vgl. auch Henssler, § 1 Rn. 123.

der gegenüber der Einsatz materieller Mittel, mögen diese auch beträchtlich und für den Gewinn von Bedeutung sein (zB bei einem Röntgenarzt), für das Wesen der Tätigkeit nicht ausschlaggebend ist, sondern nur eine Hilfsfunktion hat."[1421]

Der freie Beruf zeichnet sich daher dadurch aus, dass es sich in erster Linie um eine rein geistige Arbeit handelt. Im Gesundheitshandwerk kommt es indes insbesondere auf handwerkliche, manuelle Fähigkeiten an. Allerdings verlangt eine ordnungsgemäße Arbeit eine auch hohe geistige Leistung. Ähnlich dem Arzt werden vom Gesundheitshandwerker bei der Anamnese oder anderen Arbeiten auch geistige Leistungen verlangt, die zur ordnungsgemäßen Versorgung notwendig sind. Ohne diesen geistigen Transfer ist dies nicht möglich. Aus diesem Grund nähern auch die Gesundheitshandwerke ihre handwerklichen Tätigkeiten an den ärztlichen Tätigkeiten an.[1422]

4. *Berufliche Tätigkeit*

Die erforderliche „berufliche Tätigkeit", die durch zwei Merkmale gekennzeichnet ist, nämlich die Beteiligung am allgemeinen wirtschaftlichen Verkehr und die Gewinnerzielungsabsicht,[1423] wird vom Handwerk erfüllt.

5. *Ergebnis*

Die Ähnlichkeiten zwischen dem Gesundheitshandwerk und einem freien Heilberuf verwundern letztlich nicht, da es bereits in den Leistungsangeboten Ähnlichkeiten und Überschneidungen gibt.

II. Persönliche Leistungserbringung als Merkmal des freien Berufs

In der Abgrenzung zu einer gewerblichen Tätigkeit erbringt der Freiberufler grundsätzlich seine Leistung persönlich, wobei er sich auch fremder Hilfskräfte bedienen darf.[1424] Er muss dabei grundsätzlich alle Tätigkeiten, die er anbietet, auch selbst ausführen können und leitend sowie eigenverantwortlich tätig werden.[1425]

1421 Brand, in: Herrmann/Heuer/Raupach, § 18 EStG Rn. 68.
1422 Vgl. Detterbeck, GewArch 2012, 337; ders., WiVerw 2009 227 (235).
1423 Brand, in: Herrmann/Heuer/Raupach, § 18 EStG Rn. 69.
1424 Zenthöfer, S. 757.
1425 Zenthöfer, S. 757.

Im Vergleich zu den Heilpraktikern, die steuerrechtlich i. S. d. § 18 EStG als Freiberufler angesehen werden,[1426] fallen die Ähnlichkeiten des Gesundheitshandwerks mit den freien Berufen auf. Als Abgrenzungskriterium wird bei den Heilpraktikern darauf verwiesen, dass eine gewerbliche Tätigkeit dann anfange, wenn Waren und Erzeugnisse über den Rahmen der eigenen Heilbehandlung hinaus an Patienten oder Dritte entgeltlich abgegeben werden.[1427] Demnach werden auch die Gesundheitshandwerker grundsätzlich nicht gewerblich tätig: Auch sie versorgen nur den einzelnen Patienten und geben individuell für ihn ein angepasstes Hilfsmittel ab. Es wäre nebenbei bemerkt schon höchst fraglich, ob z. B. ein unangepasstes Hörgerät an einen Patienten abgegeben werden dürfte. Dies wäre im Hinblick auf die Möglichkeit der Selbstschädigung durch die Nutzung des Hörsystems mit der vom Hersteller vorprogrammierten Grundeinstellung sehr problematisch.

Einkommenssteuerrechtlich gibt es eine weitere Ähnlichkeit zwischen Heilkunde und Gesundheitshandwerk: Unter der Ausübung von Heilkunde i. S. d. EStG versteht man jede Maßnahme, die Krankheiten vorbeugen sowie Krankheiten, Leiden oder Körperschäden feststellen, heilen oder lindern soll.[1428] Nach dieser weiten Definition müssten dann aber auch Gesundheitshandwerke – zumindest einkommenssteuerrechtlich – als freie Berufe betrachtet werden.

Wenn festgestellt wird, dass für die freien Berufe charakteristisch sei, dass sie für ein wert-/tätigkeitsbezogenes Entgelt (wie z. B. einer Gebührenordnung) und grundsätzlich nicht für ein Erfolgshonorar ausgeübt würden,[1429] so ist darauf hinzuweisen, dass die Gesundheitshandwerke (mit Ausnahme der Augenoptik) in der Regel von gesetzlichen Krankenkassen mit zuvor festgelegten Festzuschüssen und Festbeträgen bezahlt werden, die einer Gebührenordnung doch schon nahekommen.

Entscheidend für die Abgrenzung ist aber, dass der freie Beruf nur von dem Freiberufler, nicht von einem Dritten ausgeübt werden darf. Aus diesem Grund ist die persönliche Leistungserbringung ein bedeutendes Merkmal für einen freien Beruf.[1430] Eine vergleichbare persönliche Leistungserbringungspflicht hat

---

1426 Wacker, in: L. Schmidt, § 18 Rn. 95; vgl. Henssler (§ 1 Rn. 77): „Da die Heilpraktiker inzwischen deutlich erhöhte Zulassungsvoraussetzungen erfüllen müssen und sich zu einem eigenständigen Gesundheitsberuf verselbstständigt haben, überzeugt allein die Qualifikation als Freier Beruf."

1427 Wacker, in: L. Schmidt, § 18 Rn. 95.

1428 Brand, in: Herrmann/Heuer/Raupach, § 18 Rn. 142.

1429 Wacker, in: L. Schmidt, § 18 Rn. 61.

1430 Franke, S. 107.

der Gesetzgeber in der HwO gerade nicht normiert.[1431] Nach der HwO dürfen sämtliche Tätigkeiten – egal ob gefahrengeneigt oder nicht – von den Angestellten ausgeübt werden.[1432] Dies ergibt sich bereits aus § 49 Abs. 2 S. 1 HwO, wonach zur Meisterprüfung auch zuzulassen ist, wer eine andere Gesellenprüfung oder Abschlussprüfung bestanden hat und in dem Handwerk, in dem er nun die Meisterprüfung ablegen will, eine mehrjährige Berufstätigkeit ausgeübt hat. Damit geht die HwO davon aus, dass jemand – ohne Lehrling, Geselle oder Meister zu sein – mehrjährige Berufserfahrung legal erwerben kann.

Von einer persönlichen Leistungserbringungspflicht geht das Handwerksrecht auch schon deshalb nicht aus, weil es neben dem Meister auch den Gesellen (§ 31 HwO) und den Lehrling (§ 21 Abs. 1 HwO) als Leistungserbringer anerkennt. Während also beim freien Beruf die wesentlichen Arbeiten nur vom Freiberufler selbst ausgeübt werden dürfen und daher bereits eine Delegation der Leistungen nur eingeschränkt möglich ist,[1433] ist dies im Gesundheitshandwerk erlaubt und zulässig.

Badura hat (für das Augenoptiker-Handwerk und ohne dies dann weiter zu begründen) aufgezeigt, dass die Gewährleistung eines gebotenen Leistungsstandards die ständige persönliche Überwachung seitens des Meisters erfordere, weshalb auch im Handwerk personengebundene Leistungen beständen, auch wenn sich der Meister auf die Fähigkeiten und Fertigkeiten seiner Mitarbeiter verlassen könne.[1434] Der BGH hat in seiner Entscheidung zur Meisterpräsenz ähnlich anklingen lassen, dass es Dienstleistungen gäbe, die allein dem Meister vorbehalten wären, ohne sie dann näher zu konkretisieren.[1435]

Insofern könnte man auch die persönliche Überwachungspflicht als persönliche Leistung einstufen. Der Meister würde dann ähnlich dem Freiberufler zumindest bei der Überwachung seiner Mitarbeiter eine persönliche Leistungserbringungspflicht besitzen.

Die HwO kennt indes keine „Meister-Tätigkeiten".[1436] Eine Überwachungspflicht des Meisters besteht auch nicht generell, sondern nur bei gefahrengeneigten Tätigkeiten. Zudem werden die eigentlichen Leistungen in der Versorgung nicht allein von ihm erbracht. Die HwO sieht keine persönliche

1431 Honig, GewArch 1967, 97 (99).
1432 Detterbeck, GewArch 2014, 147 (153).
1433 Franke, S. 107.
1434 Badura, GewArch 1992, 201 (208).
1435 BGH, Urt. v. 17.07.2013 – I ZR 2222/11, in: GewArch 2013, 407 (409).
1436 Detterbeck, GewArch 2014, 147 (153).

Leistungserbringung durch den Betriebsleiter vor, die von keinem anderen erbracht werden dürfte.[1437]

III. Gesundheitshandwerke als nicht freie Berufe

Vergleiche und Abgrenzungen zwischen Industrie und Handwerk werden regelmäßig vorgenommen und diskutiert. Es überrascht, dass zumindest zwischen den Gesundheitshandwerken und bestimmten freien Berufen (z. B. Ärzte, Heilpraktiker) die Gemeinsamkeiten und Unterschiede nicht grundlegender untersucht worden sind und darüber entschieden wurde.[1438] Gerade im Hinblick auf die Dynamik der Gesundheitsberufe stellt sich die Frage, ob ein Gesundheitshandwerk auch ein freier Beruf werden kann. Wegen der fehlenden persönlichen Leistungserbringungspflicht, die im Handwerksrecht bewusst eingebettet ist und dadurch zu einer hohen Ausbildungsleistung führt, scheint ein „Weg raus aus dem Handwerk" nicht plausibel.

IV. Gemeinsamkeiten bei den Tätigkeiten, Gemeinsamkeiten bei der Präsenzpflicht

Die festgestellten Ähnlichkeiten der Tätigkeiten zwischen Ärzten und Gesundheitshandwerker führen dazu, dass bei der Ausübung der Tätigkeiten ein Gleichlauf bezüglich der Präsenzpflicht bestehen muss. Es wäre nicht einzusehen, wenn es bei dem einen Berufsstand schärfere Präsenzanforderungen gäbe als bei dem anderen.

1. Präsenzpflichten des Arztes

In der Ärzteschaft werden die Themen Delegation und Substitution schon seit Längerem kontrovers diskutiert.[1439] Unter der Delegation versteht man die Übertragung originär ärztlicher Tätigkeiten an ärztliche und nichtärztliche Mitarbeiter, wobei stets eine ärztliche Anordnung und Überwachung notwendig ist.[1440]

1437 Vgl. Honig, GewArch 1967, 97 (99); Detterbeck, GewArch 2014, 147 (153). Kritisch zu bewerten ist daher eine Regelung in der Meisterprüfungsverordnung der Augenoptiker zur Refraktion (§ 2 Abs. 2 Nr. 9 AugOptMstrV), die eine reine „Meister-Tätigkeit" sein soll.

1438 Vgl. Schreiner, in: Schwannecke, § 1 Rn. 66 ff.: Abgrenzung zwischen Handwerk und freien Beruf im Bereich der Kunst.

1439 Vgl. Katzenmeier, in: Laufs, X. Rn. 60 ff. Kritisch zur Diskussion Kern, in: Laufs/Kern, § 45 Rn. 8.

1440 Achterfeld, S. 3.

Die Entscheidung über die Maßnahme – das „Ob“ – verbleibt beim Arzt, das „Wie“, also die Durchführung, geht auf den Dritten über.[1441] Bei der Substitution werden ebenso Leistungen von nichtärztlichem Personal übernommen, allerdings erfolgt die Durchführung ohne ärztliche Weisung.[1442] Sowohl die Entscheidung des „Ob“ als auch über das „Wie“ obliegt hier also dem Dritten.[1443]

Neben der Frage, ob bestimmte Leistungen überhaupt von einem Arzt delegiert werden dürfen, stellt sich die Anschlussfrage, ob für ihn eine Präsenzpflicht besteht und welcher Art sie ist.

Die Diskussionen rund um die Delegation und die Präsenzpflicht kann für Ärzte weitreichende Folgen haben: Leistungen, die delegiert werden, bei denen aber keine strenge Präsenzpflicht besteht, müssten in der Konsequenz auch im Wege der Substitution abgegeben werden. Auch monetär hat die Diskussion Folgen: Wenn der Arzt bestimmte Leistungen nicht mehr persönlich erbringen muss, fragt es sich, weshalb eine gesetzliche Krankenkasse diese noch dem Arzt (als Arztleistung) überhaupt bezahlen soll und weshalb diese Leistungen dann nicht generell von Dritten außerhalb einer Arztpraxis ausgeübt werden können. Da selbst BÄK und KBV keine generelle Anwesenheitspflicht des Arztes fordern (namentlich bei Blutentnahmen)[1444], sind diese Diskussionspunkte mehr als nachvollziehbar.

Das LSG Nordrhein-Westfalen stellte in seiner Entscheidung aus dem Jahr 1996 die Auswirkungen der Delegation fest: Der bestehende Arztvorbehalt bewirkt zugunsten der Ärzte innerhalb der GKV einen Ausschluss anderer Heilberufe von der selbstständigen Behandlung.[1445] Wenn nun die persönliche Anwesenheit des Arztes nicht erforderlich ist, handelt es sich nicht mehr um eine ärztliche Leistung, da die ärztliche Sachkunde entbehrlich ist.[1446] Jede ärztliche Leistung, die unter dem Arztvorbehalt steht, für die aber die persönliche Anwesenheit des Arztes gar nicht notwendig ist, kann daher dem Grunde nach gar nicht weiter unter dem Arztvorbehalt stehen.

Wenn Abwesenheitszeiten, z. B. bei Blutentnahmen, zugelassen werden, stellt sich die Folgefrage, warum diese dann überhaupt noch in einer Arztpraxis

---

1441 Achterfeld, S. 3.

1442 Achterfeld, S. 4.

1443 Achterfeld, S. 4.

1444 BÄK/KBV, Persönliche Leistungserbringung, S. 5.

1445 LSG Nordrhein-Westfalen, Urt. v. 25.09.1996 – L 11 Ka 41/96, in: NZS 1997, 195 (196).

1446 LSG Nordrhein-Westfalen, Urt. v. 25.09.1996 – L 11 Ka 41/96, in: NZS 1997, 195 (196).

vorgenommen werden müssen und ob sie dann nicht auch generell von Nicht-Ärzten in Nicht-Arztpraxen vorgenommen werden dürfen. Entweder handelt es sich um Leistungen, bei denen zumindest die Anwesenheit des Arztes notwendig ist, dann aber immer, oder aber nicht, dann aber auch generell für alle Fälle.

Egal wie man zu diesen Diskussionen stehen mag (und insbesondere welche logischen Folgen und Rückschlüsse man zieht), haben sich bei den Ärzten nachvollziehbare Abgrenzungskriterien herausgebildet, nach denen unterschieden wird, ob es sich um eine ärztliche Leistung handelt oder nicht. Wenn nun im ärztlichen Berufsrecht die Delegierbarkeit von der Gefährlichkeit der jeweiligen Handlungen abhängt, liegt eine tätigkeitsbezogene Betrachtung vor, bei der darauf abgestellt wird, um welche Leistungen es geht.[1447]

Bei den Gesundheitshandwerken gibt es verschiedene Tätigkeiten, die gefahrengeneigt sind (Ohrabformung, Zahnersatzherstellung usw.) und die im Übrigen sowohl vom Gesundheitshandwerker wie auch vom Facharzt ausgeübt werden dürfen. Hierzu zählt z. B. die Erstellung eines Hörprofils.[1448] Wenn nun diese Handlung, die zur Indikationsstellung notwendig ist, in der Arztpraxis ausschließlich von einem Arzt ausgeübt werden darf oder zumindest seine Anwesenheit notwendig ist, dann liegt ein Wertungswiderspruch vor, wenn beim Gesundheitshandwerk noch nicht einmal der Meister vor Ort sein muss. Wenn Tätigkeiten, die zum Berufsbild des Arztes gehören, die Anwesenheit des Arztes notwendig machen, so ist für eben diese Tätigkeiten, wenn sie zugleich zum Berufsbild eines zulassungspflichtigen Handwerks gehören, auch die Anwesenheit des Meisters unabdingbar, wenn sie nicht in der Arztpraxis, sondern im Handwerksbetrieb verrichtet werden. Eine andere Bewertung wäre mit dem Gleichbehandlungsgrundsatz unvereinbar.

Nach *Peikert* darf aus einer abstrakten, fernliegenden Möglichkeit einer Risikoverwirklichung nicht auf die Gefährlichkeit einer ärztlichen Tätigkeit mit der Folge, dass diese nur vom Arzt höchstpersönlich verrichtet werden muss, geschlossen werden.[1449] Da bereits kleine ärztliche Fehler schwerwiegende Folgen haben könnten, müsste in der Konsequenz sonst jede Maßnahme vom Arzt höchstpersönlich zu erbringen sein.[1450] *Peikert* stellt zur Abgrenzung, welche ärztlichen Leistungen delegierbar sind und welche nicht, auf die *Qualifikation*

1447 Hartmannsgruber, in: Ratzel/Luxenburger, Kap. 7 Rn. 274.

1448 BGH, Urt. v. 29.06.2000 – I ZR 59/98, in: NJW 2000, 2745 (2746); Detterbeck, WiVerw 2009, 227 (236).

1449 Peikert, MedR 2000, 352 (355).

1450 Peikert, MedR 2000, 352 (355).

des nichtärztlichen Personals ab. Wenn allein aufgrund der unterschiedlichen Qualifikation von Arzt und Nicht-Arzt bei der Durchführung einer bestimmten Maßnahme durch einen Nicht-Arzt für den Patienten ein größeres Risiko bestehe, sei die Leistung vom Arzt persönlich zu erbringen.[1451]

Diese Argumentation ist kritisch zu hinterfragen: Für bestimmte Tätigkeiten des Arztes besteht ein genereller gesetzlicher Arztvorbehalt aufgrund seiner Qualifikation. Es wird daher unterstellt, dass er *aufgrund seiner Qualifikation* bestimmte Leistungen ausüben darf, die ein Dritter sonst nicht erledigen darf. *Peikert* verlangt nun, dass sich *in der Versorgung und Behandlung* die Qualifikation konkret bemerkbar macht. Diese Auffassung würde den Arztvorbehalt vollständig angreifen, denn dann hätte der Arzt bestimmte Versorgungsrechte nicht weiter *aufgrund seiner Qualifikation*, sondern nur dann, wenn sich diese Qualifikation konkret bei der Versorgung *bemerkbar machen* würde. Diese Ansicht überzeugt aber nur dann, wenn jede Versorgung gleich und ohne Komplikationen laufen würde. Genau das kann aber nicht unterstellt werden, weshalb die Qualifikation des Arztes notwendig ist, um Probleme und Schwierigkeiten zu erkennen und zu lösen. Die Ansicht würde den Berufsstand des Arztes auch deutlich in seinem Tätigkeitsfeld begrenzen.

Der Arzt darf nur *aufgrund seiner Qualifikation* (exklusiv) versorgen und behandeln. Dieses Recht und diese Pflicht folgen aber aus der Gefahrengeneigtheit seines Handelns. Aus diesem Grund besteht selbstverständlich auch bei vermeintlich unbedeutenden, aber gefahrengeneigten Tätigkeiten eine höchstpersönliche Leistungspflicht. Anders ausgedrückt: Eine Leistung, die gefährlich ist, wird nicht dadurch dem Arztvorbehalt entzogen, weil sie auch ein Dritter ohne entsprechende Qualifikation ausführen könnte und für den Patienten die gleiche Gefahr besteht. Nur aufgrund seiner Qualifikation darf der Arzt tätig werden. Die Qualifikation stellt daher die Berechtigung zur Ausübung gefahrengeneigter Tätigkeiten dar, sie ist nicht ein Abgrenzungskriterium für die Frage der Delegierbarkeit ärztlicher Leistungen.

Ebenso zu prüfen ist – wie von BÄK/KBV vorgenommen – die Aufzählung von Tätigkeiten in einem Kernbereich, die *per se* nicht delegierbar sind. Objektiv nachzuvollziehen ist es, wenn bei der Abgrenzung auf die Tätigkeit und ihre jeweilige Gefährlichkeit abgestellt wird. Wenn nun solche Leistungen als nicht delegierbar angesehen werden, die „wegen ihrer Schwierigkeit, ihrer Gefährlichkeit für den Patienten oder wegen der Unvorhersehbarkeit etwaiger Reaktionen"[1452] ärztliches Fachwissen verlangen und deshalb vom Arzt persönlich

1451 Peikert, MedR 2000, 352 (355).

1452 Vgl. BÄK/KBV, Persönliche Leistungserbringung, S. 3.

zu erbringen sind,[1453] dann stellt dies ein Prüfschema dar, das auch für andere Gesundheitsberufe von Bedeutung ist und auf das zurückgegriffen werden kann. Denn hier manifestiert sich die Rechtfertigung der Reglementierung mit der Schwierigkeit und Gefährlichkeit der Leistungserbringung.

Da im Handwerk davon ausgegangen wird, dass es kein Recht auf eine *persönliche* Leistungserbringung durch den „Meister" gibt, also alle Leistungen nicht zwingend vom „Meister" höchstpersönlich erbracht werden müssen, besteht zumindest für *gefahrengeneigte* Tätigkeiten eine Präsenzpflicht. Diese Abgrenzung überzeugt deshalb, weil es keine Pflichten „ihrer selbst Willen" gibt, sondern ganz im Sinne des Verhältnismäßigkeitsgrundsatzes ausschließlich wegen des Gesundheits- und des Verbraucherschutzes.

Wenn die Gesundheitsberufe bestimmte Reglementierungen gerade europarechtlich mit dem Gesundheits- und Verbraucherschutz rechtfertigen, dann müssen die entsprechenden Leistungen, die diesen Schutzbereich betreffen, isoliert betrachtet werden und für ihre Erbringung dann auch eine Präsenzpflicht des Meisters verlangt werden. Präsenz bedeutet freilich nicht, dass die Leistungen stets unmittelbar überwacht werden müssen, sondern dass der Betriebsleiter vor Ort und ansprechbar ist und dass er auch die Arbeit stets kontrollieren kann.

2. Präsenzpflichten des Apothekers

Die Präsenzpflicht bei den Apotheken wird ebenso wie bei den Ärzten hinterfragt und diskutiert.[1454] Auch hier wird argumentiert, dass die technischen Möglichkeiten eine ausreichende außerhäusliche Erreichbarkeit des Apothekenleiters genügen lassen.[1455] Die klare Regelung in § 2 Abs. 5 ApBetrO, wonach sich ein Apothekenleiter vertreten lassen muss, sofern er seine Verpflichtung zur persönlichen Leitung der Apotheke vorübergehend nicht selbst wahrnimmt, wird in Frage gestellt: Diese Vertretungspflicht soll bei längerer Krankheit oder im Urlaub in entlegene Regionen[1456] gelten, nicht aber bei kürzerer Abwesenheit.

Überspitzt wäre bezüglich der oben zitierten Kommentierung zu (hinter) fragen, weshalb allein ein Urlaub in einer „entlegenen Region" die Vertretungspflicht auslösen soll, nicht aber ein Urlaub in eine gut erreichbare deutsche Urlaubsregion?

1453 Kern, in: Ratzel/Lissel, § 3 Rn. 90.

1454 Vgl. Kieser, in: Kieser u. a., § 7 Rn. 75.

1455 Kieser, in: Kieser u. a., § 7 Rn. 72; diese Argumentation findet sich auch bei der Frage der Erreichbarkeit bei den Steuerberatern, vgl. Franke, S. 108 ff.

1456 Kieser, in: Kieser u. a., § 7 Rn. 73.

Neben der generellen Problematik der persönlichen Anwesenheit des Apothekers stellt sich die Frage der Beurteilung der Erreichbarkeit über Handy, Tablet usw.[1457] Das OLG Bamberg bezweifelt, dass eine Erreichbarkeit über diese neuen Kommunikationswege ausreicht.[1458]

Die klaren Regelungen im Apothekenrecht lassen gewisse Abwesenheitszeiten des Leiters zu, doch hat dies zur Folge, dass bestimmte Tätigkeiten dann auch nicht angeboten und ausgeübt werden dürfen.

3. *Ergebnis*

Ärzten, Apothekern und Gesundheitshandwerkern gemein ist die Reglementierung ihrer Berufsausübung, die mit dem Gesundheits- und Verbraucherschutz gerechtfertigt wird. Bei allen Berufsgruppen stellt sich stets die Frage, welche Tätigkeiten dann noch von Dritten ausgeübt werden dürfen.

Die gefahrengeneigten Tätigkeiten dürfen nicht ausgeübt werden, ohne dass ein Arzt, Apotheker oder Meister vor Ort ist. Im Apothekenrecht wird keine Apothekenleiterpräsenz gefordert, wenn die ständige Anwesenheit von approbiertem Personal gewährleistet ist.[1459] Würde es im Handwerksrecht nicht auch ausreichen, dass allein *ein* Meister (oder gleichwertig qualifiziert) vor Ort ist oder muss es stets der Betriebsleiter persönlich sein?

Diese Überlegung ist zwar naheliegend, wird aber der hier in Rede stehenden Problematik, die darin liegt zu bestimmen, welche *Aufgaben* dem Betriebsleiter zukommen, nicht gerecht. Der Betriebsleiter verfügt über Leitungsaufgaben, die es ihm ermöglichen, Anweisungen zu geben und diese auch (arbeitsrechtlich) durchzusetzen. Es ist der Betriebsleiter, der den Mitarbeitern vorgesetzt ist. Aus diesem Grund leitet er den Betrieb. Diese Aufgabe kann nicht von einem „normalen" Meister ausgeübt werden; ihm fehlt die notwendige arbeitsrechtliche Befugnis. Die Betriebsleiterpräsenz wird gerade nicht nur damit begründet, dass der Betriebsleiter selbst qualitativ bessere Leistungen erbringt als die anderen Mitarbeiter, sondern auch mit seiner Entscheidungs- und Weisungsbefugnis,[1460] die nur er inne hat und ausüben kann. Insofern reicht es für die Betriebsleiterpräsenz nicht aus, dass irgendein anderer Meister vor Ort ist.

1457 Kieser, in: Kieser u. a., § 7 Rn. 72.

1458 OLG Bamberg, Beschl. v. 12.07.2007 – 3 Ss OWi 170/07.

1459 Kieser, in: Kieser u. a., § 7 Rn. 75.

1460 Vgl. Peifer, Rn. 186.

V. Parallele zum Heilpraktiker

Die Auslegung und Anwendung des HeilPraktG ist umstritten:[1461] Dies mag daran liegen, dass die ursprüngliche Intention des Gesetzes die Verhinderung der Verbreitung des Berufstyps des Heilpraktikers war, das HeilPraktG dann aber tatsächlich zu einer rechtlichen Etablierung des Berufszweigs des Heilpraktikers entscheidend beitrug.[1462]

Nationalsozialistische Inhalte[1463] wurden zwar für unanwendbar erklärt,[1464] grundlegende inhaltliche Überarbeitungen erfolgten indes nicht. Schon beim Inkrafttreten des HeilPraktG war sich der Gesetzgeber diesen engen Verbindungen zu den Gesundheitshandwerken bewusst. Zwar schrieb er diesen auch „heilkundliche Verrichtungen“[1465] zu. Nach seiner Einschätzung überwogen indes die technischen und handwerklichen Tätigkeiten. Deshalb nahm er die Gesundheitshandwerke vom Anwendungsbereich des HeilPraktG aus.

1. Weniger Pflichten, mehr Rechte für Heilpraktiker

Die rechtlichen Konsequenzen im Gefolge aufgrund der Abgrenzung zwischen Heilkunde und Gesundheitshandwerk sind bemerkenswert: Der grundsätzlich länger, intensiver und besser ausgebildete Gesundheitshandwerker darf keine Heilkunde in seinem Fachbereich ausüben; er hat trotz entsprechender Kenntnisse normativ weniger Rechte als ein Heilpraktiker.

Die Rechtsprechung fand zwar pragmatische Wege, sich dieses Wertungswiderspruchs im Praxisalltag zu entledigen, indem sie recht pauschal die Tätigkeiten des Gesundheitshandwerkers allein als handwerklich einordnete und nicht als medizinisch.[1466] Die reine Reduzierung des Gesundheitshandwerks auf

---

1461 Vgl. Guttau (S. 66), der „die zentrale Definition der Ausübung der Heilkunde gesetzestechnisch“ als „wahrhaft misslungen“ bezeichnet; Zuck (in: Quaas/Zuck, § 34 Rn. 14), nach dem das HeilPraktG nicht „Kurpfuscherei“ verhindere, sondern sie fördere; Sasse hält die fehlende Neuregelung des Berufsrechts der Heilpraktiker für bedenklich (S. 32).

1462 Guttau, S. 68; dazu bereits Teil 1/C./I./1.

1463 Reichs- und Staatsanzeiger v. 28.02.1939 (Nr. 50, S. 2): „Die hierzu berufenen Stellen haben daher seit der Machtergreifung durch den Nationalsozialismus Mittel und Wege geprüft, um diese Mißstände [durch die Kurierfreiheit] zu beseitigen und dem deutschen Volke eine einwandfreie gesundheitliche Betreuung sicherzustellen.“

1464 Arndt, S. 50; Sasse, S. 28.

1465 Guttau, S. 67 (FN. 61).

1466 Vgl. BVerwG, Urt. v. 20.01.1966 – I C 73/64, in: BVerwGE 23, 140 (146 ff.); BSG, Urt. v. 18.09.1973 – 6 RKa 2/72, in: BSGE 36, 146 (148).

den handwerklich-technischen Bereich wird aber der Spannbreite der Gewerke nicht gerecht.[1467] Denn für eine ordnungsgemäße Versorgung bedarf es medizinischer Kenntnisse, die insbesondere bei der Anamnese auch notwendig sind. Ohne medizinische Fähigkeiten und Fertigkeiten ist eine ordnungsgemäße Versorgung nicht möglich.

Im Ergebnis bleiben daher formale Unstimmigkeiten und Widersprüche, die nicht zu rechtfertigen sind.

Die Kritik von *Zuck* an den Heilpraktikern („Wer ohne jede Vor- und Ausbildung die gesamte Medizin – von den wenigen Vorbehaltsbereichen abgesehen – ausüben darf, nur weil er lesen und schreiben gelernt hat und einige allgemeine Fragen zur Heilkunde beantworten kann, ist begrifflich ein Schadensstifter, es sei denn, man würde die Ausbildung zum Mediziner für überflüssig erklären")[1468] mag überspitzt sein, aber dem Grunde nach zeigt sie exemplarisch bezüglich der einfachen Möglichkeit, eine Heilpraktiker-Erlaubnis zu erhalten, auf, dass die Anforderungen an die Heilpraktiker-Erlaubnis generell zu niedrig sind. Im Vergleich hierzu sind die Gesundheitshandwerke rechtlich benachteiligt, was aber die Praxis nicht stört, da die Tätigkeiten der Gesundheitshandwerker entweder als nicht medizinisch angesehen oder aber, soweit sie auf medizinischer Art sind, zumindest toleriert werden.

2. *Kein Weniger an Präsenzpflichten in Gesundheitshandwerken*

Wenn nun festzustellen ist, dass die Gesundheitshandwerke zumindest nicht weniger gefahrengeneigt arbeiten als Heilpraktiker, ist nicht einzusehen, weshalb bei den Heilpraktikern ähnlich wie bei den Ärzten eine persönliche Leistungserbringungspflicht und damit eine unmittelbare Präsenzpflicht für die Heilpraktiker besteht, in den Gesundheitshandwerken aber nicht.

Sinn und Zweck des HeilPraktG ist die Gefahrenabwehr.[1469] Gesundheitliche Schäden sollen verhindert werden, wozu auch mittelbare Gefährdungen gehören, die dadurch entstehen könnten, dass gebotene Therapien verzögert

---

1467 Vgl. Detterbeck (GewArch 2012, 337), der auf die dynamische Weiterentwicklung der Gesundheitshandwerke hinweist.

1468 Zuck, in: Quaas/Zuck, § 33 Rn. 14. Vgl. dazu auch die Aussagen von Laufs (in: Laufs/Kern, § 10 Rn. 15): „Die zunehmende Kurpfuscherei von Geistheilern und anderen verstiegenen Dilettanten oder betrügerischen Scharlatanen gefährdet die Volksgesundheit und verlangt rechtliche Abwehr, deren Wirksamkeit durch die Existenz staatlich zugelassener und damit legitimierter Heilpraktiker gemindert wird."

1469 Haage, § 1 Rn. 10.

werden.[1470] Dies entspricht der neuen Ausrichtung des Handwerksrechts seit 2004, in der (neben der später dazu gekommenen Ausbildungsleistung) die Zulassungspflicht mit der Abwehr von Gefahren für die Gesundheit oder das Leben Dritter begründet wird.[1471] Somit dienen sowohl das Heilpraktikerrecht wie das Handwerksrecht der Gefahrenabwehr.

In beiden Gebieten verlangen Sinn und Zweck der Gefahrenabwehr, dass bei der Ausübung gefahrengeneigter Tätigkeiten eine unmittelbare und dauerhafte Präsenzpflicht vor Ort besteht.

VI. Ergebnis

Aufgrund des Vergleichs zu anderen reglementierten Berufen im Gesundheitsbereich sind die recht vagen handwerksrechtlichen Regelungen und Grundsätze für die Betriebsleiterpräsenz in den besonders gefahrengeneigten Gesundheitshandwerken nicht nachzuvollziehen.

Eine Reglementierung der Betriebsleiterpräsenz im Gesundheitshandwerk, die gerade auf der besonderen Gefahrengeneigtheit beruht, ist dadurch gerechtfertigt und auch im Sinne der Gleichbehandlung notwendig, da eine ähnliche Präsenzverpflichtung bei Ärzten (bei der Ausübung ähnlicher gefahrengeneigter Tätigkeiten) besteht. Auch im Vergleich zu den Heilpraktikern lässt sich keine gelockerte Präsenzpflicht rechtfertigen; vielmehr erscheinen die Tätigkeiten im Gesundheitshandwerk deutlich gefahrträchtiger, sodass eine vergleichbare Präsenz wie im Heilpraktikerrecht wichtig und wesentlich für die Gefahrenabwehr ist.

H. Sozialrechtliche Implikationen: Bindung trotz Bedenken?

Die Eintragung in die Handwerksrolle stellt einen Verwaltungsakt mit Dauerwirkung dar.[1472] An die im Verwaltungsakt getroffene Regelung sind u. a. alle anderen Behörden gebunden, ohne dass es auf die Rechtmäßigkeit des Verwaltungsaktes ankommt.[1473] Diese Folge der Wirksamkeit des Verwaltungsaktes wird als Tatbestandswirkung bezeichnet.[1474] Die Tatbestandswirkung und ihre Bindungswirkung für andere Behörden betreffen insbesondere die gesetzlichen

1470 Haage, § 1 Rn. 10.
1471 Detterbeck, § 1 Rn. 12.
1472 Detterbeck, § 6 Rn. 7.
1473 Detterbeck, AVR, Rn. 544.
1474 Detterbeck, AVR, Rn. 544.

Krankenkassen. Es können Unstimmigkeiten zwischen den Handwerkskammern und den gesetzlichen Krankenkassen entstehen, wenn die Krankenkassen die Meinung vertreten, dass Handwerkskammern zu lax mit der Meisterpräsenz umgehen, zu wenig die Präsenzpflicht kontrollieren und zu selten gegen mögliche Verstöße vorgehen. Dadurch könnte die Eintragung in die Handwerksrolle und damit die Rechtmäßigkeit der Eintragung infrage gestellt werden. Grundsätzlich sind die gesetzlichen Krankenkassen aber aufgrund der Tatbestandswirkung an die Entscheidung der Handwerkskammer gebunden.[1475]

Dies ändert nichts an ihrer sozialrechtlichen Verpflichtung aus § 126 Abs. 1 S. 2 SGB V, nur solche Leistungserbringer als Vertragspartner und als Hilfsmittel-Abgeber zu akzeptieren, die die Voraussetzungen für eine ausreichende, zweckmäßige und funktionsgerechte Herstellung, Abgabe und Anpassung der Hilfsmittel erfüllen. Für die Krankenkassen stellen die Tatbestandswirkung und die Eignungspflicht des Leistungserbringers in der Praxis deshalb regelmäßig ein Problem dar, wenn es zwischen Handwerkskammer und GKV unterschiedliche Auffassungen über die Einhaltung von Präsenzpflichten geht.

Die Widersprüche und Regelungslücken im Handwerksrecht (insbesondere zur Präsenzpflicht) machen die Prüfpflichten der Krankenkassen nicht einfacher. Vielmehr führen sie dazu, dass sich die gesetzlichen Krankenkassen nicht auf ein bundeseinheitliches und nachvollziehbares Eintragungsregime aller Handwerkskammern berufen und vertrauen können. Zu unterschiedlich sind vor allem die Bewertungen einzelner Handwerkskammern, wann ein handwerksrechtlicher Verstoß (z. B. gegen die Betriebsleiterpräsenz) vorliegt und wie dagegen reagiert werden soll.

Wichtig ist daher für die Krankenkassen, ob mit der Eintragung des Handwerksbetriebs in die Handwerksrolle auch die Frage der Betriebsleiterpräsenz konkret von der Tatbestandswirkung des Verwaltungsaktes umfasst ist.

Der *Umfang* der Tatbestandswirkung richtet sich nach der Regelung, die der Verwaltungsakt getroffen hat.[1476] In der Anlage D zur HwO sind die näheren Modalitäten der Eintragung aufgeführt.[1477] Die Präsenzzeiten sind dort nicht genannt. Es könnte daher angezweifelt werden, dass mit der Eintragung (die als solche unzweifelhaft einen Verwaltungsakt darstellt) auch eine inzidente Tatbestandwirkung für die *Präsenzzeiten* besteht. Die Eintragung umfasst aber stets auch eine Prüfung und damit Genehmigung der Präsenzzeiten, denn andernfalls

---

1475 Vgl. BSG, Urt. v. 10.11.1994 – 12 RK 58/93 (Zusammenfassung in SGb 1995, 112 f.).

1476 Peuker, in: Knack/Henneke, § 43 Rn. 22.

1477 Karsten/Pfeifer, in: Schwannecke, § 6 Rn. 14.

wäre eine Eintragung abzulehnen. Folglich ist auch die Präsenzzeit von der Tatbestandswirkung umfasst.

Klare rechtliche Vorgaben zur Betriebsleiterpräsenz der Gesundheitshandwerke würden es ermöglichen, dass gesetzliche Krankenkassen davon ausgehen könnten, dass in jedem Leistungserbringer-Betrieb ein Betriebsleiter mit der höchst-möglichen Ausbildung vor Ort ist, sodass eine entsprechend hochwertige Versorgung i. S. d. § 126 SGB V sichergestellt wird.

Kommen die Handwerkskammern ihrer Aufgabe nicht nach, die Einhaltung der Präsenzpflicht zu überprüfen und Verstöße konsequent zu verfolgen und zu ahnden, führt dies zu dem beschriebenen Problem bei den gesetzlichen Krankenkassen. Bei dauerhaften Auseinandersetzungen zwischen Krankenkassen und Handwerkskammern wäre nicht auszuschließen, dass der Gesetzgeber die Krankenkassen eigenständig – in Erweiterung des bestehenden Präqualifizierungssystems – mit der Bewertung und Prüfung der Präsenzpflichten beauftragt. Eine solche Zweitprüfung und -bewertung wäre nicht nur eine Einschränkung des Selbstverwaltungsrechts der Handwerkskammern, sondern auch deren Entmachtung. Zudem würde dies zu unterschiedlichen rechtlichen Bewertungen des gleichen Sachverhalts führen, was die Tatbestandswirkung gerade verhindert: Im Sozialversicherungsrecht und Handwerksrecht soll es gerade nicht zu einer unterschiedlichen Beurteilung kommen.[1478]

Im Ergebnis ist es daher wichtig, dass sich die Sozialversicherungsträger auf die Richtigkeit der Eintragung durch die Handwerkskammern verlassen können, um ihre eigenen gesetzlichen Aufgaben erfüllen zu können. Die verwaltungsrechtliche Tatbestandswirkung des Verwaltungsaktes führt dazu, dass es eine einheitliche Entscheidung gibt. Dies erhöht aber die Sorgfaltspflichten der Handwerkskammern, die die Drittwirkung ihrer Prüfung und Entscheidung berücksichtigen müssen.

I. Aufgaben der Handwerkskammern: Kein Vertrauen in die Kompetenz?

Zu den Aufgaben der Handwerkskammern gehört nach § 91 Abs. 1 Nr. 3 HwO die Führung der Handwerksrolle. Diese Kompetenzzuweisung bezieht sich ausdrücklich auf § 6 HwO und auch auf die §§ 7–15 HwO.[1479]

1478 Karsten/Pfeifer, in: Schwannecke, § 6 Rn. 18.
1479 Leisner, in: Leisner, § 91 Rn. 20.

I. Löschung von Amts wegen aufgrund fehlender Präsenz

Die Eintragung in die Handwerksrolle wird gemäß § 13 Abs. 1 HwO auf Antrag oder von Amts wegen gelöscht, wenn die Voraussetzungen für die Eintragung nicht (mehr) vorliegen. Dabei kommt es nicht darauf an, ob die Voraussetzungen bereits zum Zeitpunkt der Eintragung nicht vorlagen oder erst später weggefallen sind.

Nach § 5a Abs. 2 S. 1 HwO dürfen sich Handwerkskammern gegenseitig personenbezogene Daten übermitteln, soweit dies zur Feststellung erforderlich ist, ob der Betriebsleiter die Voraussetzungen für die Eintragung in die Handwerksrolle erfüllt und ob er seine Aufgaben ordnungsgemäß wahrnimmt. Der Betriebsleiter muss die Aufgaben, die ihm tatsächlich obliegen, auch ausüben und ausüben können. Insofern besteht bei den Handwerkskammern ein Recht zur Kontrolle, ob die Betriebsleiter ihrer Präsenzverpflichtung genügen.

Wenn der Gesetzgeber den Kammern explizit das Recht zur Überprüfung der Präsenz des Betriebsleiters einräumt, muss dies auch dazu führen, dass die Nichteinhaltung der Präsenzpflicht rechtliche Folgen hat. Denn mit einer fehlenden oder unzureichenden Präsenz liegen die Eintragungsvoraussetzungen nicht mehr vor. Sind aber die Eintragungsvoraussetzungen entfallen, besteht eine Amtspflicht der Handwerkskammer zur Löschung. Der Kammer steht hier kein Ermessen zu. Das Fehlen eines Betriebsleiters i. S. d. § 7 HwO bzw. ein Verstoß gegen die Präsenzzeiten ist daher ein Löschungsgrund.[1480]

II. Betriebsuntersagung

Während die Handwerkskammer eigenständig einen Betrieb aus der Rolle *löschen* kann, liegt die *Untersagung der Betriebsführung* nicht in ihrem Verantwortungsbereich.

§ 16 HwO wurde 2003 dahingehend geändert, dass der Einfluss der Handwerkskammern hinsichtlich der Untersagung der Fortführung des Betriebs abgeschwächt wurde.[1481] Wird der selbstständige Betrieb eines zulassungspflichtigen Handwerks als stehendes Gewerbe entgegen den Vorschriften der HwO ausgeübt, so kann nun nach § 16 Abs. 3 S. 1 HwO die nach Landesrecht zuständige Behörde die Fortsetzung des Betriebs untersagen. Begründet wurde dies vom Gesetzgeber wie folgt: „Nach den Erfahrungen der Praxis wird vielfach eine Betriebsschließung auf Antrag der Handwerkskammer verfügt, obwohl bei der

1480 Vgl. Detterbeck, § 13 Rn. 5.

1481 Leisner, in: Leisner, § 16 Rn. 1.

gebotenen großzügigen Auslegung der Ausnahmetatbestände der Handwerksordnung keine unerlaubte Handwerksausübung vorliegt. Dies gilt insbesondere in Fällen, in denen eine einfache oder sonst dem Erfordernis der Meisterprüfung nicht unterliegende Tätigkeit ausgeübt wird."[1482]

Bestand bis dahin ein eigenes Recht der Handwerkskammer zur Beantragung einer Betriebsuntersagung und auch ein eigenes Klagerecht gegen die Ablehnung der Untersagung, ist sie nun gemäß § 16 Abs. 3 S. 2 HwO verpflichtet, gemeinsam mit der Industrie- und Handelskammer eine Erklärung zur Untersagung abzugeben.[1483] Selbst die Möglichkeit, eigenständig bei der zuständigen Behörde eine Betriebsuntersagung anzuregen, soll der Handwerkskammer verwehrt sein.[1484]

III. Kritik

Die derzeitige gesetzliche Regelung stellt ein explizites Misstrauensvotum gegenüber der Unabhängigkeit und Unparteilichkeit der Handwerkskammer dar, obwohl diese ihre Aufgaben neutral auszuüben hat, was auch aus ihrer öffentlich-rechtlichen Bindung und Rechtsnatur als Körperschaft des öffentlichen Rechts (vgl. § 90 Abs. 1 HwO) folgt.[1485] Wenn der Gesetzgeber die Eintragung und selbst die Löschung allein den Handwerkskammern als Aufgabe zuweist, ist es ein Widerspruch, dass die Untersagung der Betriebsfortführung nicht von ihnen, sondern nach einem aufwendigen Verfahren unter Beteiligung der Industrie- und Handwerkskammer durch eine nach Landesrecht zuständige Behörde zu erfolgen hat.

Es wäre konsequent, wenn allein die Handwerkskammer die Untersagung betreiben könnte – für die Eintragung und Löschung ist sie schließlich auch alleine zuständig. Weshalb sich hier im Übrigen die Industrie- und Handelskammer beteiligen soll, ist nicht nachzuvollziehen. In der Gesetzesbegründung heißt es, dass eine Betriebsschließung unmittelbar in den Mitgliederbestand der Industrie- und Handelskammern eingreife und es daher geboten sei, die Behörden zu verpflichten, die Industrie- und Handelskammern vor der Schließung anzuhören.[1486] Damit würde „vorgebeugt, dass nicht unberechtigt Betriebe geschlossen und Arbeitsplätze vernichtet werden."[1487] Die Begründung verkennt, dass sich jeder gegen eine unzulässige Untersagung rechtlich wehren kann. Auch

1482 BT-Drs. 15/1206, S. 31.
1483 Leisner, in: Leisner, § 16 Rn. 2.
1484 Leisner, in: Leisner, § 16 Rn. 2.
1485 Vgl. Peifer, Rn. 90.
1486 BT-Drs. 15/1206, S. 31.
1487 BT-Drs. 15/1206, S. 31.

ist nicht einzusehen, weshalb eine unberechtigte Schließung durch die Behörde (nach Rücksprache mit der IHK) weniger rechtseingreifend sein sollte als eine Betriebsschließung durch die Handwerkskammer. Schließlich sollte ein Vertrauen in die Kompetenz und Neutralität der Entscheidung der Handwerkskammern (die gemäß § 90 Abs. 1 HwO Körperschaften des öffentlichen Rechts sind) bestehen, welches nicht durch eine Zweitmeinung der Industrie- und Handelskammer abgesichert werden muss.

J. Die tätigkeitsbezogene Betriebsleiterpräsenz als Ergebnis

Im Handwerk ist zu unterscheiden zwischen den Tätigkeiten, die ausgeübt werden (dürfen), und solchen, bei denen der Betriebsleiter präsent sein muss. In Abgrenzung zu den freien Berufen besteht im Handwerk keine persönliche Leistungserbringungspflicht durch den Betriebsleiter. Vielmehr enthält die HwO keine Vorgaben darüber, „dass bestimmte Tätigkeiten nur vom Betriebsleiter bzw. Meister *höchstpersönlich* verrichtet werden dürfen. *Nach Maßgabe der HwO* dürfen im Betrieb eines Gesundheitshandwerks deshalb auch gefahrengeneigte und wesentliche Tätigkeiten von einem Gesellen, Angelernten oder Lehrling verrichtet werden, wenn dies unter der erforderlichen Aufsicht und Anleitung des Meisters geschieht."[1488]

Fraglich erscheint nun, welche Tätigkeiten unter die Präsenzpflicht fallen. Unstrittig dürfte sein, dass es unverhältnismäßig wäre, Tätigkeiten, die singulär betrachtet auch von Nichtqualifizierten angeboten und ausgeübt werden dürfen, unter eine strenge Präsenzpflicht fallen zu lassen. Wenn in einem Hörakustiker-Fachgeschäft Batterien für Hörsysteme verkauft werden, dann handelt es sich dabei um eine Leistung, die der Kunde ebenso in einem Kaufhaus, Drogeriemarkt oder Elektrofachgeschäft abrufen kann. Es wäre unverhältnismäßig und ein Verstoß gegen das Gleichheitsgebot, wenn das gleiche Produkt in dem Kaufhaus, Drogeriemarkt oder Fachgeschäft ohne persönlich-fachliche Qualifikationsanforderungen an den Käufer abgegeben werden dürfte, aber im Handwerksbetrieb die Anwesenheit des Meisters gefordert würde. Ähnlich dürfte es sich in der Augenoptik beim Verkauf von Brillenputztüchern handeln.

Als Abgrenzungskriterium könnte auf die Unterscheidung zwischen wesentlichen und unwesentlichen Tätigkeiten i. S. d. § 1 Abs. 2 HwO oder zwischen gefahrengeneigten und nicht-gefahrengeneigten Tätigkeiten abgestellt werden. Bei der Unterscheidung zwischen wesentlich und unwesentlich wird die Ansicht vertreten, dass gefahrengeneigte Tätigkeiten im Handwerk – aufgrund

1488 Detterbeck, GewArch 2014, 147 (153).

des Abstellens der Zulassungspflicht in der Anlage A der HwO auf die Gefahrengeneigtheit – keine unwesentlichen Tätigkeiten i. S. d. § 1 Abs. 2 S. 2 HwO sein könnten.[1489] Diese Auffassung stößt auf Skepsis.[1490] Der Meinungsstreit muss hier aber nicht entschieden werden, da selbst unter der Annahme, dass es sich bei bestimmten Arbeiten um (gefahrengeneigte) unwesentliche Tätigkeiten handele, eine Betriebsleiterpräsenz (wegen der Gefahrengeneigtheit) notwendig ist.[1491]

Zu fordern ist daher, dass als Unterscheidungskriterium auf die Gefahrengeneigtheit abgestellt wird. Bei gefahrengeneigten Tätigkeiten ist eine ständige Betriebsleiterpräsenz vonnöten, ohne dass es darauf ankommt, ob die Tätigkeit handwerksrechtlich als wesentlich oder unwesentlich anzusehen ist.[1492] Auch europarechtlich und verfassungsrechtlich lässt sich die Reglementierung bei den Gesundheitshandwerken damit begründen, dass hier eine Gefahrengeneigtheit besteht und es deshalb um Gesundheits- und Verbraucherschutz geht.

Tätigkeiten, die gefahrengeneigt sind, unterliegen der Präsenzpflicht des Betriebsleiters. Da aber die Gefahrengeneigtheit dauerhaft gegeben ist, wenn die entsprechende Tätigkeit ausgeübt wird, muss die Pflicht der Betriebsleiterpräsenz insoweit permanent erfüllt werden. Ein Verzicht auf sie wegen Urlaub, Krankheit, Mittagspause oder Friseurtermin des Betriebsleiters wäre ein Wertungswiderspruch. Denn entweder besteht eine Gefahrenlage, dann besteht diese immer bei Ausübung der Tätigkeit, oder sie besteht nicht. Freilich bedeutet dies nicht, dass sämtliche Tätigkeiten, die nicht gefahrengeneigt sind, automatisch eine nicht wesentliche Tätigkeit i. S. d. § 1 Abs. 2 S. 1 HwO darstellen. Allerdings wäre bei einem hohen Tätigkeitsanfall von zwar wesentlichen, aber nicht gefahrengeneigten Arbeiten die Frage, ob dieses Gewerk noch zu Recht in der Anlage A der HwO geführt wird. Hier wäre hilfsweise nur noch eine Überprüfung möglich, ob aufgrund der Ausbildungsleistung ein Verbleib gerechtfertigt wäre.

Der Verbleib in der Anlage A der HwO ist daher insbesondere gerechtfertigt, wenn in dem Gewerk gefahrengeneigte Tätigkeiten ausgeübt werden. Wenn die jeweiligen Betriebe diese gefahrengeneigten Tätigkeiten ausüben, besteht die handwerksrechtliche Reglementierung mit Recht. Dies bedeutet aber im Umkehrschluss, dass bei diesen Tätigkeiten ein qualifizierter Betriebsleiter stets präsent sein muss.

1489 Kormann/Hüpers, GewArch 2004, 353 (355); so auch Schreiner, in: Schwannecke, § 1 Rn. 77.

1490 Vgl. zum Meinungsstand Detterbeck, DDBR, § 1 Rn. 56 ff. sowie ders., GewArch 2018, 264 f.

1491 Detterbeck, GewArch 2014, 147 (151).

1492 Detterbeck, GewArch 2014, 147 (151).

Zusammenfassung

I. Die Gesundheitshandwerke sind besonders gefahrengeneigt. Für die Verbraucher besteht bei der Ausübung der Tätigkeiten die Gefahr, dass sie bei einer fehlerhaften Verrichtung unmittelbar oder mittelbar in ihrer Gesundheit geschädigt werden.

II. Von ihrer Art der Leistung her ähneln Gesundheitshandwerke Heilberufen, auch wenn sie wegen der Art und Weise der Leistungserbringung als Handwerk anzusehen sind. Es ist rechtlich fragwürdig, dass einem Heilpraktiker mehr Kompetenzen zur Heilung zugebilligt werden als einem (ausgebildeten) Gesundheitshandwerker. Das HeilPraktG führt zu unverständlichen, widersprüchlichen Ergebnissen, die von der Rechtsprechung korrigiert werden. Eine grundlegende Überarbeitung des HeilPraktG und die Einbeziehung der Gesundheitshandwerke, sodass auch sie die Befugnis besitzen, Heilkunde in ihrem Fachbereich auszuüben, sind wünschenswert.

III. Das Handwerksrecht erlaubt es grundsätzlich, dass sämtliche Mitarbeiter des Betriebs alle wesentlichen Tätigkeiten ausüben. Notwendig dafür ist, dass ein qualifizierter Betriebsleiter vor Ort ist und insbesondere Leitungs-, Überwachungs- und Kontrollaufgaben erfüllt. Im Gegensatz zu einem freien Beruf sind die Tätigkeiten somit nicht höchstpersönlicher Natur, doch verlangt gerade die Ausübung durch Dritte eine dauerhafte Präsenz des qualifizierten Betriebsleiters.

IV. Die Wahrnehmung insbesondere der Leitungs-, Überwachungs- und Kontrollaufgaben durch einen qualifizierten Betriebsleiter dient dazu, dass die gefahrengeneigten Tätigkeiten der Mitarbeiter überwacht und kontrolliert werden sowie die Möglichkeit des Eingriffs oder der Korrektur durch den Betriebsleiter und einer jederzeitigen Rücksprache mit diesem besteht.

V. An den qualifizierten Betriebsleiter können bei der Verrichtung gefahrengeneigter Tätigkeiten keine geringeren Präsenzpflichten gestellt werden als an einen Arzt, wenn dieser die gleichen Tätigkeiten ausübt oder im Falle der Delegation für ihn Präsenzzeiten bestehen.

VI. Bei der Ausübung gefahrengeneigter Tätigkeiten besteht eine permanente, unmittelbare Präsenzverpflichtung des qualifizierten Betriebsleiters.

VII. Für die Ausübung nichtgefahrengeneigter Tätigkeiten besteht keine strenge Pflicht der permanenten Betriebsleiterpräsenz. Bei diesen Tätigkeiten muss es sich nicht zwangsläufig um unwesentliche Tätigkeiten handeln. Je mehr Tätigkeiten wesentlich, aber nicht gefahrengeneigt sind, desto mehr spricht dafür, dass das Gewerk nicht in der Anlage A der HwO geführt werden kann. Ein Verbleib in der Anlage A der HwO ließe sich dann nur noch durch eine hohe Ausbildungsleistung dieses Handwerks rechtfertigen.

VIII. Die Präsenzpflicht besteht immer, wenn gefahrengeneigte Tätigkeiten ausgeübt werden. Dispense (im Falle von Urlaub, Krankheit, Elternzeit, Pausenzeiten usw.) können nicht erteilt werden, da gefahrengeneigte Tätigkeiten stets und dauerhaft gefahrengeneigt sind und deshalb der Überwachung und Kontrolle bedürfen.

IX. Eine Erreichbarkeit in Form einer Rufbereitschaft ist nicht ausreichend, um einer Präsenzpflicht nachzukommen. Die Präsenzpflicht verlangt, dass sich der qualifizierte Betriebsleiter stets direkt und unmittelbar in seiner Betriebsstätte aufhält, sodass er jederzeit seine Leitungs- und Überwachungsaufgaben wahrnehmen kann und seine Mitarbeiter stets wissen, wo sie ihren Ansprechpartner finden können.

X. Die Gefahrengeneigtheit einer Tätigkeit im Gesundheitshandwerk ist stets daran zu messen, ob durch die Ausübung unmittelbare oder mittelbare Gefahren für die Patienten bestehen können.

XI. Die Kompetenzen der Handwerkskammern zur Überprüfung und Sanktionierung von Verstößen gegen die Betriebsleiterpräsenz bedürfen einer gesetzlichen Neuregelung. Anforderungen an die Betriebsleiterpräsenz bedürfen der regelmäßigen Kontrolle und damit auch der Möglichkeit der Sanktionierung. Die Handwerkskammern haben dafür die notwendige Sachkenntnis, aber *de lege lata* nur eingeschränkte Kompetenzen. Der Gesetzgeber sollte ihnen diese Aufgaben übertragen.

XII. Die Ausnahmeregelungen des § 8 HwO sind gesetzgeberisch dahingehend zu überprüfen, ob sie auch besonders gefahrengeneigte Tätigkeiten wie die der Gesundheitshandwerke erfassen sollen.

Literaturverzeichnis

Achterfeld, Claudia, Aufgabenverteilung im Gesundheitswesen, Heidelberg 2014, zitiert: Achterfeld

Arbeitskreis Lehrer an Zahntechnikermeisterschulen in der Pädagogischen Arbeitsgemeinschaft Zahntechnik e. V. (Hrsg.), Meisterkönnen für Zahntechniker, 3. Auflage, München 2004, zitiert: AK Zahntechniker

Arndt, Klaus Friedrich, Heilpraktikerrecht, Frankfurt am Main 1985, zitiert: Arndt

Augustin, Albert J. (Hrsg.), Augenheilkunde, 3. Auflage, Berlin/Heidelberg/New York 2007, zitiert: Bearbeiter, in: Augustin

Bader, Johann/Funke-Kaiser, Michael/Stuhlfauth, Thomas/von Albedyll, Jörg, Verwaltungsgerichtsordnung Kommentar, 7. Auflage, Heidelberg 2018, zitiert: Bearbeiter, in: Bader u. a.

Badura, Peter, Wirtschaftsverfassung und Wirtschaftsverwaltung, 4. Auflage, Tübingen 2011, zitiert: Badura

Badura, Peter, Das handwerksrechtliche Gebot der Meisterpräsenz in den Gesundheitsberufen, dargestellt am Beispiel des Augenoptikerhandwerks, GewArch 1992, 201–208

Baehler, André-Robert (Hrsg.)/Bieringer, Stefan (Hrsg.), Orthopädietechnische Indikationen, 2. Auflage, Bern 2007, zitiert: Bearbeiter, in: Baehler/Bieringer

Baumgartner, René (Hrsg.)/Möller, Michael (Hrsg.)/Stinus, Hartmut (Hrsg.), Orthopädieschuhtechnik, 2. Auflage, Geislingen 2013, zitiert: Bearbeiter, in: Baumgartner u. a.

Bazan, Markus (Hrsg.)/Dann, Matthias (Hrsg.)/Errestink, Dirk (Hrsg.), Rechtshandbuch für Ärzte und Zahnärzte, München 2013, zitiert: Bearbeiter, in: Bazan u. a.

Beaucamp, Guy, Meister ade – Zur Novelle der Handwerksordnung, DVBl. 2004, 1458–1463

Becker, Harald (Hrsg.)/Franke, Edgar (Hrsg.)/Molkentin, Thomas (Hrsg.), Sozialgesetzbuch VII Gesetzliche Unfallversicherung Kommentar, 5. Auflage, Baden-Baden 2018, zitiert: Bearbeiter, in: LPK-SGB VII

Becker, Ulrich (Hrsg.)/Kingreen, Thorsten (Hrsg.), SGB V Kommentar, 5. Auflage, München 2017, zitiert: Bearbeiter, in: Becker/Kingreen

Berchtold, Josef (Hrsg.)/Huster, Stefan (Hrsg.)/Rehborn, Martin (Hrsg.), Gesundheitsrecht, 2. Auflage, Baden-Baden 2018, zitiert: Bearbeiter, in: Berchtold u. a.

Bergmann, Karl Otto (Hrsg.)/Pauge, Burkhard (Hrsg.)/Steinmeyer, Heinz-Dietrich (Hrsg.), Nomos Kommentar: Gesamtes Medizinrecht, 3. Auflage, Baden-Baden 2018, zitiert: Bearbeiter, in: NK-MedR

Biberger, Michael/Weber, Jürgen, Arbeitnehmereigenschaft von GmbH-Betriebsleitern i.S.v. § 7 Abs. 4 HwO, GewArch 1987, 177–184

Böhme, Gerhard/Welzl-Müller, Kunigunde, Audiometrie, 5. Auflage, Bern 2005, zitiert: Böhme/Welzl-Müller

Brück, Dietrich (Begr.)/Klakow-Franck, Regina (Hrsg.), Kommentar zur Gebührenordnung für Ärzte (GOÄ), 3. Auflage (34. EL), Köln 2017, zitiert: Brück

Bulla, Simon, Freiheit der Berufswahl, Baden-Baden 2009, zitiert: Bulla

Bulla, Simon, Ist das Berufszulassungsregime der Handwerksordnung noch verfassungsgemäß?, GewArch 2012, 470–476

Bulla, Simon, Das Wettbewerbsrecht als Hüter der Meisterpflicht?, GB 2012, 257–262

Bundesagentur für Arbeit. Fachkräfteengpassanalyse, Nürnberg 2018, zitiert: BA, Fachkräfteengpassanalyse

Bundesärztekammer/Kassenärztliche Bundesvereinigung, Persönliche Leistungserbringung-Möglichkeiten und Grenzen der Delegation ärztlicher Leistungen, Stand: 29.08.2008, zitiert: BÄK/KBV, Persönliche Leistungserbringung

Bundesinnungsverband für Orthopädie-Technik, Meisteraufsicht und Meisterpräsenz in orthopädietechnischen Betrieben, Stand: 03/2017, zitiert: BIV-OT, Meisterpräsenz

Butzer, Hermann/Bogan, Aaron, Verkürzter Versorgungsweg bei der Abgabe und Anpassung von Hilfsmitteln, VSSR 2010, 309–339

Calliess, Christian (Hrsg.)/Ruffert, Matthias (Hrsg.), EUV/AEUV Kommentar, 5. Auflage, München 2016, zitiert: Bearbeiter, in: Calliess/Ruffert

Calliess, Christian/Korte, Stefan, Dienstleistungsrecht in der EU, München 2011, zitiert: Calliess/Korte

Clausen, Tilman, Die persönliche Leistungserbringung bei der Behandlung von Privatpatienten im Krankenhaus im ambulanten und stationären Bereich (S. 79–99), aus: Festschrift für Franz-Josef Dahm (Hrsg.: Christian Katzenmeier und Rudolf Ratzel), Berlin 2017, zitiert: Clausen, FS Dahm

Cyran, Walter (Begr.)/Rotta, Christian (Hrsg.), Apothekenbetriebsordnung Kommentar, 5. Auflage (2. Aktualisierung), Stuttgart 2018, zitiert: Cyran/Rotta

Czybulka, Detlef, Die Entwicklung des Handwerksrechts 1990–1994, NVwZ 1995, 538–547

Dau, Dirk H. (Hrsg.)/Düwell, Franz Josef (Hrsg.)/Joussen, Jacob (Hrsg.), Sozialgesetzbuch IX Rehabilitation und Teilhabe behinderter Menschen Kommentar, 4. Auflage, Baden-Baden 2014, zitiert: Bearbeiter, in: LPK-SGB IX

Debrunner, Alfred M., Orthopädie Orthopädische Chirurgie, 4. Auflage, Bern 2005, zitiert: Debrunner

Detterbeck, Steffen, Handwerksordnung Kommentar, 4. Auflage, München 2008, zitiert: Detterbeck

Detterbeck, Steffen, Handwerksordnung, kommentiert in: Das Deutsche Bundesrecht, 1249. Lfg., Baden-Baden 2016, zitiert: Detterbeck, DDBR

Detterbeck, Steffen, Allgemeines Verwaltungsrecht, 16. Auflage, München 2018, zitiert: Detterbeck, AVR

Detterbeck, Steffen, Öffentliches Recht, 11. Auflage, München 2018, zitiert: Detterbeck, ÖR

Detterbeck, Steffen, Das zahnärztliche Praxislabor, Berlin 2016, zitiert: Detterbeck, PL (Zusammenfassung in: WiVerw 2017, 153–185)

Detterbeck, Steffen, Der verkürzte Versorgungsweg im Schnittfeld zwischen ärztlicher und gesundheitshandwerklicher Tätigkeit, WiVerw 2009, 227–267

Detterbeck, Steffen, Augenoptikerhandwerk im Wandel – Insbesondere zur Kooperation mit externen Betrieben, GewArch 2012, 337–345

Detterbeck, Steffen, Die Meisterpräsenz in den Gesundheitshandwerken, GewArch 2014, 147–153

Detterbeck, Steffen, Meisterpflicht für Frischfleischabteilungen in Lebensmittelmärkten?, GewArch 2018, 264–271

Deutsch, Erwin/Spickhoff, Andreas, Medizinrecht, 7. Auflage, Berlin/Heidelberg 2014, zitiert: Deutsch/Spickhoff

DHI (Hrsg.), Bedeutung der demografischen Entwicklungen für die Gesundheitshandwerke – Chancen, Risiken und Konsequenzen für die Gesundheitshandwerke und Handwerkspolitik (Autoren: Dana Keller, Anja Baumann) Dezember 2015 (abrufbar auf der Homepage des ZDH unter www.zdh.de), zitiert: DHI, Bedeutung der demografischen Entwicklungen für die Gesundheitshandwerke

Diehn, Thomas (Hrsg.), BNotO Bundesnotarordnung Kommentar, Köln 2015, zitiert: Bearbeiter, in: Diehn

Dietz, Sara/Streinz, Thomas, Das Marktzugangskriterium in der Dogmatik der Grundfreiheiten, EuR 2015, 50–73

Dohrn, Max-Jürgen, Augenoptiker und Hörgeräte-Akustiker Nebenbetriebsprobleme, GewArch 1979, 319–323

Dohrn, Max-Jürgen, Besonderheiten bei der Ausübung des Hörgeräteakustiker-Handwerks, GewArch 1986, 116–122

Dölcker, Dagmar, Heilpraktiker-Prüfungswissen, München 2018, zitiert: Dölcker

Ehlers, Alexander Paul Friedrich, Medizin in den Händen von Heilpraktikern – „Nicht-Heilkundigen". Berlin/Heidelberg/New York/Tokyo 1995, zitiert: A. Ehlers

Ehlers, Dirk (Hrsg.), Europäische Grundrechte und Grundfreiheiten, 4. Auflage, Berlin/Boston 2014, zitiert: Bearbeiter, in: Ehlers

Ehlers, Dirk (Hrsg.)/Pünder, Hermann (Hrsg.), Allgemeines Verwaltungsrecht, 15. Auflage, Berlin/Boston 2016, zitiert: Bearbeiter, in: Ehlers/Pünder

Ehlers, Dirk (Hrsg.)/Fehling, Michael (Hrsg.)/Pünder, Hermann (Hrsg.), Besonderes Verwaltungsrecht Band 1: Öffentliches Wirtschaftsrecht, 3. Auflage, Heidelberg u. a. 2012, zitiert: Bearbeiter, in: Ehlers u. a.

Eichenhofer, Eberhard (Hrsg.)/Wenner, Ulrich (Hrsg.), Kommentar zum Sozialgesetzbuch V, 2. Auflage, Köln 2016, zitiert: Bearbeiter, in: Eichenhofer/Wenner

Engelmann, Klaus (Hrsg.)/Schlegel, Rainer (Hrsg.), SGB V (juris Praxis Kommentar), 3. Auflage, Saarbrücken 2016, zitiert: Bearbeiter, in: jurisPK SGB V

Erbs, Georg (Hrsg.)/Kohlhaas, Max (Hrsg.), Strafrechtliche Nebengesetze (Band 2), 219. EL, München 2018, zitiert: Bearbeiter, in: Erbs/Kohlhaas

Eylmann, Horst (Begr.)/Vaasen, Hans-Dieter (Begr.), Bundesnotarordnung/Beurkundungsgesetz Kommentar, 4. Auflage, München 2016, zitiert: Bearbeiter, in: Eylmann/Vaasen

Fezer, Karl-Hein (Hrsg.)/Büscher, Wolfgang (Hrsg.)/Obergfell, Eva Inés (Hrsg.), Lauterkeitsrecht Band 2, 3. Auflage, München 2016, zitiert: Bearbeiter, in: Fezer u. a.

Fitting, Karl (Begr.), Betriebsverfassungsgesetz Handkommentar, 28. Auflage, München 2016, zitiert: Fitting

Franke, Dennis, Das Leitererfordernis des Steuerberatungsgesetzes aus § 34 Abs. 2 Satz 2 StBerG unter besonderer Berücksichtigung des Nahbereichserfordernisses, Baden-Baden 2015, zitiert: Franke

Frentzel, Gerhard (Begr.)/Jäkel, Ernst (Begr.)/Junge, Werner (Fortgef.), Industrie- und Handelskammergesetz Kommentar zum Kammerrecht des Bundes und der Länder, 7. Auflage, Köln 2009, zitiert: Bearbeiter, in: Frentzel/Jäkel/Junge

Frenz, Walter, Handbuch Europarecht Band 1: Europäische Grundfreiheiten, 2. Auflage, Heidelberg u. a. 2012, zitiert: Frenz

Friauf, Karl Heinrich (Hrsg.), Kommentar zur Gewerbeordnung – GewO, 306. EL, Köln 2018, zitiert: Bearbeiter, in: Friauf

Friauf, Karl Heinrich (Hrsg.)/Höfling, Wolfram (Hrsg.), Berliner Kommentar zum Grundgesetz, 52. EL, Berlin 2017, zitiert: Bearbeiter, in: BerlinerK-GG

Frotscher, Werner/Kramer, Urs, Wirtschaftsverfassungs- und Wirtschaftsverwaltungsrecht, 6. Auflage, München 2013, zitiert: Frotscher/Kramer

Geiger, Rudolf (Hrsg.)/Khan, Daniel-Erasmus (Hrsg.)/Kotzur, Markus (Hrsg.), EU/AEUV Kommentar, 6. Auflage, München 2017, zitiert: Bearbeiter, in: Geiger u. a.

Gesundheitshandwerke, Die Gesundheitshandwerke – Chancen und Risiken im Zukunftsmarkt Gesundheit (2. Medientag des Handwerks), Stand: 15.03.2012, zitiert: Gesundheitshandwerke, Chancen und Risiken

Gesundheitshandwerke, Den demographischen Wandel gemeinsam meistern!, Stand: März 2014, zitiert: Gesundheitshandwerke, Demografie

GKV-Spitzenverband (Hrsg.), Empfehlungen des GKV-Spitzenverbandes gemäß § 126 Absatz 1 Satz 3 SGB V für eine einheitliche Anwendung der Anforderungen zur ausreichenden, zweckmäßigen und funktionsgerechten Herstellung, Abgabe und Anpassung von Hilfsmitteln, Stand: 14.08.2018, zitiert: GKV-Spitzenverband, Empfehlungen

Goebeler, Matthias (Hrsg.)/Walter, Peter (Hrsg.)/Westhofen, Martin (Hrsg.), Augenheilkunde, Dermatologie, HNO in 5 Tagen, 2. Auflage, Berlin 2018, zitiert: Bearbeiter, in: Goebeler/Walter/Westhofen

Götting, Horst-Peter (Hrsg.)/Nordemann, Axel (Hrsg.), UWG Handkommentar (Nomos Kommentar), 3. Auflage, Baden-Baden 2016, zitiert: Bearbeiter, in: NK-UWG

Grabitz, Eberhard (Hrsg.)/Hilf, Meinhard (Hrsg.)/Nettesheim, Martin (Hrsg.), Das Recht der Europäischen Union, 63. EL, München 2017, zitiert: Bearbeiter, in: Grabitz/Hilf/Nettesheim

Greitemann, Bernhard (Hrsg.)/Baumgartner, René (Hrsg.), Technische Orthopädie, 4. Auflage, Stuttgart/New York 2018, zitiert: Bearbeiter, in: Greitemann/Baumgartner

Grifka, Joachim (Hrsg.)/Kuster, Markus (Hrsg.), Orthopädie und Unfallchirurgie, Berlin/Heidelberg 2011, zitiert: Bearbeiter, in: Grifka/Kuster

von der Groeben, Hans (Hrsg.)/Schwarze, Jürgen (Hrsg.)/Hatje, Armin (Hrsg.), Europäisches Unionsrecht Band 1, 7. Auflage, Baden-Baden 2015, zitiert: Bearbeiter, in: von der Groeben u. a.

Guttau, Thomas, Nichtärztliche Heilberufe im Gesundheitswesen, Baden-Baden 2013, zitiert: Guttau

Haage, Heinz, Heilpraktikergesetz Kommentar, 2. Auflage, Baden-Baden 2013, zitiert: Haage

Hahn, Bernhard, Zulässigkeit und Grenzen der Delegierung ärztlicher Aufgaben, NJW 1981, 1977–1984

Hailbronner, Kay (Hrsg.)/Wilms, Heinrich (Hrsg.), Recht der Europäischen Union, 20. EL, Stuttgart 2010, zitiert: Bearbeiter, in: Hailbronner/Wilms

Hänlein, Andreas (Hrsg.)/Schuler, Rolf (Hrsg.), Sozialgesetzbuch V Kommentar, 5. Auflage, München 2016, zitiert: Bearbeiter, in: LPK-SGB V

Hartmann, Karl/Philipp, Franz, Handwerksrecht, Handwerksordnung Kommentar, Darmstadt/Berlin 1954, zitiert: Hartmann/Philipp

Hatje, Armin, Die Dienstleistungsrichtlinie – Auf der Suche nach dem liberalen Mehrwert – Auch eine Herausforderung für die Rechtsanwaltschaft?, NJW 2007, 2357–2363

Hauck, Karl (Hrsg.)/Noftz, Wofgang (Hrsg.), SGB V – Gesetzliche Krankenversicherung Kommentar, 6/2018 EL, Berlin 2018, zitiert: Bearbeiter, in: Hauck/Noftz, SGB V

Heberer, Jörg, Das ärztliche Berufs- und Standesrecht, 2. Auflage, Landsberg 2011, zitiert: Heberer

Heerman, Peter (Hrsg.)/Schlingloff, Jochen (Hrsg.), Münchener Kommentar zum Lauterkeitsrecht (Bd. 1 und 2), 2. Auflage, München 2014, zitiert: Bearbeiter, in: MüKo UWG

Henssler, Martin, Partnerschaftsgesellschaftsgesetz Kommentar, 3. Auflage, München 2018, zitiert: Henssler

Herrmann, Carl (Fortg.)/Heuer, Gerhard (Fortg.)/Raupach, Arndt (Fortg.), Einkommensteuer- und Körperschaftsteuergesetz Kommentar, 286. EL, Köln 2018, zitiert: Bearbeiter, in: Herrmann/Heuer/Raupach

Hoffmann, Hermann (Hrsg.)/Kleinken, Bernhard (Hrsg.), Gebührenordnung für Ärzte, 3. Auflage (39. Lieferung), Stuttgart 2017, zitiert: Hoffmann/Kleinken

Honig, Gerhart, Wann kann von einer ausreichenden Leitung des Handwerksbetriebs gesprochen werden?, GewArch 1967, 97–100

Honig, Gerhart, Noch einmal: Wann kann von einer ausreichenden Leitung des Handwerksbetriebs gesprochen werden?, GewArch 1973, 177

Honig, Gerhart, Handwerksordnung – Quo vadis?, NVwZ 2003, 172–176

Honig, Gerhart/Knörr, Matthias, Handwerksordnung mit Berufsausbildungsrecht Kommentar, 4. Auflage, München 2008, zitiert: Honig/Knörr

Honig, Gerhart (Begr.)/Knörr, Matthias/Thiel, Markus (Hrsg.), Handwerksordnung mit Berufsausbildungsrecht Kommentar, 5. Auflage, München 2017, zitiert: Bearbeiter, in: Honig/Knörr/Thiel

Hüpers, Frank, Der Beitrag des UWG zur Lauterkeit im Handwerk (S. 309 – 319), aus: Festschrift für Helmut Köhler (Hrsg.: Christian Alexander u. a.), München 2014, zitiert: Hüpers, FS Köhler

Hüpers, Frank, Anmerkung zu BGH, Urt. v. 17.07.2013 – I ZR 222/11, GewArch 2013, 409–410

Igl, Gerhard (Hrsg.)/Welti, Felix (Hrsg.), Gesundheitsrecht, 3. Auflage, München 2018, zitiert: Bearbeiter, in: Igl/Welti

Jahn, Ralf, Zur Handwerksfähigkeit des Offsetdrucks, GewArch 1994, 312–316

Janda, Constanze, Medizinrecht, 3. Auflage, Konstanz/München 2016, zitiert: Janda

Jarass, Hans D./Pieroth, Bodo, Grundgesetz für die Bundesrepublik Deutschland Kommentar, 14. Auflage, München 2016, zitiert: Bearbeiter, in: Jarass/Pieroth

Kern, Bernd-Rüdiger, Heilhilfsmittelversorgung durch den behandelnden Arzt – Zur Zulässigkeit des verkürzten Versorgungsweges, NJW 2000, 833–837

Kieser, Timo (Hrsg.)/Wesser, Sabine (Hrsg.)/Saalfrank, Valentin (Hrsg.), Apothekengesetz Kommentar, Karlsruhe 2015, zitiert: Bearbeiter, in: Kieser u. a.

Kießling, Jürgen/Kollmeier, Birger/Baumann, Uwe, Versorgung mit Hörgeräten und Hörimplantaten, 3. Auflage, Stuttgart/New York 2018, zitiert: Bearbeiter, in: Kießling/Kollmeier/Baumann

Kingreen, Thorsten, Handwerk oder Heilkunde? Zur Zuständigkeitsverteilung zwischen Augenoptiker und Arzt für die Refraktionsbestimmung, GewArch 2018, 257–261

Kirchhof, Paul (Hrsg.)/Mellinghoff, Rudolf (Hrsg.)/Söhn, Helmut (Begr.), Einkommensteuergesetz Kommentar, 289. EL, Heidelberg 2018, zitiert: Bearbeiter, in: K/M/S

Knack, Hans Joachim (Begr.)/Henneke, Hans-Günter (Hrsg.), Verwaltungsverfahrensgesetz Kommentar, 10. Auflage, Köln 2014, zitiert: Bearbeiter, in: Knack/Henneke

Knickrehm, Sabine (Hrsg.)/Kreikebohm, Rolf (Hrsg.)/Waltermann, Raimund (Hrsg.), Kommentar zum Sozialrecht, 5. Auflage, München 2017, zitiert: Bearbeiter, in: Knickrehm u. a.

Knispel, Ulrich, Zum Zulassungsrecht der Hilfsmittellieferanten, NZS 1995, 13–19

Köhler, Helmut/Bornkamm, Joachim/Feddersen, Jörn, Gesetz gegen den unlauteren Wettbewerb Kommentar, 36. Auflage, München 2018, zitiert: Bearbeiter, in: Köhler/Bornkamm

Kopp, Ferdinand, Die Zukunft des Handwerksrechts und seiner Organisation, WiVerw 1994, 1–19

Kopp, Ferdinand O. (Begr.)/Ramsauer, Ulrich, Verwaltungsverfahrensgesetz Kommentar, 18. Auflage, München 2017, zitiert: Kopp/Ramsauer

Kormann, Joachim/Hüpers, Frank, Zweifelsfragen der HwO-Novelle 2004, GewArch 2004, 353–363

Krause, Peter, Das Gesundheitshandwerk zwischen Gewerbe-, Gesundheits-, Sozial- und Wettbewerbsrecht, GewArch 1984, 313–317

Kuhls, Clemens (Hrsg.), Kommentar zum Steuerberatungsgesetz, 3. Auflage, Herne 2012, zitiert: Bearbeiter, in: Kuhls

Landmann, Robert von (Begr.)/Rohmer, Gustav (Begr.), Gewerbeordnung Kommentar, 77. EL, München 2017, zitiert: Bearbeiter, in: Landmann/Rohmer

Laufs, Adolf (Begr.), Arztrecht, 7. Auflage, München 2015, zitiert: Bearbeiter, in: Laufs

Laufs, Adolf (Hrsg.)/Kern, Bernd-Rüdiger (Hrsg.), Handbuch des Arztrechts, 4. Auflage, München 2010, zitiert: Bearbeiter, in: Laufs/Kern

Lausche, Hans-Joachim, Augenoptiker und Heilpraktikergesetz, GewArch 1965, 241–242

Lehnhardt, Ernst (Hrsg.)/Laszig, Roland (Hrsg.), Praxis der Audiometrie, 9. Auflage, Stuttgart/New York 2009

Leisner, Walter Georg (Hrsg.), Handwerksordnung Kommentar, München 2016, zitiert: Bearbeiter, in: Leisner

Leisner, Walter Georg, Die „Meisterqualifikation“ im Deutschen Handwerk im Lichte der (neueren) EuGH- und Verfassungsgerichtsrechtsprechung, München 2014, zitiert: Leisner, Meisterqualifikation

Lerch, Klaus, Bundesnotarordnung Kommentar, 8. Auflage, Köln 2016, zitiert: Bearbeiter, in: Lerch

Lettl, Tobias, Wettbewerbsrecht, 3. Auflage, München 2016, zitiert: Lettl

Löhler, Jan/Akcicek, Beriwan/Wienke, Albrecht/Hoppe, Ulrich, Komplikationen bei der Hörgeräteversorgung ohne HNO-Arzt, HNO 2014, 360–366

Mallmann, Otto, Die Rechtsprechung des Bundesverwaltungsgerichts zum Handwerksrecht, GewArch 1996, 89–96

von Mangoldt, Hermann (Begr.)/Klein, Friedrich (Begr.)/Starck, Christian (Hrsg.), Kommentar zum Grundgesetz, Band 1: Präambel, Art. 1–19, Band 2: Art. 20–82, 7. Auflage, München 2018, zitiert: Bearbeiter, in: von Mangoldt/Klein/Starck

Marcks, Peter, MaBV – Makler- und Bauträgerverordnung Kommentar, 9. Auflage, München 2014, zitiert: Marcks

Martini, Mario, Anmerkung zum Urteil des EuGH vom 19.05.2009 (C-171/07 u. 172/07), NJW 2009, 2116

Martis, Rüdiger/Winkhart-Martis, Martina, Arzthaftungsrecht, 4. Auflage, Köln 2014, zitiert: Martis/Winkhart-Martis

Maunz, Theodor (Begr.)/Dürig, Günter (Begr.), Grundgesetz Kommentar, 82. EL, München 2018, zitiert: Bearbeiter, in: Maunz/Dürig

von Maydell, Bernd Baron (Hrsg.), Gemeinschaftskommentierung zum Sozialgesetzbuch – Gesetzliche Krankenversicherung, 64. EL, Neuwied 1999, zitiert: Bearbeiter, in: GK-SGB V

von Maydell, Bernd Baron/Kötter, Ute, Zur Aufgabenverteilung zwischen Hilfsmittelerbringern und Ärzten bei der Versorgung mit Hörgeräten, Berlin 1994, zitiert: von Maydell/Kötter

Methling, Dieter, Bestimmen von Sehhilfen, 3. Auflage, Stuttgart 2013, zitiert: Methling

Meyer-Holz, Joachim (Hrsg.)/Ernst, Arne (Hrsg.), Praxisbuch Wirbelsäulenschmerz, Stuttgart 2006, zitiert: Bearbeiter, in: Meyer-Holz/Ernst

Mirbach, Horst, Anfang vom Ende des Meisterzwangs?, NVwZ 2001, 161–163

Müller, Klaus, Erster Beitrag zur Evaluierung der Handwerksordnung, GewArch 2007, 146–149

Müller, Martin, Die Novellierung der Handwerksordnung 2004, NVwZ 2004, 403–412

Müller, Martin, Meisterpflicht und Gefahrengeneigtheit, GewArch 2007, 361–370

Müller-Glöge, Rudi (Hrsg.)/Preis, Ulrich (Hrsg.)/Schmidt, Ingrid (Hrsg.), Erfurter Kommentar zum Arbeitsrecht, 18. Auflage, München 2018, zitiert: Bearbeiter, in: ErfK

Müller-Graff, Peter-Christian (Hrsg.), Enzyklopädie Europarecht Band 4: Europäisches Wirtschaftsordnungsrecht, Baden-Baden 2015, zitiert: Bearbeiter, in: EnzEuR

von Münch, Ingo (Begr.)/Kunig, Philip (Hrsg.), Grundgesetz Kommentar Band 1, 6. Auflage, München 2012, zitiert: Bearbeiter, in: von Münch/Kunig

Musielak, Hans-Joachim, Die Beurteilung orthopädischer Zurichtungen von Konfektionsschuhen nach der Handwerksordnung und der Gewerbeordnung, GewArch 1988, 105–110

Narr, Helmut (Begr.)/Hübner, Marlis (Hrsg.), Ärztliches Berufsrecht, 2. Auflage (27. EL), Köln 2017, zitiert: Bearbeiter, in: Narr/Hübner

Neu, Johann, Von Fall zu Fall: Aus der Fallsammlung der Norddeutschen Schlichtungsstelle. Diesmal: Silikonabdruckmasse im Mittelohr – ein Anscheinsbeweis? in: NÄ 2013, Ausgabe 10, abrufbar: http://www.haeverlag.de/nae/n_beitrag.php?id=4174

Neumann, Dirk/Fenski, Martin/Kühn, Thomas, Bundesurlaubsgesetz Kommentar, 11. Auflage, München 2016, zitiert: Neumann, BUrlG

Oepen, Irmgard, Zum Heilpraktikergesetz, MedWelt 1979, 632–633

Oppermann, Thomas/Classen, Claus Dieter/Nettesheim, Martin, Europarecht, 7. Auflage, München 2016, zitiert: Oppermann u. a.

Orlowski, Ulrich (Hrsg.)/Rau, Ferdinand (Hrsg.)/Wasem, Jürgen (Hrsg.)/ Zipperer, Manfred (Hrsg.), GKV-Kommentar SGB V, 46. EL, Heidelberg 2017, zitiert: Bearbeiter, in: Orlowski u. a.

Pechstein, Matthias (Hrsg.)/Nowak, Carsten (Hrsg.)/Häde, Ulrich (Hrsg.), Frankfurter Kommentar zu EUV, GRC und AEUV, Tübingen 2017, zitiert: Bearbeiter, in: FK

Peifer, Karl-Nikolaus, Lauterkeitsrecht, 2. Auflage, Berlin/Boston 2016, zitiert: Peifer, LR

Peifer, Markus, Handwerksrecht, Stuttgart 2016, zitiert: Peifer

Peikert, Peter, Persönliche Leistungserbringungspflicht, MedR 2000, 352–359

Peters, Horst (Begr.), Handbuch der Krankenversicherung Teil II – Sozialgesetzbuch V, Band 3, 19. Auflage (88. EL), Stuttgart 2017, zitiert: Bearbeiter, in: Peters

Pielow, Johann-Christian (Hrsg.), Gewerbeordnung Kommentar, 2. Auflage, München 2016, zitiert: Bearbeiter, in: Pielow

Prütting, Dorothea (Hrsg.), Medizinrecht, 4. Auflage, Köln 2016, zitiert: Bearbeiter, in: Prütting

Pschyrembel, Willibald (Begr.), Pschyrembel Klinisches Wörterbuch, 267. Auflage, Berlin/Boston 2017, zitiert: Pschyrembel

Quaas, Michael/Zuck, Rüdiger/Clemens, Thomas, Medizinrecht, 3. Auflage, München 2014, zitiert: Bearbeiter, in: Quaas/Zuck

Ratzel, Rudolf/Lippert, Hans-Dieter, Kommentar zur Musterberufsordnung der deutschen Ärzte (MBO), 6. Auflage, Berlin/Heidelberg 2015, zitiert: Bearbeiter, in: Ratzel/Lippert

Ratzel, Rudolf (Hrsg.)/Lissel, Patrick M. (Hrsg.), Handbuch des Medizinschadensrechts, München 2013, zitiert: Bearbeiter, in: Ratzel/Lissel

Ratzel, Rudolf (Hrsg.)/Luxenburger, Bernd (Hrsg.), Handbuch Medizinrecht, 3. Auflage, Heidelberg 2015, zitiert: Bearbeiter, in: Ratzel/Luxenburger

Richter, Isolde, Lehrbuch für Heilpraktiker, 9. Auflage, München 2015, zitiert: Richter

Rieger, Hans-Jürgen (Hrsg.)/Dahm, Franz-Josef (Hrsg.)/Katzenmeier, Christian (Hrsg.)/Steinhilper, Gernot (Hrsg.), Heidelberger Kommentar Arztrecht, Krankenhausrecht, Medizinrecht, 73. Aktualisierung 2018, zitiert: Bearbeiter, in: HK-AKM

Ries, Hans Peter (Hrsg.)/Schnieder, Karl-Heinz (Hrsg.)/Althaus, Jörg (Hrsg.)/Großbölting, Ralf (Hrsg.)/Voß, Martin (Hrsg.), Zahnarztrecht, 2. Auflage, Berlin/Heidelberg 2008, zitiert: Ries u. a.

Rixen, Stephan (Hrsg.)/Krämer, Clemens (Hrsg.), Apothekengesetz Kommentar, München 2014, zitiert: Bearbeiter, in: Rixen/Krämer

Rolfs, Christian (Hrsg.)/Giesen, Richard (Hrsg.)/Kreikebohm, Ralf (Hrsg.)/Udsching, Peter (Hrsg.), Beck'scher Online-Kommentar Sozialrecht, Edition 49, München 2018, zitiert: Bearbeiter, in: Beck-OK SGB V

Ruthig, Josef/Storr, Stefan, Öffentliches Wirtschaftsrecht, 4. Auflage, Heidelberg u. a. 2015, zitiert: Bearbeiter, in: Ruthig/Storr

Saalfrank, Valentin (Hrsg.), Handbuch des Medizin- und Gesundheitsrechts, 7. EL, Stuttgart 2018, zitiert: Bearbeiter, in: Saalfrank

Sachs, Michael (Hrsg.), Grundgesetz Kommentar, 8. Auflage, München 2018, zitiert: Bearbeiter, in: Sachs

Sasse, René, Der Heilpraktiker, Baden-Baden 2011, zitiert: Sasse

Schippel, Helmut (Begr.)/Bracker, Ulrich (Begr.), Bundesnotarordnung Kommentar, 9. Auflage, München 2011, zitiert: Bearbeiter, in: Schippel/Bracker

Schlachter, Monika (Hrsg.)/Ohler, Christoph (Hrsg.), Europäische Dienstleistungsrichtlinie, Baden-Baden 2008, zitiert: Bearbeiter, in: Schlachter/Ohler

Schliesky, Utz, Öffentliches Wirtschaftsrecht, 4. Auflage, Heidelberg u. a. 2014, zitiert: Schliesky

Schmidt, Ludwig (Begr.), Einkommensteuergesetz Kommentar, 36. Auflage, München 2017, zitiert: Bearbeiter, in: L. Schmidt

Schmidt, Reiner (Hrsg.), Öffentliches Wirtschaftsrecht Besonderer Teil 1, Berlin/Heidelberg 1995, zitiert: Bearbeiter, in: Schmidt

Schmidt, Reiner (Hrsg.)/Wollenschläger, Ferdinand (Hrsg.), Kompendium Öffentliches Wirtschaftsrecht, 4. Auflage, Berlin/Heidelberg 2016, zitiert: Bearbeiter, in: Schmidt/Wollenschläger

Schmitz, Klaus, Die Rechtsprechung zur Meisterpräsenz im Handwerk, WiVerw 1999, 88–99

Schnapp, Friedrich E. (Hrsg.)/Wigge, Peter (Hrsg.), Handbuch des Vertragsarztrechts, 3. Auflage, München 2017, zitiert: Bearbeiter, in: Schnapp/Wigge

Schnitzler, Jörg, Das Recht der Heilberufe, Baden-Baden 2004, zitiert: Schnitzler

Schoch, Friedrich (Hrsg.), Besonderes Verwaltungsrecht, 15. Auflage, Berlin/Boston 2013, zitiert: Bearbeiter, in: Schoch

Schorn, Gert (Hrsg.)/Baumann, Hans Georg (Hrsg.), Medizinprodukterecht (Band 5), 29. EL, Stuttgart 2017, zitiert: Schorn

Schotthöfer, Kurt, Zum Betriebsleiterproblem im Handwerksrecht, GewArch 1981, 114–118

Schulte, Martin (Hrsg.)/Kloos, Joachim (Hrsg.), Handbuch Öffentliches Wirtschaftsrecht, München 2016, zitiert: Bearbeiter, in: Schulte/Kloos

Schwannecke, Holger (Hrsg.), Die Deutsche Handwerksordnung Kommentar, 50. EL (1/18), Berlin 2018, zitiert: Bearbeiter, in: Schwannecke

Schwannecke, Holger/Heck, Hans-Joachim, Die Handwerksnovelle 2004, GewArch 2004, 129–142

Schwannecke, Holger/Webers, Gerhard, Rechtliche Grenzen der Aufgabenverteilung bei der Hilfsmittelversorgung zwischen Arzt und Gesundheitshandwerker, NJW 1998, 2697–2702

Schwarze, Jürgen (Hrsg.), EU-Kommentar, 3. Auflage, Baden-Baden 2012, zitiert: Bearbeiter, in: Schwarze

Schwarze, Jürgen, Die Abwägung von Zielen der europäischen Integration und mitgliedstaatlichen Interessen in der Rechtsprechung des EuGH, EuR 2013, 253–272

Spickhoff, Andreas (Hrsg.), Medizinrecht, 2. Auflage, München 2014, zitiert: Bearbeiter, in: Spickhoff

Spickhoff, Andreas/Seibl, Maximilian, Haftungsrechtliche Aspekte der Delegation ärztlicher Leistungen an nichtärztliches Medizinpersonal, MedR 2008, 463–473

Spickhoff, Andreas/Seibl, Maximilian, Die Erstattungsfähigkeit ärztlicher Leistungen bei Delegation an nichtärztliches Personal, NZS 2008, 57–65

Steiner, Udo (Hrsg.)/Brinktrine, Ralf (Hrsg.), Besonderes Verwaltungsrecht, 9. Auflage, Heidelberg 2018, zitiert: Bearbeiter, in Steiner/Brinktrine

Stern, Klaus (Hrsg.)/Becker, Florian (Hrsg.), Grundrechte-Kommentar, 2. Auflage, Köln 2016, zitiert: Bearbeiter, in: Stern/Becker

Stober, Rolf, Allgemeines Wirtschaftsverwaltungsrecht, 18. Auflage, Stuttgart 2015, zitiert: Stober, AW

Stober, Rolf, Besonderes Wirtschaftsverwaltungsrecht, 14. Auflage, Stuttgart 2007, zitiert: Stober, BW

Stober, Rolf/Eisenmenger, Sven, Besonderes Wirtschaftsverwaltungsrecht, 16. Auflage, Stuttgart 2016, zitiert: Bearbeiter, in: Stober/Eisenmenger

Streinz, Rudolf, Europarecht, 10. Auflage, Heidelberg 2016, zitiert: Streinz

Streinz, Rudolf (Hrsg.), EUV/AEUV Kommentar, 3. Auflage, München 2018, zitiert: Bearbeiter, in: Streinz

Strutz, Jürgen (Hrsg.)/Mann, Wolf (Hrsg.), Praxis der HNO-Heilkunde, Kopf- und Halschirurgie, 3. Auflage, Stuttgart 2017, zitiert: Bearbeiter, in: Strutz/ Mann

Taupitz, Jochen/Neikes, Annette, Laboruntersuchungen als „eigene" Leistungen im Sinne der GOÄ, MedR 2008, 121–133

Teplitzky, Otto (Hrsg.)/Peifer, Karl-Nikolaus (Hrsg.)/Leistner, Matthias (Hrsg.), UWG Kommentar (Band 2), 2. Auflage, Berlin/Boston 2013, zitiert: Bearbeiter, in: Teplitzky/Peifer/Leistner

Tettinger, Peter J. (Hrsg.)/Wank, Peter (Hrsg.)/Ennuschat, Jörg (Hrsg.), Gewerbeordnung Kommentar, 8. Auflage, München 2011, zitiert: Bearbeiter, in: Tettinger u. a.

Traublinger, Heinrich, Handwerksordnung: Kahlschlag oder zukunftsorientierte Reform?, GewArch 2003, 353–358

Ueberfeldt, Anne, Berufliche Niederlassung und weitere Beratungsstelle(n) des Steuerberaters, DStR 2011, 1777–1780

Ullmann, Eike (Hrsg.), UWG (juris Praxis Kommentar), 4. Auflage, Saarbrücken 2016, zitiert: Bearbeiter, in: jurisPK-UWG

Ulrich, Jens/Hoffmann, Eckhard, Hörakustik 3.0 Theorie und Praxis, 3. Auflage, Heidelberg 2017, zitiert: Ulrich/Hoffmann

Ulsenheimer, Klaus (Hrsg.), Arztstrafrecht in der Praxis, 5. Auflage, Heidelberg u. a. 2015, zitiert: Bearbeiter, in: Ulsenheimer

Vedder, Christoph (Hrsg.)/Heintschell von Heinegg, Wolff (Hrsg.), Europäisches Unionsrecht, 2. Auflage, Baden-Baden 2018, zitiert: Bearbeiter, in: Vedder u. a.

Voogdt, Ulrich, Otoplastik, 4. Auflage, Heidelberg 2013, zitiert: Voogdt

Weiler, Thomas, Symbiosis – Tipps und Tricks für den ambitionierten Zahntechniker, München 2015, zitiert: Weiler

Wellmitz, Günter (Hrsg.), Orthopädietechnik, 3. Auflage, Bern u. a. 2004, zitiert: Bearbeiter, in: Wellmitz

Wenzel, Frank (Hrsg.), Handbuch des Fachanwaltes Medizinrecht, 3. Auflage, Köln 2013, zitiert: Bearbeiter, in: Wenzel

Wiemers, Matthias, Die Gesundheitshandwerke zwischen Handwerksrecht und Gesundheitsrecht, DVBl. 2012, 942–950

Wiemers, Matthias, Die Re-Regulierung im Handwerksrecht – rechtliche Optionen für den neuen Bundestag, VR 2018, 257–264

Zenthöfer, Wolfgang, Einkommensteuer, 12. Auflage, Stuttgart 2016, zitiert: Zenthöfer

Zentralverband des Deutschen Handwerks. Eckpunktepapier zur Meisterpräsenz in den Betrieben der Gesundheitshandwerke, Stand: 02/2013, zitiert: ZDH, Eckpunktepapier

Ziekow, Jan, Verwaltungsverfahrensgesetz Kommentar, 3. Auflage, Stuttgart 2013, zitiert: Ziekow

Ziekow, Jan, Öffentliches Wirtschaftsrecht, 4. Auflage, München 2016, zitiert: Ziekow, ÖW

Hinweis:

Aus Gründen der Vereinfachung wird ausschließlich die männliche Form verwendet. Personen jedweden Geschlechts sind darin gleichermaßen eingeschlossen.